Samuel Sagan

Heilende Planetenkräfte

Samuel Sagan

Heilende Planetenkräfte

Das astrologische Gesundheitsbuch

Ebertin
Freiburg im Breisgau

Die Deutsche Bibliothek – CIP-Einheitsaufnahme

Sagan, Samuel:
Heilende Planetenkräfte : das astrologische Gesundheitsbuch /
Samuel Sagan. [Dt. von Hans Babendreyer]. –
1. Aufl. – Freiburg im Breisgau : Ebertin, 1998
Einheitssacht.: Planetary forces, alchemy and healing (dt.)
ISBN 3-87186-094-8

Die englischsprachige Originalausgabe erschien 1996 bei
Clairvision School Foundation, PO Box 33, Roseville, NSW 2069, Australia
E-Mail: info@clairvision.org, Internet: http://www.clairvision.org
unter den Titel
Planetary Forces, Alchemy and Healing
© by Clairvision School Foundation
Clairvision is a registered Trademark of Clairvision School Ltd.

Deutsch von Hans Babendreyer

1. Auflage 1998
ISBN 3-87186-094-8
© für die deutsche Ausgabe 1998 by Ebertin Verlag, Freiburg im Breisgau
Das gesamte Werk ist im Rahmen des Urheberrechtsgesetzes geschützt.
Jegliche vom Verlag nicht genehmigte Verwertung ist unzulässig. Dies gilt
auch für die Verbreitung durch Film, Funk, Fernsehen, photomechanische
Wiedergabe, Tonträger jeder Art, elektronische Medien sowie für auszugs-
weisen Nachdruck und die Übersetzung.
Einband: Berres & Stenzel, Freiburg im Breisgau
Satz: Hans Babendreyer, Berlin
Druck und Bindung: Wiener Verlag, Himberg
Printed in Austria

Dank

Vielen Dank an die Herausgeber und Korrekturleser des Manuskripts der englischsprachigen Originalausgabe:
Catherine Ross, Rosa Droescher, Orna Lankry, Jonathan Marshall, Anne und Michael Barbato, Karen O'Connell.

Alle Angaben in diesem Buch sind vom Autor sorgfältig erwogen und geprüft worden, dennoch kann eine Gewährleistung jedwelcher Art nicht übernommen werden. Eine Haftung für Personen-, Sach- Vermögens- oder sonstige Schäden ist ausgeschlossen. **Personen mit gesundheitlichen Beschwerden sollten alle therapeutischen Maßnahmen mit ihrem Arzt besprechen und auch gegebenenfalls die bei Heilmitteln anzuwendenden Gebrauchshinweise beachten.**

Inhalt

1 - Einleitung 9
2 - Die Piktogramme der Planeten 14
3 - Sonne ☉ 25
4 - Mond ☽ 33
5 - Merkur ☿ 46
6 - Venus ♀ 52
7 - Mars ♂ 63
8 - Jupiter ♃ 73
9 - Saturn ♄ 83
10 - Uranus ♅ 94
11 - Neptun ♆ 98
12 - Pluto ♇ 103
13 - Die Planeten in Ihrer Hand 110
14 - Esoterische Anatomie im Licht der Planetenkräfte 114
15 - Die Sonne im Körper 120
16 - Der Mond im Körper 129
17 - Der Merkur im Körper 135
18 - Die Venus im Körper 142
19 - Der Mars im Körper 157
20 - Der Jupiter im Körper 166
21 - Der Saturn im Körper 171
22 - Das Beispiel einer Zelle 178
23 - Feinstoffliche Körper und Planetenkräfte 180
24 - Die Sonne, das Gold und die transformierten Körper ... 195
25 - Pathologie und Planetenkräfte 207
26 - Die Sonne und die Krankheiten 209
27 - Der Mond und die Krankheiten 216
28 - Der Merkur und die Krankheiten 223
29 - Die Venus und die Krankheiten 229
30 - Der Mars und die Krankheiten 235
31 - Der Jupiter und die Krankheiten 239
32 - Der Saturn und die Krankheiten 242
33 - Der Uranus, der Körper und die Krankheiten 248
34 - Der Neptun, der Körper und die Krankheiten 257
35 - Der Pluto, der Körper und die Krankheiten 267

36 - Die Planetenstunden 273
37 - Metalle 284
38 - Edelsteine 299
39 - Substanzen und Tiere, die mit
    den Planetenkräften verbunden sind 309
40 - Pflanzen und Planeten 318
41 - Blütenessenzen 345
42 - Schlußwort 363

Index 365
Übersicht in Stichworten 381
Der Autor 391

1 - Einleitung

1.1 Astrologie als Symbolsprache

Die meisten Menschen sind mit der Seite der Astrologie vertraut, die sich mit dem Wahrsagen beschäftigt und die oft auf ganz billige Vorhersagen heruntergewirtschaftet wird. Doch diese Kunst enthält mehr als nur das. Die Astrologie bietet eine hochentwickelte und umfassende Symbolsprache, die auf einer begrenzten Anzahl von Archetypen beruht. Sie kann nicht nur angewandt werden, um ein gründliches Verständnis der menschlichen Seele und ihrer Transformationen zu erlangen, sondern auch zum Verstehen der Physiologie, der Pathologie, des Heilens und auch verschiedenster Erscheinungen in der Natur.

Der Zweck dieses Buches ist eine Einführung in diese Symbolsprache. Es konzentriert sich auf den Symbolismus von körperlichen und seelischen Energien, zu deren Beschreibung es die Sprache der Planetenkräfte benutzt. Die Reise wird uns auch zu Pflanzen, Blütenessenzen, Metallen und verschiedenen Prinzipien der Alchemie und Esoterik führen.

Ich habe oft von Leuten gehört, daß sie die Welt vollkommen unterschiedlich gesehen haben, nachdem sie an Clairvision-Kursen über die Planetenkräfte teilgenommen haben. Allgemein bekannte Tatsachen können auf eine neue und faszinierende Weise wahrgenommen werden, die zeigt, wie archetypische Kräfte hinter dem Verhalten und den Beziehungen von Pflanzen, Dingen und Menschen am Werk sind.

1.2 Vor allen Dingen: Kenne dich selbst!

Auf dem Portal zum Orakel von Delphi, das dem Sonnengott Apollo geweiht war, stand das folgende Gebot geschrieben:

»Kenne dich selbst, dann wirst du das Universum und alle Götter kennen.«

Ihre erste Aufgabe unter dieser Fragestellung ist zu verstehen, welche Planetenkraft oder Kombination von Plantenkräften für Ihre Persönlichkeit am charakteristischsten ist. Das kann Licht auf viele Bestandteile Ihrer persönlichen Vergangenheit werfen, z.B. darauf, warum Sie es schwierig finden, mit bestimmten Arten von Leuten auszukommen oder warum bestimmte Tätigkeiten Sie mehr anziehen als andere.

Um aus diesem astrologischen Abenteuer den meisten Nutzen zu ziehen, empfiehlt es sich, daß Sie eine aktive Einstellung gegenüber diesem Wissen einnehmen. Das Material ist nicht einfach dazu da, gelesen zu werden, sondern *es will benutzt sein*. Beginnen Sie, indem Sie sich Fragen über *alles* um Sie herum stellen: über Leute, Tiere, Pflanzen, Nahrungsmittel, Kleider, Musik, Filme, Gemälde, Dinge aller Art. Welche Planetenkraft entspricht ihrem Wesen jeweils am besten? In einer Reihe von Fällen werden Sie überrascht sein, wie konsistent einige Menschen die verschiedenen Facetten eines einzigen Planeten verkörpern. Ein schöner Aspekt der Lehre von den Planetenkräften ist es, daß sie eine großartige Schule der Toleranz darstellt. Indem man das Wirken der Planetenkräfte erkennt, lernt man die Natur der Menschen besser zu verstehen und zu schätzen und auch ihre individuellen Besonderheiten zu akzeptieren. Wo Sie sich früher über jemandes unorganisierte Arbeitsweise aufgeregt hätten, werden Sie lernen, sich über einen kraftvollen Mond-Archetypus zu freuen. Oder umgekehrt, anstatt sich von der steifen, methodischen Vorgehensweise einiger Ihrer Freunde unterdrückt zu fühlen, werden Sie deren anspruchsvollen Saturn zu würdigen wissen. Das Gesamtbild, das so entsteht, ist außerordentlich reich und melodisch.

1.3 Planetenkräfte und Heilen

Eine lange Reihe von Visionären, von Hippokrates über Paracelsus bis hin zu Rudolf Steiner, haben deutlich die Auffassung geäußert, daß niemand ein wirklicher Arzt sein kann, der sich nicht auf den Einfluß der Planetenkräfte versteht. Wie wir sehen werden, wenn wir die Sprache der Astrologie gebrauchen, um die Geheimnisse des Körpers zu entziffern, führt das nicht nur zu Einsichten in die Physiologie und Pathologie, sondern auch zu praktischen Methoden, gegen Krankheiten zu kämpfen.

Das Symbol der medizinischen Berufe ist darum auch der Schlangenstab des Hermes (das ist der griechische Name des Merkur), der auch der Patron der hermetischen Philosophie ist.

Therapeuten werden hier eine neue Dimension finden, die sie zu ihrer Kunst hinzufügen können, und ebenso Wege, um ihr eine stärker metaphysische Dimension zu geben. Menschen ohne einen medizinischen Hintergrund, die jedoch ein Interesse am Heilen haben, werden in der Kenntnis der Planetenkräfte einen Königsweg zu diesem Thema finden. Wie ich später erläutern werde, waren meine Tage als Medizinstudent

Einleitung

zum Schreien langweilig, bis ich irgendwann die symbolischen und metaphysischen Dimensionen hinter den groben körperlichen Daten zu erkennen begann. Dann tauchten plötzlich Zusammenhänge auf, und hinter der Unzahl scheinbar unzusammmenhängender Fakten offenbarte sich Harmonie. Die Medizin wurde magisch und faszinierend. Außerdem blieb sie insofern nicht mehr von meiner spirituellen Arbeit getrennt, als jeder neue Patient eine Einladung zur symbolischen Schau und zur Schulung des Unterscheidungsvermögens darstellte.

Dieses Buch ist jedoch nicht in erster Linie für Therapeuten geschrieben, sondern für Menschen, die sich auf einer spirituellen Suche befinden. Die Sprache der Planetenkräfte ist bemerkenswert hilfreich, um eine ganze Reihe von subtilen Bewußtseinsphänomenen zu verstehen und zu beschreiben – und deshalb sollte man alle, die etwas über Esoterik lernen wollen, dazu ermutigen, sich mit ihr vertraut zu machen. Hinzu kommt, daß man, ob man nun Therapeut ist oder nicht, eine spirituelle Arbeit ab einer gewissen Größenordnung nicht mehr ausführen kann, ohne ein gewisses Wissen über seinen Körper und die Energien zu besitzen, die darin wirken. Wir werden hier einige dieser fundamentalen Kenntnisse darstellen, zusammen mit einer Anzahl esoterischer Begriffe aus dem Clairvision Corpus.

1.4 Clairvision Corpus

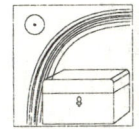
Der Begriff »Clairvision Corpus«, der in diesem Buch häufig vorkommen wird, bezeichnet das gesammelte Wissen der Clairvision School in Sydney, Australien. Dieses Wissen bezieht sich auf eine innere alchemistische Arbeit und beinhaltet sowohl erfahrungsorientiertes wie theoretisches Wissen über das Bewußtsein und die Geheimnisse der menschlichen Natur, mit einem besonderen Akzent auf Evolution.

Der vorliegende Band ist eine von mehreren Einführungen zum Clairvision Corpus. Er enthält grundlegende astrologische Information und führt auch mehrere esoterische Begriffe und Grundprinzipien aus dem Corpus ein, so wie das *jing*, die Quintessenz der Sexualenergie; die transformierten Körper (die zu den feinstofflichen Körpern im gleichen Verhältnis stehen wie das alchemistische Gold zu den unedlen Metallen) und das geheimnisvolle Prinzip der Individuation hinter dem Höheren Selbst.

Auf drei meiner Bücher wird häufig verwiesen werden:
Awakening the Third Eye (deutsche Ausgabe: *Tor zu inneren Welten*, Freiburg: Bauer, 1998)
Regression, Past Life Therapy for Here and Now Freedom (1996)
Entities, Parasites of the Body Energy (1994)
Es werden jedoch keine Vorkenntnisse für das vorliegende Buch vorausgesetzt.

1.5 Sterngucken

Einer der wichtigsten Ratschläge, die man jemandem geben kann, der die Planetenkräfte verstehen will, ist es, sich den Himmel anzuschauen. Verfallen Sie nicht in den weitverbreiteten Fehler, zu versuchen, Astrologie nur auf dem Papier zu lernen. Suchen Sie sich ein Lehrbuch für Hobbyastronomen und verbringen Sie einige Zeit am Abend, auch wenn es nur ein paar Minuten sind, damit, sich auf Sterne und Planeten einzustimmen (wie es in *Tor zu inneren Welten*, Kapitel 11, erörtert wird). Betrachten Sie die feurige Röte des Mars, den bleichen Glanz des Saturn, und das großzügige Licht von Jupiter und Venus. Dies ist ein unverzichtbarer Teil des Studiums ihrer Symbolik. Es wird zu einer intuitiven Kenntnis der Planetenkräfte führen, die alle Menschen versäumen, die nie zum Himmel aufschauen.

Wenn die Astrologie von der Astronomie getrennt wird, dann fehlt ihr normalerweise die Tiefe. In diesem Buch finden Sie daher einen Abschnitt »Astronomische Fakten – Keime der Symbolik« am Anfang der Kapitel über die einzelnen Planeten.

1.6 Warum Sonne und Mond »Planeten« genannt werden

Bevor wir beginnen, eine kleine Bemerkung über Sonne und Mond (die »*Lichter*«, wie sie in manchen astrologischen Traditionen genannt werden): Sie mögen sich wundern, daß in der Astrologie Sonne und Mond als Planeten bezeichnet werden, genau wie Merkur oder Venus. Das kommt daher, daß das Wort »Planet« von dem griechischen *planetes* herstammt, das »Wanderer« bedeutet. Bei den Griechen bezeichnete der Begriff *planetes* diejenigen Himmelskörper, die keinen festen Ort haben, sondern entlang des Tierkreises wandern – im Gegensatz zu den Fixsternen, deren relative Position sich nicht ändert (jedenfalls nicht im Zeitraum eines Menschenlebens). Wenn wir diese Bedeutung »Wanderer« (vgl. das altertümliche »Wandelstern«) im Auge behalten, dann können wir die Logik dessen einsehen, daß man Sonne und Mond Planeten nennt.

Einleitung

1.7 Die hermetische Tradition

Lassen Sie mich auch die Bedeutung des Wortes »hermetisch« klären, das in diesem Buch immer wieder gebraucht wird. Die hermetische Philosophie, die nur ein anderer Name für die Alchemie ist, wird so genannt, weil sie der Tradition zufolge mit Hermes Trismegistos begonnen haben soll, der von vielen auch mit dem ägyptischen Gott Thoth gleichgesetzt wird. Die Begriffe »Hermetik«, »hermetische Philosophie« und »hermetische Tradition« sind alle mehr oder weniger synonym mit Alchemie.

Hierbei muß man auf zwei Punkte besonders hinweisen. Erstens machte die hermetische Philosophie keine klare Trennung zwischen Alchemie und Astrologie – diese beiden Gebiete waren darauf angelegt, zusammenzuarbeiten. Zweitens war die Hermetik nicht nur die Kunst, Metalle zu verwandeln, sondern eine Gesamtschau der Welt und ein Schatz von Weisheit und Wissen, der eine der wesentlichen Grundlagen der westlichen esoterischen Tradition bildete.

Die hermetische Philosophie läßt sich ins alte Ägypten zurückverfolgen (und hat vielleicht noch frühere Ursprünge). Sie blühte im antiken Griechenland, wo sie sich mit den grundlegenden Begriffen der griechischen Philosophie verband. Danach ging sie der westlichen Welt für mehrere Jahrhunderte verloren, doch sie wurde von den Arabern erhalten.

Eines der indirekten und doch wesentlichen Ergebnisse der Kreuzzüge war es, daß die besiegten Kreuzritter alchemistische Abhandlungen zurückbrachten. Sie brachten damit ein Ferment in die Europäische Welt, das eine über Jahrhunderte anhaltende Leidenschaft für die Alchemie entzündete und das auch den Weg zum großen Übergang aus dem Mittelalter heraus zu bereiten half.

2 - Die Piktogramme der Planeten

2.1 Piktogramme

Jeder Planet wird durch ein besonderes Symbol bzw. Piktogramm dargestellt.[1] Erinnern Sie sich, daß es einer der wesentlichen Gründe für das Studium der Astrologie ist, daß sie eine symbolische Sprache darstellt. Ob Sie nun Astrologe werden wollen oder nicht, auf jeden Fall wird es eine bereichernde Erfahrung sein, die astrologischen Symbole zu verstehen. Wir werden diesen Ausflug in den Symbolismus mit einer Meditation über die hauptsächlichen Piktogramme der Astrologie beginnen.

Um Nutzen aus Ihrer Reise in die astrologische Überlieferung zu ziehen, ist es **unbedingt notwendig**, daß Sie sich mit den Piktogrammen der Planeten vollständig vertraut machen, genauso wie mit denen der zwölf Tierkreiszeichen, von Widder bis Fische, die sich in Abschnitt 14.5 finden. Dafür gibt es, abgesehen vom Verständnis ihres Symbolgehalts, eine ausgezeichnete Methode – kritzeln. Nehmen Sie sich ein Blatt Papier und beginnen Sie gleich jetzt, während Sie dieses Kapitel lesen. Danach kritzeln sie weiter ... bis Ihre Hände die Symbole auswendig können.

2.2 Die drei Grundbausteine

Die Piktogramme der Planeten setzen sich aus drei Symbolen zusammen, die wie Bausteine zusammengesetzt werden – aus dem **Kreis**, dem **Halbmond** und dem **Kreuz**.

So wird Venus dargestellt, indem ein Kreis auf ein Kreuz gezeichnet wird; Jupiter, indem man einen Halbmond auf die linke Seite eines Kreuzes setzt; Saturn, indem ein Halbmond unter ein Kreuz gesetzt wird. Die Architektur dieser Zeichen ist keineswegs willkürlich. Sie enthalten einen Code, so daß man intuitiv eine Bedeutung in den Piktogrammen der Planeten finden kann, wenn man die Bedeutung der drei Grundbausteine kennt.

---

[1] Im Griechischen bedeutet das Wort *gramme* »Linie«. Diese Wurzel kommt in vielen Fremdworten wie »Ideogramm« oder »Hexagramm« (ein Satz von sechs Linien im System des I Ging) vor. Ein Piktogramm ist einfach ein Bild-Symbol, das aus Linien besteht.

Gibt es nur eine Art, diese Symbole zu interpretieren? Wahrscheinlich ist das nicht der Fall. Die unten dargestellten Elemente tragen eine Logik in sich, und sie sind in einer Anzahl von Traditionen verankert. Nachdem Sie eine Interpretation dieser Symbole kennengelernt und erwogen haben, mögen Sie vielleicht ein unterschiedliches Bezugssystem wählen. Es ist jedoch so, daß es das Wesen von Symbolen ist, daß man sie auf verschiedenen Ebenen verstehen kann.

2.3 Der Kreis = Geist

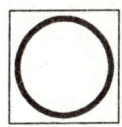
Verschiedene westliche wie östliche Traditionen haben den Kreis als Symbol für die Unendlichkeit angesehen. Wenn Sie einen Kreis abschreiten, dann können Sie sich endlos weiter fortbewegen. Das ruft ein Echo des ewigen Teils des Menschen wach – des Geistes nämlich.

Eine weitere Entsprechung zum Kreis ist der Himmel. Wenn man auf See ist oder in offenem Gelände, wo der Horizont nicht von Bergen oder hohen Bäumen verstellt wird, dann scheint der Himmel rund, vielmehr sphärisch zu sein. Die scheinbare Position der Sterne läßt an eine Sphäre (eine Kugeloberfläche) denken, daher auch die Begriffe »sphärische Astronomie« und »Himmelssphäre« (entlang derer die Planeten ihre Bahnen ziehen).[2]

Im Englischen benutzen wir verschiedene Worte für *sky* und *heaven*, für den »weltlichen« und den »geistlichen« Himmel. In dieser Hinsicht weicht Englisch von den meisten anderen Sprachen ab. So findet man im Sanskrit, im Hebräischen, Griechischen, Lateinischen, Französischen, Italienischen, Spanischen, Deutschen, Niederländischen und mehreren anderen Sprachen das gleiche Wort für beide Aspekte. Man kann nicht genug darauf hinweisen, da es den inneren symbolischen Zusammenhang zwischen beiden betont. Außerdem findet man in fast allen Traditionen eine Verbindung zwischen dem Himmel, Engeln, den Göttern und Gott. Deshalb gibt es neben der symbolischen Verbindung Kreis = Geist auch eine weitere wichtige Entsprechung zwischen dem Kreis und dem Göttlichen, gegeben durch die kreisförmige Symbolik des Himmels.

In der Alchemie ist der Symbolgehalt des Kreises *prima materia*, die ursprüngliche Substanz oder das Chaos, aus dem die Schöpfung entstand. Sie ist identisch mit *hen to pan*, dem Einen, das das Ganze ist, der Uroburosschlange (bzw. -drachen), die sich in den Schwanz beißt.

---

[2] Im Altertum verband man keine unterschiedliche Symbolik mit Kreisen und Sphären, als seien beide Manifestationen des gleichen Archetyps, nämlich Kreise in der Ebene und Sphären in einem dreidimensionalen Raum.

2.4 Halbmond = Seele

Der Halbmond, der wie eine Schale aussieht, symbolisiert das Empfangen und das empfangende Gefäß. Er ist ein offensichtliches Symbol für den Mond, der außer bei Vollmond und bei Neumond in der Form eines Halbmonds zu sehen ist.

Um zu verstehen, wie es zu der symbolischen Beziehung zwischen Halbmond und Seele kommt, müssen wir uns zunächst daran erinnern, daß im griechischen Denken, das in vielerlei Weise den Hintergrund der Alchemie bildet, eine klare Unterscheidung getroffen wurde zwischen *psyche* und *daimon*, der Seele und dem Geist. Der Geist ist die unsterbliche und unveränderliche Flamme, die Seele ist seine veränderliche Widerspiegelung in der Natur. (Die indische Tradition gebraucht das Bild der Sonne, die für das Höhere Selbst steht und die sich in einem See spiegelt.) Die Mondsichel, die eine ständig wechselnde Reflexion des Sonnenlichts ist, erscheint als perfekte Analogie der Seele.

2.5 Quadrat = Materie

Bevor wir über das Kreuz sprechen, müssen wir darüber nachdenken, warum das Quadrat und die Zahl Vier die Materie bezeichnen. Im Altertum hatte man mehrere Erklärungen dafür. Damals sah man die materielle Welt als aus vier Elementen (der Erde, dem Wasser, der Luft und dem Feuer) gemacht an und als aus vier »Reichen« bestehend (dem Mineralreich, dem Pflanzenreich, dem Tierreich und dem Reich des Menschen). Ein grundlegenderes Argument ist, daß man mindestens vier Punkte braucht, um einen dreidimensionalen Raum (wie die physische Welt, in der wir leben) zu definieren, während zwei Punkte eine Linie bestimmen und drei eine Ebene. Es braucht vier Punkte, um einen Körper zu definieren, der nicht mehr in einer Ebene beschrieben werden kann. Daher kommt es, daß die Pythagoräer das Tetraeder als den ursprünglichen Körper ansahen.

Ein Tetraeder sieht oberflächlich wie eine Pyramide aus, nur daß eine Pyramide fünf Flächen und einen quadratischen Grundriß hat. Ein Tetraeder hat nur vier gleiche Flächen, wobei jede davon ein gleichseitiges Dreieck ist.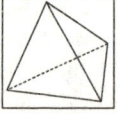

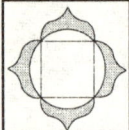 Ein weiteres Beispiel, wie die Zahl Vier mit der Materie verbunden ist, kann man in der hinduistischen Tradition des Tantra finden, in der jedes der fünf unteren Chakren als Entstehung eines der Elemente gilt. Das Basischakra, *mūlādhāra-cakra*, ist der Ausdruck des Erdelements. Es hat

vier Blütenblätter, und sein *yantra,* sein geometrisches Symbol, ist das Quadrat.³

Zur Übung im symbolischen Assoziieren können Sie sich vorstellen, was ein Kreis in einem Quadrat bedeuten könnte? In der Kabbala stellt es den Geist dar, wie er in der Materie verborgen ist, und dies entspricht dem, was wir bislang besprochen haben.

2.6 Kreuz = Inkarnation in die Materie

Ein Kreuz hat vier Zweige. Wenn Sie ein Kreuz in einen Kreis hineinzeichnen, wie es im Piktogramm der Erde geschieht, dann teilen Sie ihn in vier Quadranten. Die Verbindung des Kreuzes mit der Zahl Vier macht es zu einem Symbol, das mit der Materie verbunden ist. Das Kreuz steht jedoch für etwas Dynamischeres als das Quadrat.

Nehmen sie z.B. den Schmelztiegel (engl.: *crucible*). In der Alchemie ist ein Schmelztiegel ein Gefäß, in dem Metalle erhitzt, bearbeitet und verwandelt werden. Das Wort *crucible* kommt von dem lateinischen *crux,* Kreuz. Man hat dieses Wort gewählt, weil die Alchemisten in ihrer Arbeit an den Metallen einen Prozeß spiritueller Entwicklung sahen, der parallel zur menschlichen Inkarnation (Menschwerdung, Verkörperung) auf der Erde zu sehen ist. Daher bedeutet aus der alchemistischen Perspektive der Ausdruck »sein Kreuz tragen«, sich auf der Erde zu inkarnieren (Mensch zu werden) und eine spirituelle Verwandlung durchzumachen. In mehreren Traditionen findet sich das gleiche Konzept – die Erde als eine Schule, wohin Menschen kommen, um bestimmte Lektionen zu lernen und sich dabei zu transformieren. Das ist es, was das Kreuz bedeutet.

Es ist interessant, darauf hinzuweisen, daß *Tu,* das chinesische Schriftzeichen für Erde (als Element) ebenfalls ein Kreuz zeigt.

2.7 Das Piktogramm der Erde

Das Piktogramm der Erde besteht aus einem Kreuz in einem Kreis. Dieses Piktogramm erscheint nicht in den Horoskopgraphiken, in denen die Erde unausgesprochen als Mittelpunkt des Tierkreises angesehen

---

³ Genauer gesagt ist in der indischen Tradition das Quadrat *yantra* des Erdelements.

wird.⁴ Dennoch lohnt es sich, dabei zu verweilen, denn als Symbol ist es außerordentlich bedeutsam. Hier haben wir ganz klar einen Schmelztiegel (*crucible*) vor uns – aus der Sicht der hermetischen bzw. alchemistischen Tradition erscheint es äußerst sinnvoll, die Erde »einen einzigen großen Schmelztiegel« zu nennen.

Beachten Sie, daß es sicher logischer erschiene, die Erde durch ein Kreuz innerhalb eines Quadrats darzustellen, wenn wir die Astrologie neu erfinden würden. Das hätte bedeutet, daß die Erde »Materie ist, in die man kommt, um sein Kreuz zu tragen«. Doch so ist es nicht! Die Tradition hat den Kreis gewählt, um anzuzeigen, daß die Erde eben nicht nur ein Klumpen Erde ist, sondern vielmehr Geist. Dem Symbolgehalt dieses Piktogramms zufolge hat es mit der Erde mehr auf sich, als unsere physischen Augen sehen können.

In der Astrologie wird das gleiche Symbol auch für den **Schicksalspunkt** benutzt. Der Schicksalspunkt ist ein abstrakter Punkt, der ebenso weit vom Aszendenten entfernt ist wie der Mond von der Sonne. Aus der arabischen Astrologie stammend, wurde er von den alten Astrologen sehr hoch bewertet, ist aber inzwischen aus der Mode gekommen.

Den universellen Charakter dieses Symbols der Erde kann man an dem chinesischen Schriftzeichen *Tian* erkennen, das »Stück Land« oder »Feld« bedeutet (so wie ja auch vom »Feld des Elixiers« gesprochen wird). Ursprünglich bestand es aus einem Kreuz in einem Kreis. Im Laufe der Zeit ist daraus ein Kreuz in einem Quadrat geworden – nicht wegen der Symbolik, sondern aus Gründen des bequemeren Schreibens.

2.8 Sonne

Wenn wir wiederum die Astrologie neu erfinden müßten, dann hätten wir vielleicht als Piktogramm für die Sonne an einen schlichten Kreis gedacht – Geist. Die Tradition hat sich jedoch entschieden, einen Punkt in der Mitte des Kreises einzuschließen, was dem Symbol eine schöpfungsbezogene Dynamik gibt. Der Kreis steht für die Unendlichkeit der Schöpfung. Der Punkt steht für die Quelle, aus der die Schöpfung entstanden ist und aus der sie erhalten wird und in der sie am Ende der Zeit wieder aufgehen wird. Der Punkt ist wie das Zentrum aller Mandalas; ohne ihn würde der ganze Kreis unverzüglich in sich zusammenfallen.

---

⁴ Wenn Sie jedoch in *Canopus* (der Astrologiesoftware der Clairvision School) die Option »Heliocentric Chart« wählen, dann ist das Zentrum nicht mehr die Erde, sondern die Sonne, und so werden Sie sehen, wie das Piktogramm der Erde auf Ihrem Bildschirm erscheint.

In der Alchemie steht dieses Symbol auch für Gold, das Metall, das in der hermetischen Tradition mit der Sonne in Zusammenhang gebracht wird.

Ein Hinweis zu den alchemistischen Piktogrammen der Metalle: Die Alchemisten benutzten das gleiche Piktogramm für einen Planeten und für das Metall, das zu ihm gehört. So bezeichnete ein Piktogramm die Sonne und das Gold, ein anderes Venus und Kupfer und so fort. Das ist bedeutsam. Es zeigt, daß, wenn sie an »Venus« dachten, sie keine strenge Unterscheidung vornahmen zwischen dem Planeten Venus und Venus als Planetenkraft, von der Kupfer eine Manifestation auf der Erde ist. Genauer gesagt bezeichnete »Venus« eine archetypische Energie, von der der Planet Venus eine Manifestation am Himmel war, Kupfer eine Manifestation auf der Erde, die Niere eine Manifestation im Körper, und der Rainfarn *(Tanacetum vulgare)* oder die Birke Manifestationen im Pflanzenreich.

2.9 Mond

Das Piktogramm des Mondes erklärt sich von selbst. In der Alchemie steht es auch für Silber, das Metall, das zum Mond gehört.

Wenn Sie *Canopus*, die Astrologiesoftware des Clairvision Corpus benutzen, dann haben sie vielleicht auf einigen Horoskopgraphiken ein weiteres, kleineres Mondpiktogramm entdeckt. Dies steht für den »schwarzen Mond«, den zweiten Brennpunkt der elliptischen Bahn des Mondes um die Erde. Seit den achtziger Jahren dieses Jahrhunderts haben europäische Astrologen diesem Punkt sehr viel Beachtung geschenkt, den sie für einen wichtigen metaphysischen Brennpunkt im Horoskop halten. Sie haben diesem Punkt auch manchmal den Namen »Lilith« gegeben, doch führt dies leicht zu Verwechslungen, da bereits ein Asteroid diesen Namen trägt.

2.10 Venus

Wenn wir uns an die Grundbausteine erinnern, was ist dann die Bedeutung, die aus dem Piktogramm der Venus hervorgeht? Geist, der Kreis, über der Materie, dem Kreuz. Das ist genau, was der höhere Symbolgehalt der Venus besagen will – sich über die Materie erheben und zum Geist aufsteigen. Venus ist der Planet der Liebe, Harmonie und Inspiration. Sie bezieht sich auf ein Stadium der Existenz, in dem man sich über die Mentalität des »Kampfes ums Überleben« erheben kann, die herrscht, wenn Menschen in ihre physische Bedürfnisse verstrickt sind und den Bezug zum Geist verloren haben.

In alchemistischen Texten wird dieses Symbol benutzt, um das Kupfer, das Venus-Metall, zu bezeichnen.

2.11 Mars

In alten Texten wird das Piktogramm des Mars oft genauso wie das der Venus dargestellt, jedoch um etwa 140 Grad gegen den Uhrzeigersinn gedreht, so daß das Kreuz auf dem Kreis steht – die Materie über dem Geist. Mars ist der Gott es Krieges, der immer Freude an Gewalt und Blutvergießen hat. Gerade so, wie Venus den Aufstieg in die Sphären des Geistes symbolisiert, entspricht Mars einem Abstieg in die Materie. So können Menschen, denen die Marsenergie fehlt, leicht »freischwebende« Geister sein, denen es schwerfällt, sich ganz und gar auf ihre physische Umgebung einzulassen. Eine Methode, dieses Problem zu beheben, kann die Einnahme von homöopathischem Eisen sein – des Metalls, das zum Mars gehört – das so die Zugehörigkeit (qua Verkörperung) zur physischen Welt stärken kann.[5]

Das moderne Piktogramm für Mars ist leicht zu merken. Manche erklären es als Darstellung von Schild und Speer des Mars. Es hat die Form eines Pfeils oder einer Schneide, wie man sie an vielen Werkzeugen und Waffen findet, die ja für gewöhnlich aus Eisen gemacht werden.

2.12 Antimon und *pulvis*

Machen wir eine weitere Abschweifung in die Alchemie und ihren Gebrauch der Piktogramme, um Substanzen symbolisch darzustellen. Schon wenn Sie sich das Piktogramm für Antimon (Abbildung links) ansehen, können Sie vermuten, daß eine symbolische Beziehung mit Mars und Venus bestehen muß. Antimon ist ein starkes Gift, eine widrige, aber äußerst kraftvolle Substanz. Die Alchemisten schrieben ihm außerordentliche Heilungskräfte zu und führten es auch in verschiedenen Rezepten für den Stein der Weisen auf.

Im Clairvision-System der inneren Alchemie wird dieses Symbol manchmal benutzt, um das »Venom« darzustellen, die auf Mars bezogene Astralenergie, die den Astralkörper für emotionale Reaktionen anfällig macht.

---

[5] Vergleichen Sie auch das Kapitel 37 über die Metalle.

Sehen wir uns nun ein weiteres alchemistisches Piktogramm an, das für *pulvis*. Wofür benutzt man Messer? Dazu, Dinge in Stücke zu schneiden. Was wäre wohl ein gutes Piktogramm für etwas, das geschnitten und wieder geschnitten wurde, bis es sich schließlich in Pulver oder Staub verwandelt hat (beide werden von dem lateinischen Wort *pulvis* bezeichnet)? Das Piktogramm für *pulvis* sehen Sie rechts.

Genau wie die Symbolik der Venus eine der Einheit ist, so drückt die des Mars Teilung und Trennung aus. Venus steht für hohe Stufen des Bewußtseins der geistigen Welt, in denen alles vom Standpunkt der Einheit her gesehen wird – wie könnten Menschen Krieg untereinander führen, wenn alle eins sind? Mars bezieht sich auf das vereinzelte, getrennte Bewußtsein der Menschen, so wie sie es erleben, wenn sie auf der Erde verkörpert sind.

Das Piktogramm für *pulvis* birgt eine Warnung in sich. Besonders in Zukunft werden die, die das trennende Bewußtsein des Mars über seine Grenzen hinaus drängen, anstatt es mit der vereinigenden Kraft der Venus zu integrieren, als Staub enden.

2.13 Merkur

Die Ähnlichkeit zwischen den Piktogrammen von Merkur und Venus läßt daran denken, daß die beiden Planeten bestimmte symbolische Eigenschaften gemeinsam haben – was auch gewiß so ist. Beide sind näher an der Sonne als die Erde, was symbolisch auf eine engere Verbindung zu den Kräften des solaren *Logos* schließen läßt. Beide beziehen sich auf Wertsysteme, in denen der Geist über die Materie herrscht.

Das Piktogramm des Merkur (und des Quecksilbers, im Englischen das gleiche Wort, *mercury*) ist leicht zu merken, weil der Halbmond an der Spitze auch als ein Flügelpaar gesehen werden kann. Merkur, der Gott der Reisenden, hat Flügel nicht nur an seinen Füßen und Schultern, sondern auch auf seinem Schild und auf seiner Kopfbedeckung.

2.14 Jupiter

Die Piktogramme für Jupiter und Saturn sind beide aus Halbmond und Kreuz zusammengesetzt, die für die Seele und die Materie stehen. Die Werte von Jupiter und Saturn legen fest, wie die Seele sich zur materiellen Welt verhält.

Wenn die Seele über der Materie steht, wie es im Piktogramm des Jupiter der Fall ist, dann hat die Person ein gutmütiges und optimistisches Temperament (»jovial« von lat.: *Jovis*, Jupiter), einen guten Sinn für Humor und eine positive Haltung zum Leben im Allgemeinen.

Manche sehen in dem Piktogramm auch eine Analogie zum Buchstaben Z, nach Zeus, was der griechische Name für Jupiter ist. Andere sehen in dem Zeichen ein Symbol für Jupiters Blitz. In der Alchemie steht das Piktogramm für Zinn, das Metall, das zu Jupiter gehört.

2.15 Saturn

Wenn das Kreuz der Materie über der Seele steht, dann kann das Wertsystem eines Menschen pessimistisch eingefärbt sein, und er mag wohl von Zeit zu Zeit deprimiert sein. Diejenigen Menschen, die glauben, daß das Leben auf der Erde darin besteht, sein Kreuz zu tragen, haben für gewöhnlich stark saturnische Werte. Auf jeden Fall wird solch eine Person vorsichtig und anspruchsvoll sein und kein Detail übersehen.

Wenn Sie den unteren Teil des Piktogramms betrachten, sehen Sie die Form einer Sichel. Das ist die Sichel des Knochenmanns. Saturn (griech.: *Kronos*) symbolisiert die Zeit (*chronos*), die alle Dinge zerstört, die sie hervorgebracht hat – genauso wie Saturn in der griechischen Mythologie seine Kinder fraß.

In alchemistischen Texten steht das Piktogramm auch für Blei, das Metall des Saturn.

2.16 Uranus

Merkur hat einen Kreis, ein Kreuz, und einen Halbmond. Das Piktogramm für Uranus besteht aus einem Kreis, einem Kreuz, und *zwei* Halbmonden. Wie wir sehen werden, ist Uranus ein Super-Merkur, der viele dem Merkur ähnliche Eigenschaften zeigt, doch in einer höheren Art und Weise. Sie werden leicht den Buchstaben H im Piktogramm erkennen, der davon herrührt, daß der Entdecker des Planeten Uranus Herschel hieß.

Das Gesamtbild des Uranus ist das einer Antenne, was gut zu den vielfachen symbolischen Bezügen dieses Planeten zu Wellen, zur Elektrizität, Elektronik und insgesamt zur modernen Technologie paßt. Uranus, was auf Griechisch »Himmel« bedeutet, ist auch der Planet der Luftfahrt, des Fliegens und der Raumfahrttechnik.

2.17 Neptun

Ob man nun zwei Halbmonde oder nur ein Gefäß in diesem Piktogramm sehen will, immer ist der symbolische Eindruck einer von extremer Empfindlichkeit und Empfänglichkeit. Neptun ist der Planet der Ströme der Inspiration und der Mystik.

Die Analogie mit dem Dreizack des Meeresgottes Poseidon bzw. Neptun macht dieses Piktogramm einprägsam.
Das Piktogramm ähnelt auch dem griechischen Buchstaben Ψ (*psi*), der für die Seele steht (*psyche*, daher auch »Psychologie« usw.). Neptun ist der Planet mit den höchsten übersinnlichen Wahrnehmungen.

2.18 Pluto

Pluto zeigt einen kleinen Kreis, der geheimnisvoll halb innerhalb und halb außerhalb einer Schale schwimmt. Dieses Grals-Symbol paßt gut zu dem Planeten des Todes und der Auferstehung, sowie der alchemistischen Verwandlung der Materie.

2.19 Der aufsteigende (nördliche) und absteigende (südliche) Mondknoten

Auch wenn sie nicht unter die Planeten zählen, so werden doch der nördliche und der südliche Mondknoten meistens in Horoskopzeichnungen eingetragen, und ihre Deutung spielt eine große Rolle.

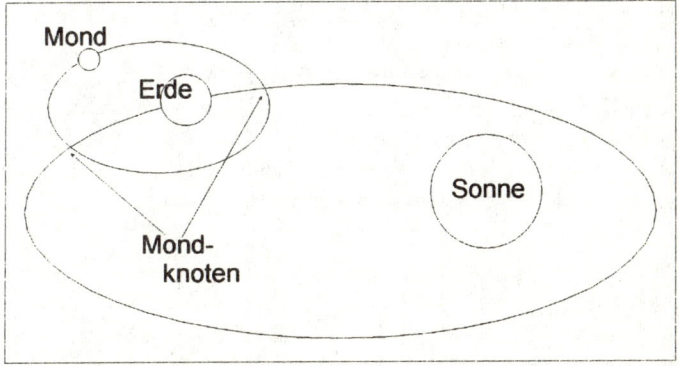

Astronomisch sind diese Knoten die Schnittpunkte der Umlaufbahn des Mondes mit der Ekliptik. Die Ekliptik ist der scheinbare Weg der Sonne entlang der Himmelssphäre, der identisch ist mit dem Weg der Erde um die Sonne.
Sonnen- und Mondfinsternisse (Eklipsen) treten nur dann ein, wenn Sonne und Mond während eines Vollmonds oder Neumonds nahe an diesen Knoten sind. Symbolisch stellt eine Verfinsterung eine Trennung vom Licht des Geistes dar, und so sind die Mondknoten oft mit

finsteren und unheilverkündenden astrologischen Merkmalen und ihnen entsprechenden Ereignissen in Verbindung gebracht worden.

Nördlicher, aufsteigender Mondknoten

Der nördliche Knoten wird auch »Kopf des Drachen« genannt, während der südliche »Schwanz des Drachen« genannt wird. In einer Horoskopzeichnung stehen sie sich gegenüber, mit genau 180 Grad Abstand zwischen ihnen. Deshalb können sie auch als eine Achse gedeutet werden –

Südlicher, absteigender Mondknoten

als die Achse des Schicksals. Der nördliche Knoten steht für das Schicksal, das vor Ihnen liegt, Ihre Zukunft, auf die Sie sich zubewegen. Der südliche Knoten steht für die Vergangenheit, die Eigenschaften, die Sie mit in diese Inkarnation gebracht haben, und auch für Ihr Karma (daher haben die früheren Astrologen diesem Punkt auch gar keine gute Bedeutung in einem Horoskop beigemessen).

Astrologen der vergangenen Jahrhunderte, ob chinesische, hinduistische oder europäische, neigten zu einem Schwarzweiß-Denken und schrieben jedem der Planeten eine feste Bedeutung zu. In einem Horoskop gab es die Guten, voran Jupiter, und die Bösen, ganz besonders Saturn und die Mondknoten. Moderne Astrologen haben eine flexiblere Sicht entwickelt, in der jeder Planet sowohl positive wie negative Eigenschaften aufweist. Das führt auf natürliche Weise zu Konzepten einer Verwandlung des Selbst, in der die Werte jedes Planeten gereinigt und verwandelt werden.

Die Form des Piktogramms des nördlichen Mondknotens kann man mit einem Kopf zusammenbringen, während das des südlichen eher an einen Schwanz erinnert. Es ist leicht, sich in beiden einen Drachen oder eine Schlange vorzustellen. Mythologisch und symbolisch ist ja auch der Unterschied zwischen Drachen und Schlangen oft unklar.

3 - Sonne ☉

3.1 Astronomische Fakten – Keime der Symbolik

Die Sonne ist 149 600 000 Kilometer von der Erde entfernt.

Bei 110 Kilometer pro Stunde – einer normalen Reisegeschwindigkeit mit dem Auto – würde man 155 Jahre brauchen, um die Sonne zu erreichen.

Das Licht braucht 8 Minuten, um von der Sonne aus die Erde zu erreichen.
Würde die Sonne plötzlich aufhören, Licht auszusenden, dann wüßten wir es erst 8 Minuten später. Im Vergleich dazu braucht das Sonnenlicht ungefähr 5½ Stunden, um Pluto zu erreichen, und mehr als 4 Jahre bis zum nächstgelegenen Stern. Das Mondlicht braucht dagegen weniger als 2 Sekunden bis zur Erde. (Die Lichtgeschwindigkeit beträgt etwas weniger als 300 000 Kilometer pro Sekunde.)

Die Sonne ist riesig groß – ihr Durchmesser beträgt ungefähr 1,4 Millionen Kilometer.
Das ist mehr als das Dreifache des Abstands zwischen Erde und Mond! In anderen Worten, wenn der Mittelpunkt der Sonne und der der Erde zusammenfielen, wäre die Oberfläche der Sonne von der der Erde dreimal so weit entfernt wie der Mond.
Man denkt oft, daß Jupiter der größte Himmelskörper im Sonnensystem ist. Doch der Durchmesser der Sonne ist zehnmal so groß wie der des Jupiter, und deshalb hat sie auch des 116fache seines Volumens. Mehr als 99 Prozent der Masse des Sonnensystems steckt in der Sonne!
Doch bleiben wir relativ: Im Vergleich zu vielen anderen Sternen ist unsere Sonne winzig.
Die Temperatur der Sonne beträgt nahezu 6 000°C an der Oberfläche und mehr als 15 000 000°C in ihrem Mittelpunkt. Demzufolge gibt es weder feste Stoffe noch Flüssigkeiten auf der Sonne, sondern ausschließlich Gase.
Gegenwärtige wissenschaftliche Theorien nehmen an, daß die Sonne und die Erde, zusammen mit dem Rest des Sonnensystems, vor ungefähr 4,6 Milliarden Jahren entstanden sind. Den Ursprung des Universums (den »Urknall«) verlegt man gegenwärtig 15 Milliarden Jahre zurück.

3.2 Von den physikalischen Tatsachen zur Symbolik

Die Sonne ist der größte, heißeste, am stärksten leuchtende und schönste Körper im Sonnensystem – daher die symbolische Assoziation mit »Führerschaft« und »Vorherrschaft«.

3.3 Planetarischer Archetyp

Das Zentrum/der Kern (der Punkt im Piktogramm)
Die Sonne steht für alles, was zentral und wesentlich ist – für das Herz der Dinge, sowohl metaphorisch wie physisch.

Spender des Lebens, Spender des Lichts
Wie wir gesehen haben, als wir über das Piktogramm sprachen, steht die Sonne nicht nur für das Zentrum, um das herum sich die ganze Schöpfung dreht, sondern auch für den Punkt, aus dem die Schöpfung entsprungen ist. Die Sonne ist der Lebensspender. Sie ist das Prinzip, ohne das nichts existieren könnte und ohne das nichts überleben könnte. Die Schöpfung entstand daraus, und sie wird beständig durch diesen Geist organisiert und genährt.

Totalität (der Kreis im Piktogramm)
Das Prinzip der Sonne ist nicht nur das Zentrum, das das Mandala der Schöpfung erhält – es ist die Schöpfung selbst! Symbolisch sind der Mond und die anderen Planeten nur Widerspiegelungen der Sonne, jeweils auf besondere Funktionen hin spezialisiert. (Sogar physisch sind die anderen Planten nur zu sehen, weil sie das Licht der Sonne reflektieren.) Nichts findet sich in den Planeten, was nicht auch schon in der Sonne ist.

Der göttliche *Logos*
Die Sonne ist von nahezu allen Zivilisationen der Erde mit dem Göttlichen in Verbindung gebracht worden. Denken Sie z.B. an *Ra*, den Sonnengott der Ägypter, oder an *Surya*, den Sonnengott der Hindu-Tradition. Die christliche Tradition, mit ihrer Betonung des Monotheismus, sieht in der Sonne nicht *einen Gott*, sondern das Licht Gottes selbst. Daher spricht Dante, in der *Göttlichen Komödie*, von der Sonne als von einem Spiegel:

> *di quello specchio, che su e giu del suo lume conduce,*
> jenes Spiegels Rad, der seine Strahlen auf und abwärts sendet.[6]
> Purgatorio 4.62–66

---

[6] Dante: *Die göttliche Komödie*, übersetzt von Wilhelm G. Hertz. München: Winkler, 1957, Seite 174.

Paracelsus zufolge ist die Quelle des Sonnenlichts niemand anders als Gott selbst, der nicht nur die Sonne regiert, sondern selbst in ihr brennt und scheint. Johannes Kepler dachte, daß die Sonne wegen ihrer Macht und Würde dazu angemessen sei, »die Heimstatt Gottes selbst zu sein«.[7] Man kann daher den Archetyp der Sonne vergleichen, wenn nicht gar gleichsetzen mit dem *logos* (Wort), dem schöpferischen Prinzip, das in den ersten Versen des Johannesevangeliums beschrieben wird:

> Im Anfang war das Wort, und das Wort war bei Gott, und das Wort war Gott. Dieses war im Anfang bei Gott. Alle Dinge sind durch dasselbe geworden, und ohne das Wort ist auch nicht eines geworden, das geworden ist. In ihm war Leben, und das Leben war das Licht für die Menschen. Und das Licht scheint in der Finsternis, und die Finsternis hat es nicht angenommen.

Der König oder Herrscher
Im Chinesischen besteht das Schriftzeichen für »König« aus drei horizontalen Linien, die durch eine vertikale verbunden werden. Nach dem traditionellen chinesischen Modell der Welt stehen die drei Linien für die drei Welten, aus denen die Schöpfung besteht. Oben ist der Himmel, die Welt der Götter, die die Schöpfer sind. Unten ist die Erde, das Reich der Materie. Die mittlere Linie steht für den Bereich des Menschen, denn es ist die Aufgabe der Menschen, zwischen Himmel und Erde, zwischen Geist und Materie zu vermitteln. Der König oder Herrscher ist dadurch, daß er diese drei horizontalen Linien verbindet, derjenige, der diese Vermittlung geschehen läßt. Er ist es deshalb, der die Erde mit dem Himmel verbindet. Wenn er seine kosmische Funktion erfüllt, dann kann durch ihn die Ordnung des Himmels ausstrahlen und so die Erde erleuchten und organisieren. Es kommt mehr darauf an, wer der König *ist*, als darauf, was er tut. Das Wesen seiner Funktion ist übernatürlicher Art. Nur wenn er das Sonnenprinzip der göttlichen Herrschaft verkörpern kann, wird das Land gedeihen. Anderenfalls, selbst wenn er ein weiser und geschickter Verwalter ist, wird die Nation im Chaos enden – es wird schwere Störungen im Klima, Naturkatastrophen und Seuchen geben.

Ein ähnliches Prinzip findet sich in der Artussage. Bevor Artus kommt, befindet sich das Land in einem Zustand völliger Zerrüttung. Kriege, Armut und Krankheiten sind allgegenwärtig. Sobald Artus König wird, ordnet sich alles in natürlicher Weise um ihn herum. Einfach durch seine Anwesenheit stellt sich die Ordnung wieder her.

---

[7] Burtt, E. A.: *The Metaphysical Foundation of Modern Physical Science.* London: Kegan Paul, 1932, Seite 48.

Hinsichtlich der astrologischen Archetypen entspricht dies der ordnenden Kraft der Sonne. Der gleiche Archetyp kann auf vielen verschiedenen Ebenen beobachtet werden; so spielt in einer Zelle der Zellkern ähnlich die Rolle einer Regierung, von der aus sich alles organisiert.

Hält man sich diese Prinzipien vor Augen, dann wird einem auch die Bedeutung mehrerer symbolischer Verknüpfungen deutlich. Unter den Tierkreiszeichen, wie könnte die Sonne mit einem anderen Zeichen als dem Löwen verbunden sein, der ja auch der »König der Tiere« genannt wird? Das Symbol der königlichen Herrschaft war traditionell ein Szepter – für gewöhnlich eines aus Gold. Das Wort »Szepter« kommt vom griechischen *skepto*, »sich stützen auf«; so ruht ein ideales Königreich auf der göttlichen Autorität und der ordnenden Kraft des Königs.

3.4 Eigenschaften und psychologische Merkmale

- Würde, edles Wesen, Ehrgefühl.
- Selbstrespekt, Selbstachtung, Selbstbewußtsein, Selbstvertrauen.
- Zielbewußtsein, Ehrgeiz, Entschlossenheit.
- Autorität, Führungsqualitäten, Organisationsfähigkeit.
- Direkt, ehrlich und aufrichtig.
- Großmütig.
- Hoffnung, Streben nach Höherem (»Aspiration«).
- Freude – besonders die grundlose Feude, die von einer Nähe zum Geist oder zum Höheren Selbst herrührt.
- Bedingungslose Liebe.

3.5 Negative Eigenschaften und Schwächen, die mit der Sonne verknüpft sind.

»Ich *bin* der Staat.«
Ludwig XIV

- Hochmut. Stolz.
- Egoismus.
- Arroganz.
- Zu sehr darauf fixiert, überall die wichtigste Person zu sein.
- Diktatorische und despotische Tendenzen. Will alles beherrschen.
- Neigt zum Jähzorn.
- Sehr »persönlich« orientiert. Kann sich gut in persönliche Streitfragen mit anderen verheddern.

3.6 Das »Syndrom« einer Leere der Sonnenenergie

Die psychologischen Merkmale, die wir bis jetzt aufgezählt haben, ob sie gut oder schlecht sind, haben alle mit einer »Fülle« der Sonnenenergie zu tun. Im Falle eines Mangels an Sonnenenergie hingegen werden die Betroffenen ganz andere Eigenschaften zeigen. Führen wir die wichtigsten davon auf:
- Selbstunsicherheit.
- Viele Zweifel an sich selbst.
- Was immer sie tun, sie glauben, daß sie etwas falsch gemacht haben.
- Leicht niedergeschlagen oder deprimiert.
- Sie haben immerfort das Gefühl, daß sie andere stören. Oft sagen sie »Entschuldigung ...« oder »Ich hoffe, ich störe Sie gerade nicht ...« – und weil sie diese Rolle aktiv spielen, sind sie schließlich oft schwer zu ertragen; nicht weil sie aggressiv oder aufdringlich wären, sondern weil sie einen Kraft kosten.
- Sie wirken demütig, doch ist es eine »erzwungene« Demut, die auf Selbstverleugnung beruht statt auf der Erkenntnis des eigenen wahren Platzes im Universum.

Wenn Sie jemanden treffen, der solch ein Verhalten und eine derartige Haltung zeigt, so können Sie sich ziemlich sicher sein, daß die Sonnenenergie nicht in dieser Person scheint.

Ein hinduistischer Astrologe würde solchen Menschen raten, einen Rubin zu tragen, um die Planetenkraft der Sonne in ihnen anzuregen.

Wenn Sie ein Meister in dieser Kunst werden wollen, dann stimmen Sie sich auf die Energie von Leuten ein, die dieses »Syndrom« aufweisen, und vergleichen Sie sie mit der Ausstrahlung von Leuten, die ein hohes Maß von Schwung und Arroganz zeigen. Wenn Sie dieses Gefühl für die Planetenkräfte in der energetischen Ausstrahlung von Menschen entwickeln können, dann werden Sie sehr scharfe Einsichten in ihr Wesen und ihre psychische Beschaffenheit gewinnen, sobald sie sie nur kennenlernen.

3.7 Symbole, die mit der Sonne verknüpft sind

I Ging, Hexagramm 1: Kiën, das Schöpferische
Aus dem doppelten Zeichen für den Himmel gebildet, drückt das erste Hexagramm des I Ging die schöpferische Kraft des Göttlichen aus. Die Symbolik, voll von fliegenden Drachen, zeigt einen edlen Mann, der sich stark und unermüdlich macht.

I Ging, Hexagramm 55: Fong, die Fülle

Gebildet aus dem Zeichen für Licht unter dem für Donner, wird dieses Hexagramm »die Fülle« oder »der Überfluß« genannt und ist verknüpft mit Sätzen wie »Sei nicht traurig, sei wie die Sonne am Mittag«, oder »der König schafft Überfluß«.

Das Symbol steht in Verbindung mit dem griechischen Wort *pleroma*, das für den göttlichen solaren Logos steht.

Das goldene Ei

In der Kosmogonie, die man in Sanskrit-Texten findet, ist *hiraṇyagarbha* das goldene Ei bzw. der goldene Embryo, aus dem die Schöpfung hervorging – eine Theorie, die deutliche Ähnlichkeiten mit dem Urknall der modernen Physik hat. *hiraṇya-garbha* bezeichnet einen Zustand der Fülle und der aufs äußerste konzentrierten Energien, in dem anfänglich alle Welten als Samen enthalten sind und dann daraus in die Existenz entlassen werden.

Wenn man die auf die Sonne bezogene Symbolik des Goldes versteht, dann sieht man sogleich, daß dieses Ei nie aus Blei, Silber oder Kupfer bestanden haben könnte. Da es mit dem solaren Prinzip des Schöpferischen verbunden war, *mußte* es aus Gold sein.

In der Regression des ISIS-Prozesses, wenn Menschen das befruchtete Ei wiedererleben, aus dem ihr Körper hervorgegangen ist, kommt es nicht selten vor, daß sie eine herrliche Kugel von goldenem Licht wahrnehmen, die symbolisch mit *hiraṇya-garbha* verbunden ist. Eine weitere Ebene der Manifestation dieses Archetyps findet sich in schwangeren Frauen. Die Aura schwangerer Frauen ist mit goldenem Licht erfüllt, weil Mutter zu werden bedeutet, das universale Prinzip des Schöpferischen auf der individuellen Ebene zu verkörpern. Wenn eine Schwangere Depressionen hat oder sonst nicht vollständig mit dem schöpferischen Licht der Sonne verbunden ist, dann ist in der anthroposophischen Medizin, wie wir noch sehen werden, das hauptsächliche homöopathische Arzneimittel Gold, *Aurum metallicum*. Ich habe es in einer Reihe solcher Fälle mit ausgezeichnetem Erfolg angewandt. Einer der schönen Aspekte dieser Arbeit über Symbolik ist es, daß sie die kosmischen und die individuellen Ebenen auf eine Art verbindet, die nicht nur zur Seele spricht, sondern auch viele praktische Anwendungen in Bereichen wie der Therapie oder der Landwirtschaft bietet.

3.8 Die Frage der Entsprechungen zwischen den Planeten und Farben

Bevor erörtert wird, welche Farbe zur Sonne gehören könnte, sind einige Worte der Warnung angebracht. Viele astrologische Bücher bieten Listen der Beziehungen zwischen Planeten und Farben an. Weil es sieben (traditionelle) Planeten gibt und man den Regenbogen traditionell in sieben Farben unterteilt, ist natürlich die Versuchung gross, hier einen Zusammenhang herzustellen. Das Problem ist, daß die einzelnen Bücher sehr in ihrer Ansicht auseinandergehen, welche Farbe mit welchem Planeten verbunden werden sollte.

Der Grund dafür liegt, was immer auch einige Leute sagen mögen, darin, daß es in Wirklichkeit keine grundsätzliche Verbindung gibt, nichts Archetypisches, das jeden Planeten mit einer bestimmten Farbe verbindet. Man könnte hier für Mars eine Ausnahme machen, der seinem Wesen nach mit der Farbe Rot verbunden wäre, der sichtbaren Farbe des Planeten Mars am Himmel. Dennoch verbinden einige Lehrsysteme die Farbe Rot mit der Sonne, und nicht mit Mars! Da es die Methode des vorliegenden Werks ist, daß es versucht, die Logik und die Gründe hinter den Dingen ausfindig zu machen, anstatt sie als fertige Tatsachen zu präsentieren, wäre es absurd, eine und nur eine einzige Farbe einem bestimmten Planeten zuzuschreiben, wie es in Tabellen der Entsprechungen geschieht.

Nachdem dies nun gesagt ist, fragen wir uns, welche Farbe gut zur Sonne passen könnte, und warum ebendiese? Gelb bringt Wärme und Begeisterung, was zur Symbolik der Sonne paßt. Außerdem kommt diese Farbe der Erscheinung der Sonne am nächsten. Als eine symbolische Entsprechung der Sonne wäre auch weiß sehr sinnvoll, weil es die Kombination aller Farben des Spektrums ist, gerade so, wie die Sonne die Gesamtheit dessen in sich vereinigt, was in den Planeten zum Ausdruck kommt. Gold ist auch eine logische Entsprechung, da das Metall Gold die physische Manifestation der Planetenkraft der Sonne ist. Wenn man die Feuersymbolik kennt, die zur Sonne gehört, dann kann man auch verstehen, warum einige Leute warme Farben wie Rot und Orange mit ihr in Verbindung gebracht haben.

3.9 Die Sonne und das Christusbewußtsein

> Die wahre Sonne ist Christus. St. Patrick: *Confessio*

> Dann werden die Gerechten im Reich ihres Vaters leuchten wie die Sonne. Matthäus 13,43

Jesus sprach zu ihm: Ich bin der Weg und die Wahrheit und das Leben; keiner kommt zum Vater außer durch mich.

Johannes 14,6

Die christliche Tradition ist übervoll mit Hinweisen auf die Sonnensymbolik Christi. So versteht man die alttestamentarische Rede von der »Sonne der Gerechtigkeit« (Maleachi 4,2) als einen direkten Hinweis auf das Kommen Christi. Die Botschaft Christi war eine der Liebe und des Öffnens der Herzen – das sind zentrale Werthaltungen der Sonne. Esoterische Strömungen identifizierten Christus mit dem solaren Logos, und im Kapitel 24, »Die Sonne, das Gold und die transformierten Körper«, werden wir auf die Zusammenhänge zwischen Sonne, Ego und Christusbewußtsein zurückkommen.

3.10 Sätze, die zum Sonnenarchetyp gehören

»Für mich ...«
»Persönlich ...«
»Was mich betrifft, ...«
»Ich weiß, daß ich Recht habe!«
»Ich kann es selbst tun!«
»Was glauben sie denn, wen Sie vor sich haben?«
»Wir machen das auf meine Art oder gar nicht.«
»Ich! Einen gebrauchten Kombi fahren?«
»Hab Vertrauen!«

4 - Mond ☽

4.1 Astronomische Fakten – Keime der Symbolik

Die mittlere Entfernung zwischen der Erde und dem Mond beträgt 384 000 Kilometer. Das ist bemerkenswert nahe – 400- bis 500mal näher als die Sonne. Es kommt nur ausnahmsweise vor, daß ein Planet oder ein Komet näher als das hundertfache dieser Entfernung kommt. Die Entfernung von 384 000 Kilometern ist die, die ein Fahrer gewöhnlich zurückgelegt hat, wenn er drei bis vier Autos verschlissen hat.

Wenn Sie pausenlos 110 Kilometer pro Stunde fahren würden, dann bräuchten Sie nur 145 Tage, um diese Strecke zurückzulegen, verglichen mit 155 Jahren, um die Sonne zu erreichen. Schon 1969 jedoch startete Apollo 10 am 18. Mai von der Erde und begann seine Umlaufbahn um den Mond am 20. Mai! (Zu dieser Zeit brauchte man oft mehr als zwei Tage, um mit dem Zug von Madras nach Delhi zu kommen.)

Der Durchmesser des Mondes beträgt 3 476 Kilometer (der der Erde 13 000 Kilometer, der der Sonne 1,4 Millionen Kilometer). Wenn die Erde die Größe eines Basketballs hätte, dann wäre der Mond so groß wie ein Tennisball.

Angesichts dieser immensen Größenunterschiede ist es ein beeindruckender und symbolisch bedeutsamer »Zufall«, daß die Sonne und der Mond dieselbe scheinbare Größe haben, wenn man sie von der Erde aus sieht. In anderen Worten, die Sonne ist riesig, und der Mond ist winzig, doch von der Erde aus scheinen sie die gleiche Größe zu haben. Dies ist eines der Elemente, die mehrere Kulturen des Altertums dazu gebracht haben, eine Polarität und Balance zwischen den Kräften der Sonne und des Mondes zu sehen. Mehr zu diesem Thema findet sich in dem Abschnitt »Die Dialektik von Sonne und Mond«.

Von der Erde aus gesehen, ist der Mond der wechselhafteste aller Himmelskörper. Seine scheinbare Bewegung ist die schnellste – bis zu 15mal schneller als die der Sonne – so daß Sie ihn jede Nacht deutlich an einer anderen Stelle am Himmel finden. Sein Aussehen ändert sich ebenfalls dramatisch von einem Tag auf den anderen, entsprechend den Mondphasen. Daher kommt der Symbolgehalt der fortwährenden

Veränderungen und der launischen Unregelmäßigkeiten, der ein wichtiger Teil der astrologischen Symbolik des Mondes ist.[8]

Als daher Romeo beim Mond seine Liebe schwört, antwortet ihm Julia: »O schwöre nicht beim Mond, beim unbeständ'gen Mond!«
Shakespeare: *Romeo und Julia* 2.2

Ein Tag auf dem Mond ist ungefähr 50 Minuten länger als ein Tag auf der Erde, und das ist der Grund dafür, daß die Gezeiten, Ebbe und Flut, jeden Tag ungefähr 50 Minuten später kommen.

Die Verbindung zwischen dem Mond und den Gezeiten ist ein natürlicher Grund dafür, den Mond mit dem Wasser zu verbinden.

Der Mond hat keine Atmosphäre, was seine vielen Krater erklärt.

Wenn die Erde keine Atmosphäre hätte, die die Meteoriten aufhält, dann sähe ihre Oberfläche genauso wie die des Mondes aus.

Der Mond hat ein sehr schwaches magnetisches Feld – seine Feldstärke beträgt nur 1/10 000 von dem der Erde. Seine Schwerkraft beträgt ein Sechstel von der der Erde.

4.2 Planetarischer Archetyp

Empfänglichkeit und Reflexion
Der Mond empfängt das Licht von der Sonne und reflektiert es. So ist er der auffälligste Spiegel, über den Menschen nachdenken können.

Man darf das nicht nur physikalisch verstehen. Wenn Sie sich auf den Mond einstimmen, können Sie leicht in sich einen »reflektierenden Raum« schaffen, in dem Sie mit tiefen Werten und Strebungen in Ihrer Psyche in Berührung kommen können. Das ist etwas, was moderne Menschen vergessen haben. Wenn sie »in sich gehen« müssen, dann laufen sie sogleich zu einem Psychotherapeuten. In der psychotherapeutischen Kunst ist ein wesentliches Element jedoch das »Spiegeln«, d.h., daß man den Klienten erlaubt, gewahr zu werden, was in ihrer Seele vor sich geht, genauso wie Sie etwas über sich selbst herausfinden können, indem Sie in den Spiegel schauen. In früheren Kulturen wußten die Menschen instinktiv, wie sie unter dem Mond sitzen konnten und ihn in einer kontemplativen Stimmung ihre Seele spiegeln lassen konnten. Man könnte daraus einfache Sprichworte machen: »Um mit deiner Seele in Berührung zu kommen, komm mit dem Mond in Berührung«

---

[8] Die Bewegung des Mondes ist voller Unregelmäßigkeiten, was die genaue Berechnung seiner Position schwierig und langwierig werden läßt. Um die Genauigkeit einer Winkelsekunde zu erreichen, braucht man mindestens zwei bis drei Seiten Formeln. In *Canopus* nehmen die Algorithmen zur Berechnung der Position des Mondes fast zehnmal soviel Platz ein wie die für Venus oder Merkur.

Mond 35

(nicht nur dem am Himmel, sondern auch mit »Ihrem Mond«, d.h. den Mond-Werten in Ihnen). Oder: »Kein Kontakt mit dem Mond, kein Kontakt mit deiner Seele«.

Multiplikation und Reproduktion
Bei den symbolischen Verknüpfungen ist es nur ein kleiner Schritt von der Reflexion zur Multiplikation. Um selbst einen Eindruck vom Archetyp des Mondes zu bekommen, stellen Sie sich zwischen zwei Spiegel, und sehen Sie sich die unendlichen Spiegelbilder von sich an. Man kann das leicht erreichen, wenn man den dreiteiligen Spiegel eines Badezimmerschranks benutzt. Öffnen Sie die beiden Seitenflügel dieses Schranks, und da haben Sie sich, in der Unendlichkeit des Mondes! Wahrscheinlich haben Sie als Kind mit diesen Effekten gespielt, doch wenn Sie dies nun mit spirituellem Bewußtsein wieder tun, sind Sie möglicherweise überrascht von der Tiefe dieser Erfahrung.

Eine Kette von Assoziationen schließt sich unmittelbar an dieses Prinzip der unendlichen Vervielfältigung an, und sie beginnt mit der **Fruchtbarkeit**. Denken Sie an die Natur, die ein Samenkorn (einen schöpferischen Impuls der Sonne) nehmen und die Pflanze über eine ganze Landschaft hinweg verbreiten kann. Denken Sie an die **geschlechtliche Fortpflanzung**, durch die sich die Tierarten ausbreiten. Je mehr die Kraft des Mondes losgelassen ist und ungezügelt wirkt, desto mehr Nachkommenschaft – was sogleich daran denken läßt, daß Geschöpfe wie Kaninchen oder Küchenschaben eine besondere Affinität zu den Kräften des Mondes haben müssen.

Chaos
In der Alchemie beginnen eine Reihe von Operationen mit der Verwesung (*putrefactio*), also damit, daß man Substanzen verrotten läßt. Warum ist das so? Weil Verwesung bedeutet, die Substanzen in einen Zustand von Chaos zu bringen. Entsprechend den antiken griechischen Auffassungen, die die Lehrgrundlage der Alchemie darstellten, ging die Welt aus einem ursprünglichen Chaos hervor, das auch *hyle* oder *prima materia* genannt wurde und das dasselbe war wie das *tohu wa bohu* (wüst und öde) des Schöpfungsmythos der Genesis.

> Die Erde war aber wüst und öde, und die Finsternis lag auf der Urflut, und der Geist Gottes schwebte über den Wassern.
> 1 Mose 1,2

Offensichtlich muß es sich bei dieser Urflut oder dem ursprünglichen Chaos um mehr gehandelt haben als nur um eine unordentliche Substanz. Wenn die gesamte Schöpfung daraus hervorging, dann kann man erwarten, daß eine phantastische Dynamik, ein ungeheures Lebenspotential in ihr enthalten war. Wenn sie Substanzen verrotten lassen, dann ist es die Absicht der Alchemisten, den Bedingungen des ursprünglichen Chaos nahezukommen und so seiner unbegrenzten Lebenskraft teilhaftig zu werden.

Wie passen die Archetypen von Sonne und Mond in diesen Zusammenhang? Damit das Universum aus dem ursprünglichen Chaos entstehen kann, braucht es die Zusammenarbeit zweier Prinzipien. Ein schöpferischer Funke kommt von Gott dem Schöpfer, und er wird von dem ursprünglichen Chaos aufgenommen. Wie ein Spiegel spiegelt das ursprüngliche Chaos die Idee Gottes, und diese Spiegelung wird die Schöpfung. Die unendlich plastische Substanz des ursprünglichen Chaos wird zu den feinstofflichen Welten und zur physischen Welt geformt.

☉ Prinzip der Sonne	☽ Prinzip des Mondes
Gott der Vater	Gott die Mutter
Kosmisches Feuer	Kosmische Wasser
Schöpferische Intelligenz	*prima materia*, ursprüngliches Chaos
Solarer Logos, Christus	Jungfrau Maria
Chokmah	*Binah*
Iśvara	*prakṛti*
Archetypische Ebene	Manifestierte Welt
Produktion	Reproduktion

Die Alchemisten halten die Natur für eine große Lehrmeisterin, und viele der Prinzipien ihrer Kunst zielen darauf ab, evolutionäre Prozesse, wie sie in der Natur vorkommen, in einem beschleunigten Tempo nachzuvollziehen. Chaos findet sich überall in der Natur, in der Gestalt der Kompostierung. So können Sie verstehen, warum die Alchemisten immer vom Kompost fasziniert waren. Statt nur die unangenehme Erscheinung zu sehen, erkannten sie, daß das edle Prinzip des ursprünglichen Chaos in diesen Haufen am Werk war. Das Verrotten des Komposts ist die Grundlage für die Fruchtbarkeit des Landes. Je mehr verrottet, desto mehr Pflanzenwuchs – von dem ja alle Schönheiten der Natur herkommen.

Das Prinzip des fruchtbaren Chaos ist zentral für die Mondsymbolik, und es manifestiert sich auf verschiedenen Ebenen. Wenn etwa der Magen den Verdauungsprozeß beginnt, indem er die Nahrung zersetzt, dann wirkt dabei das Mond/Chaos–Prinzip.[9] Doch das Chaos kann sich

---

[9] Wenn Sie Essensreste in ein verschlossenes Gefäß geben und es 2 Monate später wieder öffnen, so wird das, was Sie sehen und riechen werden, sehr stark an Erbrochenes erinnern. Daher wird der Begriff »Verdauung« (*digestio*) in der Alchemie auch für Vorgänge in der Natur gebraucht, nicht nur für die im Magen.

auch psychisch manifestieren, so daß man es im Verhalten und in der Vorgehensweise von Menschen beobachten kann.

Nehmen Sie irgend etwas Einfaches – wie es in der Küche von jemandem aussieht. Wenn Sie sich diese Küche einmal genau ansehen, können Sie unmittelbar feststellen, welche Planetenkräfte in ihm oder ihr stark sind, und Sie können insbesondere die Balance zwischen Mond und Saturn beurteilen. Die Küche von jemandem mit einem starken Mond mag ja ein komplettes Durcheinander sein, doch findet sich dort immer etwas Interessantes zu essen. Wenn der Saturn vorherrscht, dann ist die Küche sauber und ordentlich, doch, abgesehen von besonderen Anlässen, gibt es dort nicht viel zu essen.

Ernährung und das mütterliche Prinzip
Der Mond ist die Kraft, die Dinge wachsen macht. Er spiegelt und vervielfältigt nicht nur, er nährt auch. Das äußert sich in mehrfacher Weise. Menschen mit einer starken Mondenergie haben für gewöhnlich Freude daran, Sie zu nähren. Das geht viel weiter als nur dahin, daß sie für Sie kochen und Ihnen Essen auftischen. Sie wissen, wie sie einen Raum schaffen können, in dem Sie sich psychisch genährt fühlen, d.h. anerkannt und umsorgt. Wenn man Kindern einen solchen Raum bieten kann, dann gibt ihnen das ein tiefes Gefühl von Sicherheit, das ihnen die Grundlage für eine harmonische Entwicklung bietet. Daher kommt das Hindu-Sprichwort: »eine Mutter ist hundert Gurus [dt.: Lehrer] wert.« Wenn Kinder, vor allem in ihren ganz jungen Jahren, diesen nährenden Einfluß nicht bekommen haben, dann kann es gut sein, daß sie als Erwachsene eine beträchtliche psychologischen und spirituelle Arbeit leisten müssen, um den Schaden wiedergutzumachen.

Auf der kosmischen Ebene hat das universelle mütterliche Prinzip viel Ähnlichkeit mit der nährenden Seite des Mondes. Wenn Sie mit dem mütterlichen Prinzip in Berührung kommen, dann ist dies eine Erfahrung, in der Sie sich geborgen und vollkommen geschützt fühlen, genährt und umsorgt. Zumindest aus dem subjektiven Blickwinkel hört das Universum auf, eine feindliche Umwelt zu sein, in der Sie um Ihr Überleben kämpfen müssen. Da gibt es einen stabilen Ort für Sie in der Welt, an dem Sie wachsen und sich wie ein Kind freuen können.

4.3 Eigenschaften und psychologische Merkmale, die sich auf den Mond beziehen

- Fruchtbare Phantasie. Rechtshemisphärisch.[10]
- Empfänglichkeit. Öffnung.
- Flexibler Geist. Anpassungsfähig, formbar, wechselhaft.
- Intensives Traumerleben. Auf eine höhere Ebene übersetzt, kann eine solche Person starke übersinnliche Fähigkeiten haben.
- Mütterlich. Gebend. Weiß andere zu nähren und ihnen zu dienen. Gefühlvoll. Anschmiegsam.
- Kann gut mit Kindern umgehen.
- Kann gut kochen.
- Liebt Tiere. Wenn so jemand sich einen Western ansieht, dann interessiert sie oder ihn mehr das Schicksal des Pferdes als das des Cowboys.

4.4 Negative Eigenschaften und Schwächen

- Unordentlich. Unorganisiert oder sogar eine aktiv die Ordnung zerstörende Kraft, die überall Chaos verbreitet – ganz genauso, wie die Sonne die natürliche Tendenz dazu hat, die Dinge um sich herum in eine Ordnung kommen zu lassen. Ineffektiv. Unzusammenhängend, sprunghaft.
- Kommt immer zu spät, ist unfähig, pünktlich zu einer Verabredung zu kommen.
- Ist zu leicht von seiner/ihrer Umwelt und den Menschen um sie/ihn herum beeinflussbar.
- Träumerisch. Eine Tendenz, vage, zerstreut und geistesabwesend zu sein (im Englischen *moony* genannt). Versteht es besser, von Dingen zu träumen oder über sie zu reden, als sie zu verwirklichen.
- Allzu unbeständig, mangelnde Zielstrebigkeit. Wechselt im Gespräch sehr oft das Thema. Hat Schwierigkeiten, einem Gedankengang mit Stetigkeit zu folgen.
- Geschwätzig. Redet wie ein Wasserfall. Kann ganze Stunden am Telefon verbringen. Dabei ist die Tendenz ausgesprochen charakteristisch, immer das gleiche Anliegen zu wiederholen, wie es der multiplikativen Tendenz des Mondes entspricht.

---

[10] Wenn Sie sich mit dem hinduistischen System der *nāḍī*s auskennen, dann liegt es vielleicht nahe, über die Verbindung zwischen der rechten Gehirnhälfte und *iḍā-nāḍī* als einem der zentralen Bestandteile der Mondsymbolik nachzudenken. Mehr zu diesem Thema findet sich in Abschnitt 17.5, »Die esoterische Bedeutung des Caduceus«.

Mond

- Nicht gut darin, Geheimnisse zu bewahren (im Gegensatz zum Saturn, der stumm wie ein Grab sein kann).
- Untätigkeit, Faulheit. Bleibt gerne lange im Bett liegen, und zieht es auch allgemein vor, in einer geschützten Umgebung zu bleiben, anstatt sich der Welt zu stellen – eine unbewußte Nostalgie nach dem Embryonalzustand (vorpersönliche Tendenzen). Trägheit.
- Angsthase, Feigling.
- Zerbrechlich und verletzlich. Schlechter Kämpfer. Erschrickt vor jeder Art von Gewalt.
- Bricht leicht in Tränen aus.
- Physisch nicht besonders stark. Wenig körperliche Widerstandskraft und Lebenskraft.
- Scharf auf Süßigkeiten. Läßt sich beim Essen und sonst bei sinnlichen Genüssen gehen.

»... mild mondner Glanz in sanfter sinnlicher Verwirrung ...«
Blake: *Milton*, 1.3

- Der Mond kann gut für Kinder sorgen und würde es hassen, sie aufgeben zu müssen – doch wenn sie einmal aufgewachsen sind, dann ist sie vielleicht auch nicht so gut darin, die Kinder loszulassen. So kann ein Mond-Mensch eine unmögliche Mutter abgeben, übertrieben beschützend, immer besorgt, daß ihren Kindern etwas passieren könnte, wodurch sie sie erstickt und ihnen ihr Leben unmöglich macht.

4.5 Die großen Lehren des Mondes

Die Fähigkeit zu empfangen
Die Kraft zu dienen
Sich dem Göttlichen hingeben – das Leben als Dienst an der Gottheit
Auf einer höheren Ebene nehmen die Eigenschaften des Monds kosmische Ausmaße an. Die plastische, phantasiebetonte Art des Mondes kann auf großartige Weise übersinnlich werden. Die Fähigkeit zu dienen wird mit Hingabe dem Göttlichen zugewendet, so wie bei der Jungfrau Maria – die von den Alchemisten symbolisch mit *prima materia* verknüpft wird, der jungfräulichen Substanz, aus der alles entstanden ist. Die Empfänglichkeit und die Hingabe schaffen eine Öffnung, durch die höhere geistige Wesenheiten einen Strom göttlicher Geschenke fließen lassen können. Ob Mann oder Frau, eine solche Person erreicht den stark von *yin* bestimmten Zustand, in dem eine Vereinigung mit dem Göttlichen geschieht, so wie es als mystische alchemistische Hochzeit in der westliche Tradition beschrieben wird.

4.6 Farben

Die Farben, die am häufigsten mit dem Mond in Verbindung gebracht werden, sind weiß, bezogen auf den weißen Schein des Himmelskörpers, und silbern (Silber ist das Metall, das mit dem Mond verknüpft ist).

4.7 Mond und *soma*

In der hinduistischen Tradition ist *soma* der Nektar der Unsterblichkeit, und er wird deshalb häufig *amṛta* genannt, was »Nicht-Tod« bedeutet. Es ist das Getränk, das den Göttern Unsterblichkeit verleiht, zusammen mit übernatürlicher Stärke und den Kräften, die es ihnen erlauben, dunkle Mächte zu überwinden. Die Götter halten *soma* eifersüchtig von den Menschen und anderen sterblichen Wesen fern, um die eigene Überlegenheit zu bewahren. Durch ihre außergewöhnlichen Kräfte können jedoch auch *ṛṣis* (erleuchtete Seher-Weise) zeitweilig Zugang zu Soma bekommen. Das neunte Buch der *Ṛg-Veda* ist ganz den Erfahrungen von *ṛṣis* mit *soma* gewidmet, und es ist voll von Erzählungen über Rauschzustände. Indem sie diese edle Flüssigkeit trinken, erreichen *ṛṣis* äußerst machtvolle Bewußtseinszustände, in denen sie nicht nur alle Hindernisse in *sādhana* (ihrem sprituellen Übungsweg) überwinden können, sondern in denen sie auch endlose Ströme poetischer Eingebung empfangen, alle Krankheiten heilen, ihren Körper verjüngen und auch die wildesten dunklen Kräfte besiegen können. *soma* ist außerdem *das* berauschende Getränk par excellence. Die poetischen Beschreibungen der Sanskrittexte geben uns zu verstehen, daß sich die ehrwürdigen Seher-Weisen unter seiner Wirkung nicht nur buchstäblich als die Größten fühlen, sondern auch übermütig fröhlich sind und sich vor Lachen auf dem Boden wälzen.

Die Mondsymbolik von *soma* ist deutlich, angefangen dabei, daß im Sanskrit *soma* »Mond« bedeutet. *soma* ist eine kühle Flüssigkeit – das archetypische Fluidum. Es entstand durch das Buttern im Milchozean, dem ursprünglichen Ozean, der viele Parallelen zum ursprünglichen Chaos der Griechen aufweist. Wenn Śiva mit einer Mondsichel im Haar dargestellt wird, so soll das symbolisieren, daß er als der Prinz der Asketen fortwährend *soma* trinkt und in göttlicher Weise davon berauscht ist. In der ayurvedischen Medizin sagt man, daß alle Pflanzen der Erde aus Tropfen von Soma entstanden sind, und erklärt daraus ihre heilenden Eigenschaften.

Hinsichtlich der Planetenkräfte repräsentiert *soma* die ursprüngliche Lebenskraft, die mit dem Mondprinzip verbunden ist, darin nicht unähnlich den heilenden Eigenschaften, die die Alchemisten aus *prima materia* zu gewinnen suchten.

4.8 Mond und Maria

Im Christentum, sowohl in seinen exoterischen wie esoterischen Formen, ist die Jungfrau Maria ebenso mit dem Mond verknüpft wie Christus mit der Sonne. Die auf das Wasser bezogene Symbolik Marias ist deutlich genug – so, wie der Buchstabe *m* in der Kabbala als der Grundbuchstabe des Wasserelements gilt, bedeutet das Wort *maria* im Lateinischen »Meere«. So wie der Mond die archetypische Mutter ist, war Maria die Mutter Gottes, gesegnet unter den Frauen dafür, daß sie das göttliche Kind getragen und so das Geheimnis der Fleischwerdung Gottes verwirklicht hat. Genauso wie *prima materia* durch Impulse befruchtet wurde, die von der schöpferischen Intelligenz der Sonne herabstiegen, empfing Maria den Samen von dem schöpferischen Solaren *logos* durch den Heiligen Geist. So wie *prima materia* ewig rein ist, so hat man auch die Jungfräulichkeit Marias betont. In der alchemistischen Literatur wird die Jungfrau Maria häufig als eine Metapher für *prima materia* gebraucht.

Im christlichen Glauben hat die Jungfrau Maria oft die Rolle der universellen Mutter, oder von Gott-als-Mutter, gespielt, die man um Schutz, Trost und Heilung angerufen hat. Die Kulte der schwarzen Marienbilder, für die in Europa viele Kapellen auf mächtigen Energielinien gebaut wurden und die darum berühmt wurden für ihre heilenden Kräfte, waren in vielen Fällen eine Fortsetzung von Kulten der universellen Mutter, die vor der Christianisierung bestanden. Die Tradition der Heilung, die mit diesen schwarzen Jungfrauen verbunden ist, lassen sich mit den heilenden und verjüngenden Kräften von *soma* vergleichen. Auch wenn sie aus unterschiedlichen Traditionszusammenhängen kommen und in verschiedenen Formen ausgedrückt sind, sind doch beide symbolische Ausdrücke der ursprünglichen Lebenskraft des Mondprinzips.

4.9 Was ist eine Dialektik?

Ich möchte die Gelegenheit ergreifen, die dieses Kapitel bietet, um einen Begriff einzuführen, der sich in verschiedenen Aspekten der Clairvision-Arbeit der inneren Alchemie als sehr nützlich erweisen wird – den Begriff der Dialektik. Ich muß jedoch sogleich klarstellen, daß mein Gebrauch dieses Begriffs mehr mit dem Modell von *yin* und *yang* der chinesischen Tradition zu tun hat als mit der Art, wie Hegel und Marx die Theorien Platons weiterentwickelt haben.

So wie ich diesen Begriff gebrauche, betrifft eine Dialektik zwei Prinzipien, die in vielfältiger Weise sowohl entgegengesetzt wie einander ergänzend sind. Aus dieser Perspektive kann das Modell von *yin* und *yang* der klassischen chinesischen Philosophie sicherlich als die »Mutter aller

Dialektiken« angesehen werden. Was *yang* ist, ist aktiv, klar, leicht und oben angeordnet, während *yin* passiv ist, dunkel, schwer und unten angeordnet, und so geht es mit einer endlosen Liste von Eigenschaften fort. Nehmen wir ein anderes Beispiel von Dialektik: die Elemente Feuer und Wasser. Damit eine Dialektik zustande kommen kann, ist es zunächst erforderlich, daß die beiden Prinzipien vergleichbar sind. Wenn wir z.b. Feuer und Apfelkuchen nehmen würden, dann fänden wir nicht viele sinnvolle Vergleichsmöglichkeiten. Wir könnten immer irgendwelche Zusammenhänge herstellen, doch wenn wir Eigenschaften des Feuerelements nähmen, dann gäbe es nichts am Apfelkuchen, was wir seiner Funktion nach als entgegengesetzt oder ergänzend betrachten könnten. Wenn andererseits die östlichen und westlichen Philosophen des Altertums über die Beziehungen zwischen den Elementen Feuer und Wasser nachdachten, dann fielen ihnen eine Reihe von symbolisch bedeutsamen Vergleichsmöglichkeiten auf. Eine Flamme steigt nach oben, während Wasser seiner Natur nach abwärts fließt. Eine Flamme ist heiß, während man Wasser gewöhnlich zum Kühlen und Beruhigen benutzt. Feuer und Hitze trocknen Substanzen aus, Wasser bringt Feuchtigkeit usw. Man kann eine Liste solcher Vergleiche aufstellen, und daraus entsteht die intuitive Wahrnehmung, daß etwas Wesentliches im Element Feuer etwas Wesentlichem im Element Wasser diametral entgegengesetzt ist. In diesem Auffassen findet das intuitive Denken *Bedeutung*. Ein Muster bildet sich heraus, das tiefere Aspekte und symbolische Konsequenzen für jedes der Elemente offenbart.

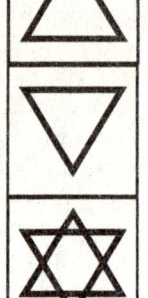

Wiederum wäre nichts davon möglich, wenn es keine Verwandtschaft zwischen den beiden Prinzipien gäbe. Nehmen wir an, wir versuchten, das Element Feuer mit Planierraupen zu vergleichen. Wir könnten gewisse Zusammenhänge herstellen, insofern eine Planierraupe von einem Verbrennungsmotor angetrieben wird oder insofern als große Hitze erforderlich war, um viele ihrer Teile herzustellen. Nichts Wesentliches an der »Planierraupenhaftigkeit« jedoch würde uns als Gegensatz zu irgendwelchen grundlegenden Eigenschaften des Feuerprinzips auffallen.

Man sieht deutlich, daß es ein subjektives Element in einer Dialektik gibt – den Aspekt der Bedeutung. Ein primitiver Computer, so wie es die des 20. Jahrhunderts sind, würde nicht unbedingt verstehen, warum wir es bedeutsamer finden, Feuer und Wasser zu vergleichen als Feuer und Planierraupen (obwohl Computer in Zukunft natürlich viel gescheiter sein werden). Wenn Sie jedoch im symbolischen Denken geübt sind, dann führt die Entdeckung einer Dialektik zwischen zwei

Prinzipien oft zu wichtigen Erkenntnissen hinsichtlich der grundlegenden Natur dieser Prinzipien. Darüber hinaus, daß es Ihnen erlaubt, Fakten zu ordnen, ermöglicht es auch das Verstehen, in der tiefsten Bedeutung dieses Wortes. In Begriffen ausgedrückt, die Platon vertraut vorgekommen wären, erlaubt es dem höheren Teil Ihres Geistes, sich mit den archetypischen Wirklichkeiten hinter den manifestierten Erscheinungen zu verbinden.

Da die Sprache der Astrologie hochgradig symbolisch ist, sollten die Schüler dieser Kunst unbedingt nach dialektischen Beziehungen suchen. Einfach ausgedrückt bedeutet dies herauszufinden, welche zwei Planeten gut zueinander passen und warum. Das wird uns dazu führen, die Dialektik zwischen Sonne und Mond zu untersuchen, ebenso wie die zwischen Venus und Mars, Sonne und Saturn, Mond und Saturn, Jupiter und Merkur und Jupiter und Saturn.

4.10 Die Dialektik von Sonne und Mond

Warum ist es leicht, eine dialektische Beziehung zwischen Sonne und Mond zu sehen? Die symbolische Verwandtschaft zwischen beiden ist klar: Unter allen Himmelskörper ragen sie als die hellsten heraus. Deshalb nennt man in der Astrologie Sonne und Mond die Lichter. Wie schon erwähnt, scheinen sie aufgrund eines bemerkenswerten Zufalls von der Erde aus gesehen ungefähr dieselbe Größe zu haben, ungeachtet der großen Unterschiede in ihrer tatsächlichen Größe und Entfernung. Beide haben ein sehr regelmäßiges zyklisches Muster im Gefolge – das Jahr und seine Jahreszeiten für die Sonne und den Mondzyklus mit seinen Phasen für den Mond. Auch wenn es für heutige westliche Menschen nicht einsichtig sein mag, sollte man daran erinnern, daß die Menschen des Altertums ihr Bewußtsein immer wieder der Sonne oder dem Mond zugewandt haben und daß sie dabei Seelenkräfte von bemerkenswerter Größe empfingen, subjektive Eindrücke, die Bedeutungen übermittelten und tiefe Aspekte der menschlichen Natur nährten.

Wie wir eben sahen, bedarf es zweier Voraussetzungen, damit eine Dialektik zwischen zwei Prinzipien zustande kommt: Verwandtschaft und Komplementarität, d.h. eine Anzahl von Eigenschaften, die scheinbar ihr Gegenteil im anderen Bestandteil der Dialektik finden. Das Paar Sonne und Mond bietet gewiß eine lange Liste solcher diametraler Gegensätze von symbolischen Assoziationen.

So ist die Sonne mit Licht und dem Tag verbunden, der mit dem Sonnenaufgang beginnt und mit dem Sonnenuntergang endet, während der Mond in der Dunkelheit der Nacht besser zu sehen ist.

Die Sonne bringt Hitze, während das Mondlicht weiß ist wie Eis und Schnee.

Die Sonne sendet Licht aus, was deutlich auf aktive, *yang*-hafte Bezüge hinweist, während der Mond das Licht der Sonne spiegelt, was ihn zu einem passiven, *yin*-haften Prinzip macht. Es sollte jedoch klar sein, daß sich die Dialektik von *yin* und *yang* nicht nur in diesem einzelnen Merkmal findet, sondern daß sie sich durch den ganzen Vergleich zwischen Sonne und Mond zieht. Die folgende Tabelle führt solche entgegengesetzten Paare von charakteristischen Merkmalen auf.

☉ Sonne	☽ Mond
Produktion des Lichts	Spiegelung, Reproduktion des Lichts
die schöpferische Idee Gottes	*prima materia*, ursprüngliches Chaos
ordnende Kraft	nährende Kraft
Feuer	Wasser
heiß	kalt
Tag	Nacht
yang	*yin*
männliche Seite der Persönlichkeit	weibliche Seite der Persönlichkeit
Vater (individuell und universell)	Mutter (individuell und universell)
die sichtbare, die äußere Welt	die verborgene, die innere Welt
solare Spiritualität	lunare Spiritualität
Christus im Innern	okkulte Wege
Geist	Astralkörper, Verstand
piṅgalā nāḍī	*iḍā nāḍī*
rechte Seite des Körpers	linke Seite des Körpers
Wirklichkeit	Traum
das Bewußtsein	das Unbewußte
die objektive Welt	die subjektive Wirklichkeit
das Herz	die Gebärmutter
I Ging: Hexagramm 1	I Ging: Hexagramm 2
Individualität	Massen
der Herrscher	das Volk

In einem Horoskop zeigt das Aspektverhältnis zwischen Sonne und Mond, wie die jeweilige Person die grundlegende Dualität des Lebens erfährt.

Mond

4.11 Symbole, die mit dem Mond verknüpft sind

Der Ozean. Genauso, wie die moderne Wissenschaft davon ausgeht, daß das Leben aus dem Ozean entstanden ist, so ging die alchemistische Tradition im Gefolge der klassischen griechischen Philosophie davon aus, daß das Universum aus einem ursprünglichen Chaos, einer *prima materia* entstanden ist.

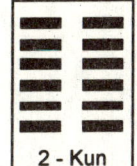

I Ging, Hexagramm 2: Kun, das Empfangende – von allen Hexagrammen des I Ging ist es am stärksten yin. Es bezeichnet Ergebung, Hingebung (in der höheren, spirituellen Bedeutung des Wortes), und Sich-als-ein-Geschenk-Darbringen.

2 - Kun

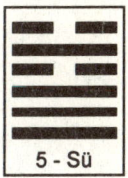

5 - Sü

I Ging, Hexagramm 5, dessen Titel *Sü* nicht nur Warten, sondern auch Ernährung bedeutet.

4.12 Sätze, die zum Mondtypus gehören

Jeder Satz, der mehr als dreimal wiederholt wird.
»Ich kanns nicht finden!«
»Ich hab meine ... verloren!«
»Que sera, sera.«
»Geh nicht fort!«
»Ich brauch dich!«
»Mama!«
»Das arme Kleine!«
»Es ist so traurig.«
»Du mußt mir alles sagen ...«
»Soll ich dir ein Geheimnis erzählen?«
»Es ist genug Platz für jeden da.«
»Laß mich dir ein ordentliches Essen kochen.«

5 - Merkur ☿

5.1 Astronomische Fakten – Keime der Symbolik

Von der Erde aus gesehen, ist der Merkur nie weiter als 27°45' von der Sonne entfernt. Deshalb ist er für das bloße Auge nur kurz vor Sonnenaufgang oder kurz nach Sonnenuntergang sichtbar.

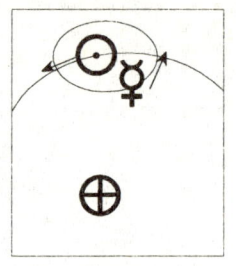

Das liegt daran, daß der Merkur näher an der Sonne ist als die Erde. Wenn Sie mit dem Diagramm rechts spielen und sich den scheinbaren Weg der Sonne um die Erde vorstellen, dann können Sie leicht herausfinden, warum der Merkur, von der Erde aus gesehen, nie sehr weit von der Sonne entfernt ist. So kann es nie ein Quadrat zwischen Sonne und Merkur geben (das 90 Grad zwischen den beiden erfordern würde), kein Trigon (120 Grad) und erst recht keine Opposition (180 Grad). Der einzige mögliche wichtige Aspekt ist die Konjunktion (0 Grad). Dies ist symbolisch bedeutsam und deutet auf eine enge Verbindung zwischen den spirituellen Kräften von Merkur und Sonne hin.

Der Merkur umrundet die Sonne in 88 Tagen.

Merkur dreht sich in 58,6 Tagen einmal um seine Achse. Also dauert ein »Merkurtag« 58,6 Erdentage, ein »Merkurjahr« jedoch nur 88 Erdentage.

Eine bedeutsamer Umstand beim Merkur ist es, daß die Bewegung um seine Achse perfekt mit seiner Umdrehung um die Sonne synchronisiert ist, im Verhältnis von 3:2. In anderen Worten, auf 3 Merkurtage kommen genau 2 Merkurjahre.

Das führt auf die Bedeutung der Rhythmen für die Symbolik des Merkur. Die Tatsache, daß Merkur nicht nur der Planet ist, der sich am nächsten an der Sonne befindet, sondern daß er auch perfekt mit ihr synchronisiert ist, verstärkt die Vorstellung von einer engen Wirkungsbeziehung mit der spirituellen Energie der Sonne.

Der Durchmesser des Merkur beträgt 4 878 Kilometer – durchaus vergleichbar mit dem des Mondes (3 476 Kilometer).

Ohne Atmosphäre und voller Krater, sieht der Merkur auch fast genauso wie der Mond aus.

Merkur 47

Trotz seiner Nähe zur Sonne ist er nicht der heißeste Planet (das ist die Venus, wegen ihrer Atmosphäre).
Wie die Venus hat auch Merkur keine Satelliten bzw. Monde.
Der Merkur besteht vorwiegend aus Eisen (dem Metall, das traditionell mit dem Mars verbunden wird) und Nickel.
Die Dichte des Merkur beträgt 5,44 g/m³ – die größte aller Planeten außer der der Erde, die 5,52 g/m³ beträgt.

5.2 Mythologische Fakten zur Meditation

- Die Griechen haben Merkur »Hermes« genannt, ein Wort, das »Bote« bedeutet. Im Lateinischen kommt der Name *mercurius* von *merx, mercis* »Ware« her. Diese Worte führen sogleich die Begriffsfelder Kommunikation und Handel ein, die für die Symbolik von Merkur so zentral sind.
- Merkur ist der Sohn des Jupiter und der Gaea, der Tochter des Atlas.
- Er ist der Bote der Götter, besonders der des Jupiter, und der Schutzherr der Herolde. Er handelt als Botschafter und Verhandlungsführer, und er ist in alle Geschäfte des Himmels verwickelt – besonders die geheimen Übereinkünfte, und alles, was mit Strategie und List zu tun hat.
- Er hat auch die Aufgabe, den Göttern Ambrosia, das Getränk der Unsterblichkeit, zu servieren.
- Er ist wachsam, geistesgegenwärtig, und allzeit tätig. Man nennt ihn »den am stärksten Beschäftigten unter allen Göttern und Menschen.«
- Als ein großer Reisender hat er Flügel nicht nur an den Füßen, sondern auch an seinen Schultern und auf seinem Schild. (Ein poetischer Ausdruck wie der vom »schnellfliegenden Gedanken« paßt vollkommen zur Symbolik des Merkur.)
- Er herrscht ganz allgemein über Grenzen. Deshalb wurde seine Statue – auf einen viereckigen Sockel gestellt – dazu benutzt, Grenzlinien zu markieren.
- Er ist es, der im Augenblick des Todes die Verbindung zwischen Körper und Seele trennt und der die Seele aus dem Körper herausführt. Mit seinem Stab, dem Caduceus (dem Schlangenstab), führt er dann die Seelen zum Hades. Mit anderen Worten, Merkur läßt Menschen die *Grenzlinie* zwischen Leben und Tod überqueren.
- Er ist der Herr der Beredsamkeit (und der Lügner).
- Er ist der Schutzpatron der Händler, aber auch der Diebe. Als er noch ein Kind war, brachte er es fertig, Neptuns Dreizack zu stehlen, das Schwert des Mars, den Gürtel der Venus und die Pfeile und

Kühe des Apoll! Ungefähr um dieselbe Zeit erfand er auch die Leier, eine Harfe mit drei Saiten, die zu einem Attribut Apollos werden sollte.

Diese letzte Episode ist es wert, nacherzählt zu werden, denn sie läßt uns viel vom Temperament des Merkur erkennen. Apollo war gar nicht glücklich über den Verlust seiner Kühe, und so setzte er eine Belohnung für jeden aus, der ihm helfen würde, sie zu finden. Die Satyrn, durch diese Belohnung motiviert, begannen zu suchen. Als sie durch Arkadien kamen, hörten sie eine wunderschöne Musik. Sie kam von der neu erfundenen Leier des Hermes. Sie erfuhren von der Nymphe Cyllene, der Amme des Hermes, daß ein bezauberndes Kind dieses Instrument erfunden hatte. Die Satyrn fragten: »Woraus ist es gemacht?« Cyllene antwortete unglücklicherweise: »Aus Kuhdärmen.« »So, so«, sagten die Satyrn, »Wie ist er an die Kühe gekommen?« Hermes saß in der Patsche. Apollo zog ihn vor Gericht – das Gericht des Jupiter, dem es höchst peinlich war, sein vor kurzem geborenes Kind wegen Diebstahls verklagt zu sehen. Er wollte, daß Hermes sich für unschuldig erklären sollte. Hermes jedoch griff zu einer anderen Taktik – zum Verhandeln. Er hatte nur zwei der Kühe aus der Herde des Apollo getötet, und so brachte er es fertig, Apollo dazu zu bewegen, daß er den ganzen Rest der Herde gegen die Leier eintauschte. Sobald Apollo zustimmte, schnitt Hermes einige Schilfrohre und machte etwas daraus, worauf man pfeifen konnte, und es gelang ihm, dies Apollo als eine Flöte zu verkaufen. Sie kostete Apollo seinen goldenen Stab und dazu einige Techniken der Wahrsagekunst. Jupiter war sehr beeindruckt und ernannte Hermes sogleich zu seinem Herold. Doch er warnte ihn, daß er das Eigentum würde respektieren müssen und daß er aufhören müßte, Lügen zu erzählen. Hermes antwortete: »Ich verspreche es, ich werde nicht lügen. Doch ich kann nicht versprechen, daß ich immer die ganze Wahrheit sagen werde« – eine für Merkur sehr charakteristische Antwort!

5.3 Der planetarische Archetyp des Merkur

Verbindung und Kommunikation
Merkur hat zu tun mit allem, was Verbindungen zwischen Dingen und Menschen herstellt: mit Sprache, Schrift, Reisen, Handel, jeglichem Informationsmedium wie Zeitungen, Radio, Fernsehen oder e-mail. Jede Verbindung oder Schnittstelle, jeder Ort, an dem Austausch stattfindet, kann als Manifestation des Merkurprinzips gelten.

Der Planet der Rhythmen, Polaritäten und der Dualität
Schaut man sich den Stab des Merkur an, dann sieht er ein bißchen wie das Schaubild zweier Sinuswellen aus.

Merkur

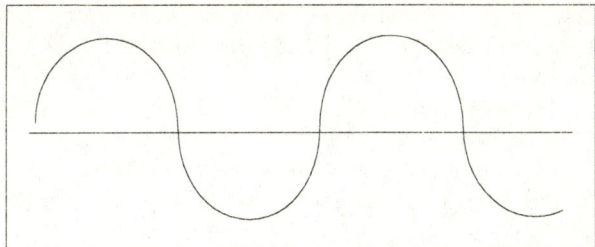

Wellen, wie man sie in dem obigen Diagramm sieht, verkörpern die wichtigsten Merkmale in der Merkursymbolik. Sie stellen einen Rhythmus einander abwechselnder Polaritäten dar, bei dem regelmäßig die Mittellinie überquert wird (genau wie Merkur die Sterbenden über die Grenzlinie zwischen Leben und Tod führt).

Im Kapitel 17, »Merkur im Körper«, werden wir den Caduceus mit den beiden lateralen Zirkulationen der Energien in der tantrischen Tradition, *idā* und *piṅgalā nāḍī* in Verbindung bringen, die genau wie der Caduceus dargestellt werden und die für *den* wesentlichen Rhythmus des Körpers verantwortlich sind.

Was die Dualität betrifft, so kann man auch bemerken, daß Merkur Herrscher des Zeichens Zwillinge ist, dessen Piktogramm die römische Zahl zwei ist. Es ist auch so, daß in der klassischen Astrologie die Sonne, der Mars und der Jupiter als männlich gelten, der Mond, die Venus und der Saturn dagegen als weiblich. Im Gegensatz zu allen anderen Planeten ist Merkur weder männlich noch weiblich, sondern beides, er ist Hermaphrodit.

Alles was flink ist, sich schnell bewegt, flexibel und wechselhaft ist
Der Merkur verändert sich wie der Wind, während der Mond sich verändert wie das Wasser.

Der Führer in die Mysterien
Da er derjenige ist, der einen über die Schwelle führt, ist Merkur auch der Führer in die Mysterien, daher der Ausdruck »hermetische Wissenschaft«. Das ist die höchste Ebene der Symbolik dieses Planeten – die Verbindung mit der Über-Wirklichkeit, die hinter den oberflächlichen Erscheinungen verborgen ist.

5.4 Eigenschaften und psychologische Merkmale, die mit Merkur verknüpft sind

- Schnell.
- Beweglich, veränderlich, flexibel, anpassungsfähig, wechselhaft.

Veränderlich und schnell beweglich – das sind in der Wirklichkeit Eigenschaften des Luft- bzw. Wind-Elements, mit dem Merkur eng verbunden ist.
- Sinn für Humor.
- Witzig, frech, trickreich, schlau.
- Ein Jugendlicher: Menschen mit einem starken Merkur pflegen geistig jung zu bleiben, und auch jung für ihr Alter auszusehen.

5.5 Negative Eigenschaften und Schwächen

> Mein Vater nannte mich Autolycos, und er war, wie ich es bin, unterm Merkur geboren, und war, genau wie ich, ein Einsacker unbeaufsichtigter Kleinigkeiten.
> Shakespeare: *Wintermärchen*, 4.3

- Zweifel. Schwierigkeiten damit, seine Wahrheit zu finden, ständiges Zögern, welchen Weg man einschlagen und beibehalten soll.
- Unentschlossenheit. Es fällt einem schwer, zwischen guten und schlechten Möglichkeiten zu unterscheiden und sich zu entscheiden.
- Schwierigkeiten damit, ein festes Bezugssystem aufzubauen.
- Manchmal ist Merkur »zu schlau« und mogelt sich an den Dingen vorbei, anstatt ihnen ins Gesicht zu sehen.

5.6 Merkur und der Verstand

Merkur wird oft der Planet des Verstandes genannt. Was steckt hinter dieser Aussage? Zentral für Merkur ist die Fähigkeit, Assoziationen und Verbindungen herzustellen, und das ist ja genau, worum es bei der Intelligenz geht. Außerdem brauchen Denkprozesse, und insbesondere Intelligenz, das Luftelement – ein intelligenter Verstand ist ein beweglicher Verstand und einer, der sich schnell bewegt. Merkur ist unter den Planeten die hauptsächliche Verkörperung des Luftelements.

Ein typischer Merkur-Verstand sprudelt über vor Ideen. Ob diese Einfälle sinnvoll sind oder nicht, hängt von der Qualität der Saturnstrukturen des jeweiligen Menschen ab. Auch die Unterstützung durch Uranus, Neptun und Pluto kann einen großen Unterschied ausmachen, indem sie jeweils Intuition bzw. Inspiration bzw. Feuer hinzufügen. Ob der Merkur-Verstand dazu fähig sein wird, seine Ideen in die Wirklichkeit umzusetzen, hängt sehr davon ab, ob die Merkurkraft von anderen Planetenkräften unterstützt wird – von der Energie des Mars, von Jupiters Neigung zum Großen, von der Strenge und strukturierenden Kraft des Saturn und vom Selbstvertrauen, das die Sonne gibt.

Im Sanskrit heißt das Wort für Merkur *Budha* (nicht zu verwechseln mit *Buddha*, dem Stifter des Buddhismus). *Budha* kommt von derselben Wurzel wie das Wort *buddhi*, ein wichtiges Sanskritwort, das dem griechischen *nous* entspricht und das sich nur unvollkommen als »Intelligenz« übersetzen läßt. Es bezeichnet mehr als nur einen hohen Intelligenzquotienten; *buddhi* hat auch mit der spirituellen Funktion zu tun, durch die man mit dem archetypischen Wesen der Dinge in Verbindung kommen kann.

5.7 Die großen Lehren des Merkur

Sinn für Relativität
Die Weisheit des Merkur beinhaltet die Fähigkeit, beide Seiten einer Medaille zu sehen, die Vorder- genau wie die Rückseite, und mehr als eine Sichtweise einer Sache zu verstehen. Das macht es ihm möglich, Dinge in Frage zu stellen, statt in Dogmen gefangen zu bleiben. Es macht den Verstand auch flexibel und anpassungsfähig und gibt ihm die Fähigkeit zu lateralem Denken.

Spieltrieb
Eine der großen Stärken des Merkur ist es, sich selbst nicht zu ernst zu nehmen – eine Eigenschaft, die aus der Wahrnehmung der Relativität der menschlichen Angelegenheiten resultiert.

5.8 Farben, die mit Merkur verbunden sind

Grün wird mit Merkur in Verbindung gebracht, da es die Farbe des Smaragds ist, eines Edelsteins, dessen symbolische Bedeutung eng mit der von Merkur verbunden ist.

Manchmal werden auch mehrfarbige Objekte oder Farbmischungen der unterschiedlichsten Art auf Merkur bezogen.

5.9 Sätze, die zum Merkurarchetyp gehören

»Vielleicht ...«
»Wie wärs, wenn ...«
»Das war gestern, heute ist heute!«
»Aber andererseits ...«
»Es ist zu spät, mir zuzustimmen, ich hab's mir schon wieder anders überlegt.«
»Besitz ist schon 90 Prozent vom Eigentum.«
»Ich würde nie einem Verein beitreten, der mich als Mitglied nehmen würde.«
Fast jedes Zitat von Woody Allen würde hier hinpassen.

6 - Venus ♀

Sie ist Venus, wenn sie lächelt.

Ben Jonson: *Discourse with Cupid*

6.1 Astronomische Fakten – Keime der Symbolik

Entfernung von der Sonne: 108 Millionen Kilometer (72 Prozent der Entfernung der Erde). Dauer einer Umdrehung um die Sonne (1 Venusjahr): 225 Erdentage. Ein Venusjahr ist also ungefähr zwei Drittel eines Erdenjahres. Dauer einer Umdrehung um die eigene Achse (1 Venustag): 243 Erdentage. So gibt es also weniger als 2 Venustage in einem Venusjahr! Das gleiche gilt für den Merkur. Offensichtlich wären Merkur und Venus keine passenden Aufenthaltsorte für Erdenmenschen, die alle 24 Stunden schlafen müssen.

Eine Besonderheit bei der Bewegung der Venus ist, daß ihre Umdrehung von Osten nach Westen verläuft – das Gegenteil dessen, was bei der Erde und den anderen Planeten der Fall ist. In anderen Worten, auf der Venus geht die Sonne im Westen auf und im Osten unter.

Die Venus ist nicht nur ein Nachbar der Erde, sie ist ihr auch bemerkenswert ähnlich in ihrem Radius (95 Prozent von dem der Erde), ihrer Dichte (94 Prozent von der der Erde), und ihrer Masse (82 Prozent von der der Erde). Die Venus ist darum oft »Schwester der Erde« genannt worden.

Die Temperatur auf der Venus beträgt 450°C, wodurch sie der heißeste Planet im Sonnensystem ist.

Die Venus hat eine beeindruckende Atmosphäre, die die hundertfache Masse der Atmosphäre der Erde hat, und zu 96 Prozent aus Kohlendioxid besteht (der Rest ist hauptsächlich Stickstoff, zusammen mit einer Schicht von Wolken aus Schwefelsäure). Genau wie die Zunahme des Kohlendioxids in der Atmosphäre der Erde eine globale Erwärmung hervorruft (den Treibhauseffekt), so ist die Venus, mit ihrer Atmosphäre voller Kohlendioxid, der heißeste Planet. Wegen der hohen Temperatur an der Oberfläche der Venus sind flüssige Ozeane, wie wir sie kennen, nicht möglich – es kann nur Dampf geben.

Die Venus hat kein feststellbares Magnetfeld. Bei der Therapie mit Magnetfeldern wird das Kupfer benutzt, das Metall der Venus, um die energetischen Effekte der Magneten zu neutralisieren.

Venus 53

Die Venus hat keine Satelliten bzw. Monde.

6.2 Mythologie – die beiden Venusgestalten

Der griechische Name für Venus ist Aphrodite (wovon das Wort *Aphrodisiakum* abgeleitet ist). Beginnen wir diese mythologische Reise mit der Ansicht, die Pausanias am Anfang von Platons *Symposion* (180D ff.) äußert – daß es nämlich nicht eine Aphrodite gibt, sondern zwei!

Die erste hatte keine Mutter und war die Tochter des Uranos (was auf griechisch »Himmel« heißt). Genauer gesagt, nachdem Kronos (Saturn) seinen Vater Uranos entmachtet und kastriert hatte, warf er seine Geschlechtsteile ins Meer. Aphrodite entstand aus dem Schaum, der sich um die Geschlechtsorgane des Uranos sammelte. Daher ihr Name – *aphros* bedeutet auf Griechisch »Schaum«. Da sie der Sprößling des Uranos ist, wird sie die »Uranische Aphrodite« genannt, die »himmlische« Venus. Sie ist es, die Botticelli gemalt hat, die, auf einer Muschelschale fahrend, aus dem Ozean heraustritt.[11]

Die andere ist die Tochter des Zeus (Jupiter) und der Dione. Sie ist die irdische Venus, die »Aphrodite Pandemos« genannt wird – »die Venus aller Menschen«.

In Platons Dialog zieht Pausanias auch eine klare Unterscheidung zwischen zwei Formen des Eros (lat.: *Cupido*), der Liebe. Eine ist die höhere und spirituelle, geistbetonte Liebe, die sich auf die Uranische Aphrodite bezieht, die andere entspricht den »irdischen Leidenschaften der gewöhnlichen Menschen« und wird von der »Aphrodite aller Menschen« beherrscht.

Die gleiche Dichotomie kann man auch an den Worten beobachten, die die modernen Sprachen von dem lateinischen Wort Venus abgeleitet hat – einerseits Worte wie *venerate, veneration, venerable* (engl.: »verehren, Verehrung, ehrwürdig«, ähnlich im Frz. und Span.), andererseits »venerische Krankheit« (für Geschlechtskrankheit) usw.

Diese Unterscheidung zwischen den beiden Venusgestalten spiegelt sich deutlich in der astrologischen Symbolik wider. Da gibt es einerseits eine niedere Venus, die sinnlich und leichtlebig ist, und anderseits die Hohepriesterin, die die Schlüssel zur bedingungslosen Liebe hält.

In der griechischen Mythologie werden die beiden Aphroditen, von denen Pausanias spricht, jedoch nur selten deutlich unterschieden. Sie werden eher als zwei Aspekte einer Göttin betrachtet.

---

[11] Es gibt eine offensichtliche Parallele zwischen der aus dem Schaum geborenen Aphrodite und Śrī, die in der Mythologie der Hindus die Frau von *Viṣṇu* ist, die aus dem Buttern der »Milchsee«, des ursprünglichen Ozeans, entstand.

Dasselbe gilt für Eros, den Gott der Liebe. Eine genealogische Ableitung macht ihn zum Sohn der Aphrodite, der sich fortwährend damit beschäftigt, Intrigen zu spinnen und Liebesaffären anzubahnen. Vom anderen Eros heißt es, er sei zu Beginn der Schöpfung vor allen anderen Göttern erschienen. Viel mehr als nur ein Prinzip sexueller Anziehung ist er die universelle Triebkraft, ohne die sich kein einziges *atomos* in der Welt bewegen würde. Doch für das griechische Denken waren diese beiden Prinzipien in ein und demselben Eros gegenwärtig, der manchmal das erhabene Prinzip verkörperte, das die Welt bewegt, und der manchmal auch nur ein Kuppler war, der mit endlosem Klatsch und Liebestragödien zu tun hatte. In symbolischer Sprache sind das zwei verschiedene Ebenen in der Manifestation des gleichen Archetyps.

Ähnlich ist die gleiche Aphrodite manchmal das Prinzip der universellen Fruchtbarkeit, die Quelle hoher Inspiration und Kreativität, und manchmal eine ungetreue Göttin, die ihrem Gatten Hörner aufsetzt.

6.3 Höhere und niedrigere Ebenen der planetarischen Archetypen

Dieser Begriff einer höheren und einer niedrigeren Ebene in der Manifestation eines planetarischen Archetyps ist nicht nur auf die Venus anwendbar, sondern durchgehend auf alle Planeten. So sind die niederen Eigenschaften der Sonne Stolz und Egoismus, während ihre höhere Manifestationsebene in der Liebe und im Blühen des Höheren Selbst scheint. Ein niedriger Mond ist ein Schwätzer und ein Angsthase, während ein höherer weiß, sich dem Göttlichen hinzugeben, und andere mit aller Sanftheit der universellen Mutter nähren kann. Ein niederer Saturn ist engstirnig und voller Hemmungen; ein höherer bietet Struktur, Ausdauer, Organisationsfähigkeit und gute Begabung für die Künste und Wissenschaften.

Das läßt sogleich an einen Entwicklungsweg denken, entlang dessen die Planetenkräfte verfeinert und höherentwickelt werden, und es betont auch einmal mehr die Tiefe und Relevanz der Astrologie als eine symbolische Sprache zur Beschreibung der Transformationen des Menschen.

6.4 Mythologische Fakten zur Meditation

- Venus ist die Göttin der Liebe, der Schönheit und des Vergnügens.
- Die »Venus des ganzen Volks« war die Tochter von Jupiter und Dione. Das ist astrologisch bedeutsam, weil Dione die Tochter des Neptun ist. Man kann es darauf zurückführen, daß viele der Werte, die für den Neptun zutreffen, denen der Venus ähnlich sind.
- Venus wurde in der Nähe von Zypern geboren, das deshalb der Aphrodite geweiht war. Das Wort »Kupfer« – für das Metall, das

traditionell der Venus zugeordnet wird – kommt vom lateinischen *cuprum*, das seinen Namen daher hat, daß es auf Zypern reichhaltige Lagerstätten des Erzes gab.
- Jupiter gab die Venus dem Vulkan (mit dem griechischen Namen Hephaistos) zur Frau, dem Schmiedegott, der so häßlich war, daß seine Mutter, die Hera, ihn gleich nach der Geburt weggab.
- Aufgrund einer leidenschaftlichen, unwiderstehlichen Anziehung hatte Venus eine Affäre mit ihrem Bruder Mars (griech.: Ares), der der wirkliche Vater ihrer Kinder Phobos und Deimos (»Furcht« und »Schrecken«; Namen, die man später, der Mythologie entsprechend, den Satelliten des Mars gegeben hat) und der Harmonia war. Eines Morgens jedoch blieben Mars und Venus zu lange im Bett und wurden von der Sonne entdeckt. Sie warnte den Vulkan, der so tat, als ginge er für einige Tage fort. Venus rief natürlich sogleich Mars herbei. Vulkan, der sie nackt im Bett überraschte, fing die Liebenden in einem bronzenen Netz ein, das er, der geschickteste aller Handwerker, mit großer Sorgfalt geknüpft hatte.[12] Vulkan lud dann alle Götter ein, Zeugen des Ehebruchs zu werden, der in der Tat viel Peinlichkeit und spitzes Gerede auslöste. Doch ist man ja nicht umsonst eine Göttin, und so brauchte Venus nur im Ozean zu baden, um ihre Jungfräulichkeit wiederherzustellen, was sehr praktisch war.
- Später hatte sie weiterhin Affären und Kinder mit Göttern und mit Sterblichen. Insbesondere gebar Venus (Aphrodite) dem Merkur (Hermes) eine merkwürdige, zweigeschlechtliche Kreatur, den sogenannten »Herm-aphroditen«.
- Die Venus trägt einen Gürtel (was unsere Aufmerksamkeit auf die Nieren lenkt), in dem süße Worte, ausdrucksvolles Schweigen, überzeugendes Seufzen, Beredsamkeit der Augen, unwiderstehliche Anmut und Anziehungskraft versammelt sind.

6.5 Planetarischer Archetyp

»Passive« Anziehungskraft/überlegene *yin*-Fähigkeiten
Mars rennt los und tut etwas, Venus weiß, wie sie es von selbst geschehen lassen kann, oder vielmehr durch den Fluß universeller Kräfte. Wenn man von der passiven Anziehungskraft der Venus spricht, dann muß man sich darüber im klaren sein, daß es sich keineswegs um eine stumpfe Passivität handelt, wie bei der Untätigkeit, sondern um eine sozusagen »aktive«.
Ein klassisches Beispiel aus dem Taoismus ist das einer Frau, die einen Mann verführt. Sie tut nichts, und doch fühlt sich der Mann zu

---

[12] Dieses Netz ist ein zentrales Mysterium der Alchemie. Newton hat darüber geschrieben.

ihr hingezogen. Gleichzeitig tut sie jedoch auch nicht nichts! Sie versteht es, in einer bestimmten Art zu *sein* und damit eine Polarität zu schaffen, die den Mann zu ihr hinzieht.

Moderne Sprachen, die englische und deutsche eingeschlossen, haben einen großen Mangel, da sie nur ein Wort haben, um sowohl die stumpfe Passivität zu beschreiben, in der nichts passiert, als auch die »aktive« Passivität der Venus, die eine überlegene Weise darstellt, Dinge geschehen zu lassen. Dieses Fehlen eines angemessenen sprachlichen Ausdrucks schafft eine Verwirrung in den Werten, so daß die Leute glauben, Passivität und Untätigkeit seien dasselbe, und daß sie deshalb herumspringen und laut schreien müßten, um ihre Ziele zu erreichen.

In den ganzen erfahrungsorientierten Lerneinheiten des Clairvision Corpus werden Sie den Begriff »überlegene *yin*-Fähigkeiten« finden. So z.B. in der Donnersäulen-Meditation, die das Rückgrat der Körper der Unsterblichkeit pflegt; dort ist es ein wichtiges Prinzip, daß man Energiewellen nicht »forciert«, sondern geschehen läßt. Gleichwohl ist es so, daß Sie lange warten können, wenn Sie nur einfach stillsitzen und auf die Energiewellen warten! Die Wellen geschehen zu lassen heißt nicht, untätig zu verharren, sondern überlegene *yin*-Fähigkeiten zu zeigen, eine der Venus entsprechende Kraft der passiven Anziehung, die die Kraft in Ihnen zum Tanzen bringt.

Aufwärts gerichtete Polarität – die Verbindung zu höheren und universellen Mächten

Die Polarität der Venuskraft ist aufwärts gerichtet. Das wird in ihrem Piktogramm dadurch dargestellt, daß der Kreis, das Symbol für den Geist, auf dem Kreuz steht, auf dem Symbol für die Materie. Trotz des Chaos und der ständigen Kriege auf der Erde versteht es die Venusenergie, sich auf höhere Welten der **Harmonie** und der **bedingungslosen Liebe** einzustimmen. Für den venusbetonten Menschen ist der Rückgriff auf die höheren Kräfte des Universums der Schlüssel zu dieser Schöpfung, genau wie das *ankh*, das ägyptische Symbol, das dem Piktogramm der Venus so nahe kommt, der Schlüssel ist, der alle Türen durch bedingungslose Liebe öffnet.

Inspiration und Kreativität

Der venusbetonte Mensch hat die Fähigkeit, sich auf die archetypischen Welten einzustimmen, wo alle Dinge bereits in nicht-manifestierter Weise vorhanden sind, als Samen oder Prototypen. Das ist die Quelle aller Kreativität. Aus esoterischer Sicht bedeutet »schöpferische Tätigkeit«, Archetypen physisch zu offenbaren, daß man nämlich auf der Erde die nicht-physischen Samen und Prototypen höherer geistiger Welten manifestiert.

Es ist faszinierend, daß die traditionelle chinesische Medizin Kreativität mit den Nieren in Zusammenhang brachte, dem Organ, das in der westlichen Astrologie mit der Venus verknüpft ist. Die alten Chinesen begriffen diese Kreativität als einheitlich auf allen Gebieten anwendbar: natürlich auf künstlerische Kreativität, aber auch auf die Fähigkeit, Dinge im allgemeinen hervorzubringen, und auch auf die, Kinder zu machen. Nach chinesischer Auffassung würde man zweifellos in Johann Sebastian Bach eine »große Niere« sehen, der neben seiner außerordentlichen musikalischen Kreativität auch 20 Kinder hatte.

Venus in ihrer niedrigen Erscheinungsweise
Was wir bis jetzt beschrieben haben, betrifft hauptsächlich die höheren Aspekte des Archetyps der Venus – die »Uranische«, himmlische Aphrodite. In der niederen Form, in der der »Aphrodite aller Menschen«, werden aus dem Prinzip der Passivität Glanz, Verführung, Charme und Neigung zum Schönen. Liebe bleibt als ein zentraler Wert, doch sie wird sinnlich und wird an Bedingungen geknüpft (auch wenn sie nie so von Bedingungen abhängig wird wie die Leidenschaften des Mars). Das Staunen und die Ehrfurcht gegenüber einer erhabenen höheren Ordnung wird zu einer Faszination durch schöne, kunstvolle Dinge. Die Kreativität kann immer noch groß sein, doch die Kunst verliert ihren Charakter als etwas Heiliges.

6.6. Eigenschaften und psychologische Merkmale, die mit Venus verbunden sind

- Charmant, attraktiv, voller Verführungskraft.
- Neigung zum Schönen, mit einer gewissen Ehrfurcht vor dem Schönen.
- Physische Schönheit. Nicht alle Menschen mit einer starken Venusenergie sehen gut aus, doch haben gutaussehende Leute selten eine schwache Venus.
- Sinn für Harmonie (dies ist auch ein wichtiges Merkmal des Tierkreiszeichens der Waage, das von der Venus regiert wird).
- Die Harmonie, angewandt auf zwischenmenschliche Beziehungen, führt zu einem sanften, freundlichen Wesen (dem genauen Gegenteil des kämpferischen Mars) und zur Fähigkeit, sich unter Menschen wohl zu fühlen und Freundschaften zu schließen.
- Weich, unkompliziert (und gelegentlich ein Angsthase wie der Mond) – man kommt gut mit solch einem Menschen zurecht.
- Hat eine Leidenschaft für die Liebe und dafür, verliebt zu sein.

Für den venusbetonten Menschen sollte die Welt von Liebe und Frieden bestimmt sein; Krieg ist monströs und unverständlich – man denke an die Hippies in dem Musical *Hair*, die den Vietnamkrieg ablehnten. (Das Haar ist übrigens eine wichtige symbolische Entsprechung der Venus im körperlichen Bereich.)

- Sinnlichkeit. Kann gut genießen. Mag Schönheit, Künste, Raffinesse. Hat Freude an schönen Häusern, gutem Essen, an Parfüm und Kosmetik.
Was die Symbolik der Planetenkräfte angeht, *müssen* Kosmetika teuer sein – andernfalls wären sie nicht gut genug für die Venus.
- Venus ist nicht nur der Planet, der über den Luxus herrscht, sondern auch derjenige, der ihn am besten genießen kann.
- Aufgeschlossenheit für Kunst, auch eigenes künstlerisches Schöpfertum, Sinn für Ästhetik. Die Sinne des venusbetonten Menschen können sich höheren Werten öffnen – eine Sinnlichkeit höherer Art – und so in Resonanz kommen mit Werten in Klängen und Formen, die anderen Menschen überhaupt nichts bedeuten.
Der aktive Pol der Persönlichkeit ist auf den Mars bezogen, der empfindsame auf die Venus. Stark von Venus geprägte Menschen erreichen unerwartete Gipfel der Sensibilität.
- Ein Gefühl der Einheit mit der Natur, in der sie dank ihrer natürlichen Affinität zu kosmischen Prinzipien eine höhere Harmonie erkennen können. Affinität zu Blumen. Es fällt ihnen leicht, sich auf Elfen und Naturgeister einzustimmen.

6.7 Negative Eigenschaften und Schwächen

- Die Venus kann mitunter zu einer gewissen Nachlässigkeit führen. Sie kann Haltungen begünstigen, die nur den Augenblick genießen wollen, anstatt einer wohldefinierten Richtung und klaren Zielen zu folgen.
- Sinnlichkeit kann natürlich zur Falle werden, und venusbetonte Menschen können zum Opfer von Anziehungskräften werden, die sie nicht unter Kontrolle halten können und die im Endeffekt ihr Leben beherrschen. Das kann leidenschaftliche Liebe sein oder das Bedürfnis, mit einem schönen Partner zusammenzusein oder ein zwanghaftes Bedürfnis nach Komfort und Luxus usw.
In der Sprache der Clairvision School suchen diese Menschen die »verlorene Hälfte« am falschen Platz – und finden sie deshalb natürlich nie. Näheres hierüber findet sich im Abschnitt über das *jing* (18.4).
- Die Sinnlichkeit kann auch in Genußsucht ausarten und zu allen Arten von Exzessen führen.

So haben z.B. Musiker (und Künstler im allgemeinen), die unweigerlich stark venusbetont sind, einen höheren Verbrauch an Drogen als der Rest der Bevölkerung.
- Die Kraft der Venus schafft Polarität und Anziehung zwischen Menschen. Stark venusbetonte Menschen sind gut darin, sich mit Menschen des anderen Geschlechts anzufreunden (oder mit denen des gleichen Geschlechts, wenn sie homosexuell sind), doch fällt es ihnen mitunter schwer, nicht mit ihnen im Bett zu landen – Liebe, einschließlich der körperlichen Liebe, ist eine so natürliche Angelegenheit für jemanden mit einer starken Venus.
- Es kommt gar nicht so selten vor, daß sie darunter leiden, denn es kann sie leicht in schwierige Situationen bringen; außerdem kann die Vielfalt der Partner einen destabilisierenden Einfluß auf ihr empfindliches Wesen ausüben.
- Selbst wenn venusbetonte Menschen sich für einen bestimmten Partner entschieden haben, üben sie dennoch eine starke Anziehungskraft auf andere aus oder fühlen sich stark zu anderen hingezogen.

6.8 Die großen Lehren der Venus

Es gibt tiefere Dinge als das hier
In diesem »eisernen Zeitalter« – diese Bezeichnung stammt von dem griechischen Dichter Hesiod –, in dem Krieg und Gewalt sich über den ganzen Planeten ausgebreitet haben, sind die Werte der Venus das, was der Menschheit am meisten fehlt. Im Sinne der Planetenkräfte können sowohl Materialismus wie Gewalt mit einem Eisen/Mars-Prozeß in Zusammenhang gebracht werden, der übermächtig geworden ist. Übrigens finden wir ja Eisen nicht nur in allen unseren Gebäuden, sondern sogar in jedem einzelnen Blutkörperchen (genau im Zentrum jedes Hämoglobinmoleküls)!
Die erste und wichtigste Lehre der Venus ist, daß es mit der Schöpfung mehr auf sich hat, als man mit den Augen sehen kann. Jenseits der Welt der Materie, die sich in einem beständigen Kriegszustand zu befinden scheint, gibt es Bereiche des Geistes und des höheren Bewußtseins, in denen Liebe und Harmonie vorherrschen. Hinter der begrenzten und endlichen materiellen Ebene gibt es unendliche Ebenen der Ekstase und des Göttlichen.

Der »Gehängte« im Tarotspiel
Die zwölfte Karte der großen Arkana zeigt einen Mann, der mit dem Kopf nach unten hängt und dessen Hände auf dem Rücken gefesselt sind. Das ist eine interessante Entwicklung von dem elften Arkanum (»Die Kraft«) aus. Im Tarot von Marseille sieht man darauf eine

weibliche Figur, die Ihre Hände benutzt, um ein wildes Tier zu zähmen. »Sterben, schlafen, nicht mehr ...« – hat der Gehängte aufgegeben? Durchaus nicht. Doch er ist zum Eingeweihten geworden, und er ist in der Phase, wo ihm, damit er nicht die gewöhnlichen Handlungsmöglichkeiten ergreift, sondern lernt, allein auf höhere Kräfte zuzugreifen, die Hände gebunden sind.

Die zu Venus gehörende Sensibilisierung für die Existenz geistiger Welten bringt eine Erkenntnis mit sich: Es gibt im Universum höhere Kräfte, wie die bedingungslose Liebe, die Hindernisse besser überwinden können als die kriegerischen Haltungen des Mars. Auf der materiellen Ebene sind Menschen klein und unbedeutend. Wenn sie zu ihrem kosmischen Selbst erwachen, werden sie eins mit den universellen Kräften. Der Glaube und das Vertrauen, die es einem erlauben, auf die Kraft höherer Welten zuzugreifen, und der Triumph der universellen Liebe, der aus solchen auf Hingabe beruhenden Momenten der Verbindung folgen, können als die höchsten Lehren der Venus angesehen werden.

6.9 Venus und die Farbe Grün

Die Farbe, die am häufigsten mit Venus in Zusammenhang gebracht wird, ist Grün, wie in grünen Blättern und in der Harmonie der Natur. Grün ist zweifellos eine Farbe, die den Geist friedlich stimmt, was vielleicht einer der Gründe ist, warum man Tischtennis auf einer grünen Platte spielt. (Bedenkt man die starke Konzentration, die für dieses Spiel erforderlich ist, so würden die Spieler wohl *ziemlich* nervös werden, wenn die Platte rot wäre.)

Die Venussymbolik der Farbe Grün paßt gut zu dem Umstand, daß Grün die Symbolfarbe Irlands ist. Aus esoterischer Sicht ist Irland ein Ort, an dem einige reine Schwingungen erhalten geblieben sind, die es in der Natur vor dem Sündenfall gab.

Auch Blau ist eine sinnvolle Zuordnung zu Venus, weil es ebenfalls eine friedlich stimmende Farbe ist und weil der Planet Venus am Himmel wunderbar blau aussieht, besonders wenn sie der Erde nahe und deshalb relativ groß zu sehen ist.

Rosa, wegen seines weichen Aussehens, ist ebenfalls mit Venus in Verbindung gebracht worden.

6.10 Venus und die Welt der Götter

Es gibt viele Parallelen zwischen der Symbolik der Venus und der Welt der Götter, so wie sie in der hinduistischen Tradition beschrieben wird. Genau wie die mit Venus verknüpfte Niere der Sitz der menschlichen Kreativität ist, so sind auch die Götter Schöpfer. Sie schaffen

Archetypen, also Prototypen der Formen, die dann von der Natur in der physischen Welt reproduziert werden. So kann die schöpferische Idee eines Gottes zu einer neuen Art von Blume führen oder zu einer Veränderung in der Entwicklung einer Gattung. Auch Menschen können Zugang zum Fluß der Schöpferkraft in allen Lebensbereichen haben, indem sie sich auf die Ebene der Götter einstimmen.

Die Götter sind auch unglaublich schön. Einer der Gründe dafür ist, daß sie, weil sie (nahezu) unsterblich sind[13], immer in der körperlichen Verfassung von Sechzehnjährigen bleiben, was ihnen sehr gut zupaß kommt. Sie leben in großartigen Palästen, voll von Juwelen und Schätzen, und haben mehr Luxus und Genüsse, als Menschen es sich überhaupt nur vorstellen können. Sie verstehen sich auf die Künste. Stellen Sie sich vor, daß Sie sich entschieden haben, Musiker zu werden, und daß Gott Ihnen einen außerordentlichen Super-Verstand gegeben hat und dazu die unbeschränkte Fähigkeit, sich auf die Harmonie der Sphären einzustimmen. Stellen Sie sich dazu noch vor, daß Sie 20 Millionen Jahre Zeit zum Lernen und Üben haben. Da würden Sie wahrscheinlich ein guter Musiker werden.

Die hinduistische Vision der Welt der Götter war die eines Ortes, wo das Leben leicht ist, sozusagen ein himmlischer *Club Med* – Spaß, Spaß, immer Spaß (wie langweilig!). Während die Götter ihre schöpferischen Künste auskosten, vergeht die Zeit. Früher oder später wird die Stunde von *pralaya* schlagen, und wenn die Götter sich bis dahin nicht der notwendigen Arbeit der Transformation unterzogen haben, werden sie alles verlieren – was für sie viel schlimmer sein wird wie für unsereiner. Sterben, wenn man alt und erschöpft ist, ist eine Sache. Sterben, wenn man sechzehn ist und reicher als der reichste Mann der Welt, ist eine andere – eine Tragödie von göttlichen Ausmaßen.

6.11 Venus, Schöpfung, und die Zahl Drei

Schöpfung und die Zahl Drei passen gut zusammen. Denken Sie an das schöpferische Zusammensein eines Paares (2), was kommt dabei heraus? Ein Baby (3). In ähnlicher Weise sind viele Schöpfungen als das Resultat des schöpferischen Aufeinandertreffens zweier Polaritäten zu sehen (so wie die Venus, der Planet der Schöpferkraft, immer ihre komplementäre Polarität sucht).

---

[13] Trotz der Tatsache, daß sie *amara*, Unsterbliche genannt werden, beginnt das Leben der Götter mit einem kosmischen Zyklus und endet auch mit ihm, im *pralaya*, der Phase der allgemeinen Auflösung.

In den Sanskritschriften findet man nicht selten Bezüge zwischen den Göttern und der Zahl Drei, wie in dem folgenden Dialog aus den *Upanischaden* :

»Wieviele Götter gibt es, *Yājñavalkya*?«
»3 und 300 und 3 und 3 000.«
»Ja«, antwortete der andere, »doch, *Yājñavalkya*, wie viele Götter gibt es in Wirklichkeit?«
»33« (...)
»Ja«, sagte der andere, »aber ganz ernsthaft, wie viele Götter gibt es?«
»Drei!« *Bṛhad-āraṇyaka-Upaniṣad*, 3.9.1

Im weiteren Verlauf wird in diesem Text die Schlußfolgerung gezogen, daß es nur einen Gott gibt. Dennoch ist die Verbindung zwischen der Zahl Drei und der Symbolik der Götter so deutlich wie nur möglich ausgesprochen.

Vergleichen Sie dies mit dem Symbol der Friedensbewegung, die aus der großen Venus-Welle der sechziger Jahre hervorgegangen ist. Es zeigt deutlich eine dreifache Symbolik.

Beachten Sie, daß dieses Symbol für die Zahl Drei das bedeutet, was das Piktogramm der Erde für die Zahl Vier zeigt.

6.12 Sätze, die zum Venusarchetyp gehören

»Ich liebe dich.«
»Ich hab nichts zum Anziehen.«
»Nimm mich!«
»Wie sehe ich aus?«
»Ich hab mir die Haare gewaschen und jetzt ist rein gar nichts mit ihnen anzufangen.«
»Ich hätte jetzt Lust, eine teure Kleinigkeit zu essen.«
»*Make love, not war.*«
»*All you need is love.*«
»Ist das eine echte Antiquität?«
»Ich will die beste Qualität haben.«
»Nimm die Hälfte von mir.«
»Es gibt zu allem einen Hintergrund.«
»Es gibt Tieferes als das hier.«

7 - Mars ♂

7.1 Astronomische Fakten – Keime der Symbolik

Mittlere Entfernung zur Sonne: 228 Millionen Kilometer (das 1,5fache der Entfernung zwischen Sonne und Erde).
Dauer der Reise um die Sonne: 687 Erdentage (1,8 Jahre).
Dauer der Drehung um seine Achse: 24 Stunden und 37 Minuten – kaum länger als ein Erdentag. Also kommen ungefähr 646 Marstage auf das Marsjahr.
Der Durchmesser des Mars beträgt 53 Prozent dessen der Erde, sein Volumen nur 15 Prozent, und so hat Mars auch nur 11 Prozent der Masse der Erde.
Die Schwerkraft auf der Oberfläche des Mars beträgt 38 Prozent von der auf der Erde.

Die Oberfläche des Mars ist von riesigen Vulkanen bedeckt (den größten davon hat man Olympus Mons genannt, er ist 26 Kilometer hoch) und von einigen großen Schluchten, die sich vor allem nahe dem Äquator finden – ein Netzwerk von Kanälen, das ausgetrockneten Flußbetten nicht unähnlich ist.

Der Mars hat eine sehr dünne Atmosphäre, die zu 95 Prozent aus Kohlendioxid besteht.

Die beiden Satelliten des Mars, Phobos und Deimos, sind vergleichsweise winzig. Vom Mars aus gesehen, würde Phobos nur halb so groß erscheinen wie unser Mond, und Deimos könnte man kaum erkennen.

Diese geringe Größe hat auch eine geringe Masse zur Folge und entsprechend eine niedrige Schwerkraft. So könnte jemand, der auf Phobos oder Deimos stünde, mühelos Steine über die kritische Entfernung hinaus werfen, so daß sie beginnen würden, im Weltall zu kreisen, anstatt zu Boden zu fallen.

Phobos zeigt eine auffallende Eigenschaft: seine siderische Periode (d.h. Umlaufzeit) beträgt 7 Stunden und 39 Minuten, nur ein Drittel des Marstages. Wenn unser Mond die Erde in einem Drittel des Erdentages umrunden würde, dann könnten wir ihn in ungefähr Stunden über den gesamten Himmel gehen sehen!

7.2 Die beiden Mars und der Mythos des gefallenen Feuers

So wie wir zwei Venusgestalten unterschieden haben, gibt es auch zwei Ebenen des Mars – eine höhere und eine niedere. Doch ist die Kluft zwischen ihnen sogar noch deutlicher als die zwischen der kosmischen Venus und der Venus des ganzen Volks. In seiner höheren Erscheinung verkörpert Mars das kosmische Feuer in Aktion, den unwiderstehlichen Willen, der kosmische Zwecke in der Schöpfung verwirklicht. In seiner niederen Weise ist Mars nichts anderes als Begehren und Leidenschaft, der Ärger und Gewalt über den gesamten Planeten hin zur Folge hat.

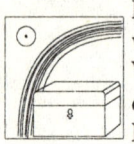

Einer der wichtigen Mythen des Clairvision-Archivs ist der vom Fall und von der Erlösung des physischen Feuers. Wenn man diesen Mythos ganz einfach darstellen will, dann ist an irgendeinem Punkt unserer Schöpfung mit dem Feuer etwas schiefgegangen.

Man kannte das Feuer als einen glühenden Verehrer des Göttlichen, der immer den Ruhm Gottes sang. Wenn sie sich nur auf die tanzenden Flammen einstimmten, dann wurden die Menschen schon vom Geist erfüllt. Das Feuer war wirklich das frömmste unter allen Prinzipien, die es auf der Erde gab, das, was am meisten das Herz wärmte – nichts konnte die göttliche Gegenwart besser übermitteln als das Feuer. Und so wurde das Feuer der Tempel des höchsten Gottes genannt, denn wo die Götter anwesend sind, da ist ein Tempel.

Dann geschah etwas Geheimnisvolles, das die Menschen damals nicht verstehen konnten und auch heute noch nicht in vollem Umfang verstehen. Es begann schleichend, es passierte nicht an einem bestimmten Tage, und zu Beginn bemerkten viele nicht, was da geschah. Nach und nach wurde das Feuer schlecht. Sein Herz veränderte sich. Anstatt den Menschen die göttliche Gegenwart zu bringen, wurde es nun zum Übermittler von Übeln aller Art. Es brachte Ärger und Krieg, und die Menschen begannen es zu benutzen, um Waffen herzustellen. Es brachte auch Fieber und Dutzende von Krankheiten. Gleichzeitig passierte etwas ganz Merkwürdiges – die Menschen begannen zu schrumpfen! Nach und nach schrumpften sie bis auf ihre heutige Größe zusammen, die ihnen jetzt natürlich normal vorkommt. Doch für die Menschen der Vorzeit würden wir nur noch wie Zwerge aussehen.

Irgendwann in dieser Entwicklung begannen die Zwergen-Menschen zu begreifen, daß der höchste Gott den Tempel verlassen hatte. Das Feuer übermittelte nicht mehr den Geist. An seiner Stelle begannen manche Menschen ihn in großen und mächtigen Wesen zu sehen, die man die »Herren des gefallenen Feuers« nannte und manchmal auch nur »Kriegsherren«.

Manche sagen, daß das Feuer von dunklen Mächten gestohlen wurde. Wenn die Menschen das Feuer verloren haben, so sagen wiederum andere, geschah dies, weil sie sich nicht gut genug darum gekümmert haben. (Obwohl sie sehr groß waren, waren die Menschen dieser Vorzeit doch ein wenig einfältig.) Andere sagen, daß der Lauf der Geschichte der gleiche gewesen wäre, ganz gleich, was die Menschen getan hätten. Und der Mythos behauptet, daß keine dieser Ansichten vollkommen richtig sei, aber auch keine von ihnen ganz verkehrt.

Der letzte Teil des Mythos sagt, daß es die Aufgabe der Menschen ist, das Feuer zu erlösen, ihm also seine Integrität wiederzugeben und es wieder zu einem Aufenthaltsort Gottes zu machen. Das mag natürlich als riesige Aufgabe für so kleine Wesen erscheinen, denn es besteht kein Zweifel daran, daß die Herren des gefallenen Feuers ihre Stellung aufs Schärfste verteidigen werden. Doch dies ist nun einmal die Aufgabe, die den Menschen gestellt ist, und wenn sie sie erfüllen, dann werden sie aufhören, Zwerge zu sein. Oder vielleicht ist es auch andersherum: Wenn sie aufhören, Zwerge zu sein, dann wird diese Aufgabe gelöst werden.

7.3 Planetarischer Archetyp

Feuer

In seiner höheren Erscheinungsweise – in der, die gegenwärtig auf der Erde verlorengegangen ist – ist das Feuer des Mars das kosmische Feuer, die hohe spirituelle Essenz, die nicht nur die göttliche Gegenwart ist, sondern auch der Wille Gottes in Aktion, die göttliche Kraft der Manifestation.

Die *Rg-Veda*, das heiligste Buch der hinduistischen Tradition, beginnt mit dem Wort *agni*, Feuer. In diesem Zusammenhang steht *agni* für die allerersten göttlichen Impulse zur Schöpfung, die aus dem Absoluten hervorgingen. Aus diesem ersten Anstoß gingen verschiedene Prinzipien hervor, die zur Entfaltung der gesamten Schöpfung führten, die aus feinstofflichen und physischen Welten besteht. *agni* ist nicht nur der urspüngliche Impuls, sondern auch ein Prinzip, das als Manifestation des Göttlichen weiterhin auf jeder Sprosse der Leiter der Welten wirkt.

In der niederen Erscheinungsweise wird das Feuer zum Feuer der Leidenschaften und der selbstbezogenen Begierden.

Auf Materie ausgerichtet

Wie wir bei der Erörterung der Piktogramme gesehen haben, enthielt das ursprüngliche Symbol für Mars keinen Pfeil, sondern ein Kreuz, das für die Materie stand. Im Gegensatz zu Venus steht das Kreuz auf dem Kreis, die Materie steht über dem Geist. Das Wesen der Venus ist die Verbindung zu höheren Welten; die archetypische Ausrichtung des Mars hingegen ist die Verkörperung, die **Inkarnation in die Materie**. Mars ist eine Kraft, die verwirklicht, **manifestiert**. Die Kraft der Venus verinnerlicht Bewußtseinsinhalte; Mars läßt Dinge **in der äußeren Welt** geschehen.

7.4 Eigenschaften und psychologische Merkmale, die mit Mars verbunden sind

- Voller Feuer.
- Antrieb, Dynamik.
- Geborener Kämpfer, liebt es, zu handeln und zu kämpfen, herausgefordert zu werden und in Wettbewerb zu stehen.
- Starke Lebenskraft.
- Die Kombination von starker Vitalität mit dem Bedürfnis nach Kampf und Herausforderung kann zu einer Neigung zum Sport führen. Natürlich sind nicht alle Menschen mit einem starken Mars sportbegeistert – die Triebkraft des Mars kann sich in verschiedenen Bereichen ausdrücken, etwa durch einen schnellen und scharfen Verstand. Dennoch haben Leute, die Sport mögen, für gewöhnlich einen starken Mars.
- Willenskraft (»eiserner Wille«), Mut.
- Ehrgeiz, gewinnen wollen, Begierden ganz allgemein, Kühnheit.
- Starke Libido und starke sexuelle Bedürfnisse.
- »Heißes Blut«, intensive emotionale Reaktionen.
- Diese Menschen wissen, was sie wollen, und sind selbstsicher (was natürlich nichts damit zu tun hat, ob sie Recht haben). Voller Gewißheiten. Gut darin, sich ohne Zögern und Zweifel zu entscheiden. In der höheren Ausdrucksform kann es ihnen große Konzentration und Kraft zum Handeln geben. In der niederen Ausdrucksform kann es sie komplett schwachsinnig machen.

7.5 Negative Eigenschaften

- Untransformierte, unverfeinerte Libido.
- Ärger, ein streitsüchtiges Temperament, Gewalt, Skrupellosigkeit, Brutalität, kein Mitleid, machen sich keine Gedanken um ihre Umwelt.
- Ungeduld.
- Haß.
- Vulgäres Gerede, Fäkalhumor. Mangelnder Tiefgang.

7.6 Die großen Lehren des Mars

Die Kraft des Wagemuts
Mut, Hartnäckigkeit, nie aufgeben
Entschiedenheit und Zielbewußtsein
   So, wie es die Spitze des Pfeils im Piktogramm des Mars darstellt.

Mars

Die Leistungsfähigkeit derer, die ihr Bestes geben

Wenn der Krieg *ein einziges* Gutes hat, dann ist es das, daß er die Menschen aus ihrer Schläfrigkeit aufschreckt und sie dazu zwingt, ihre gewöhnlichen Beschränkungen zu überwinden.

Eine Vorhersage, die im Clairvision-Archiv enthalten ist, ist es, daß die Kriege auf der Erde aufhören werden, wenn die Menschen jede Minute ihrer Existenz hellwach leben, genau als ob Krieg wäre und als ob es der einzige Weg wäre, sich selbst und ihre Lieben zu retten, wenn sie ihr absolut Bestes geben.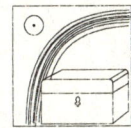

Verkörperung

Mars ist kein Planet, der die materielle Welt vernachlässigt oder sich treiben läßt, sondern einer, der handelt, um hier und jetzt Probleme zu lösen. Die Kraft des »gerade jetzt«, die Aufgaben ohne Zögern und Aufschub anpackt, kann als zur gleichen Marssymbolik gehörig verstanden werden.

7.7 Die Dialektik der Planeten Mars und Venus

♂ Mars	♀ Venus
der nächste Planet außerhalb der Umlaufbahn der Erde	der nächste Planet innerhalb der Umlaufbahn der Erde
Herrscher des Widder	Herrscherin der Waage
Herrscher des Skorpion	Herrscherin des Stier[14]
der Kreis unter dem Kreuz (der Materie)	Der Kreis über dem Kreuz
Materie steht über dem Geist	Geist steht über der Materie
nach außen gerichtete Polarität	nach innen gerichtete Polarität
Handlungen, die die äußere Welt verändern (z.B. durch den Gebrauch von Werkzeugen)	Inspiration, die innere Wirklichkeiten offenbart (z.B. in einem Ritual, also einer Handlung, die mit inneren Welten verbindet)
die eiserne Kraft der Inkarnation hinuntergehen in die Materie	die Alchemie der Liebe sich aufwärts, mit dem Geist verbinden
trennende Kraft vereinzelndes Bewußtsein – je mehr Körperlichkeit, desto mehr	vereinigende Kraft Einheit durch Liebe, Harmonie und Frieden

---

[14] Die Tatsache, daß sich die Zeichen Widder und Waage im Tierkreis diametral gegenüberstehen, genauso wie die Zeichen Stier und Skorpion, ist einer der Faktoren, die auf eine Dialektik zwischen Mars und Venus hinweisen.

Trennung	
Zerstörung der Natur	Verbundenheit mit der Natur
der Gott des Krieges	der Friede Gottes, der alles besiegt
der Morgen	der Abend
Sonnenaufgang bedeutet, daß die Sonne am Aszendenten ist, sie tritt in das erste Haus, das Bezug zum Zeichen Widder hat	Sonnenuntergang bedeutet, daß die Sonne am Deszendenten ist, sie tritt ins siebte Haus, das Bezug zum Zeichen Waage hat[15]
die treibende Kraft des Morgens	die Ruhe des Abends
der Zeitpunkt, um sich aus dem Schlaf zu lösen und in die Welt hinauszugehen	der Zeitpunkt, um sich durch den Schlaf wieder mit den spirituellen Welten zu verbinden
tun	sein
der männliche Pol der Persönlichkeit	der weibliche Pol der Persönlichkeit
der Handwerker	der Künstler
zupackend, praktisch	inspiriert

Mars im Körper	Venus im Körper
Anspannung	Entspannung
efferente Nerven	afferente Nerven
Bewegung	Empfindung
Arterien	Venen
pulsierendes rotes Blut	blaues Blut
das Blut bewegt sich vom Zentrum, dem Herzen, zur Peripherie des Körpers hin	das Blut fließt zum Zentrum, dem Herzen, zurück

Mythologische und esoterische Bezüge

Mars	Venus
Asuras (die »eifrigen Götter«)	Devas (die Götter)
visarga – der Morgen der Schöpfung	pralaya – alles kehrt zu undifferenzierter Einheit zurück
Ahriman	Luzifer

---

[15] Astrologisch gesprochen ist der Sonnenaufgang der Zeitpunkt, wo die Sonne den Aszendenten überquert, der ja auch die Spitze des ersten Hauses markiert. Das erste Haus ist symbolisch mit dem ersten Zeichen verknüpft, Widder, dessen Herrscher Mars ist. Der Sonnenuntergang ist der Zeitpunkt, wo die Sonne den Deszendenten überschreitet und damit die Grenze des siebten Hauses, das mit dem siebten Zeichen, Waage verknüpft ist, dessen Herrscherin Venus ist.

7.8 Mars und Venus können ohne einander nicht sein

Die griechische Mythologie berichtet uns über die Affären von Mars und Venus. Hinter dieser leidenschaftlichen, unwiderstehlichen Anziehung ist eine tiefe Botschaft verborgen – Mars und Venus können ohne einander nicht existieren. Venus ist das Gegengift zu vielen Übeln, die mit dem Mars zu tun haben. Doch Venus ganz ohne Mars ist haltlos, nutzlos, läßt sich treiben.

In einer ganzen Anzahl von psychologischen und physischen Funktionszusammenhängen ist der Einfluß der beiden Planetenkräfte so eng ineinander verwoben, daß es nicht leicht ist zu unterscheiden, welche der beiden nun am Werk ist. Nehmen Sie z.b. die Begierde. Ist sie ihrem Wesen nach mit Mars verbunden oder mit Venus? Wenn sie sich in einer flüssigen, lustbetonten Art manifestiert, dann mit Venus, wenn es mehr feurig geschieht, dann mit Mars – aber kann denn jemand sagen, die Aphrodite hätte kein Feuer in sich? Und kann irgendwer eine marsbetonte leidenschaftliche Liebe für einen Menschen empfinden, ohne zugleich auch eine venushafte Lust zu spüren? Im Kapitel über die esoterische Anatomie werden wir sehen, daß die sexuelle Energie in der Tat ein Ausdruck der Dialektik dieser beiden Planeten ist, statt daß sie nur mit entweder Venus oder Mars verknüpft wäre.

7.9 Das Syndrom des verdrehten Mars

Es gibt einen besonderen, mit Mars verknüpften krankhaften Zustand, der nicht nur wegen seiner Symbolik von großem Interesse ist, sondern auch, weil er große therapeutische Möglichkeiten bietet. Manche Menschen haben eine außerordentliche Neigung dazu, überall anzuecken; sie sammeln gewissermaßen Schnitte, Verbrennungen, Schürfwunden, Knochenbrüche und überhaupt Unfälle der verschiedensten Art. Sie bringen es fertig, die unschuldigsten Gegenstände in gefährliche Waffen gegen sich selbst zu verwandeln. Wenn eine Tür zufällt, dann schlägt sie ihnen ins Gesicht. Wenn der Herd explodiert, dann stehen sie ganz gewiß gerade davor. In einigen Fällen kann dieses Sammeln von Mißgeschicken ein komisches Ausmaß annehmen. Eine Freundin von mir, die definitiv unter diesem Syndrom litt und die sich zu jener Zeit gerade von ihrem letzten Knochenbruch erholte, war einmal in einem Restaurant und brachte es fertig, ihren kleinen Finger im Henkel einer Teetasse einzuklemmen. Der Finger begann rasch anzuschwellen, und binnen einer Minute war das ganze Restaurant »in Aufruhr« – Leute liefen durcheinander und suchten nach einem Arzt, einige dachten daran, einen Krankenwagen zu rufen, und so ging es fort, bis jemand die mutige Entscheidung fällte, die Teetasse zu zerschlagen. Das löste des aktuelle Problem, doch nur bis zum nächsten Alarm.

In anderen Fällen kann der verdrehte (»einwärts gekehrte«, »invertierte«) Mars einen viel grimmigeren Anblick bieten. Wenn man es mit Menschen zu tun hat, die wiederholt mißhandelt oder angegriffen worden sind, dann sollte man unbedingt herauszufinden versuchen, ob es nur am »Pech« dieser Person liegt oder ob ein Teil in der Psyche des oder der Klientin, der sonst nicht zum Ausdruck kommt, hier auch unsichtbar eine Rolle spielt.

Mit dieser Tendenz, Gewalt gegen sich selbst anzuziehen, geht oft ein Mangel an Selbstvertrauen und ein gewisses Ungeschick Hand in Hand – solche Leute werden selten Sieger im Sport.

Eine weitere Beobachtung, die man an Jugendlichen machen kann, die unter diesem Syndrom leiden, ist es, daß für gewöhnlich alles viel besser wird, sobald sie einen Freund oder eine Freundin haben.

Wie können wir ein solches Syndrom astrologisch verstehen? Die Polarität des Mars ist von Natur aus der äußeren Welt zugewandt. Wenn aus irgendeinem Grunde der Fluß dieser Energie blockiert oder sogar umgekehrt wird, dann schließt sich die ganze Energie ein, die normalerweise gebraucht würde, um der Außenwelt zu begegnen, und der Antrieb der jeweiligen Person wendet sich gegen ihn oder sie selbst. Wenn Sie sich auf den Bauch eines solchen Menschen einstimmen, dann bekommen Sie davon gerade so ein Gefühl wie von einer falschen Note; es ist eine dissonante und schmerzhafte Einschränkung der Flüsse der Lebenskräfte.

Beachten Sie, daß es bei dem Syndrom des verdrehten Mars nicht um einen Mangel an Marsenergie geht, wie bei vorpersönlichen Blobs (Clairvision-Begriff für Menschen der lemurischen Vorzeit, siehe Kapitel 34) ohne allen Willen. Wenn Leute kein marshaftes Stehvermögen haben, dann leiden sie auch nicht unter einer Kette von Unfällen – dann führen sie einfach ein lauwarmes Leben. Dieser Punkt ist wichtig, denn er entscheidet über die Haltung, die man einnehmen muß, um Menschen mit einem verdrehten Mars wirklich helfen zu können. Das Ziel ist es nicht, die Marsenergie in ihnen zu stärken, sondern sie dazu zu bewegen, daß sie lernen, ihre Kraft nach außen fließen zu lassen, statt sie gegen sich selbst zu richten.[16]

Lassen Sie mich zum Abschluss dieses Abschnittes zwei Punkte betonen. Erstens sollte das Syndrom des verdrehten Mars so früh als möglich erkannt und bearbeitet werden. Geschieht das nicht, kann das eine ganze Reihe von Gesundheitsproblemen nach sich ziehen. Wenn die Lebenskraft zu lange blockiert bleibt, wird die jeweilige Person zu einem bevorzugten Kandidaten für alle Arten von Krankheiten. Abgesehen davon aber sind es eben nicht nur Unfälle, die diese Menschen

---

[16] Hinsichtlich des ISIS-Regressionsprozesses entspricht das dem, was man »Baucharbeit« (*belly work*) nennt.

ansammeln, sondern manchmal auch Situationen physischer Mißhandlung, wo sie die Gewalt anderer Leute gegen sich anziehen.

Zweitens ist das Syndrom des verdrehten Mars eines der Probleme, die konventionelle Therapieformen nicht gut erkennen und lösen können. Sicher, die Knochenchirurgie ist eine wundervolle Wissenschaft; doch wenn jemand sich einen Knochenbruch nach dem anderen einsammelt, dann reicht das Reparieren der Knochen einfach nicht aus – eine tiefgreifende Neuordnung des auswärts gerichteten Flusses der Lebensenergie ist notwendig.

7.10 Mars und Autos

Es gibt mehrere Verbindungen zwischen Autos und Mars. Nicht nur ist ein Auto eine respektable Masse Eisen, es basiert auch auf einem Verbrennungsmotor und wird dazu benutzt, sich zu bewegen. Es ist interessant zu beobachten, wie das Autofahren Gewalt in Leuten wachrufen kann. Wenn sie hinter dem Steuer sitzen, dann fühlen sich normalerweise vernünftige Menschen leicht von anderen Fahrern bedroht, und plötzlich werden sie aggressiv oder fangen auf eine Art zu schimpfen an, wie es gar nicht zu ihnen paßt.

Eine anderen Bezug zu Mars kann man in der Tatsache erkennen, daß viele Männer dazu neigen, ihren Wagen als eine Erweiterung ihrer sexuellen Kraft anzusehen. Wenn man sieht, wie übermäßig beschützend manche Männer mit ihrem Fahrzeug umgehen, dann fällt es leicht zu glauben, daß an dem Freudschen Modell etwas Wahres dran sei und daß sie aufgrund irgendeiner unbewußten Assoziation ihr Auto und ihre Geschlechtsteile nicht deutlich auseinanderhalten – kein Wunder, daß sie dann aggressiv werden, wenn sie das Gefühl haben, daß ihr Fahrzeug bedroht wird. Die astrologische Symbolik bietet klare Bausteine dazu, ein psychologisch so unheimliches Verhalten zu erklären. Symbolisch sind Autos und Mars eng miteinander verknüpft, und das gleiche ist mit Mars, der sexuellen Potenz und Gewalt der Fall. Im astrologischen Sinne gedacht ist es deshalb logisch, daß Autos bei Männern ein Mars entsprechendes Verhalten erzeugen.

Beachten Sie jedoch, daß Autos Menschen nicht in jedem Falle gewalttätig stimmen. In einer Reihe von Fällen findet ein anderer Mechanismus statt, der jedoch auch mit Mars zu tun hat. Auto zu fahren kann eine beruhigende Tätigkeit sein, die Menschen eine Möglichkeit bietet, ihrer Marsenergie Ausdruck zu geben. Die regelmäßige Bewegung des Wagens, das Vibrieren des Sitzes, das Gefühl, die Kontrolle zu haben, die Notwendigkeit, auf die Straße zu achten, und die allmähliche Entfaltung der Landschaft vor ihm – alles das kann einen zeitweise gestörten Mars wieder ins Lot bringen und Menschen sich deutlich besser fühlen lassen.[17] Wenn jedoch Menschen beginnen, ihre Autos als Ventil für ihre gewalttätigen Affekte zu verwenden, dann kann großer Schaden entstehen.

Sie können außerdem beobachten, daß es sich bei Menschen, die Angst vor dem Fahren haben oder sich dabei einfach nicht wohl fühlen und glauben, daß sie ihr Fahrzeug nicht völlig unter Kontrolle haben, fast immer um Leute handelt, die ein Problem mit ihrem Mars haben (etwa das Syndrom des verdrehten Mars, so wie es oben beschrieben wurde). Umgekehrt haben Berufskraftfahrer oder sonst besonders gute Autofahrer für gewöhnlich auch einen sehr guten Kontakt mit der Marskraft.

7.11 Mars und die Farbe Rot

Die Farbe, die man am häufigsten mit Mars in Verbindung bringt, ist Rot – es symbolisiert das Feuer, und es ist die Farbe des Planeten Mars am Himmel.

7.12 Sätze, die zum Marsarchetyp gehören

Flüche, Beleidigungen und Schimpfworte der verschiedensten Art.
»Das ist es!«
»So ist das eben!«
»Macht ist Recht.«
»Mach schon!«
»Vorwärts, Angriff!«
»Hols dir doch!« (paßt auch zum Jupiter)
»Um jeden Preis gewinnen.«
»Dazu mußt du mich erst umbringen.«
»Nur über meine Leiche.«
»Das Eisen schmieden, solange es heiß ist.«
»Beeil dich!«
»Was gibt's zu Essen?«

---

[17] Homöopathen werden natürlich an *Chamomilla* (echte Kamille) denken, ein Mittel für Patienten, deren Beschwerden durch eine kurze Autofahrt gebessert werden. Das deutet darauf hin, daß *Chamomilla* durch einen Ausgleich der Marsenergie in der jeweiligen Person wirkt.

8 - Jupiter ♃

Ich werde ausgiebig essen und wahrsagen.
Ben Jonson: *Bartholomew Fair*, 1.6

8.1 Astronomische Fakten – Keime der Symbolik

Die mittlere Entfernung des Jupiter von der Sonne beträgt 778 Millionen Kilometer, 5,2mal soviel wie die Entfernung zwischen Sonne und Erde. Jedoch bewegt sich die Entfernung zwischen 590 Millionen Kilometern im Perigäum (dem Punkt, an dem der Jupiter der Sonne am nächsten ist) und 965 Millionen Kilometern im Apogäum (dem entferntesten Punkt).

Im Durchschnitt braucht das Sonnenlicht 43 Minuten, um den Jupiter zu erreichen.

Der Jupiter dreht sich in ungefähr 12 Jahren einmal um die Sonne.

Das ist der Grund, warum die westliche, die chinesische und die hinduistische Astrologie einen Zyklus von 12 Jahren berücksichtigen, der manchmal das »Jupiterjahr« genannt wird.

Da es zwölf Tierkreiszeichen gibt, durchläuft der Jupiter in ungefähr einem Jahr jeweils ein Zeichen.

Der Jupiter dreht sich in nur 10 Stunden um seine Achse.

Der Jupiter ist **riesig**! Sein Durchmesser ist elfmal so groß wie der der Erde, und sein Volumen beträgt das 1300fache dessen der Erde. Wegen seiner geringen Dichte (1,34 , während die Dichte der Erde 5,5 beträgt) ist seine Masse jedoch nur das 318fache von der Masse der Erde. (Eine geringe Dichte ist auch Merkmal der drei anderen Riesenplaneten Saturn, Uranus, Neptun).

Der Jupiter besteht hauptsächlich aus Wasserstoff und Helium, wobei es zehnmal soviel Wasserstoff wie Helium gibt. Da man die gleichen Elemente in der Sonne im selben Mengenverhältnis antrifft, nimmt man an, daß der Jupiter den ursprünglichen Zustand des Sonnensystems zeigt und auch den ursprünglichen Zustand der Erdatmosphäre vor 4 Milliarden Jahren.

Der Druck in der Jupiteratmosphäre ist dreimal so hoch wie der in unserer.

Der Jupiter hat das stärkste magnetische Feld von allen Planeten im Sonnensystem, und er sendet Radiowellen aus.

Die Raumsonden Voyager I und Voyager II haben einen schwachen Ring um den Jupiter herum entdeckt. So ist der Saturn nicht der einzige Planet mit Ringen! (Auch Uranus und Neptun haben welche.) Der rote Fleck, der auf dem Jupiter zu sehen ist, ist ein Sturm, den es seit mehr als 400 Jahren gibt. Er ist dreimal so breit wie die Erde.

Der Jupiter hat 16 bekannte Satelliten, von denen die vier größten 1610 von Galilei entdeckt wurden. Io, der ungefähr die gleiche Masse hat wie unser Mond, wurde von einer Voyager-Sonde photographiert und zeigte die am stärksten aktiven Vulkane des Sonnensystems. Die anderen drei heißen Europa, Ganymed und Callisto. Ganymed, der in der griechischen Mythologie der Mundschenk des Jupiter ist, ist größer als der Merkur.

Wenn Sie diese Satelliten nie gesehen haben, dann treiben Sie einfach einen starken Feldstecher auf und richten ihn auf den Jupiter – Sie werden die gleiche Aufregung empfinden wie Galilei!

8.2 Synopse des großen Mythos

Hier ist eine kurze Darstellung des zentralen Mythos, auf dem der Stammbaum des gesamten griechischen Götterhimmels beruht. Er ist besonders wichtig, wenn man die archetypischen Energien der Planeten verstehen will.

- Uranos zeugte zuerst die Zyklopen mit Gaia, der Erde.
- Die Zyklopen wurden von Uranos wegen ihres rebellischen Wesens in den Tartaros, auf den Grund der Unterwelt, geworfen.
- Dann zeugte Uranos – wiederum mit der Gaia – die sieben **Titanen, deren letzter Kronos (Saturn)** war.
- Unglücklich darüber, daß ihre Söhne, die Zyklopen, im Tartaros waren, stachelte Gaia die Titanen zum Angriff gegen Uranos auf.
- Saturn, bewaffnet mit einer Sichel (wie sie im Piktogramm des Saturn zu sehen ist) überraschte seinen Vater bei Nacht, kastrierte ihn und warf seine Geschlechtsteile ins Meer. Als Folge davon wurde Venus aus dem Schaum geboren.
- Die Titanen befreiten daraufhin die Zyklopen aus dem Tartaros, und Saturn wurde der neue Herrscher.
- Bald darauf schickte er die Zyklopen zurück in den Tartaros!
- Saturn heiratete seine Schwester Rhea.
- Gaia, und auch Uranos in seinem Todeskampf, hatten vorausgesagt, daß Saturn von seinem eigenen Sohn abgesetzt werden würde. Daraufhin entwickelte Saturn die Gewohnheit, seine eigenen Kinder zu verschlingen, was Rhea natürlich zur Verzweiflung trieb.
- Als Jupiter/Zeus zur Welt kam, konnte Rhea die Vorstellung nicht mehr ertragen, noch ein weiteres Kind zu verlieren. So verbarg sie

Jupiter 75

Jupiter und gab Saturn statt seiner einen in Tücher gewickelten Stein, den er verschluckte.
- Als er jedoch groß geworden war, kehrte Jupiter zurück. Mit der Hilfe der Metis gab er seinem Vater zunächst ein Brechmittel ein. Saturn erbrach zuerst den Stein, dann die Brüder und Schwestern des Jupiter, die unverletzt herauskamen. Darunter befanden sich Neptun und Pluto.
- Jupiter und seine Brüder führten Krieg gegen die Titanen.
- Gaia hatte vorhergesagt, daß Jupiter den Sieg davontragen würde, wenn er diejenigen befreien könnte, die Saturn im Tartaros eingekerkert hatte, und sie dazu bewegen könnte, auf seiner Seite zu kämpfen. Jupiter tat dies, nachdem er das Ungeheuer Kampe, den Hüter der Schwelle zum Tartaros, getötet hatte. Die befreiten Zyklopen gaben Zeus/Jupiter den Donnerkeil, Poseidon/Neptun den Dreizack und Hades/Pluto die Tarnkappe.
- Der Sieg Jupiters war total. Er erbte den Himmel, während Neptun der Herr des Meeres wurde und Pluto der Herrscher der Unterwelt.
- Die Titanen wurden in den Tartaros geworfen.

8.3 Einige Elemente zur Interpretation

Uranos, dessen Name im Griechischen »Himmel« bedeutet, steht für die unbegrenzten Welten des Bewußtseins, während Saturn die Kraft der Begrenzung darstellt. Der Wechsel von der Herrschaft des Uranos zu der des Saturn symbolisiert die Verkörperung in dichtere Ebenen der Manifestation – von den hohen Welten des Geistes, wo sich das Bewußtsein ausbreitet, ohne je auf Beschränkungen zu stoßen, hin zu den zunehmend materielleren Welten (einschließlich des Raum-Zeit-Kontinuums), in denen Grenzen die Regel sind.

Aus dieser Perspektive muß man die Kastration des Uranos so verstehen, daß das Bewußtsein seine Macht verloren hat. In den hohen Sphären der geistigen Welt erfährt sich das Bewußtsein als unbegrenzt und allmächtig. Während sie materiell verkörpert ist, »verliert die Seele ihre Flügel«, wie in dem Mythos des Platon im Phaedrus, und unterliegt den Einschränkungen und Grenzen der physischen Existenz.

Ein wichtiges Merkmal des großen Mythos ist es, daß jedesmal der Sieg von der tiefsten Tiefe der Unterwelt ausgeht. Indem sie die übernatürlichen Kräfte aus dem Innern der Erde freisetzen, gelingt es Jupiter, Neptun und Pluto, Saturn zu überwinden, genauso wie dieser Uranos besiegt, indem er die Mächte des Tartaros freisetzte.

Das führt auf eine deutliche Analogie zu der alchemistischen Abkürzung »VITRIOL«, von der es heißt, daß in ihr das Geheimnis des Steins der Weisen enthalten sei, und die wir in Abschnitt 24.4 erörtern werden.

Der mythologische Sieg des Jupiter über Saturn ist von großer Bedeutung. Ein wichtiges Prinzip der astrologischen Symbolik ist es, daß man durch den jupiterhaften Schwung die Ängste und Beschränkungen der Saturn-Seite seines Wesens überwinden kann.

8.4 Planetarischer Archetyp

Expansion, Ausdehnung

Das wesentliche Element in der Symbolik des Jupiter ist Expansion – die Fähigkeit, einen Raum auszufüllen. Wie der Merkur, so ist auch der Jupiter mit dem Luftelement verbunden. Während jedoch der Merkur an eine Hin-und-Her-Bewegung denken läßt, repräsentiert der Jupiter die Tendenz der Luft, sich auszubreiten und den Raum einzunehmen, genauso aber auch die majestätischen Winde, die weit fortführen und den Geist mit sich tragen.

Eine sorgfältige Analyse der symbolischen Merkmale des Jupiter wird Ihnen zeigen, daß fast alle davon auf die eine oder andere Weise eine Anwendung dieses Prinzips der Ausdehnung sind.

Der Guru/Hierophant

Das Sanskritwort für Jupiter ist *guru* (wie der spirituelle Lehrer), was auch »schwer« bedeutet. Ein Guru ist jemand, der Erleuchtung verbreiten kann, genauso wie der Hierophant (der Hohepriester, Arkanum V im Tarot) derjenige ist, der das spirituelle Licht der Sonne bzw. des Göttlichen offenbart. Was die Symbolik des Jupiter betrifft, so ist es bedeutsam, daß *guru* im Sanskrit auch das gewöhnliche Wort für »schwer« ist. Jupiter ist der größte unter den Planeten im Sonnensystem, und die Taten eines großen, jupiterhaften Menschen bleiben in einer Gruppe von Leuten nicht unbemerkt. Das bildet einen Kontrast zur Leichtigkeit des Merkur.

Offenbarung und Recht

Jupiter ist der Planet der spirituellen Erkenntnis und der Offenbarung. Auf seiner höchsten Ebene bedeutet dies die Vision und das Einssein mit dem Göttlichen und die Verwirklichung der Allgegenwart Gottes in der Schöpfung.

So hat man Jupiter traditionell als den Planeten der Religion und der Priesterschaft angesehen und auch als den der philosophischen und juristischen Studien. Um das zu verstehen, muß man sich daran erinnern, daß in früheren Zeiten die Theologie die oberste Disziplin war, und daß keine Art von Wissenschaft von dem Wissen von Gott getrennt werden konnte. Wissen, in seiner höchsten Form, wurde als Offenbarung angesehen.

So wurden in einem Horoskop lange Studien auf das neunte Haus bezogen, das Jupiter untersteht.

Das Recht gehörte auf natürliche Weise zu Jupiter, da die Alten es als heilig betrachteten. Die Vorstellung von einem Rechtssystem, das von Menschen gemacht ist, ist relativ neu. Heutzutage wäre es natürlich schwierig sich vorzustellen, daß die Abgeordneten in den Parlamenten göttlich inspiriert wären. Doch während Tausenden von Jahren sah man das Recht als eine Offenbarung göttlichen Ursprungs an. Denken Sie etwa an die *Gesetze des Manu* oder an die Gesetzestafeln, die Moses auf dem Berg Sinai gegeben wurden. So machte man im Altertum auch keinen klaren Unterschied zwischen den Gesetzen des Rechts und den Gesetzen, die das Funktionieren des Universums beherrschen (wie es etwa in dem hinduistischen Begriff *dharma* zum Ausdruck kommt).

Vielleicht den letzten Überrest solcher Vorstellungen kann man in den traditionellen Roben und sogar Perücken erkennen, die im Gerichtssaal von den Richtern in vielen Ländern der Welt noch getragen werden – eine verlorene Spiegelung der Aura der Heiligkeit, die an allem hing, was mit Recht und Gesetz zu tun hatte.

8.5 Eigenschaften und psychologische Merkmale, die zu Jupiter gehören

- Gutmütig, fröhlich, sorglos, eben jovial (das ja von *Jovis*, dem lateinischen Namen des Jupiter herkommt).
- Begeisterung und Motivation für eine Sache (letzteres hat Jupiter mit Mars gemeinsam) ebenso wie die Fähigkeit, sie auf andere Menschen zu übertragen.
- Sinn für Humor verbunden mit der Fähigkeit, das Lachen zu teilen und auch andere Menschen lachen zu machen (das Jupiterprinzip der Ausdehnung). Auch Merkur kann viel Sinn für Humor haben, er hat jedoch nicht unbedingt die Fähigkeit, ein ganzes Publikum in übermütige Ausgelassenheit zu bringen.
- Jupiter versteht sich darauf, die Atmosphäre in einem Raum zu verändern und einem Publikum eine bestimmte Emotion zu vermitteln. Mit anderen Worten, von Jupiter geprägte Menschen sind theatralisch, gute Darsteller, geborene Schauspieler. Sie können andere Menschen beeinflussen und charismatische Eigenschaften besitzen.
- Gute Verkäufer und Vertreter, was aus dem eben Gesagten logisch folgt.
- Größe. Die Fähigkeit, im großen Stil zu denken und sich nicht in Details und Randproblemen zu verheddern.
Im Supermarkt sieht der Einkaufswagen einer stark jupitergeprägten Person völlig anders aus als der einer Person, die stark von Saturn geprägt ist – der des Jupiters ist voll, der des Saturn ist mindestens

halb leer, wenn es nicht aus guten Gründen anders sein muß. Es zeigt einem in der Tat ziemlich viel über das Wirken der Planetenkräfte, wenn man beobachtet, wie sich Leute in einem Supermarkt verhalten. Von Jupiter bestimmte Leute bewegen sich besonders flüssig und lassen ihre Hände frei über die Regale wandern; sie nehmen sich einfach, was sie wollen, auch wenn sie es nicht unbedingt brauchen. Von Saturn bestimmte Leute dagegen wählen sorgfältig aus, vergleichen nach Preis und Qualität und wissen ganz genau, was sie kaufen.

- Großzügigkeit.
- Fähigkeit, sich für eine Sache ins Zeug zu legen und günstige Gelegenheiten wahrzunehmen. Strenggenommen haben von Jupiter geprägte Menschen nicht einfach »Glück«, sie wissen vielmehr, wie sie die Dinge für sich arbeiten lassen können.
- Imstande, zu übertreiben, »zuviel des Guten« zu tun.
- Finden Reisen gut.

8.6 Negative Eigenschaften und Schwächen

Die Grenzen mißachten
Wenn die jupiterhaften Ausdehnungstendenzen losgelassen werden, dann können sie zu Exzessen aller Art führen. Großzügige Ausgaben werden zur Verschwendung. Der von Jupiter geprägte Mensch kann leicht zuviel essen, zuviel trinken, von einem Liebhaber zum nächsten gehen – genauso wie ja auch der Jupiter der griechisch-römischen Mythologie bei seinen Affären mit Frauen und Göttinnen nicht zu bremsen war.

Der Blick auf das große Ganze kann sich in eine Verachtung der Details verwandeln, die Mißwirtschaft und kolossale Fehlentscheidungen zur Folge hat. Die Grenzen nicht zu kennen kann sogar zu Betrug oder Unanständigkeiten führen.

Eine der wichtigsten Lektionen, die von Jupiter bestimmte Menschen lernen müssen, ist es, Einzelheiten nicht zu übersehen.

Mangel an Genauigkeit und Gründlichkeit
Stark von Jupiter geprägte Menschen müssen Genauigkeit und Gründlichkeit lernen, gerade die Fähigkeit, Kleinigkeiten genauso zu berücksichtigen wie die großen Angelegenheiten. Wenn sie klug sind, dann suchen sie den Rat eines von Saturn geprägten Menschen, der ihre Begeisterung und ihr Selbstvertrauen dämpft und sie auf kritische Details aufmerksam macht, die, wenn man ihnen keine Beachtung schenkt, zu Pannen und Pleiten jupiterhaften Ausmaßes führen können.

8.7 Die Lehren und Kräfte des Jupiter

Die Kraft, Grenzen zu durchbrechen
Jupiter ist die Kraft, die wagen kann, die weiter geht, mehr tut, besser und schneller ist. So ist dies die Kraft, Bewegung in eine verfahrene Situation zu bringen, Rekorde zu brechen, neue Bereiche zu erkunden und zu erschließen.

Die Kraft, Dinge in Gang zu bringen und geschehen zu lassen
Spirituelles Denken und Offenbarung
Jupiter ist der Hierophant, der die Gesetze der Schöpfung durch gewaltige spirituelle Offenbarungen erkennt.

8.8 Farben

Die Farbe, die am häufigsten mit Jupiter in Verbindung gebracht worden ist, ist das Gelb. So verordneten in Europa viele Jahrhunderte lang die Ärzte gelbe Substanzen und Pflanzen bei Leberbeschwerden (das wichtigste Organ, das dem Jupiter zugeordnet ist). Die strahlende Begeisterung und die Wendung nach außen, die diese Farbe einem mitteilt, paßt gut zu der Symbolik des Jupiter.

Ein weiterer Punkt, der dafür spricht, Jupiter die Farbe Gelb zuzuordnen, ist, daß in der indischen Tradition die hauptsächlichen Edelsteine des Jupiter gelb sind: gelber Saphir und gelber Topas.

Manche ziehen es jedoch vor, das Gelb der Sonne vorzubehalten, und ordnen Jupiter das Blau oder Lila zu.

8.9 Die Dialektik von Merkur und Jupiter

Merkur und Jupiter sind die beiden Planeten des Windes. (Erinnern Sie sich, daß zuerst eine Verwandtschaft zwischen den beiden aufeinander bezogenen Prinzipien da sein muß, damit eine Dialektik sinnvoll sein kann.) Außerdem ist der Merkur Hermes/Thoth, derjenige, der in die okkulten Mysterien einführt, während Jupiter der Guru/Hohepriester ist, der das spirituelle Licht der Sonne offenbart.

Ein weiteres Element, das auf eine Dialektik hinweist, ist die Tatsache, daß im Tierkreis die Zeichen, deren Herrscher Jupiter ist (Schütze und Fische), den Zeichen, die von Merkur beherrscht werden (Zwillinge und Jungfrau), diametral gegenüber stehen.

☿ Merkur	♃ Jupiter
der Botschafter der Sonne	der Hohepriester der Sonne
mentaler/über-mentaler Wind	spiritueller Wind
Hin- und Herbewegungen	der Wind, der weit trägt
leicht (hat Flügel)	schwer (*guru*)
Herrscher der Zwillinge	Herrscher des Schützen
Herrscher der Jungfrau	Herrscher der Fische[18]
Haus 3 – kurze Reisen, kurze Veröffentlichungen und Mitteilungen	Haus 9 – lange Reisen, Bücher und umfangreiche Untersuchungen
Planet des Handels	Planet der Gewerbe

8.10 Die planetarische Dialektik von Jupiter und Saturn

♃ Jupiter	♄ Saturn
Die Mondsichel über dem Kreuz – die Seele über der Materie	Das Kreuz über der Mondsichel – die Materie über der Seele
»Die Stimmung herrscht über die Materie« – daher die optimistische Natur der jupiterbetonten Menschen	»Die Materie herrscht über die Stimmung« – daher die pessimistische Natur des saturnbetonten Menschen
warm und feucht	kalt und trocken
Luftelement - daher die Beweglichkeit	Erdelement – daher die Festigkeit und Starrheit
Befreiung	Beschränktheit
Ausdehnung, Expansion	Zusammenziehen, Kontraktion
Freiheit	Begrenzung
Fähigkeit, Grenzen zu überschreiten	die Macht der Grenzen
das Wachstumsprinzip	der feste Rahmen
Gesetz	Struktur
Glück	karmische Wiederkehr
Wohlstandsbewußtsein	Vorsicht
versteht es, Risiken einzugehen	versteht es, Risiken zu vermeiden
hat Spaß an Glücksspielen	spielt nur, wenn er/sie sicher sein kann zu gewinnen
gibt großzügig Geld aus, verschwendet	spart
scherzhaft	ernst

---

[18] Das Zeichen Fische hat zwei Herrscher, in erster Linie Jupiter, dann Neptun.

8.11 Symbole, die zu Jupiter gehören

- Die Kentauren, die halb Mensch, halb Pferd waren, haben mehrfache mythologische und symbolische Verbindungen zu Jupiter (dem sie in seinem Krieg gegen die Titanen halfen). Sie teilen mit ihm einen Überschuß der Lebenskraft, doch auf einer grundsätzlicheren Ebene verkörpern sie den Konflikt zwischen der menschlichen und der tierischen Natur. Bei den Festen der griechischen Sagen gibt es immer wieder den Augenblick, wo die Kentauren unter dem Einfluß des Weins die Beherrschung verlieren und anfangen, alle Frauen zu vergewaltigen – die Grenzen nicht zu kennen ist die hauptsächliche Gefahr für stark vom Jupiter bestimmte Menschen. Die Analogie zwischen den Kentauren und der Jupiterenergie wird weiter bestärkt durch die Tatsache, daß der Schütze (das Symbol des vom Jupiter beherrschten Zeichens) ein Kentaur ist.

- Pferde sind im allgemeinen, nicht nur in ihrer verwandelten mythologischen Form als Kentaur, mit der Symbolik des Jupiter verbunden. Abgesehen von ihrer edlen Natur, waren sie viele Jahrhunderte hindurch das wichtigste Transport- und Verkehrsmittel der Menschen. Wenn die Weisen der *Rg-Veda* Gebetshymnen sangen, um Pferde zu erhalten, so waren sie nicht auf eine Herde Tiere aus, sondern auf Seelenkräfte der spirituellen Expansion und des Sieges, die symbolisch mit dem Pferdearchetyp verknüpft sind.

- Der Adler, der mit seinen majestätisch ausgebreiteten Flügeln würdevoll über der Landschaft schwebt, als gehöre sie ihm, ist ein typisches Jupitersymbol. Mehrere Nationen mit jupiterhaften Tendenzen zur Expansion wählten ihn deshalb als eines ihrer wichtigsten Symbole: das römische Reich, die Vereinigten Staaten von Amerika, aber auch Nazideutschland. Im dritten Buch der *Göttlichen Komödie*, das die Reise durch die planetarischen Sphären präsentiert, ist eines der ersten Dinge, die Dante sieht, als er die Sphäre des Jupiter erreicht, das Symbol eines Adlers (*Paradiso*, Canto 28).

8.12 Jupiter und die Vereinigten Staaten von Amerika

Die USA ist das Land der größten Autos, der größten Gebäude, der größten Steaks, der größten Eiscremeportionen, der größten Supermärkte und Einkaufszentren, voll von Waren und groß aufgemachten Sonderangeboten. Sogar die Menschen sind groß und dick, und sie haben sogar Spaß daran, denn »*Big is Beautiful!*« (groß ist schön) und »*More is Better!*« (mehr ist besser). (Kein Land der Erde hat mehr übergewichtige Menschen als die USA.) Nirgendwo sonst wird man soviel Jupitergeist sehen, so wie stark von Jupiter geprägte Menschen aus anderen Ländern oft eine Sympathie oder Affinität für die USA haben.

Die USA sind auch das Land des *big business*, des Geschäfts im großen Maßstab, mit den größten Unternehmen der Welt und einer unaufhaltsamen Wachstumsmaschinerie. Wer hat den Ersten Weltkrieg gewonnen und, in noch stärkerem Maße, wer den Zweiten Weltkrieg? Der Jupiter Amerikas, durch seine multinationalen Unternehmungen, deren losgelassene Kraft nicht nur Deutschland in die Knie zwang, sondern die am Ende dieser Kriege auch als die Kraft hervortrat, die diesen Planeten beherrscht.

Die massiven Wirtschaftskrisen, mit denen die USA im 20. Jahrhundert fertig werden mußten, können als eine Konsequenz der unbarmherzigen jupiterhaften Expansion angesehen werden, die in Teufelskreise hinein und manchmal eben auch zu gewaltigen Pleiten führte.

8.13 Sätze, die zum Jupiterarchetyp passen

veni, vidi, vici
Ich kam, ich sah, ich siegte.   Julius Caesar

»Kauf es!«
»Ich geb' einen aus!«
»Mach schon!« (paßt auch zu Mars)
»Mehr!«
»Phantastisch!«
»Fabelhaft!«
»*The sky's the limit.*« (*Der Himmel ist die [einzige] Grenze*)
»*It's a winner.*«
»*Don't worry!*« – »Mach dir nichts draus!«
»Geld findet sich.«
»Ist schon so gut wie fertig.«
»Wen kümmert das schon?«
»Nicht kleckern, klotzen!«

9 - Saturn ♄

Tief in der schattigen Traurigkeit des Tales
Weit weggesunken vom gesunden Atem des Morgens,
Fern von dem feurigen Mittag und dem einen Stern
  des Abends,
Saß der grauhaarige Saturn, still wie ein Stein,
Still wie das Schweigen um sein Lager her;
Wald auf Wald hing ihm auf seinem Kopf,
Wie Wolken um Wolken.
John Keats: Hyperion, 1.1

9.1 Astronomische Fakten, Keime der Symbolik

Mittlerer Abstand zur Sonne: 1 430 Millionen Kilometer (1 200 Millionen Kilometer im Perigäum, 1 650 im Apogäum), das ist 9,55mal die Entfernung zwischen Erde und Sonne.

Daher braucht das Sonnenlicht im Durchschnitt 1 Stunde und 19 Minuten, um den Saturn zu erreichen.

Dauer des Umlaufs um die Sonne: ungefähr 29,5 Jahre.
  Dauer der Umdrehung um seine Achse: nur 11 Stunden!
  Der Durchmesser des Saturn beträgt das Neunfache von dem der Erde. Sein Volumen ist 752mal so groß wie das der Erde. Und doch ist die Masse des Saturn nur 95mal so groß wie die der Erde, und zwar wegen seiner geringen Dichte, der geringsten unter allen Planeten.

Der Saturn hat 17 bekannte Satelliten.
  Der größte der Satelliten des Saturn, der schon 1655 entdeckt wurde, wurde **Titan** genannt und läßt sich mit **einer kleinen Erde im Kühlschrank** vergleichen. Titan hat einen Durchmesser von 5 150 Kilometern, er ist damit größer als der Merkur! (Ganymed, ein Satellit des Jupiter, ist sogar noch größer, mit einem Durchmesser von 5 280 Kilometern.) Der Titan ist der einzige Mond im Sonnensystem, der eine wirkliche Atmosphäre hat. Er kann sie trotz seiner geringen Schwerkraft halten, wahrscheinlich wegen seiner niedrigen Temperatur. Diese Atmosphäre könnte der irdischen vor den Anfängen des Lebens ähnlich sein.

9.2 Von den astronomischen Daten zur astrologischen Symbolik

Sonne, Mond, Merkur, Venus, Mars, Jupiter und Saturn sind die sieben Planeten, die man mit bloßem Auge sehen kann. Was weiter draußen liegt, der Uranus, der Neptun und der Pluto, das kann nicht mehr ohne optische Instrumente gesehen werden. Das weist Saturn die Funktion einer Grenze zu und macht die Umlaufbahn des Saturn sozusagen zur »Haut« unseres Sonnensystems.

Aus dieser Perspektive erscheinen die Planeten jenseits des Saturn (Uranus, Neptun, Pluto) als Vermittler zwischen unserem Sonnensystem und der Gemeinschaft der Milchstrasse, die Inspiration und spirituelle Anstöße bringen.

Der Umstand, daß er unter den sieben sichtbaren Himmelskörpern derjenige ist, der am weitesten von der Erde entfernt ist, läßt symbolisch an etwas Entferntes und Isoliertes denken. Da er auch am weitesten vom Licht und von der Wärme der Sonne entfernt ist, steht Saturn außerdem für alles, was kalt und düster ist. Sein bleicher Schein kontrastiert zu dem des Jupiter, der großzügig am Nachthimmel leuchtet.

Infolge seiner Entfernung ist Saturn auch der langsamste der sieben sichtbaren Himmelskörper. Die Verbindung von Langsamkeit und Kälte läßt an Alter und Sklerose denken, aber auch an Hindernisse, Schwierigkeiten und andere unerfreuliche Dinge.

9.3 Planetarischer Archetyp

Die Macht der Grenzen – Hindernisse

Wenn Sie an Beschränkungen denken, dann sind die ersten Bilder, die Ihnen einfallen, sicherlich die von Hindernissen und Schwierigkeiten; die verschiedenen Einschränkungen, die einem die Welt auferlegt, Widerstände der verschiedensten Art, die Ihre Unternehmungen behindern, und möglicherweise auch die karmische Wiederkehr und das Schicksal. Es gibt natürlich auch innere Grenzen, so wie Ängste und Komplexe, die Sie von innen heraus blockieren.

Alles dies wird von Saturn regiert. Das ist der Grund, warum viele Jahrhunderte hindurch die Astrologen Saturn als grundsätzlich böswillig angesehen haben – einen Übeltäter, der Kummer bringt. Es gibt allerdings auch eine andere Seite des Saturn: Struktur.

Die Macht der Grenzen – Struktur

Wenn ein Raum einfach nur aus jupiterhafter Ausdehnung ohne Grenzen bestände, dann könnte es gar keine physischen Formen geben. Das führt zu einem tieferen Verständnis des Begriffs »Grenze«.

Nehmen Sie z.B. Ihre Haut. Die Haut ist eine sehr saturnische Struktur, indem sie eine klare Grenzlinie bildet, die das Innere Ihres Körpers von der Außenwelt trennt. Wenn es keine solche Grenze gäbe, dann hätte Ihre Physiologie keine eigene Identität, könnte nicht bestimmte Substanzen akzeptieren und andere zurückweisen und könnte sich selbst nicht durch biochemische Prozesse erhalten, die von denen Ihrer Umwelt verschieden sind. Allgemeiner gesagt, wenn es so etwas wie die Haut nicht gäbe, dann würden Sie es wahrscheinlich schwierig finden, sich selbst mit einer separaten Identität wahrzunehmen, dann wären Sie mit Ihrer Umgebung verschmolzen.

Zurück zur Geometrie. Jedesmal, wenn Sie eine Struktur oder eine Form wie ein Quadrat, eine Kugelschale/Sphäre oder einen Tetraeder definieren, dann definieren Sie eine Grenze. Die Struktur hat ihr »Innen« und ihr »Außen«. Ohne dieses saturnische Prinzip, das trennt und Grenzlinien zieht, könnte keine Form oder Struktur existieren. Denn in den Begriffen der spirituellen Geometrie sind Grenze und Struktur ein und dieselbe Sache.

Wenn Sie meditativ offen sind, Bücher der spirituellen Geometrie durchblättern und Ihren intuitiven Verstand bei den verschiedenen geometrischen Formen verweilen lassen, dann wird Ihre Seele spüren, daß Kräfte in diesen Zeichnungen oder Photographien stecken. Das ist die Macht der Grenzen, der zentrale Archetyp, von dem alle Eigenschaften des Saturn abgeleitet werden können. In der gleichen Weise sind die negativen Eigenschaften, die mit Saturn verbunden sind, nur rigide Übertreibungen des gleichen Prinzips.

Zeit

Das griechische Wort für Saturn ist, in seiner latinisierten Form, *Cronus*, während das für Zeit *chronos* ist – woraus die modernen Sprachen eine Vielzahl von Worten abgeleitet hat, so wie »chronisch«, »Chronologie« und »Chronometer«.

Die gleiche symbolische Tendenz zieht sich durch diese Verbindung: Der Begriff der Zeit ist von dem der Grenze nicht zu trennen. Wenn man die Zeit eines Vorgangs mißt, dann heißt das, daß man seinen Anfang und sein Ende feststellt.

Esoterisch ist man – sowohl im Clairvision-Archiv wie im Werk Rudolf Steiners und in verschiedenen Mythen – der Auffassung, daß die Zeit, so wie wir sie jetzt kennen, einen Anfang gehabt hat und daß sie auch ein Ende haben wird.

9.4 Eigenschaften und psychologische Merkmale, die zu Saturn gehören

In bezug auf die Affinität des Saturn zum Erdelement
- Praktisch, kann gut mit konkreten Dingen umgehen, voll gesunden Menschenverstands.
- Menschen, die mit beiden Beinen auf dem Boden stehen.
- Gut im Bauen.
- Fähigkeit, fest, stabil und unverändert zu bleiben – und deshalb zuverlässige Menschen, denen man vertrauen kann.
- Dieses feste Wesen kann auch zu asketischen Tendenzen führen, wie man sie in Menschen mit einem starken Saturn nicht selten antrifft. Ebenso kann es – zusammen mit der Aufmerksamkeit des Saturn fürs Detail – zu einer Leidenschaft für endlose Studien über ein Thema führen, das jeder andere für tödlich langweilig halten würde.

In bezug auf die Verknüpfung des Saturn mit der Zeit
- Geduld und Durchhaltevermögen. Menschen, die in Kontakt mit der Saturnenergie sind, wissen, wie sie die Zeit für sich arbeiten lassen können.
- Sie führen gerne zu Ende, was sie angefangen haben.

In bezug auf die Bedeutung des Saturn als Struktur
- Gut organisiert (in sich, und deshalb können sie auch ihre Umgebung organisieren).
- Sauber und ordentlich.
- Präzise, rigoros, anspruchsvoll, übersehen sie auch kleine Details nicht und lassen Dinge nicht vage. Schreiben hervorragend mit, wenn sie zu einem Vortrag gehen. (Wenn Sie verhindert sind und möchten, daß Ihnen jemand Notizen macht, dann suchen Sie sich unbedingt jemanden mit einem starken Saturn!) Gut als Buchhalter.
- Vorsichtig. Gibt überlegt Geld aus. Sorgfältiger Verwalter. Gut darin, viel mit wenig Geld anzufangen.
- Zurückhaltend und selbstbeherrscht.
- Die Kombination von Struktur und Gründlichkeit kann außerordentliche Fähigkeiten für Mathematik und Naturwissenschaften verleihen (wenn es denn gleichzeitig auch genug vom Luftelement gibt – herrscht das Erdelement vor, dann wird daraus Saturn der Baumeister oder der Landwirt).

9.5 Negative Eigenschaften und Schwächen, die mit Saturn einhergehen

Wenn Saturn zu erdhaft wird
- Das Wort »saturnisch« bezeichnet ein träges, düsteres Temperament. Wenn die erdhafte Seite des Saturn die Oberhand gewinnt, dann führt das zum Pessimismus, zur Depression und dazu, daß man nur noch die negative Seite der Dinge in dieser Welt sieht und den Kontakt zu den Freuden der höheren Welten verliert – die Seele »verliert ihre Flügel«.
- Festgefahren in den Gewohnheiten des analytischen Alltagsverstandes und unfähig, sich weitere Horizonte zu öffnen.

Wenn die Macht der Grenzen sich in starre Beschränktheit verwandelt
- Übermäßig kritisch. Findet an allem Fehler.
- Unfähig, ein Risiko einzugehen. Hat alle Arten von guten Gründen dafür, Gelegenheiten, die sich bieten, nicht zu ergreifen.
- Wälzt sich anschließend in Reue und Bitterkeit.
- Angst davor, in die Welt hinauszugehen. Angst davor, neue Leute kennenzulernen, Angst davor, sich Arbeit zu suchen. Die natürliche Zurückhaltung, die Saturn verleiht, kann sich in einen Trauerzug aus Befürchtungen, Phobien und Hemmungen verwandeln.

Weit von seiner/ihrer Sonne entfernt
- Gerade so, wie unter den sichtbaren Planeten der Saturn am weitesten von der Sonne entfernt ist, können uns auch die im vorigen Abschnitt angesprochenen Ängste und Hemmungen an die Leere der Sonnenenergie erinnern, die wir im Kapitel über die Sonne besprochen haben (Abschnitt 3.6).
- In dieselbe Kategorie kann man auch Kälte, Mangel an Begeisterung und ein langweiliges Wesen einordnen.

Wenn die Seite des kleinen Ego des Saturn die Oberhand gewinnt
- Gemein, egoistisch, trocken (Onkel Scrooge – aus der *Weihnachtsgeschichte* von Dickens – ist ein perfektes Beispiel für die fiese Seite des Saturn.)
- Unfähig, loszulassen. Nachtragend, bitter, voller Reue.

Widerstand
Die ganzen oben aufgeführten Merkmale können sich zu einer großen Fähigkeit kombinieren, psychisch und praktisch allem Neuen Widerstand entgegenzusetzen.
Das ist nicht immer negativ zu bewerten. Wenn Sie versuchen, jemandem etwas beizubringen, der keine Struktur hat, dann mag dieser Mensch Ihnen wohl sofort in allem zustimmen, doch es geht in ein Ohr

hinein und zum anderen hinaus. Selbst wenn sie die jeweiligen Kenntnisse aufnehmen, was werden solche Menschen dann damit anfangen? Nicht unbedingt viel. Im Gegensatz dazu kann man erwarten, daß Menschen, die die jeweilige Lehre zuerst heftig bekämpfen, und sie sich dann in einem Reifungsprozeß zu eigen machen, dieses Wissen auch praktisch anwenden werden – oder daß sie sogar Meister in dem betreffenden Gebiet werden.

In ähnlicher Weise können von der Saturnstruktur geprägte Menschen sehr starken Widerstand in einem psychischen Erkundungsprozeß wie ISIS entwickeln, oder sie können schier tobsüchtig werden, wenn sie versuchen zu meditieren (»Nichts passiert!«, »Immer nur Gedanken!« usw.). Je stärker Saturn ist, desto härter ist der Widerstand und um so länger dauert es, ihn zu überwinden, doch oft sind die Einsichten und Lernerfolge auch um so stabiler, wenn erst einmal eine Veränderung stattgefunden hat.

Auf jeden Fall verlangt der Umgang mit diesem starken saturnhaften Widerstand ein Loslassenkönnen – eines der wichtigsten Dinge, die ein von Saturn geprägter Mensch lernen muß.

9.6 Die Lehren und die Kräfte des Saturn

Psychologische Struktur
Wenn Menschen eine gute Intuition besitzen, intelligent und begabt sind, und doch nie etwas zu erreichen scheinen, dann liegt es in vielen Fällen daran, daß ihnen die Kraft des Saturn fehlt – sie haben keine hinlängliche Struktur. Auch wenn sie eine Menge Mars-Willen besitzen, so fehlt ihnen doch ohne Struktur etwas Zentrales, um ihre Impulse zur Handlung werden zu lassen. Der Begriff der »psychologischen« oder »mentalen Struktur« ist nicht leicht zu definieren. Wenn Sie jedoch aufmerksam sind und wissen, worum es bei Saturn geht, dann können Sie den Grad der Strukturiertheit einer Person, die Sie treffen, innerhalb einer Minute einschätzen. Leute, die Struktur besitzen, haben eine gewissen psychische »Dichte« um sich (die man nicht mit Schwere verwechseln darf), die sich in einem Augenblick erkennen läßt. Außerdem werden Sie rasch feststellen, daß so eine Person Ihnen gründliche Antworten gibt, die auf den Punkt kommen – im Gegensatz zu einer vom Mond geprägten Person, deren Antworten oft völlig am Thema vorbeigehen oder die ständig das Thema wechselt und Sie mit dem Eindruck von einem Chaos zurückläßt.

Wenn Sie jedoch beobachten können, wie jemand eine Aufgabe ausführt – zumal eine Aufgabe von einer gewissen Größe – dann können Sie sich vergewissern, ob jemand Struktur besitzt. Die Kraft des Saturn gibt praktischen Verstand, Methode, Organisation, die Fähigkeit, sorgfältig zu planen, Beständigkeit und Durchhaltevermögen. Ohne

Saturn 89

diese Eigenschaften bleiben wahrscheinlich die besten Absichten nur auf der Ebene des Wunschdenkens.

Das Problem ist natürlich, daß es nicht ausreicht, einen starken Saturn zu haben oder auch eine solide Struktur, um große Unternehmungen durchzuführen. Wenn der Saturn nicht vom Selbstbewußtsein der Sonne unterstützt wird, von der Begeisterung des Jupiter, vom Antrieb des Mars und so fort, dann endet es damit, daß gar nichts unternommen wird.

Jede Handlung hat ihre Konsequenzen
Gründlichkeit ist eine der großen Lektionen, die man auf der Erde lernen kann. Gerade weil dies eine Welt der Beschränkungen ist, müssen alle Handlungen sorgfältig abgewogen werden, denn sie werden ihre Konsequenzen nach sich ziehen. Die Fähigkeit, überlegt und in voller Sicht auf die möglichen Konsequenzen und Resultate zu handeln, ist eines der mächtigsten Merkmale, die mit dem Saturn verbunden sind.

9.7 Farben

Schwarz, die traditionelle Farbe des Todes und der Trauer, ist oft Saturn zugeordnet worden.

Andere Astrologen haben die Farbe Weiß vorgezogen, und zwar wegen dem schwachen, weißlichen Schein des Saturn am Himmel.

Wieder andere haben die Farbe Violett gewählt, und wenn Sie in der Literatur über Farben nachsehen, dann finden Sie wahrscheinlich noch mehr!

9.8 Die Dialektik von Sonne und Saturn

☉ Sonne	♄ Saturn
das Zentrum	die äußere Grenze
scheint	hält zurück
Höheres Selbst	kleines Ego
die transzendentale Seite des Ego	die strukturhafte Seite des Ego
die Leichtigkeit des Geistes	das Gewicht der Materie
Herz	Verstand
die Macht der Liebe	die Macht der Grenzen
bedingungslose Gefühle	einfach alles ist an Bedingungen geknüpft
überlegen und großzügig	berechnend und manchmal gemein

der heißeste Himmelskörper	der kälteste der sichtbaren Himmelskörper
prachtvoll	düster
Lebensspender	Todbringer

9.9 Die Dialektik von Mond und Saturn

> Fest steht nun mein Entschluß, und ich hab nichts mehr
> Vom Weib in mir: Ich bin von Kopf bis Fuß nun
> Wie Marmor [♄] fest. Der wandelbare Mond
> Ist nicht mehr mein Planet.
>
> Shakespeare: *Antonius und Cleopatra*, 5.2

☽ Mond	♄ Saturn
Herrscher des Krebs	Herrscher des Steinbock[19]
synodische Umlaufzeit: 29,5 Tage[20]	siderische Umlaufzeit: 29,5 Jahre
der erdnächste der sieben Planeten, und deshalb die nächste der Planetensphären	der erdfernste der sieben Planeten, und deshalb die entfernteste der sieben Planetensphären
derjenige unter den sieben Planeten, der sich am schnellsten bewegt	der langsamste unter ihnen
Dinge, die sich fortwährend ändern	Festigkeit, Stabilität, Dauer
Prinzip des Chaos	Prinzip der Struktur
feucht, naß	trocken
Babys und Kleinkinder	alte Menschen
weich und wässrig	trocken und starr
immerfort schlafen	unter Schlaflosigkeit leiden
sorgloses Wesen des Kindes	sorgfältig
nicht immer sauber ...	sauber und ordentlich ...
... dafür fruchtbar (wie das fruchtbare Chaos)	... dafür keimfrei und unfruchtbar
warm und anschmiegsam	kalt
nährend, pflegend, gebend	selbstsüchtig
häufig ein Mangel an Selbstdisziplin	von Natur aus diszipliniert
unordentlich, unorganisiert	ordentlich und organisiert

---

[19] Im Tierkreis stehen sich Krebs und Steinbock gegenüber.
[20] Die astrologische Tradition ordnet dem Mond oft eine symbolische Umlaufzeit von 28 Tagen zu, was dem Mittelwert zwischen seiner synodischen und seiner siderischen Umlaufzeit entspricht.

die Küche ist ein Chaos, aber voll von guten Dingen zu essen	die Küche ist makellos, doch es gibt nichts zu essen
vage, leicht verschwommen	präzise
kommt oft zu spät zu Verabredungen	pünktlich, können die Zeit für sich arbeiten lassen
gut darin, sich hinzugeben und loszulassen	gut darin, Widerstand zu leisten
Geisteswissenschaften	Naturwissenschaften
Biologie	Mathematik
weiche Gewebe (diejenigen, die für Röntgenstrahlen durchsichtig sind und die man herausnehmen muß, um eine Mumie herzustellen – alles, was verrotten kann)	mineralisiertes Gewebe (undurchsichtig für Röntgenstrahlen, haltbar und überdauernd in einer Mumie)

So haben wir die Dialektik von Jupiter und Saturn (Abschnitt 8.10), die von Sonne und Saturn und die von Mond und Saturn. Im Abschnitt 10.5 werden wir die Dialektik von Saturn und Uranus betrachten. Man könnte auch die Widersprüche zwischen den Werten von Mars und Saturn ins Auge fassen: Mars steht für Dynamik und Handlung, Saturn für Zurückhaltung und Vorsicht – das macht es nicht leicht, die beiden unter einen Hut zu bringen. Der Saturn ist insgesamt in eine Vielzahl von Widersprüchen und dialektischen Verhältnissen verstrickt! Das folgt aus der wesenhaften Natur des Saturn, Grenzen zu setzen, und daraus entstehen Widersprüche.

9.10 Sätze, die zum Archetyp des Saturn passen

»Aber ...«
»Ich wünschte, ich hätte ...«
»Wenn ich doch bloß ...«
»Paß auf!« (paßt auch zum Mond)
»Paß auf, wir kommen noch zu spät!«
»Du kommst zu spät!«
»Das habe ich *nie* gesagt.«
»Das hast du einmal gesagt.«
»Erst nachdenken und dann losmachen.«
»Laß uns mal eben nachdenken.«
»Du solltest dir das gut überlegen, bevor du es tust.«

9.11 Australien und der Saturn

Es gibt viele Gründe dafür, Australien einen starken Saturneinfluß zuzuschreiben.

Erstens ist es ein extrem altes Land, mit Tieren und Pflanzen, die schon vor Tausenden von Jahren vom Rest des Planeten verschwunden sind. Der australische Busch gibt einem oft ein ehrfürchtiges Gefühl wie von uralter Macht. Das Land ist, als Ganzes genommen, extrem trocken. (Wüsten sind typisch Gegenden, in denen die Mondkraft von der Trockenheit des Saturn überholt worden ist.)

So, wie Saturn für Grenzen und Beschränkungen steht, ist ein wesentliches Merkmal der australischen Geschichte die Isolation gewesen – die »Tyrannei der Entfernung«. In Australien ist jedes Reiseziel – ob außerhalb oder im Lande selbst – einfach weit weg.

Die erdhafte Seite des Saturn zeigt sich auch darin, daß Australien einen wesentlichen Teil seines Reichtums aus dem Boden zieht – sei es durch Bergbau oder Landwirtschaft. Die Australier sind auch insgesamt mehr in Verbindung mit dem Land als die Bewohner der meisten anderen westlichen Länder. (Trotz des hohen Anteils der Stadtbewohner an der Bevölkerung haben die meisten Australier doch ein Gärtchen mit Pflanzen darin.)

Ein sehr saturnisches Merkmal der australischen Kultur ist der »Überseekomplex«: Alles, was aus Übersee kommt, ist so viel schöner! Solange Australier nicht in Übersee gewesen sind, glauben sie oft, daß sie noch nicht so richtig eingeweiht sind. Auch das, was sie »Bohnenstangen-Syndrom« (*tall poppy syndrome*) nennen, ist ausgesprochen saturnisch – es bringt eine gewisse Schüchternheit mit sich, die z.B. vollkommen verschieden ist von dem jupiterhaften Selbstbewußtsein der Amerikaner.

Was Gesundheitsprobleme und Krankheiten angeht, so brennt die Sonne in Australien besonders heftig auf der Haut, einem Organ, das Saturn entspricht. Wir haben auch eine große Zahl von Allergien und ein phänomenal hohes Vorkommen von Asthma.

Hinsichtlich der guten Eigenschaften des Saturn mangelt es den Menschen in Australien nicht an gesundem Menschenverstand und nüchternem Urteil, und sie sind besonnen. So erschießen sie sich z.B. nicht sehr oft gegenseitig!

9.12 Eine Vorhersage

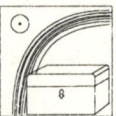
Beenden wir dieses Kapitel mit einer Vorhersage. Wenn man die Umlaufbahn des Saturn als die Haut des Sonnensystems ansieht, dann deutet das auf der Ebene des Bewußtseins darauf hin, daß sich jenseits dieser Grenze

etwas auf dramatische Weise ändert. So, wie viele Astronauten von bedeutsamen plötzlichen Erfahrungen spirituellen Erwachens während ihres Aufenthalts im Weltall oder nach ihrer Rückkehr daraus berichtet haben, führt uns das hermetische Verständnis zu der Auffassung, daß die ersten Menschen, die die Umlaufbahn des Saturn in Raumschiffen überqueren werden, eine phänomenale Öffnung des Bewußtseins erleben werden.

Genauso, wie die ersten »Spaziergänge« im Weltall die Vorboten der dramatischen Veränderungen des Bewußtseins waren, die jetzt in der Welt stattfinden, sage ich voraus, daß intensive Wandlungen unserer Zivilisation auf die Überquerung der Saturnbahn durch den bemannten Raumflug folgen werden.

10 - Uranus ♅

> Die Kinder sind heutzutage Tyrannen. Sie widersprechen ihren Eltern, schmatzen beim Essen und tyrannisieren ihre Lehrer.
>
> Sokrates

10.1 Astrologische Fakten, Keime der Symbolik

Mittlere Entfernung von der Sonne: 2 876 Millionen Kilometer, das sind 19,2mal soviel wie die Entfernung zwischen Erde und Sonne.

Uranus wurde am 13. März 1781 von Herschel in England entdeckt – der erste Planet, der in der Neuzeit entdeckt wurde.

Das waren die Jahre der Unabhängigkeitserklärung der britischen Kolonien in Amerika (1776), der ersten Ballonflüge Montgolfiers (1783), der amerikanischen Verfassung mit ihren humanitären Idealen (1787), der Anfänge der französischen Revolution, in der eines der wichtigsten Schlagwörter »Freiheit, Gleichheit, Brüderlichkeit« war (1789), von Galvanis Entdeckung der Elektrizität und der Anfänge der Homöopathie mit Hahnemanns Entdeckungen an der Chinarinde (1790).

Uranus bewegt sich in etwa 84 (Erden-) Jahren einmal um die Sonne.

Voyager II stellte jedoch fest, daß ein Uranustag (die Zeit, die Uranus braucht, um sich um seine Achse zu drehen) nur ungefähr 17 irdische Stunden dauert.

Uranus zeigt eine überraschend hohe Neigung seiner Umdrehungsachse: 82 Grad, was bedeutet, daß seine Achse fast in der Ebene seiner Umlaufbahn liegt! Die Achsenneigung des Pluto ist sogar noch größer. Das könnte das Argument stärken, daß die trans-saturnischen Planeten (Uranus, Neptun und Pluto) Fremdlinge aus dem weiten All sind – und sei es nur symbolisch.

Eine Folge dieser Achsenneigung ist es, daß an den Polen jeder Uranustag und jede Uranusnacht 41 Jahre dauert! Voyager II hat herausgefunden, daß die Temperatur am sonnenbeschienenen und am dunklen Pol gleich ist.

Seine Masse beträgt 14,63mal soviel wie die Erdmasse.

Durchmesser: 47 170 Kilometer, ungefähr das Vierfache dessen der Erde, und vergleichbar mit dem des Neptun, dessen Durchmesser das 3,8fache dessen der Erde beträgt.

Die Atmosphäre des Uranus besteht hauptsächlich aus Wasserstoff (88 Prozent) und Helium (12 Prozent).

Der Uranus hat 11 Ringe und 15 bekannte Satelliten.

10.2 Planetarischer Archetyp

Uranus wird oft als ein transzendierter Merkur beschrieben oder auch als eine höhere Oktave des Merkur. Das bedeutet, daß mehrere Merkmale, die mit Uranus verknüpft sind, entweder die höchste Stufe der Merkureigenschaften sind oder eine Akzentuierung der Eigenschaften des Merkur.

Schnell beweglich und unerwartet

Uranus hat eine Affinität zu plötzlichen Veränderungen und zu allem, was sich schnell bewegt – besonders, wenn es unerwartet und überraschend ist, wenn nicht gar erschreckend wie ein Erdbeben. Er ist der Planet derer, die Pioniere der Zukunft sein wollen, und alles dessen, was neu und hypermodern ist.

Super-Verstand

Uranus ist der Planet der Gehirnkräfte, einer hohen Fähigkeit zur Abstraktion, der super-schnell funktionierenden Intelligenz und des Genies. Laterales Denken z.B. ist eine für den Uranus typische Methode des Problemlösens.

Technologie

Uranus herrscht über die Elektrizität, Wellen, die Kommunikation per Radio, die Elektronik und Computer (»künstliche Intelligenz« ist ein für den Uranus typischer Begriff). Uranus ist auch der Planet der Luftfahrt und des Fliegens in jeglicher Form, von der Raumfahrt bis zu den Astralreisen.

Das gegenwärtige technologische Erwachen kann als ein Vorläufer des Wassermannzeitalters verstanden werden – eines Zeitalters unter dem Zeichen, das von Uranus (und Saturn) beherrscht wird.

Esoterik

In seiner Suite *Die Planeten* nennt Holst Uranus den »Magier« – Merlin, mit allen seinen Tricks, war sicherlich eine stark vom Uranus bestimmte Person.

Es mag interessant sein, daß man häufig Computerexperten *wizards*, »Zauberer«, nennt.

Aus esoterischer Perspektive ist Uranus mit der Kraft des spirituellen Sehens und der spirituellen Erkenntnis verknüpft. Er führt zu Erfahrungen blitzartiger Erleuchtung und auf klare Offenbarungen (im Gegensatz zu Neptun, dessen Inspiration mehr mystisch und wässrig ist).

10.3 Eigenschaften und psychologische Merkmale, die zu Uranus gehören

- Neugierig, ein Geist, der Fragen stellt. Unterscheidungsvermögen.
- Erfindungsreich.
- Ein unabhängiger Geist, originell, exzentrisch.
- Überraschend, wenn nicht sogar beunruhigend. Die Art Leute, über die man sagen könnte: »Du bist mir zwar auf den Wecker gefallen, aber du warst nie langweilig.«
- Schnell beweglich.
- Der Zukunft zugewandt. Sehen immer nach vorn und nehmen jeweils schon den nächsten Zug vorweg. Einzelgänger.
- Mars repräsentiert die Macht des »gerade jetzt«, die Fähigkeit, Dinge sofort zu tun, ohne Zögern oder Aufschub. Uranus hingegen tut Dinge sogar, bevor sie getan werden müssen!
- Kann gut mit Technik umgehen. Hat Freude an der Arbeit mit Computern. Der Typ, der Handbücher lesen kann.
- Visuell. Kann bemerkenswert intuitiv sein.
- Hohe humanitäre Ideale.

10.4 Negative Eigenschaften und Schwächen des Uranus

- Uranus ist seiner Natur nach nicht gerade geduldig.
- Zuweilen wird das schnell bewegliche Wesen des Uranus sprunghaft und unberechenbar. Dann kommt es zur Nervosität, zu plötzlichen Ausbrüchen von Erregung und manchmal sogar zu Gewalt.
- Wegen ihrer Liebe zum Unerwarteten finden es stark von Uranus geprägte Menschen oft schwer, sich an eine Routine zu halten, was manchmal ihre Fähigkeit, im Leben etwas zu erreichen, sehr einschränken kann.
- Ihr unabhängiger Verstand kann es ihnen auch sehr schwer machen, der Autorität eines anderen zu folgen.
- Sie mögen für gewöhnlich die Grenzen nicht, die Gruppen oder Gesellschaften setzen.
- Alle diese Merkmale zusammengenommen, weisen auf ein Paradox hin – von Uranus geprägte Menschen lieben Ideen allgemeiner Brüderlichkeit, aber sie sind nicht notwendigerweise gut darin, sie in die Praxis umzusetzen. Kurz gesagt ist das Abfassen von Menschen-

rechtserklärungen kein Problem, aber sich eine Wohnung zu teilen ist schrecklich.
- Es kann auch eine dunkle und böswillige Seite des Uranus geben – selbstsüchtig, destruktiv und gewalttätig, imstande, Verstand und Technologie für finstere Zwecke einzusetzen.

10.5 Die Dialektik von Saturn und Uranus

♄ Saturn	♅ Uranus
die Macht der Grenzen	die Macht, Grenzen zu durchbrechen
formell, konventionell	unkonventionell, exzentrisch
konservativ	progressiv, innovativ
das Establishment	der Rebell
Gegenwart und Vergangenheit	Zukunft
Routinen	Überraschungen
Kontinuität	plötzliche Veränderungen
Tradition	Revolution
Kraft des Elements Erde	Kraft des Elements Luft

10.6 Symbole des Uranus

- I Ging, Hexagramm 51 »Donner« (Dschen, das Erregende), das von plötzlichem Erwachen und erdbebenartigen Stößen spricht.
- I Ging, Hexagramm 49 »Revolution« (Go).

10.7 Sätze, die zum Archetyp des Uranus gehören

Sie fragen: »Was gibts Neues?«, und man antwortet Ihnen »Haufenweise!«
»Ich hab gerade eine Idee gehabt.«
»Es ist mir gerade etwas eingefallen.«
»Es ist alles so langweilig.«
»Laß uns mal Einfälle sammeln.«
»Heureka!«
»Dauert das lange?«
»Denk über die Grenzen raus!«
»Laß uns das mal unkonventionell angehen!«

11 - Neptun ♆

11.1 Astrologische Fakten, Keime der Symbolik

Der Neptun wurde 1846 von Johan Galle entdeckt, auf der Basis von Berechnungen von Adams und Leverrier. Es war die Epoche der Dampfmaschine und der Entwicklung der großen Industrie. Leute reisten in großer Zahl übers Meer. Der Kolonialismus, der auf der Seemacht beruhte, weitete sich aus. Die Morphiumsucht, als Folge des medizinischen Gebrauchs während der Kriege des 19. Jahrhunderts, nahm rapide zu.

Mittlere Entfernung von der Sonne: 4 500 Millionen Kilometer (30,1-mal die Entfernung zwischen Sonne und Erde).
Dauer des Umlaufs um die Sonne: 165 Jahre.
Dauer der Umdrehung um die Achse: 16 Stunden.
Durchmesser: 44 999 Kilometer, 3,8mal soviel wie der der Erde. Der Neptun ist dem Uranus in der Größe, Masse und der Zusammensetzung der Atmosphäre (vorwiegend Wasserstoff und Helium) sehr ähnlich.
Der Neptun hat zwei Satelliten: Triton (größer als der Merkur) und Nereid.

11.2 Planetarischer Archetyp

Eine höhere Oktave von Venus und Mond
Gerade so, wie Uranus ein Superlativ des Merkur ist, wird Neptun oft als eine Venus der Superlative beschrieben. Neptun ist jedoch symbolisch nicht nur mit Venus, sondern auch mit dem Mond verbunden. Sie werden feststellen, daß mehrere Eigenschaften der folgenden Liste genauso auf einen transzendierten Mond hindeuten wie auf eine transzendierte Venus.

Flüsse der Inspiration
Im Sanskrit wurden die Worte *kavi*, Dichter, und *ṛṣi*, Seher/Weiser, als gleichbedeutend angesehen. *ṛṣi* zu sein bedeutete, aus den göttlichen Strömen der Inspiration schöpfen zu können und sie in Form von Hymnen für den Rest der Gemeinschaft übersetzen zu können. Schon die Etymologie des Wortes »In-Spiration« (»Be-Geist-erung«) weist auf das Bild eines Geistes, der in eine Person eindringt. Allgemeiner gesprochen ist Inspiration der Prozeß, in dem universelle Eigenschaften

einem Individuum mitgeteilt werden – und das ist der Inbegriff des Wesens des Neptun.

Ist die Inspiration des Neptun immer spirituell, mystisch oder religiös? Sie kann sicherlich auch künstlerisch sein – Musik betreffen, Malerei, Poesie usw. Wenn man sich jedoch mit Fragen dieser Art auseinandersetzt, muß man sich immer daran erinnern, daß die Trennung zwischen Kunst und Spiritualität eine historisch relativ neue Erscheinung ist. Sogar wenn sie Spiritualität hassen, haben Künstler doch oft ein Gefühl der Ehrfurcht gegenüber der Kunst, genau als wenn sie heilig wäre – eine sehr neptunhafte Haltung! Wenn man in den höheren Werten des Neptun lebt, wird alles heilig, denn kosmisches Bewußtsein durchzieht die einfachsten Haltungen und Gewohnheiten des täglichen Lebens.

Der Planet der Universalität und Transzendenz
Ein wichtiger Teil der Symbolik des Neptun ist der Aspekt der Verbundenheit oder sogar der Verschmelzung, durch den die Individuen eins mit der gesamten Schöpfung werden. Deshalb ist Neptun der Planet der Liebe zum Göttlichen, genauso wie Fische, das Tierkreiszeichen, das von Neptun beherrscht wird, mit dem Christusbewußtsein verbunden ist.

11.3 Eine Welt, die für die Werte des Neptun noch nicht bereit ist

Das Problem mit den Werten des Neptun besteht darin, daß man, um in ihren Genuß zu kommen, sein Leben auf einem hohen Niveau von Klarheit und Spiritualität führen muß – anderenfalls kann man einfach nicht aus ihnen schöpfen. Das Problem ist mehr oder weniger das gleiche mit den anderen beiden trans-saturnischen Planeten, Uranus und Pluto. Lassen Sie es uns an einem Beispiel erörtern, das den Uranus betrifft.

Nehmen Sie einen brillanten Mathematiker, mit Uranus in Konjunktion zur Sonne und sechs anderen Planeten. Als er sechseinhalb war, las er sein erstes Mathebuch und hatte einen großen Bewußtseinssprung. Er markierte den Anfang einer hinreißenden Erkundung höherer mathematischer Begriffe, nicht unähnlich einem Pionier in einem unbekannten Land. Glücklicherweise wurde sein Talent bald erkannt, so daß er mit vierzehn zur Universität gehen konnte, anstatt sich auf der Schule zu langweilen. Er ist jetzt zweiundzwanzig, hat zwei Doktorarbeiten fertig, und alle Universitäten auf der Welt wollen ihn haben.

Nun stellen Sie sich den gleichen Mann vor, geboren mit seiner phantastischen Uranuskraft, aber vor zehntausend Jahren, mitten unter Stämmen, die in Höhlen lebten und mit Keulen auf die Jagd gingen.

Was für ein Leben hätte er da gehabt? Wäre er je mit seinem uranushaften Super-Verstand in Berührung gekommen? Das klingt sehr unwahrscheinlich. Er hätte vielleicht instinktiv gespürt, daß machtvolle Werte in seinem Innern verborgen waren, doch er wäre wahrscheinlich nie imstande gewesen, sie zu erwecken.

Genau das gleiche kann man auf die Werte des Neptun übertragen. Wenigstens beginnt es in dieser Welt viele günstige Gelegenheiten zu geben, um die mit den Wissenschaften verknüpften Werte des Uranus zu entwickeln. Doch Gelegenheiten, um die tiefen mystischen Werte des Neptun zum Ausdruck zu bringen, sind immer noch rar (genauso wie es noch nicht viele Möglichkeiten gibt, die okkulte und visionäre Seite des Uranus auszudrücken). Das ist der Grund, warum eine Reihe von Seelen, die wie Leuchttürme in den geistigen Welten strahlen, relativ mittelmäßig, wenn nicht gar unbedeutend erscheinen, während sie auf der Erde verkörpert sind – genauso wie das Uranus-Genie in unserem Beispiel vielleicht bei der Jagd mit der Keule keine so gute Figur gemacht hat.

11.4 Eigenschaften und psychologische Merkmale, die zu Neptun gehören

- Vorstellungskraft.
- Intensives Traumerleben.
- Übersinnlich begabt und manchmal sogar von höherer Weisheit inspiriert. Doch nur sehr wenige können aus dem hohen Fluß der Inspiration des Neptun schöpfen, und in den meisten Fällen sind die übersinnlichen Fähigkeiten auf Déja-vu-Erfahrungen und ein paar Vorahnungen in Träumen beschränkt.
- Fähigkeiten als Medium bzw. zum Channeln.

11.5 Negative Eigenschaften und Schwächen, die mit Neptun verbunden sind

- Nebelhaft, vage, unklar.
- Träumerisch, wie in einer Wolke, nicht ganz anwesend und oft nicht vollständig verkörpert. Ein neptunhafter Blick – diese Menschen sehen einen nicht an, sondern durch einen hindurch (oder manchmal auch ganz knapp über den Kopf hinweg).
- Mangel an Zielstrebigkeit und Klarheit.
- Tendenz zu Alkohol, Drogen und Genußgiften aller Art hingezogen zu sein. Eine Persönlichkeit, die für Süchte anfällig ist.

Neptun

11.6 Die großen Lehren des Neptun

Universelle Liebe
Sich als eins mit dem Göttlichen und mit der Schöpfung erfahren
Trunkenheit durch das Göttliche
Neptun, der transzendierte Mondenergie ist, kann mit *soma*, dem mondhaften Getränk der Unsterblichkeit (vgl. Abschnitt 4.7) in Verbindung gebracht werden, das nicht nur spirituelle und poetische Inspriration mit sich bringt, sondern auch die höchste denkbare Trunkenheit – die durch das Göttliche.

11.7 Die hauptsächlichen Lehren, die von Neptun geprägte Menschen lernen müssen

Die große Herausforderung für Menschen mit einem starken Neptun ist es, ihr spirituelles Potential zu verkörpern, statt nur ein frei dahintreibender Geist zu sein. Das erfordert geduldige und ausdauernde Anstrengungen, die darauf zielen, der Wirklichkeit ins Gesicht zu sehen und ihre Verpflichtungen zu erfüllen, statt sich in Träume zu flüchten. Wenn sie nicht aufpassen, dann kann sich ihr Leben sonst leicht in ein mondhaftes Chaos von superlativen Proportionen verwandeln. In ihren Beziehungen zu Menschen genauso wie in anderen Angelegenheiten sollten sie sich häufig fragen: »Träume ich hier?«

Vagheit ist der Hauptfeind der von Neptun geprägten Menschen. Sie mögen vielerlei Energien und spirituelle Wesenheit spüren, doch ohne ein gründliches Training, das sie lehrt, genau zu verstehen, was es ist, womit sie sich jeweils verbinden, bleiben ihre Aussichten auf einen wirklichen spirituellen Durchbruch gering. Vagheit muß allerdings nicht nur in Hinblick auf die Spiritualität bekämpft werden, sondern in allen Lebensbereichen – beständige Anstrengungen, mit den kleinen Einzelheiten des praktischen Lebens umzugehen und pünktlich zu ihren Verabredungen zu kommen, sind oft das, was am Ende den Ausschlag gibt.

11.8 Rußland, Saturn und Neptun

Isolation, der wir als eines der saturnhaften Merkmale Australiens begegnet sind, war ein sogar noch viel grundlegenderes Element in der Geschichte vieler Teile Rußlands, wie es das alte Sprichwort der russischen Bauern zusammenfaßt: »Gott ist zu hoch und der Zar ist zu weit.« In Australien formte der den Mond ausdorrende Saturn Wüsten, in Rußland nahm er die Form der gefrorenen Tundra an. Wirtschaftlich waren Rußland (und das frühere Sowjetimperium) immer besser in solider Schwerindustrie als in Leichtindustrien für Präzisionsinstrumente wie z.b. Computer (ein Uranus-Bereich).

Die kommunistische Gesellschaftsordnung mit ihrer massiven Verwaltung und ihren Arbeitslagern, in denen Menschen vergessen und verloren wurden, kann als eine monströse Saturn-Neptun-Kombination verstanden werden – kalt, sich langsam bewegend und seine Nachbarn in einem Würgegriff haltend wie ein Seeungeheuer.

Im Hinblick auf Neptun kann man auch auf die massiven Alkoholprobleme hinweisen, die es in diesem Land gibt. Und auf der positiven Seite gibt es die mystische »Russische Seele«, die tief eingefleischte Frömmigkeit des russischen Volkes. Edgar Cayce, der große neptunhafte amerikanische Prophet, der Tausende von Voraussagen machte, während er sich in einem psychischen Schlaf befand, sagte voraus, daß aus der Spiritualität Rußlands »die Hoffnung der Welt« kommen werde, eine spirituelle Erneuerung, die den gesamten Planeten beeinflussen werde.

Cayce stellte klar, daß dieser Impuls nicht vom kommunistischen Rußland kommen würde, sondern von dem freien Staat, der darauf folgen würde.[21]

Rudolf Steiner sagte ebenfalls mehrmals voraus, daß die slawischen Völker die geistige Kultur in die nächste kulturelle Epoche führen würden.

11.9 Sätze, die zum Archetyp des Neptun passen

»Wo bin ich?«
»Vielleicht.«
»Wer weiß?«
»Irgendwann einmal ...«
»Was habe ich gerade gesagt?«
»Oh! Das hab ich vergessen!«
»Ich hab so ein Gefühl ...«
»Ich hatte einen Traum ...«
»Ich kann spüren, daß ...«

---

[21] Vgl. z.B.: Robinson, Lytle: *Edgar Cayce's Story of the Origin and Destiny of Man.* New York: Berkeley Books, mehrere Auflagen.

12 - Pluto ♀

12.1 Astronomische Fakten, Keime der Symbolik

Die Existenz dieses Planeten wurde zuerst von Percival Lowell vorausgesagt, und daraufhin wurde er 1930 entdeckt.

Das geschah zu Beginn der großen Wirtschaftskrise in den USA (1929) und drei Jahre, bevor Hitler an die Macht kam (1933). Es war die Morgendämmerung der Kernspaltung, die zu Vernichtungswaffen von bislang unbekannter Größenordnung führen sollte. Es war auch der Beginn der Zerstörung des Planeten Erde im großen Maßstab.

Mittlere Entfernung von der Sonne: 5 900 Millionen Kilometer (39,5-mal die Entfernung zwischen der Sonne und der Erde).
Die Umlaufzeit um die Sonne beträgt 248 Jahre.
Pluto dreht sich in 6 Tagen einmal um seine Achse.
Durchmesser: 2 300 Kilometer (etwas weniger als unser Mond).
Masse: ein Siebtel von der unseres Mondes.
Temperatur: -220°C (nur 50 Grad über dem absoluten Nullpunkt!)

Von allen Planeten hat der Pluto die höchste Inklination: 17,2 Grad. (Die Inklination ist der Winkel zwischen der Ebene der Umlaufbahn des Planeten um die Sonne und der Umlaufbahn der Erde.) Die zweithöchste Inklination ist die des Merkur mit nur 7 Grad, danach kommt die Venus mit 3,3 Grad. Bei den meisten anderen sind es weniger als 2 Grad. Dies spricht dafür, den Pluto als einen Wanderer aus den Tiefen des Weltalls zu betrachten und nicht als einen »Eingeborenen« des Sonnensystems.
Der Pluto hat auch die höchste Exzentrizität unter allen Planeten. (Die Exzentrizität mißt, wie »flach« die Ellipse der Umlaufbahn ist.)
So ist der Pluto in der Nähe seines Perihelion (dem der Sonne nächsten Punkt) näher an der Sonne als der Neptun!
Zwischen dem Januar 1979 und dem März 1999 ist der Pluto näher an der Sonne als der Neptun. Astrologisch gesprochen begünstigte das die Entwicklung verschiedener mit dem Pluto verknüpfter Trends und Veränderungen, wie AIDS und die Kernfusion. Eine Anzahl von Trends, die bis dahin verborgen geblieben waren, wurden nun offen sichtbar, so etwa, daß esoterisches Wissen weiteren Kreisen zugänglich wurde oder daß die Rechte der Homosexuellen anerkannt wurden.

Man kennt einen kleinen Satelliten des Pluto, den Charon, der 1978 entdeckt wurde.

12.2 Mythologische Fakten zur Meditation

- *Pluto* ist der lateinische Name, *Hades* der griechische.
- Er ist der Herr der Unterwelt, während sein Bruder Zeus über den Himmel herrscht.
So ist es nicht verwunderlich, daß eine Konjunktion von Jupiter und Pluto, die die Kräfte der beiden Planeten zusammenfaßt, in der Astrologie als eine massive Ballung von Kraft angesehen wird.
- Sein Palast ist in der Mitte des Tartaros.
- Pluto herrscht über die Toten. Alles, was vom Tod geerntet wird, fällt in sein Reich, und so heißt es, er sei der reichste von allen Menschen und Göttern.
- Als Sysiphos den Tod angekettet hatte und ihn gefangen hielt, da mußte Pluto Mars bitten, ihn zu befreien, weil sein Reich leer wurde.

12.3 Planetarischer Archetyp

Eine höhere Oktave des Mars
Pluto ist ein Mars der Superlative. Mars ist Feuer, Pluto ist transzendiertes Feuer – entweder für die höchste spirituelle Reinheit oder für Höhepunkte der Zerstörung. Wo Mars intensiv ist, ist Pluto verwüstend. Mars herrscht über Schneidewerkzeuge und Waffen, Pluto herrscht über Kernwaffen. Mars, der Gott des Krieges, hat Freude am Blutvergießen; Pluto, der Herr der Toten, hält seine Untertanen in einem Zustand des Halbschlafs, um sie total zu versklaven.

Unterirdisch
Pluto herrscht über alles, was unterirdisch, verborgen oder geheim ist – ob es sich um Bunker handelt, Höhlen, unterirdische psychische Energien, die Kraft der unteren Chakren oder die sexuelle Kraft.

Tod und Auferstehung
Bevor Christus auferstehen konnte, mußte er zuerst am Kreuz sterben. Wie Paulus es ausdrückt, bevor eine Pflanze geboren werden kann, muß ihr Same zuerst im Boden sterben.

> ... was du säst, wird nicht lebendig gemacht, wenn es nicht [zuvor] stirbt.   1 Korinther 15,36

Pluto herrscht über all die Transformationen, die mit einer Phase des Chaos oder gar der Zerstörung anfangen und die in einer vollständig neuen Ordnung enden.

Die höchste Alchemie – der Sieg über den Tod

> Als letzter Feind wird der Tod zunichte gemacht.
>
> 1 Korinther 15,26

Ein gemeinsames Merkmal einer Reihe von alchemistischen Prozessen ist es, daß sie mit einer Phase der Trennung und Verwesung (Separation und Putrefaktion) beginnen, in der die Materie sich in Chaos verwandelt. Dann werden die Prinzipien, die zuvor getrennt worden waren, zu einer grandiosen Ganzheit wieder vereinigt. Indem er das Leiden Christi als Metapher für die Herstellung des Steins der Weisen benutzt, kommentiert *The Glory of the World*, ein klassischer Text der Alchemie:

> Seine Seele mußte von seinem Körper getrennt werden, und aufs neue am dritten Tag mit ihm vereinigt werden, dazu daß Sein Körper verherrlicht werde, und so subtil [fein/erhaben] gemacht werde wie Seine Seele und Sein Geist... Doch nun, da Christus tot gewesen ist, und seine Seele danach wieder mit Seinem Körper vereinigt worden ist, sind sie hinfort untrennbar in einem subtilen Wesen verbunden.[22]

Pluto ist nicht nur der Planet des Todes, sondern auch der des ewigen Lebens. Von dieser höheren Perspektive aus gesehen, ist das genau deshalb so, weil Pluto der Planet des Abstiegs in die Unterwelt (in die tiefsten Geheimnisse der Materie) ist, daß er zu der ultimaten alchemistischen Transformation führen kann, die, wie das verwandelte Blut Christi im Kelch des Grals, das ewige Leben verleiht.

Wie sollte man sich nicht über das kosmische Zusammentreffen wundern, daß der Mann, der den Pluto entdeckt hat, den gleichen Namen hatte wie der Ritter (Percival – Parzifal), der in der Artussage den Gral gefunden hat!

Die dunkle Seite der Kraft

Esoterisch gesprochen könnte man erwarten, daß das Prinzip, das die höchste Reinheit regiert, auch das sei, das über dunkle Kräfte herrscht. Genau wie mehrere gnostische Texte zwischen Hades und dem Teufel keinen klaren Unterschied machen, so regiert die Plutoenergie auch die

---

[22] Nach der Übersetzung von Waite, A. E.: *The Hermetic Museum*. London 1893, Vol. 1, Seite 168–169 (original »Gloria Mundi«, in: *Museum Hermeticum, Reformatum et Amplificatum*, Frankfurt 1678/Graz 1970, Seite 207).

Schwarze Magie, okkulte Sekten wie die am Nationalsozialismus beteiligten, die Kräfte Ahrimans und andere unterirdische dunkle Kräfte.

12.4 Eigenschaften und psychologische Merkmale, die mit dem Pluto verbunden sind

Die magnetischen Kräfte der unteren Chakren
- Starke Emotionen und Leidenschaften.
- Magnetische Persönlichkeit, weiß die Kräfte der unteren Chakren einzusetzen. Kann faszinieren und unterliegt selbst starken Faszinationen (wie schwarze Löcher, die alles verschlingen).
- Intensiv, »voll da«, hat eine Leidenschaft für Extreme – zuviel ist nicht genug!
- Kann in der Sexualität sehr weit gehen und Phantasien über alle Grenzen hinaus verfolgen.
- Kann eine magnetische Anziehungskraft auf Geld und die Macht, die es verleiht, ausüben. So wie Hades in der Unterwelt ungeheure Schätze aufhäuft, können von Pluto geprägte Menschen in Positionen äußerster Macht gelangen.
- Schwarze Kleider sehen noch schwärzer aus, wenn Pluto-Menschen sie tragen. Es verstärkt oft die magnetische Seite ihrer Persönlichkeit. Gleichzeitig tragen wohl einige von Pluto geprägte Menschen deshalb Schwarz, um in düsteren Stimmungen zu schwelgen.

Das zwanghafte Bedürfnis nach Transformation und Verwandlung
Ein stark von Pluto geprägter Mensch trägt oft ein dauerhaftes Bedürfnis nach Transformation und Verwandlung mit sich herum, und so können diese Menschen radikal verschiedene Phasen in ihrem Leben haben. Sie treffen sie als Linksradikale, und zehn Jahre später findet man sie an der Spitze eines multinationalen Unternehmens wieder oder auch vollkommen absorbiert in spirituellen Übungen. Pluto-Menschen sind gerne total in allem, was sie tun.

Es geschieht nicht selten, daß diese Verwandlungen mit Phasen eines völligen Chaos beginnen, aus dem die Betreffenden dann gestärkt hervorgehen, wie der Phoenix, der aus der Asche wiedergeboren wird. Ereignisse, die Menschen normalerweise auf dem Boden zerstört hinterlassen würden, so wie ein dramatischer Unfall oder der Verlust der gesamten Familie, haben oft den gegenteiligen Effekt auf Menschen mit einem starken Pluto. Wenn Sie erwarten, daß sie ganz unten sind, dann tauchen sie auf einmal in Bestform auf, verwandelt und auf dem Sprung in eine neue Richtung.

Pluto

12.5 Negative Eigenschaften und Fehler des Pluto

- Ein Charakteristikum von Pluto ist es, daß die negativen Qualitäten nicht unbedingt von den positiven verschieden sind! Wo der Weg in die Tiefen der Dunkelheit der typische Weg des Pluto zum höchsten Licht ist, sollte man da die negativen Eigenschaften des Pluto als Fehler oder als Segen ansehen? Die Ambivalenz zwischen den Werten von Licht und Dunkelheit ist der Natur des Pluto eigen.
- Die Sucht des Pluto nach dem Extrem kann zu einer Faszination durch den Abgrund werden.
- Selbstzerstörerische Tendenzen oder sogar Selbsttötungen. Das Zeichen Skorpion wird von Pluto regiert. Ein charakteristisches Merkmal der Skorpione ist es, daß sie sich selbst stechen und so umbringen, wenn man sie mit einem Ring aus Feuer umgibt – eine Tatsache, die im Tierreich außerordentlich selten vorkommt.
- Explosive Anfälle innerer – und manchmal auch äußerer – Gewalt.
- Vernichtung konventioneller Werte, was sogar zu Gewalttaten führen kann.
- Zufriedenheit mit dem Chaos. Es kommt nicht selten vor, daß stark von Pluto geprägte Menschen zerstören was sie haben und was sie lieben, und zwar als ein zwanghafter Weg zu ihrer Verwandlung in ein neues Selbst. Jedoch kann man hier wiederum fragen, ob man das als negativ ansehen soll oder als den schnellsten möglichen Weg zum Licht?

12.6 Die Lehren des Pluto

Intensität – keine halben Sachen

> Ich weiß deine Werke, daß du weder kalt noch warm bist. O, daß du kalt oder warm wärest! So [aber], weil du lau bist und weder warm noch kalt, will ich dich ausspeien aus meinem Munde.
> Offenbarung 3, 15–16

Die Lauen der Apokalypse, für die kein Platz im Buch des Lebens ist, sind Menschen, die keinen Kontakt zu ihrem Pluto haben. Wenn einige spirituelle Lehrer sagen »Geheiligt seien eure Laster!«, dann bedeutet das natürlich nicht, daß Laster zum Göttlichen führen, sondern daß die Erleuchtung nichts für die Lauwarmen ist.

Das Bedürfnis nach Perfektion und dem Absoluten
Der Teil in den Menschen, der sich nach totaler und kompromißloser Vollkommenheit sehnt, ist ihre Pluto-Seite. Trotz der Tatsache, daß Pluto sie auch in den Abgrund stürzen kann, ist es der Teil von ihnen, der sie am sichersten und auf geradem Wege zu Gott führen kann.

12.7 Symbole des Pluto

- I Ging, Hexagramm 18, Gu, »die Arbeit am Verdorbenen«
- Der Phoenix, der aus der Asche wiedergeboren wird (und der in der traditionellen Astrologie auch mit der Sonne in Verbindung gebracht wird).
- Der Tod und die Auferstehung Christi.

12.8 Beispiele für von Pluto geprägte Menschen

- Menschen die in Höhlen, Bunkern und Unterseebooten (vorzugsweise mit Atomantrieb) arbeiten. Es ist symbolisch bedeutsam, daß Kernwaffen für gewöhnlich unter der Erde oder tief unter der Meeresoberfläche versteckt werden.
- Menschen, durch deren Hände eine Menge Bargeld geht.
- Mitglieder von Geheimgesellschaften oder Bewegungen im Untergrund. (Von Pluto geprägte Menschen sehen immer aus, als wären sie Mitglieder einer Geheimgesellschaft.)
- Menschen, die auf blinde Gewalt zurückgreifen, entweder in ihrem Kampf gegen die Gesellschaft, wie Terroristen, oder gegen sich selbst, wie Fixer oder wie Punks, die sich ausschließlich schwarz kleiden und sich Sicherheitsnadeln durch die Nasenflügel ziehen.
- Darth Vader.
- Al Pacino in *Der Pate*. Wer würde am Anfang dieses Films glauben, daß dieser junge amerikanische Soldat, der so aussieht, als sei er meilenweit von allen Mafiageschäften entfernt, der nächste Pate werden würde?

12.9 Pluto und Deutschland

Die »deutsche Seele« ist von Natur aus nicht oberflächlich – um es milde auszudrücken. Es wäre natürlich viel zu allgemein, Pluto als den beherrschenden Planeten aller Deutschen zu bezeichnen; ich würde jedoch entschieden sagen, daß als Volk die Deutschen mehr Pluto-Intensität in sich tragen als die Franzosen oder die Engländer. Es ist auch im Hinblick auf einen starken Pluto verständlich, daß die Deutschen die großen Experten auf dem Gebiet der Geobiologie und der Kraftlinien sind, Disziplinen, die Magnetfelder und Strahlungen der Erde erforschen.

Historisch kann man auch feststellen, daß die Kernwaffen aus der Arbeit deutscher Forscher hervorgingen. Der Nationalsozialismus, der der Zeit um die Entdeckung des Pluto entstammt, kann als ein gewalttätiger Impuls des Pluto verstanden werden: anfänglich eine Geheimgesellschaft, die dann zu totaler Gewalt und Zerstörung führte – die dunkle Seite des Pluto. Die Art, wie Deutschland im Zweiten Weltkrieg zerstört wurde und nur einige Jahre später als die führende Wirtschaftsmacht Europas wiedererstand, war gewiß eine Pluto entsprechende Form von Tod und Auferstehung. Ebenso trifft dies für die Wiedervereinigung der beiden deutschen Staaten nach Jahrzehnten des kalten Krieges und des eisernen Vorhangs zu.

Deutschland hat auch einen starken Saturn, daher die traditionellen soliden philosophischen Neigungen unter den Deutschen und ihre Affinität zur Schwerindustrie.

12.10 Sätze, die zum Archetyp des Pluto passen

»Mehr!«
»Hör nicht auf damit!«
»Hättest du nicht gern gewußt ...«
»Ich muß es haben, selbst wenn es mich umbringt.«
»Ich weiß nicht genau, warum ich das tue, aber ich *muß* es einfach tun.«
»Man muß gefährlich leben« (Nietzsche).
»Ohne Grenzen!«

13 - Die Planeten in Ihrer Hand

13.1 Zweck und Grenzen der vorliegenden Übung

Dieses Kapitel ist ein leichtes Zwischenspiel, das einige Grundbegriffe der Handlesekunst vorstellt. Sie finden sich interessanterweise in identischer Form sowohl in der westlichen wie in der hinduistischen Überlieferung dieser Kunst.

Die Absicht ist hier nur, einfache Daten zu präsentieren, die Sie für sich selbst überprüfen können, indem sie sich die Hände der Menschen ihrer Umgebung ansehen.

Eine verbreitete esoterische Lehre, die sowohl in der westlichen Hermetik wie in der chinesischen und hinduistischen Philosophie des Altertums anzutreffen ist, besagt, daß das Ganze in jedem Teil vorhanden ist. So sehen sowohl die Akupunktur wie die moderne westliche Entwicklung, die sich »Aurikulotherapie« nennt, das Ohr als eine Art Landkarte, in der das Ganze des Körpers zusammengefaßt ist. In ähnlicher Weise nehmen die Irisdiagnostik und die Fußreflexzonentherapie einen einzelnen Teil und bringen ihn mit dem gesamten System Mensch in Beziehung. Auf der Ebene der Zelle sind wir nicht schockiert, daß jedes Chromosom die Information enthält, aus der sich ein ganzes Individuum aufbaut. Im täglichen Leben finden wir es normal, die Gefühle und die Persönlichkeit eines Menschen von seinem Gesicht abzulesen. Warum sollte also die Hand nicht auch ein Abbild des Wesens einer Person tragen?

Um zu verstehen, was diese Rudimente der Handlesekunst für unser Thema relevant macht, muß man den folgenden Punkt im Blick behalten. Die Überlieferung präsentiert uns die Hand nicht als ein Diagramm von Körperteilen und Organen. Statt dessen beschreibt sie die »Berge« bzw. »Hügel«, die erhabenen Flächen des Handtellers, als jeweils mit einer Planetenkraft verbunden.

13.2 Die rechte Hand oder die linke?

Zuerst: Welche Hand sollte man sich ansehen? Wie Sie bald feststellen werden, können bei der gleichen Person die Berge und Linien der beiden Hände dramatisch verschieden sein. Die gewöhnliche Theorie besagt, daß die linke Hand die Anlagen und Begabungen repräsentiert, mit denen Sie geboren wurden, während die rechte Hand damit korrespon-

Die Planeten in der Hand

diert, was Sie jetzt sind, nachdem Sie gelebt und sich in neue Richtungen entwickelt haben.

Über die Jahre hinweg habe ich mit Erstaunen beobachtet, wie sich die Hände von Menschen verändern, insbesondere wenn sie an sich selbst arbeiten. Um das zu verfolgen, schlage ich vor, daß sie sich eine Aufzeichnung davon machen, wie ihre Hände jetzt sind (eine Photokopie ist hierfür völlig ausreichend), und daß sie ihre Freunde und Kinder einladen, dasselbe zu tun. In fünf Jahren werden das faszinierende Dokumente sein.

13.3 Grundlagen der Linien

Die ersten Merkmale, die man zu erkennen lernen muß, sind die drei Hauptlinien: Die Herzlinie, die Kopflinie und die Lebenslinie.

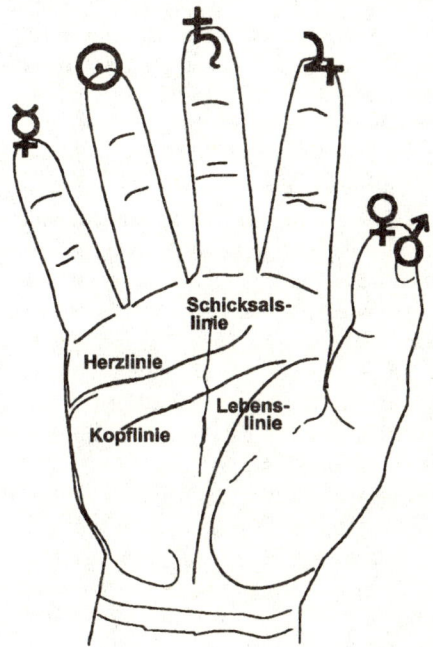

- Der Anfang der Herzlinie wird auf der Seite des kleinen Fingers angenommen.
- Die Lebenslinie und die Kopflinie beginnen auf der Seite des Zeigefingers.
- Die Schicksalslinie findet sich nicht auf allen Händen.
- Die Linien, die direkt unterhalb der Hand um das Handgelenk herumlaufen, werden »Armbänder« genannt.

13.4 Finger und Planetenkräfte

Der Tradition folgend wird der Daumen mit Venus, der Zeigefinger mit Jupiter, der Mittelfinger mit Saturn, der Ringfinger mit Apollo/der Sonne und der kleine Finger mit Merkur in Verbindung gebracht. Wie wir sogleich sehen werden, spiegelt das auch die Zuordnung der Planeten zu den Bergen wieder.

Im Kapitel »Die Venus im Körper« wird sich zeigen, daß die Niere, die vielfältige Bezüge zu Venus aufweist, tatsächlich besser als Entsprechung der Dialektik der Planetenenergien von Mars und Venus betrachtet wird. In ähnlicher Weise würde ich im Daumen einen Ausdruck von Mars und Venus sehen, statt nur einen der Venus allein.

Der Zeigefinger (Jupiter) wird oft benutzt, um auf etwas zu zeigen oder eine Richtung anzugeben – wie es Jupiter, dem Führer, entspricht. Wenn Sie in einer Unterhaltung zu oft ihren Zeigefinger benutzen, dann sieht es aus, als wollten Sie alle belehren, was man tun muß.

An den meisten Händen ist der Ringfinger (Apollo) länger als der Zeigefinger. Wenn das Gegenteil der Fall ist, ist das Zeichen einer starken Planetenenergie des Jupiter.

Es ist natürlich kein Zufall, daß die Schicksalslinie in Richtung auf den Finger des Saturn hin endet.

Die Tatsache, daß Eheringe aus Gold gemacht werden, paßt gut zu der Korrespondenz des Ringfingers mit der Sonne. Das Hauptorgan der Sonne im Körper ist das Herz, und so kann man verstehen, warum dieser Finger benutzt wird, um ein Symbol der Vereinigung zu tragen. Doch sind Eheleute nicht die einzigen Menschen, die einen goldenen Ring an diesem Finger tragen. Eine Reihe von Orden christlicher Mönche und Nonnen tun dies ebenfalls als ein Symbol ihrer Vereinigung mit dem Göttlichen – was die Wahl des Fingers der Sonne sogar noch angemessener erscheinen läßt.

Im Französischen sagt man oft, wenn man eine Intuition gehabt hat, *Mon petit doigt m'a dit* (mein kleiner Finger hat es mir erzählt), was gut mit der Korrespondenz dieses Fingers mit dem Merkur zusammengeht.

13.5 Die Planetenberge

Unterhalb der Finger gelegen, sind die Berge des Merkur, der Sonne, des Saturn und des Jupiter das Gegenstück zu den Knöcheln auf der Seite des Handtellers. Der Berg der Venus ist größer; er besteht aus dem fleischigen Bereich unterhalb des Daumens. Der Berg des Mars liegt über dem der Venus und unter dem des Jupiter.

Man sagt, daß die Berge einen direkten Hinweis auf die Natur der Planetenkräfte geben. Wenn man eine flache Hand betrachtet, dann zeigt ein fleischiger und hervortretender Berg eine intensive entsprechende Planetenenergie an, während ein eher flacher eine niedrige Intensität der Energie anzeigt.

Hier müssen sogleich zwei Anmerkungen gemacht werden. Erstens kann man einen starken Jupiter haben und doch nur negative Eigenschaften des Jupiter manifestieren. Ebenso gibt die Größe des Hügels die Stärke der Planetenkraft an und nicht notwendigerweise, ob die Person die positiven oder die negativen Aspekte zeigen wird, die damit verbunden sind.

Zweitens ist das Handlesen eine kompliziertere Kunst, als man es zuerst glauben würde. Sie zieht eine große Anzahl von Linien und anderen Faktoren in ihre Betrachtung mit ein, so daß die Größe des Berges selbst allein noch nicht ausreichend ist, um sich der Eigenschaften einer Planetenkraft sicher zu sein.

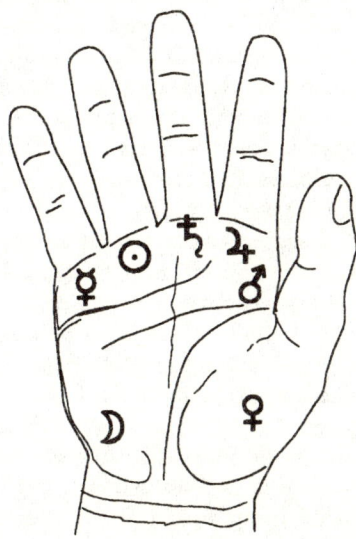

Ansonsten aber stellen die Berge eine bedeutende traditionelle Methode dar, die Intensität der Planetenkräfte zu beurteilen, und so ist es schon lohnend, sie sich anzusehen, wenn man versucht herauszufinden, was die dominanten Planeteneinflüsse in einer Person sind.

Hier noch ein Tip: Versuchen sie, bei Kindern, die nicht einschlafen wollen, den Berg des Mondes zu massieren.

14 - Esoterische Anatomie im Licht der Planetenkräfte

14.1 Sinn finden

Bevor diese Reihe von Kapiteln über die körperlichen Entsprechungen der Planeten beginnt, möchte ich mit Ihnen teilen, was für ein wundervolles Erlebnis es für mich war, als ich das erste Mal dem hermetischem Verständnis des Körpers begegnete. Im Medizinstudium konnte ich die Exaktheit der physiologischen Fakten, die mir beigebracht wurden, schätzen, doch ein Element fehlte in dramatischer Weise – Sinn. Als ich die hermetische Perspektive entdeckte, also die Beteiligung der Planetenkräfte an den physiologischen Funktionen, da begann der menschliche Körper auf einmal für mich Sinn zu haben. Eine Anzahl von Fakten, die ich mir für die Examen einpauken mußte, gewannen eine vollkommen andere Bedeutung. Sie wurden nun zu Stücken, die sich zusammenfügten zu dem, was immer mehr wie ein großartiges Puzzle erschien. Bereiche der Pathologie, die ich bis dahin tödlich langweilig gefunden hatte, wurden plötzlich attraktiv. Jede Tatsache wurde zu einem neuen Stück dieses Puzzles, und das Gesamtbild forderte Ehrfurcht und Bewunderung.

Es ist mir darum eine große Freude, mit Ihnen etwas zu teilen, was sich für mich als so wertvoll erwiesen hat. Ich möchte Sie auch dazu auffordern, eine aktive Haltung zu dem Wissen einzunehmen, das in den kommenden Kapiteln dargestellt wird. Denn indem Sie das tun, werden Sie zweifellos noch viele andere symbolische Verknüpfungen mit dem menschlichen Körper entdecken, da er nichts Geringeres ist als ein Abbild der Welt im Großen.

14.2 »Wie oben, so unten«

Der hermetische Grundsatz »Wie oben, so unten« stammt aus einem der Verse der *Smaragdenen Tafel*, einem kurzen, doch bedeutenden alchemistischen Text. Die hauptsächliche Deutung dieses überall verbreiteten Satzes ist, daß alles, was immer in der Schöpfung anzutreffen ist, auch im menschlichen Körper gefunden werden kann. Ein menschliches Wesen

Esoterische Anatomie

ist ein Mikrokosmos (»kleiner Kosmos«), der ein Abbild des Makrokosmos (»großer Kosmos«) ist, den man sonst als die Gesamtheit der Schöpfung bezeichnet. Eine direkte Konsequenz des hermetischen Grundsatzes ist, daß alles, was im menschlichen Körper zu finden ist, die Entsprechung von etwas Kosmischem und Universellem ist.

Um ein einfaches Beispiel zu wählen, so werden die Hauptorgane in der hermetischen Tradition als die menschlichen Entsprechungen der Planeten angesehen. Zum Beispiel ist die Milz im Körper, was der Saturn im Sonnensystem ist. Die Funktionen der Milz im System »Mensch« sind ein symbolisches Abbild der Rolle, die der Saturn im Sonnensystem spielt.

Das öffnet den Weg zu einem völlig neuen Ansatz der Anatomie – Organe und Körperteile sind nicht nur, was sie zu sein scheinen. Hinter ihnen ist das Bild universeller Trends und Kräfte. Aus einer hermetischen Perspektive kann man ohne eine Erkenntnis dieser tieferen Ebene wohl die trivialen Fakten der Physiologie erfassen, doch das wirkliche »wie und warum« des körperlichen Funktionierens bleibt ein Rätsel.

14.3 Eine neue Sicht des Körpers

Um wahrzunehmen, welche Aspekte des Saturn in der Milz gespiegelt werden oder wie die Gallenblase mit Mars verknüpft ist, ist es der erste Schritt zu verstehen, daß aus hermetischer Sicht Organe sehr viel mehr als nur Stücke von Fleisch sind. Die traditionelle chinesische Medizin teilt diese Sicht, und dies ist ebenfalls bei den Systemen der Fall, die sich mit den feinstofflichen Körpern befassen.

Vom Gesichtspunkt der feinstofflichen Körper her besteht die Milz, genau wie die Leber oder das Herz, nicht nur aus physischer Substanz; die Organe haben auch eine ätherische und astrale Komponente. Dies sind feinstoffliche und doch aktive Prinzipien. Sie sind wie die Hand in einem Handschuh; sie beherrschen und aktivieren den physischen Teil des Organs. Genau wie ein Fernseher ohne elektrischen Strom ein totes Stück Maschine ist, so wären die Organe ohne ihre feinstofflichen (ätherischen und astralen) Teile nur totes Fleisch.

Im Modell der traditionellen chinesischen Medizin werden die hauptsächlichen Organe analog zu den Ministern einer Regierung angesehen. So ist das Herz der Kaiser, die Leber ist der General und so fort. Jede physiologische Tatsache, die wir am Herzen beobachten können, ist einfach ein Reflex seiner Rolle als Kaiser. Wie das hermetische Modell, so geht auch die chinesische Medizin davon aus, daß man ohne ein tieferes Verständnis für das Wesen der Organe den Sinn der physiologischen Vorgänge überhaupt nicht verstehen kann. Es trifft sich dabei übrigens, wie wir bald sehen werden, daß es faszinierende Ähnlichkeiten zwischen den Auffassungen der chinesischen Medizin und denen der hermetischen Philosophie gibt. Eine Reihe von chinesischen Theorien, die vom Standpunkt westlicher Physiologie aus sehr weit hergeholt erscheinen, gewinnen plötzlich eine gänzlich andere Dimension im Lichte der astrologischen Symbolik.

14.4 Physische Entsprechungen der Planeten jenseits des Saturn

Im hermetischen Modell werden eine Anzahl von Organen und Körperteilen jeweils einer der Planetenkräfte zugeordnet, von der Sonne bis zum Saturn. Uranus, Neptun, Pluto hingegen haben einen allgemeineren Einfluß. Statt daß sie spezifisch mit einem bestimmten Organ in Resonanz wären, verbreitet sich ihre Wirkung über das gesamte System Mensch. Außerdem sind ihre Funktionen subtiler Art. Tatsächlich gehen viele Astrologen nie so weit, den Planeten jenseits des Saturn irgendeine physische Wirksamkeit zuzuschreiben – sie halten sie für ein Geheimnis!

Wegen ihres unterschiedlichen Status ist es am besten, sie zu behandeln, nachdem man einen globalen Überblick über die körperlichen Entsprechungen der sieben traditionellen Planeten erlangt hat, sowohl was die mit ihnen verknüpfte Pathologie angeht wie ihre Charakterisierung in Begriffen der feinstofflichen Körper.

In Kapitel 23, »Feinstoffliche Körper und Planetenkräfte«, werden wir zuerst sehen, wie die Planeten jenseits des Saturn mit den höchsten Aspekten der feinstofflichen menschlichen Architektur in Verbindung gebracht werden können. Nach den Kapiteln über die Krankheiten werden wir uns mit den Wirkungen von Uranus, Neptun und Pluto auf den physischen Körper befassen und mit den Krankheiten, die mit diesen Planeten verknüpft sind.

 Bevor diese Reise in die esoterische Anatomie beginnt, ein letzter Punkt – es ist natürlich nicht möglich, das Thema in den Grenzen dieses Buchs erschöpfend zu behandeln. Ein vollständiges medizinisches Lexikon wäre nötig, um den ganzen Körper abzuhandeln! Hier ist die Absicht lediglich, eine Methode zu präsentieren und die Logik der astrologischen Symbolik aufzuzeigen.

14.5 Die Tierkreiszeichen im Körper

Die astrologische Tradition ordnet jedem Tierkreiszeichen bestimmte Körperteile zu, entsprechend einem Muster, das den Tierkreis mehr oder weniger entlang des Körpers entrollt, von Widder-Kopf bis Fische-Füße. Diese Entsprechungen sind relativ fest und stammen aus dem

Esoterische Anatomie

Altertum – Sie erinnern sich vielleicht, sie in den Abbildungen mittelalterlicher Manuskripte von Kalendern und Almanachen dargestellt gesehen zu haben.

Da jedes Tierkreiszeichen von einem (und manchmal zwei) Planeten regiert wird, sind die Beziehungen zwischen Zeichen und Körperteilen notwendigerweise parallel zu denen zwischen den Planeten und den Körperteilen. Wie sie in den folgenden Kapitel sehen werden, wird unsere Erkundung des Körpers im Sinne der Planetenkräfte vorwiegend der folgenden Tabelle der Zeichen folgen.

1 - Widder (von Mars regiert)
Kopf und Gesicht.

So, wie Widder das erste unter den Tierkreiszeichen ist, ist der Kopf auch für gewöhnlich der Teil des Babys, der zuerst in die Welt hinauskommt.

Manche sehen im Piktogramm für Widder die Form von Nase und Augenbrauen.

2 - Stier (von Venus regiert)
Hals und Nacken.

Gerade so, wie der Stier/Bulle ein Symbol der Fruchtbarkeit ist, werden wir sehen, daß Venus über die Niere herrscht, die esoterisch gesprochen die Lagerhalle der sexuellen Energie ist.

3 - Zwillinge (von Merkur regiert)
Lungen, Schultern und Arme.
Und natürlich auch die Flügel!

4 - Krebs (vom Mond regiert)
Brust und Magen.

Eine mächtige symbolische Analogie, die die Form des Piktogramms für Krebs beschreibt, ist ein Strudel. Manche sehen darin jedoch auch ein Paar Brüste, was mit der Symbolik der Mütterlichkeit und des Nährens zusammenpaßt, die mit dem Zeichen Krebs und dem Mond verbunden ist.

5 - Löwe (von der Sonne regiert)
Herz und Rückgrat. Solarplexus (Magengrube).

Manche sehen in dem Piktogramm eine (symbolische!) Darstellung des Herzens und der großen Blutgefäße.

6 - Jungfrau (von Merkur regiert)
Eingeweide.
Man sagt, daß das Piktogramm für Jungfrau die Windungen des Darms darstellt.

7 - Waage (von Venus regiert)
Niere.
Das Piktogramm zeigt eine Waage im Zustand des Gleichgewichts. Neben der Assoziation zu der höheren Harmonie der Venus lenkt dies auch die Aufmerksamkeit auf die Niere (die von der astrologischen Tradition klassischerweise mit dem Zeichen Waage verbunden wird) als den Wächter über die Balance einer Reihe von physiologischen Funktionen.

8 - Skorpion (regiert von Mars und Pluto)
Geschlechtsorgane und Anus.
Manche bringen die Nase und die Harnblase mit dem Zeichen Skorpion in Beziehung. Der Stich des Skorpions ist genauso wie der Pfeil des Mars oft mit dem männlichen Geschlechtsorgan in Verbindung gebracht worden (auch wenn Skorpion über die weiblichen wie die männlichen Geschlechtsorgane herrscht).

9 - Schütze (vom Jupiter regiert)
Hüften und Oberschenkel.
Manche beziehen auch die Pobacken auf den Schützen.

10 - Steinbock (vom Saturn regiert)
Knie.

11 - Wassermann (regiert von Saturn und Uranus)
Knöchel.

12 - Fische (regiert von Jupiter und Neptun)
Füße.

14.6 Die sieben Lebensalter

Weil es sieben Planeten gab und weil die Zahl Sieben oft mit fortschreitenden Entwicklungen verbunden ist, hat die astrologische Tradition das Leben in sieben Perioden, Lebensalter aufgeteilt, deren jedes von einem Planeten beherrscht wird. Die Ordnung entspricht der der Planetenstunden (vgl. Kapitel 36), jedoch in umgekehrter Reihenfolge: Mond, Merkur, Venus, Sonne, Mars, Jupiter, Saturn.

Das **vorgeburtliche Stadium** (während dessen man von Wasser umgeben ist), das Kleinkindalter und die frühe Kindheit bis ungefähr zum Alter von sieben Jahren entsprechen dem Mond. Die frühe Kindheit ist das Alter, in dem die Kinder gefüttert werden und wo man auf sie achtgeben muß – und das Alter, wo sie sich an ihre Eltern klammern. Ihre Stimmung kann sich unglaublich schnell ändern. Es ist auch die Zeit, in der die Konturen des Körpers am rundesten sind und die, in der der Wassergehalt des Körpers am höchsten ist.

Die Periode der **Kindheit**, ungefähr zwischen 7 und 14, ist eine abwechlungsreiche, verspielte Zeit, und sie entspricht so in natürlicher Weise dem Merkur. Wie in dem hermaphroditischen Wesen des Merkur ist die sexuelle Differenzierung noch nicht klar. Es ist eine Zeit der schnellen Verwandlungen, der Zartheit und Instabilität.

Dann kommt das **Aufblühen des Körpers**, natürlich mit Venus verbunden (erinnern Sie sich an die Götter der Hindus, die immerzu 16 sind). Während dieser Periode (von etwa 14 bis zu den frühen Zwanzigern) beginnen die Menschen ihre Sexualität zu entdecken und vom anderen Geschlecht angezogen zu werden.

Die **Zwanziger** sind die Lebensperiode, die mit der Sonne verbunden ist. Es ist der Zenit der Lebenskraft, und auch die Zeit der größten geistigen Beweglichkeit (die meisten Nobelpreise für Physik gehen an Leute in ihren späten Zwanzigern und frühen Dreißigern, was sehr gegen das Klischee vom bärtigen alten Professor verstößt). Es ist oft eine Zeit, in der Menschen auf der Suche nach Perfektion sind und hohe, großzügige Ideale haben.

Der **Anfang der Reife** gehört Mars. Es ist die Zeit, in der die Menschen an ihre Macht gelangen und sich zunehmend damit beschäftigen, um ihre Position in der Gesellschaft zu kämpfen. Sie werden zunehmend konkreter und verkörperter und sorgen sich nicht nur um Projekte oder Ideale, sondern auch um deren Durchführung und Umsetzung. Mit dem, was sie verwirklichen, beginnen sie der Welt ihren Stempel aufzudrücken.

Die **Reifezeit** wird traditionell Jupiter zugeordnet. Es ist die Zeit, in der die Menschen anfangen, aus den Resultaten ihrer Anstrengung Nutzen zu ziehen und in der sie in verantwortliche Positionen gelangen. Es ist auch die Zeit, in der viele Menschen an Gewicht zunehmen.

Das **Alter**, in dem die Lebenskraft abnimmt, ist mit Saturn verknüpft. Der Körper beginnt auszutrocknen, und die Menschen werden langsamer.

15 - Die Sonne im Körper

15.1 Das Herz und die Sonne

Was ist der Kern der Sonnensymbolik? Die Sonne steht für das, was zentral und souverän ist, und für das, was darum mit dem Geist verbunden ist. Welches Organ paßt zu dieser Symbolik? An erster Stelle tut dies das Herz, und tatsächlich haben verschiedene Systeme der Medizin des Altertums es als den Sitz der wesentlichsten Lebenskraft aufgefaßt.
Sehen wir uns nun die hauptsächlichen symbolischen Verknüpfungen zwischen dem Herzen und der Sonne an.

- Es ist eine einfache Tatsache, daß die Person sofort zusammenbricht und ihr Leben innerhalb weniger Minuten endet, wenn das Herz zu funktionieren aufhört. Das ist ein offensichtlicher Grund dafür, das Herz für wesentlich und unverzichtbar für das Leben zu halten.
- Die Sonne steht für das, was der **Kern** (engl.: *core*) ist – ein Wort, das vom lateinischen *cor* herrührt, das sowohl Herz wie auch Kern bedeutet.
- **Der Geist** – in der traditionellen chinesischen Medizin ist das Herz der Sitz von *shen*, des höchsten spirituellen Teils eines Menschen. In mehreren Systemen der Hindus wird das Herzzentrum als Sitz von *jivātman*, der Flamme des ewigen Bewußtseins angesehen. In der anthroposophischen Medizin, in dem von Rudolf Steiner begründeten System, wird das Herz mit dem Ego in Verbindung gebracht. *shen, jivātman* und Ego – alle diese Begriffen können als Modalitäten des Geistes oder des Höheren Selbst betrachtet werden.
- **Freude** – In der traditionellen chinesischen Medizin ist die mit dem Herzen und dem Feuer verbundene Emotion die Freude. Man kann das symbolisch mit dem großen Arkanum des Tarot in Verbindung bringen, das »Die Sonne« heißt und das ebenfalls die Freude symbolisiert, und ebenso mit einer Kette von Assoziationen zwischen Freude, Herz und Geist, die sich in verschiedenen Traditionen finden.
- **Wesentliche Lebenskraft** – Ein wichtiges Prinzip der ayurvedischen Medizin (und auch allgemeiner des hinduistischen Denkens) ist *ojas*, die Quintessenz der Sexualenergie. Es ist eine höchst kostbare Substanz/Energie (auch wenn sie nicht physischer Natur ist), von der die physische Gesundheit und Lebenskraft zu weiten Teilen abhängt.

Die Sonne im Körper

Ein noch kostbareres Prinzip ist *param-ojas*, die erhabene Quintessenz, eine aufs Höchste verfeinerte und konzentrierte Form von *ojas*. Der Sitz von *param-ojas* ist das Herz, und man geht davon aus, daß alle Arten von Krankheiten daraus resultieren, wenn *param-ojas* geschädigt wird (etwa durch eine heftige Emotion oder durch physische Erschöpfung).

Während man *ojas* als ein venushaftes Prinzip ansehen kann, ist *param-ojas*, mit seinem Sitz im Herzen und seiner Symbolik der wesentlichen Lebenskraft, ganz bestimmt eines, das der Sonne entspricht.

- Liebe – Es gibt interessante sprachliche Assoziationen zwischen dem Herzen und Liebe und Löwe, die symbolisch mit dem Herzen in Beziehung stehen. Das Zeichen des Löwen (Leo, lat.: »Löwe«) wird von der Sonne regiert. Astrologisch gesprochen sind wegen dieses Herrschaftsverhältnisses die Eigenschaften des Zeichens Löwe und der Sonne sehr nahe beieinander. Nehmen Sie sich einfach irgendein Astrologiebuch, und sehen Sie sich die psychologischen Eigenschaften der Löwegeborenen an, dann werden Sie finden, daß sie denen sehr ähnlich sind, die wir hier im Hinblick auf die Sonne beschreiben.

	Löwe	Liebe	Herz
Hebräisch	lavi		lev
Russisch	lev	ljubow	
Englisch	lion	love	heart

15.2 Herz und Heilung

Eine einfache Konsequenz der symbolischen Verbindung zwischen Sonne und Herz ist, daß Pflanzen oder andere Heilmittel, die mit der Sonnenenergie verknüpft sind, zur Unterstützung des Herzens angewandt werden können – wenn z.B. einem Patienten Freude fehlt oder sogar als Ergänzung, um die Energie des Herzens bei der Behandlung einer Herzkrankheit zu nähren. Doch hat es damit noch weit mehr auf sich. Aus einer astrologischen Perspektive gesehen, ist die Sonne genauso das Zentrum des Sonnensystems, wie das Herz das Zentrum des Systems Mensch ist. Erinnern Sie sich daran, was wir über den König sagten – wenn er seine Aufgabe erfüllt, die darin besteht, die organisierende Kraft des Geistes auszustrahlen, dann gedeiht das ganze Königreich. In ähnlicher Weise ist der ganze Körper gesund, wenn das Herz stark ist und den Geist ausstrahlt.

Dieses Prinzip, das eine Konsequenz der Sonnensymbolik des Herzens ist, findet sich nicht nur in der Hermetik, sondern auch in verschiedenen Systemen der traditionellen Medizin. Es wird in der chinesischen Medizin klar ausgedrückt, wo das Herz der Kaiser ist, derjenige, der zwischen der Ordnung des Himmels und der Erde vermittelt und der für das Wohlergehen des ganzen Körpers verantwortlich ist.  Die tibetische Medizin geht davon aus, daß auch der Körper nicht leicht für Krankheiten anfällig ist, wenn das Herz stark ist, und daß es fast immer eine Schwäche des Herzens geben muß, damit eine Krankheit eintreten kann. Im Westen schrieb Culpeper, der Verfasser einer der berühmtesten Abhandlungen über Kräuter in der Epoche, in der die Alchemie blühte, am Schluß seines *Complete Herbal*:

Geben Sie acht auf das Herz, und halten Sie es am Laufen, denn die Sonne ist die Grundlage des Lebens, und deshalb kurieren die beiden Allheilmittel *Aurum potabile* und der Stein der Weisen alle Krankheiten, indem sie das Herz stärken.

Ein wichtiges Prinzip der Clairvision-Techniken des Heilens ist, daß verschiedene Arten von Krankheitserscheinungen und Gesundheitsstörungen, auch wenn sie nichts mit dem physischen Herzen zu tun haben, doch gebessert werden können, wenn man die Energie des Herzzentrums stärkt.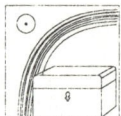

15.3 Die beiden Herzen

Im Sinne der Planetenkräfte gibt es zwei Aspekte des Herzens. Der eine Aspekt ist das spirituelle Herz, d.h. das Herz, das mit dem Geist verbindet und das seine höhere Ordnung in den Körper hinein vermittelt. Es ist der Kaiser im chinesischen Bild der Regierung des Körpers. Unter den Planetenkräften ist es mit der Sonne verknüpft.

Der andere Aspekt ist das *schlagende* Organ, das das Blut pumpt. Es ist ein großer, roter *Muskel*, der sich immer wieder *zusammenzieht*, und wie das Wort »schlagen« verrät, ist es mit Mars verknüpft. Es reagiert sofort auf jede Mars entsprechende emotionale Bewegung, so wie Ärger und andere auf einem *samskara* beruhende Reaktionen, in Form einer Änderung seiner Schlagzahl. Es erlaubt Menschen mit einer starken Marsenergie, Sieger im Sport zu werden. Es mag Rock n' Roll- Musik und Rhythmen, die in Resonanz mit seinem eigenen schlagenden Wesen sind.

Die Sonne im Körper

Die Vorstellung, daß es »zwei Herzen« gibt, findet sich auch in der traditionellen chinesischen Medizin.

- Das erste, der Herrscher, ist *xin*. Es ist mit dem *jun huo*, dem »kaiserlichen« oder »souveränen Feuer« verbunden, und es entspricht dem *shou shao yin*-Meridian (Herzmeridian).
- Das andere, oft »Herzzusammenzieher« genannt, oder »Herzbeutel bzw. Pericardium« in den Übersetzungen von Akupunkturtexten, ist mit der *xiang huo*, dem »Feuer der Minister« verbunden. Der Herzzusammenzieher ist ein Minister und Abgesandter des Kaisers, und ihm entspricht der *shou jue yin*-Meridian (Herzbeutelmeridian).

Wenn ich von »zwei Herzen« spreche, dann behaupte ich natürlich nicht, daß es irgendwo in der Brust ein zweites physisches Organ gibt, das die Anatomen irgendwie übersehen hätten. Genausowenig meine ich damit, daß das »Herz der Sonne« das Herzchakra sei, während das »Mars-Herz« das physische Organ wäre. Sowohl das physische Herz wie das Herzchakra haben Aspekte, die sie mit der Planetenkraft der Sonne verbinden, und andere Aspekte, die mit der Planetenkraft von Mars verbunden sind. Die Unterscheidung ist trotzdem von großer Bedeutung, wenn es darauf ankommt, einen Patienten zu behandeln, denn je nachdem ob das Problem des Patienten mehr mit dem Sonnen- oder dem Mars-Aspekt des Herzens verbunden ist, werden die Heilmittel und die Strategie der Behandlung vollkommen verschieden sein.

Wenn Sie sich näher mit dem Konzept der zwei Herzen beschäftigen wollen, dann blättern Sie zurück zu dem Mythos vom gefallenen Feuer in Abschnitt 7.2. Der Aspekt des Herzens (sowohl des Herzens als Organ wie des Herzzentrums), der mit dem gefallenen Feuer verknüpft ist, ist das Marsherz.

15.4 Das Blut, die Sonne und der Mars

> Blut ist ein ganz besondrer Saft.
>
> Goethe: *Faust,* Vers 1740

Das Blut und die Sonne

Aus einem hermetischen Blickwinkel ist das Blut unendlich viel mehr als die moderne Physiologie zugibt. Es hat ätherische und spirituelle Funktionen hoher Art. Es dient als Werkzeug des physischen Ausdrucks des Ego, und es ist so mit der Planetenkraft der Sonne verbunden.

In spiritueller Sicht ist der Unterschied zwischen dem Herzen und dem Blut nicht so selbstverständlich wie er es physisch gesehen ist. Das spirituelle Licht des Blutes erscheint wie die Ausstrahlung des Sonnen-Herzens. Ähnlich ist es bei der Ausübung des Clairvision-Prozesses der inneren Alchemie nicht selten, daß Menschen ihr Blut – also ihre Blutenergie – als eine direkte Verlängerung des Herzzentrums spüren. Es kann daher nicht überraschen, daß in der traditionellen chinesischen Medizin, aber auch in der ayurvedischen Medizin und in der Tibets, das Fühlen des Pulses der Patienten außerordentlich präzise Hinweise auf ihren gesamten Gesundheitszustand gibt. Für die, die es nie erlebt haben, ist es schwer sich vorzustellen, was für eine erstaunliche Menge von Einzelheiten ein Meister der chinesischen Medizin berichten kann, wenn er Ihren Puls fühlt. Was ist der Mechanismus dabei? Genau wie alle Planetenkräfte nur Reflexionen der Sonne sind, so ist die Lebenskraft aller Organe nur Reflexion der Lebenskraft der Sonne, die durch das Blut übertragen wird und im Puls zu entziffern ist.

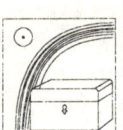

Ich sage vorher, daß die moderne Medizin schließlich eine Reihe von Parametern (Meßgrößen) im Blute entdecken wird, die den gesamten Gesundheitszustand eines Individuums in vollem Detail widerspiegeln werden. Vom Standpunkt der Planetenkräfte her wird dies wie eine Auskultation der tiefsten Lebenskraft des Herzens sein. Durch diese neuen Bluttests wird man sogar mehr über die vergangenen und gegenwärtigen gesundheitlichen Umstände eines Patienten erfahren können, als es jetzt ein Praktiker der ayurvedischen Medizin durch das Pulsfühlen feststellen kann.

Auf einer späteren Stufe sage ich vorher, daß es möglich werden wird, Patienten nur dadurch zu behandeln, daß man diese Blutbestandteile beeinflußt und die ätherischen Kräfte hinter ihnen wieder ins Gleichgewicht bringt. Ein ganzer Bereich von physischen und psychischen Beschwerden wird wunderbar auf diese Art der Behandlung ansprechen und so die Weisheit der Richtung bewähren, die Culpeper und die Alchemisten angegeben haben: Geben Sie acht auf das Herz, und halten Sie es am Laufen, denn die Sonne ist die Grundlage des Lebens ...

Das Blut und der Mars

> Doch wenn der Sturm des Kriegs in unsre Ohren stößt,
> Dann nehmt zum Vorbild euch das Tun des Tigers;
> Spannt eure Sehnen, euer Blut ruft auf,
> Die sanften Züge hüllt in grimme Wut;
> Furchtbaren Blick verleiht dann eurem Auge,
> Und laßt es aus den Kopfes Luken starren,
> Wie ehernes Geschütz...
>
> Shakespeare: Henry V, 3.1

So wie es zwei Seiten des Herzens gibt, gibt es auch zwei Seiten des Blutes – die eine mit der Sonne, die andere mit Mars verknüpft.

Die Sonne im Körper

Das Blut ist traditionell ein Symbol der Gewalt. Bei vielen Menschen kann es heftige Emotionen auslösen, wenn sie auch nur Blut sehen. Die Tatsache, daß die Farbe des Blutes die gleiche ist wie die, die archetypisch mit dem Mars verbunden ist, hat nicht nur einen symbolischen Zusammenhang. Die rote Farbe rührt von der Anwesenheit von Eisen, dem Metall des Mars, in den Hämoglobinmolekülen her. Es ist in der Tat in den roten Blutkörperchen, wo man die überwiegende Menge des Eisenvorrats des Körpers findet. Umgekehrt ist ein Mangel an Eisen bei weitem die häufigste Ursache für Blutarmut, Anämie – was uns zeigt, wie eng die Lebenskraft des Blutes mit dem Eisen verbunden ist.

Wenden wir uns nun stärker esoterischen Aspekten zu. Wenn sie das Eisen in einem Hämoglobinmolekül durch Magnesium ersetzen würden, würden sie etwas bekommen, das dem Chlorophyll, dem grünen Farbstoff, der die Grundlage für die Atmung der Pflanzen ist, recht ähnlich wäre. Eine der faszinierenden Visionen Rudolf Steiners war es, daß die rote Farbe des Bluts in der Tat eine Folge des gegenwärtigen niedrigen Bewußtseinstands der Menschen ist. Steiner sah in dem schlagenden Herzen und in dem daraus resultierenden Puls des Blutes eine fundamentales Beben des Hasses, und er war der Auffassung, daß es die große Aufgabe der Menschen sei, die Hitze des Hasses in die Wärme der Liebe und des Mitgefühls zu verwandeln. Diese Vision bietet deutliche Ähnlichkeiten mit unserem Mythos vom gefallenen Feuer, das die Menschen erlösen müssen. Wenn diese alchemistische Transformation des rohen Feuers in das Feuer der Liebe einmal vollendet sein wird, sagt Steiner voraus, daß das Blut der Menschen nicht mehr rot sein wird, sondern grün. (Traditionell ist Grün in der Astrologie die Farbe, die man am häufigsten mit der Venus in Zusammenhang bringt.)

15.5 Sehvermögen, Sonne und Mars

Sehvermögen und Sonne

> Die Sonne ist der Herr des Sehens.
> Ptolemäus: *Tetrabiblos*, 3.12

Man braucht nicht allzuviel Phantasie, um das Piktogramm der Sonne – einen Kreis und einen zentralen Punkt – wiederzuerkennen, wenn man ein Auge betrachtet.

In der chinesischen Medizin sagt man, das Auge sei das Tor zum Herzen, und das Herz das Tor zu *shen* (Geist); dies ist eine Kette von Assoziationen mit einer deutlichen Sonnensymbolik.

Eine Sonnensymbolik erscheint auch in den folgenden Versen aus dem Evangelium:

> Das Licht des Leibes ist das Auge. Wenn nun dein Auge lauter ist, wird dein ganzer Leib voll Licht sein. Wenn aber dein Auge böse ist, so wird dein ganzer Leib finster sein. Wenn nun das Licht, das in dir ist, Finsternis ist, wie groß wird dann die Finsternis sein! Matthäus 6,22–23

Sehvermögen und Mars
> Ein Auge wie Mars, zu drohen und zu befehlen
> Shakespeare: *Hamlet*, 3.4

Beim Sehvermögen sind Schärfe und Unterscheidungsvermögen mit dem Mars verknüpft – dem Planeten der Schärfe und der Messerschneiden. Die Tatsache, daß Anämie z.b. zu einem Verlust des Augenlichts führen kann, kann symbolisch als eine Reflexion der Verbindung zwischen dem Mars und dem Sehvermögen angesehen werden.

In der chinesischen Medizin ist ein faszinierender Punkt der Blasenpunkt 43, von dem es heißt, daß er das Gleichgewicht zwischen Blut und *qi* (*ki*, *chi*) beherrscht. Kleinere Sehstörungen können manchmal durch Moxibustion auf diesem Punkt spektakulär gebessert werden, und man kann so die sonst nötige Brille vermeiden.

Das marshafte Kraft und das Stehvermögen einer Person kann, wie es in Shakespeares Vers gesagt wird, leicht in ihren Augen abgelesen werden. So werden manche Menschen auf natürliche Weise wegen der Mars-Intensität respektiert, die durch ihre Augen scheint.

15.6 Die Sonne, die Donnersäule/der zentrale Kanal und das Rückgrat

Als zweite hauptsächliche Entsprechung der Sonne im Körper gilt für gewöhnlich das Rückgrat. So werden Sie in vielen Astrologiebüchern finden, daß der Löwe Herz und Rückgrat beherrscht, weil das Zeichen des Löwen von der Sonne regiert wird.

Doch warum bringt man das Rückgrat mit der Sonne in Verbindung? Das Rückgrat ist zweifellos eine sehr zentrale Struktur, doch warum sollte es mehr mit der Sonne verbunden sein als z.B. das Gehirn? (Das Gehirn entspricht traditionell dem Mond.) Was ist am Rückgrat so wesentlich und verwandt zum Geist?

Die Antwort ist einmal mehr, daß wir uns nicht nur die physischen Strukturen ansehen müssen, sondern viel mehr noch ihre energetischen und feinstofflichen Aspekte. Die hinduistische Lehre von den feinstofflichen Körpern (die sich vor allem in tantrischen Texten findet) beschreibt Energiekreisläufe, die *nāḍīs* genannt werden. Sie weisen viele Berührungspunkte zu den Meridianen der chinesischen Akupunktur auf. So wie die Meridiane das *qi,* die ätherische Energie tragen und leiten, sind *nāḍīs* Kreisläufe von *prāṇa*. Unter allen *nāḍīs* ist einer von entscheidender Bedeutung – *suṣumṇā-nāḍī,* dem im Clairvision-System der inneren Alchemie die »Donnersäule« entspricht. *suṣumṇā-nāḍī* ist der zentrale Kanal, der vom Basischakra am unteren Ende des Rumpfes zum Kronenchakra oben auf dem Kopf hinaufsteigt. Was diesen Kanal zu etwas Besonderem macht, ist, daß ihm eine direkte Verbindung mit dem Selbst zugeschrieben wird. Genauer gesagt ist die tantrische Tradition der Auffassung, daß bei der großen Mehrheit der Menschen *suṣumṇā-nāḍī* weitgehend blockiert ist. Wenn jedoch der zentrale Kanal durch bestimmte esoterische Praktiken zum Fließen gebracht wird, erfahren die Adepten unmittelbar ihr Höheres Selbst bzw. den Geist. Umgekehrt beginnt der zentrale Kanal jedesmal zu fließen, wenn jemand sein Höheres Selbst erfährt.

So ist es also nicht das Rückgrat selbst, sondern vielmehr *suṣumṇā-nāḍī* oder die Donnersäule, die eines der »Hauptorgane« des Geistes ist und die deshalb mit der Sonne verknüpft werden sollte.[23]

Kann man aus dieser genaueren Perspektive immer noch sagen, daß das Rückgrat mit der Sonne verbunden ist? Präzise gesagt sind nur diejenigen Aspekte des Rückgrats, die mit der Donnersäule zu tun haben, mit der Sonne verknüpft. Welche sind das? Die Körperhaltung, um damit anzufangen. Wie es in *Subtle Bodies, the Fourfold Model* erörtert wird, ist es eines der fundamentalen Merkmale, die mit dem Ego oder dem Höheren Selbst verbunden sind, die Tatsache, daß Menschen aufrecht stehen, während die Wirbelsäule der Tiere zumeist horizontal sind. Weil es eine direkte Verbindung zwischen dem Ausdruck des Höheren Selbst und der aufrechten Haltung gibt, kann man vorhersagen, daß in Zukunft eine Reihe von Heilverfahren daran arbeiten werden, die Haltung zu korrigieren und Menschen die Kunst beizubringen, vollständig aufrecht zu stehen.

---

[23] Im Clairvision-System der inneren Alchemie wird die Donnersäule als *das* Organ des Geistes betrachtet, als die energetische Struktur, in der der Geist Resonanz finden und sich in die physische Welt hinein manifestieren kann, wodurch er die königliche Funktion der spirituellen Herrschaft erfüllt, die wir als Teil der Sonnensymbolik beschrieben haben. Wenn man auch vom Herzen sagt, daß es diese Funktion erfüllt, so geschieht das nur darum, weil das »Atom des Herzens«, der innerste Teil des Herzzentrums, selbst Teil der Donnersäule ist.

15.7 Die Hypophyse

Die Hypophyse oder Hirnanhangdrüse wiegt nur ½ Gramm und ist so groß wie eine Haselnuß, doch ist sie eines der wichtigsten Kommandozentren des Körpers. Nicht weit von der Mitte des Kopfes gelegen (und mehr oder weniger am Tunnel des dritten Auges aufgehängt), beeinflußt die Hypophyse viele Körperfunktionen durch ihre Steuerung anderer endokriner Drüsen.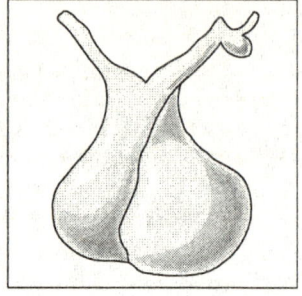

Hinsichtlich der feinstofflichen Körper ist die Hypophyse eine der Schlüsselstrukturen, durch die das dritte Auge den physischen Körper kontrollieren kann.

Genauer gesagt ist die Hypophyse *kein* Teil des dritten Auges, sondern ein physischer Wirkmechanismus des dritten Auges. Denn das dritte Auge ist eine energetische Struktur, die nicht auf irgendeine physische Struktur reduziert werden kann. Weitere physische Strukturen, die direkt mit dem dritten Auge zu tun haben, sind unter anderem die Zirbeldrüse, die Gehirnventrikel und die Stirnhöhle.

Wegen ihrer außerordentlichen Bedeutung für das Funktionieren des Körpers und im Hinblick auf ihre zentrale Steuerungsfunktion kann man die Hypophyse nur mit der Sonne in Zusammenhang bringen.

Mehrere Prozesse im Clairvision-System der inneren Alchemie arbeiten auf eine Vergeistigung der Hypophyse hin, und zwar durch die Erweckung und Transformation ihres ätherischen Teils. Insbesondere der Stengel der Drüse ist ein strudelartiger Zugang, in dem intensive ichbezogene Energien konzentriert werden können, was zu einer Stabilisierung höherer Bewußtseinszustände und der Beschleunigung der Transformation des Energiekörpers führt.

16 - Der Mond im Körper

16.1 Der Mond und die Körperflüssigkeiten

Während Sonne und Mars die Planeten des Feuers sind, ist die Symbolik des Mondes wesenhaft mit dem Wasser verbunden. Mehr noch als H_2O ist das ursprüngliche Protoplasma die archetypische Mondflüssigkeit, aus der sich alles Leben entwickelt hat. Genauso jedoch, wie der Mond, der Satellit der Erde, über die Gezeiten herrscht, hat die Planetenkraft des Mondes eine globale Herrschaft über alle Körperflüssigkeiten.

16.2 Der Mond und die weichen Gewebe

> Der Stoff aus dem Seeigel und Austern sind, das Fleisch der Schalentiere und das der Tiere – alles das wird vom Mond ernährt.
>
> Lucilius

Der Mond herrscht über Fleisch und weiches Gewebe im allgemeinen. Das trifft auf Gewebe mit einem hohen Wassergehalt und auf Fettgewebe zu – nicht auf Muskeln, die dem Mars entsprechen. Eine typische mondhafte Konstitution führt zu einem runden und weichen Körper – ganz anders beschaffen als ein saturnhafter Sack Knochen oder eine marshafte athletische Masse von Muskeln. Interessanterweise ist im Chinesischen das Schriftzeichen für den Mond mit dem Wurzelzeichen für »Fleisch« identisch.

Wir erlauben uns hier jedoch einen Wortwitz mit diesen Schriftzeichen, denn die Zeichen für »Mond« und »Fleisch« haben einen unterschiedlichen Ursprung; sie waren ursprünglich nicht identisch und wurden es erst im Laufe der Entwicklung der chinesischen Sprache.

Was die Verteilung des Fleischs am Körper angeht, bei der es ja einen Unterschied zwischen dem Männerkörper und dem Frauenkörper gibt, da regiert der Mond die Menge des Fleischs, während die Venus die Harmonie der Formen beherrscht.

Aus einer astrologischen Perspektive ist es vollkommen logisch, daß übermäßiges Essen, das ja bedeutet, mondhaften Neigungen zur

Nahrung nachzugeben, zu einem Aufbau von Fettgewebe führt.[24] Umgekehrt dörren Asketen, die versuchen, die Sinnlichkeit des Mondes aus ihrer Seele auszutreiben, ihren Körper durch Fasten und Meditationen in der Wüste aus.

16.3 Der Mond und der Magen

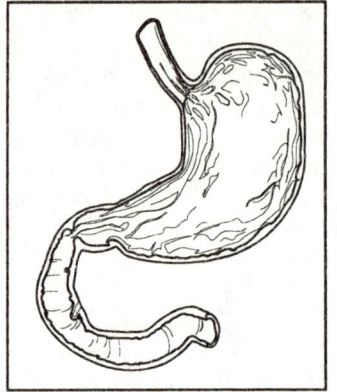

Was wir als erstes am Magen feststellen, ist, daß er die Form einer Sichel hat, genau wie das Piktogramm des Mondes. Genau wie der Mond am Himmel beständig seine Form verändert, so tut es auch der Magen. Nach jeder Nahrungsaufnahme schwillt er dramatisch an. Umgekehrt verringert sich seine Größe schon nach einem Fasten von 24 Stunde drastisch.

Die Analogie hört hier nicht auf – der Magen ist der Ort, an dem das innere »Kochen« der Nahrungsmittel beginnt. Wenn man es genauer betrachtet, läßt die Rolle des Magens sehr stark an die Mondsymbolik denken; er *empfängt* die Nahrung, zersetzt sie und verwandelt sie, in einer feuchten und warmen Atmosphäre, in ein Chaos.[25]

Die chinesische Medizin schreibt dem Magen ganz ähnliche Funktionen zu – Verwesung (Putrefaktion, *fu*) und Kochen (*shou*). Zunächst mag man sich wundern, warum die Chinesen das Wort »Verwesung« gebrauchten; doch wenn man sich an die kompostartige Funktion des Mondes erinnert, die die Nahrungsmittel in ein Chaos verwandelt, dann erscheint dieser Begriff vollkommen angemessen.

Das chinesische Schriftzeichen für den Magen ist hier bedeutsam – über dem Wurzelzeichen für Fleisch (das Sie auch in den Schriftzeichen anderer Organe wiedererkennen werden) steht *tian*, »Feld«, (wie in »Feld des Elixiers«), dem wir begegnet sind, als wir das Piktogramm der Erde erörtert haben. So ist *wei*, der Magen, das »Feld-Organ« oder »Stück-Land-Organ«.

---

[24] Natürlich gibt es viele Arten, im Übermaß zu essen. Man kann marshaft gefräßig sein, venushaft besessen oder jupiterhaft exzessiv. Dennoch ist der Mond der Planet, der die Funktionen der Ernährung im Ganzen regiert, und Ernährungsstörungen haben immer bis zu einem gewissen Grade eine Verbindung mit dem Mond.

[25] Strenggenommen beginnt die Verdauung jedoch nicht im Magen, sondern im Mund, durch die Wirkung des Speichels und des Kauens.

Im Abschnitt über die mit dem Mond verknüpften Krankheiten werden wir sehen, daß aus einer energetischen Perspektive der Magen nicht nur mit der Verdauung der Nahrung zu tun hat, sondern auch mit der »Verdauung«, d.h. Bewältigung von verschiedenen Traumata psychischer und physischer Art.

16.4 Der Mond und die Ernährung

Über den Magen hinaus beherrscht der Mond auch die gesamte Funktion der Ernährung. Wie wir in den Kapiteln über die Krankheiten sehen werden, haben Patienten mit einer schweren Eßstörung (wie etwa Anorexie) für gewöhnlich auch ein schweres Problem mit ihrer Mondenergie.

Die Affinität des Mondes zu Flüssigkeiten muß man parallel zu der Tatsache sehen, daß die Verdauung durch die Verflüssigung der Nahrung bewirkt wird, und durch die Einwirkung von Säften, die an verschiedenen Stellen des Verdauungstrakts abgesondert werden. Wo der Mond herrscht, da kann man Flüssigkeiten und Absonderungen erwarten. Im Falle der Verdauung sondert ein normaler menschlicher Körper mehr als 7 Liter von verschiedenen Verdauungssäften pro Tag ab, darunter mehr als 1 Liter Speichel.

16.5 Der Mond und der Geschmackssinn

Der feuchteste der Sinne, und eng mit der Ernährung verbunden, ist der Geschmackssinn, in natürlicher Weise mit dem Mond verbunden (wie man es im *Tetrabiblos* [3.12] des Ptolemäus findet).

16.6 Der Mond und der Uterus

Die Korrespondenz zwischen dem Mond und der Gebärmutter ist aus verschiedenen symbolischen Gründen Gemeingut in der Astrologie. Der Archetyp des Mondes ist eng mit der Fortpflanzung verbunden (erinnern Sie sich an die endlose Vervielfältigung, wenn Ihr Gesicht von zwei Spiegeln gespiegelt wird), und so ist es logisch, ihn mit dem Uterus zusammenzubringen. Der Mond verändert ständig seine Form, und so tut es auch die Gebärmutter. Der Mondzyklus, mit seinen zunehmenden und abnehmenden Phasen, ist eine symbolische Parallele zum Menstruationszyklus.

Das Ende eines Mondzyklus ist eine Zeit der Ausscheidung, einer kosmischen Menstruation nicht unähnlich. Der Vollmond ist eine Fülle der Energie, die eine Parallele findet in der intensiven Hormonausschüttung, die bei Frauen um die Zeit des Eisprungs herum geschieht.

Außerdem dauert ein Menstruationszyklus im Durchschnitt 28 Tage, was der Dauer eines Mondzyklus außerordentlich nahekommt.[26]

Steiners Ansicht war, daß in der Vergangenheit alle Frauen einen Menstruationszyklus in vollkommener Synchronisation mit dem Mondzyklus hatten. Die Tatsache, daß dies nicht mehr der Fall ist, weist auf eine Emanzipation von den kosmischen Zyklen hin. Dies paßt gut zu dem Schema der Evolution, das im Clairvision Corpus vorliegt, wo im vorpersönlichen Stadium die Menschen in die Natur eingebettet waren und in Übereinstimmung mit ihren Rhythmen und ihrer Weisheit lebten; im Gegensatz dazu ist das persönliche Stadium von einer schrittweisen Trennung von der Natur gekennzeichnet, als einem Teil des fortschreitenden Individuationsprozesses.

Die Funktionen der Gebärmutter sind eine perfekte Verkörperung der Mondsymbolik (und der des Tierkreiszeichens Krebs, das vom Mond regiert wird). Die Gebärmutter bietet die Brutstätte für die Fortpflanzung – eine warme und geschützte Umgebung, in der der Fötus genährt werden und wachsen kann.  Auf einer grundsätzlicheren Ebene ist es so, daß genauso wie die kosmischen Wasser das schöpferische Licht des Göttlichen empfingen und das Feld sind, auf dem die himmlischen Archetypen physisch verkörpert und reproduziert werden, die Gebärmutter ein Feld ist, auf dem intensive schöpferische Prozesse stattfinden. Aus esoterischer Sicht ist die Entstehung eines Kindes nicht weniger als eine mikrokosmische Wiederholung der Erschaffung der Welt.

Während der 9 Monate der Schwangerschaft schwimmt der Fötus in einer Flüssigkeit, dem Fruchtwasser, was in Übereinstimmung mit der Wirkungsweise des Mondes ist.

16.7 Der Mond und die Funktion der Fortpflanzung

Wie wir sahen, daß der Mond eher die Ernährung insgesamt regiert als nur den Magen allein, so ist es auch richtiger zu sagen, daß er am gesamten Fortpflanzungsprozeß beteiligt ist statt nur am Uterus. Weil die Fortpflanzung eine so wesentliche und umfangreiche Funktion ist, sind auch alle anderen Planetenkräfte zu einem gewissen Grade daran beteiligt. Ohne den schöpferischen Samen der Sonne, ohne das schöpferische Potential der Venus und die Libido des Mars und seinen feurigen Lebenstrieb könnte man kein Kind auf den Weg bringen. Dennoch ist archetypisch die Fortpflanzungsfunktion stärker mit dem Mond verbunden als mit jedem anderen Planeten.

---

[26] Interessanterweise dauert eine Schwangerschaft 280 Tage, was weiter auf eine symbolische Verbindung zwischen der Zahl 28 (4 mal 7) und dem Geheimnis der Empfängnis hinweist.

16.8 Der Mond und die Brüste

Wenn ein Organ bei Frauen stärker entwickelt ist als bei Männern, dann kann man erwarten, daß es entweder mit dem Mond oder mit der Venus verbunden ist, den beiden Planetenkräften, die eine deutliche weibliche Symbolik haben. Die Brüste spielen eine wichtige Rolle dabei, eine Mutter zu sein, und verkörpern den Archetyp des Mondes. Sobald eine Frau schwanger wird, nimmt die Größe ihrer Brüste zu, und das System der Kanäle in ihnen wächst und verzweigt sich. Die wesentliche physische Funktion der Brüste ist es, Milch zu erzeugen, was deutlich eine dem Mond zugehörige Substanz ist – *flüssig, weißlich*, und *für die Ernährung kleiner Kinder* bestimmt.

Wo ist dabei der Einfluß der Venus? Soweit es die Größe und die Funktion der Brüste betrifft, unterstehen sie dem Mond (kleine Brüste bei einer Frau sprechen gegen einen starken Einfluß der Planetenkraft des Mondes). Die Harmonie der Form und die Sinnlichkeit unterstehen sowohl dem Mond wie der Venus.

Statistiken zeigen, daß Nonnen (die keine Kinder haben) eine signifikant höheren Erkrankungsrate an Brustkrebs haben als der Rest der weiblichen Bevölkerung.

Auf der spirituellen Ebene sind die Brüste mit dem Nähren auch außerhalb des Rahmens der Aufzucht kleiner Kinder verbunden. Da wir gegenwärtig durch eine Zeit des Erwachens hindurchgehen, in der mehr und mehr Menschen von sich aus beginnen, Energien zu sehen oder anders wahrzunehmen, sage ich voraus, daß eine Reihe von Beobachtern berichten werden, sie sähen energetische Ströme aus den Brustwarzen kommen. Diese Erscheinung wird sowohl an Männern wie an Frauen beobachtet werden. In Situationen, wo Menschen Zuneigung, Gefühle oder psychisches Nähren geben, wird das energetische Gegenstück zu den Brüsten aktiviert und beginnt zu scheinen. Die Brust ist ein Organ des Gebens, was ein Grund dafür ist, warum sie nur nahe beim Herzen liegen kann.

Die Weisen der *Rg-Veda* beschreiben ihre Erfahrung, wenn sie *soma* – die kostbare Flüssigkeit der Unsterblichkeit – trinken oft als »saugen an der himmlischen Brust«. Diese kosmische Perspektive auf das »Stillen« als die Weise, in der die Göttern den Menschen geben, muß man natürlich mit der Tatsache zusammenbringen, daß die Hauptbedeutung von *soma* im Sanskrit »Mond« ist.

16.9 Der Mond und das Gehirn

Die weiche, weißliche und wässrige Beschaffenheit der Hirnsubstanz ist ein erster natürlicher Grund, warum man es schon im Altertum mit dem Mond in Verbindung brachte. Bei einem Längsschnitt durch das

Gehirn stellt man auch fest, daß die Hemisphären die Form einer Sichel haben.

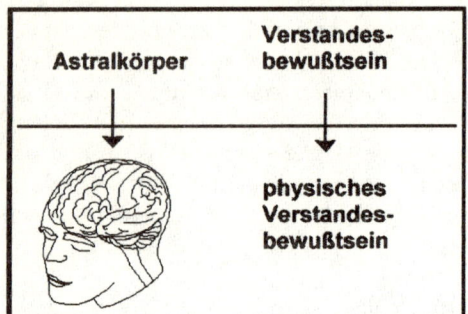

Von einem esoterischen Standpunkt aus erzeugt das Gehirn keine Gedanken – es spiegelt sie wider, was der Mondsymbolik angemessen ist. Das Denken ist eine Funktion des Astralkörpers. das Gehirn und das Nervensystem funktionieren als ein Spiegel, der die Gedanken vom Astralkörper empfängt und sie ins Physische übersetzt. Zu diesem Thema verweise ich die Leser auf die Erörterung in meinem Buch *Entities*, Abschnitt 4.3.

Wenn man weiß, daß das Wort »Seele« als ein unpräzises Äquivalent für den Astralkörper betrachtet werden kann, dann eröffnet sich eine größere Tiefe der Bedeutung in den folgenden Worten Shakespeares:

> Mein Hirn soll meiner Seele zur Frau sein,
> meine Seele der Vater, und die beiden zeugen
> dann ein Geschlecht fortzeugender Gedanken ...
> Shakespeare: *Richard II, 5.5*

17 - Der Merkur im Körper

17.1 Merkur und das Nervensystem

Da Merkur das Verstandesbewußtsein im Körper ausdrückt und traditionell der Planet des Verstandes und der Intelligenz ist, ist es leicht zu verstehen, daß das Nervensystem oft mit Merkur in Verbindung gebracht worden ist.

Beim Mond haben wir bestimmte Aspekte des Gehirns betrachtet, die auch beim Nervensystem anzutreffen sind: seine weiße, wässrige Substanz, und die Tatsache, daß es das Bewußtsein des Astralkörpers widerspiegelt.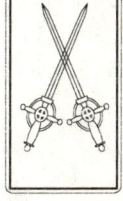
Bei Merkur kommen wir nun mit verschiedenen funktionalen Aspekten in Berührung - gleich zu Anfang mit der Funktion des Verbindens. Das Nervensystem verbindet so ungefähr alles im Körper. So wie Hermes der Götterbote ist, so ist das Nervensystem zuständig für Übertragung und Kommunikation, es trägt die Information dahin, wo sie im Körper gebraucht wird.

Das Nervensystem arbeitet schnell und ist nie in einem Ruhezustand, genauso wie Hermes der Geschäftigste unter allen Menschen und Göttern ist. Schon der Aufbau der Nervenzellen selbst zeigt ein unglaublich ineinander verwobenes Netzwerk. Neuronen übertragen ihre Informationen durch elektrische Ströme und Polaritäten, eine Tatsache, die ihre Verbindung mit dem Merkur sehr begünstigt. Um sich ein Bild vom Funktionieren des Gehirns zu machen, werden hochentwickelte elektrische und elektronische Instrumente und Verfahren wie EEG und PET eingesetzt.

Cerebrellum, Kleinhirn
Weil es eine Schlüsselfunktion bei der Koordination der Bewegungen und beim Halten des Gleichgewichts erfüllt, ist das Kleinhirn direkt mit der Planetenkraft des Merkur verbunden. Durch seine Tätigkeit ist die Bewegung der Skelettmuskeln stetig und flüssig, statt unkoordiniert zu sein. In anderen Worten, das Kleinhirn gibt den Bewegungen Beredsamkeit.

17.2 Merkur, die Flügel und die Schulterblätter

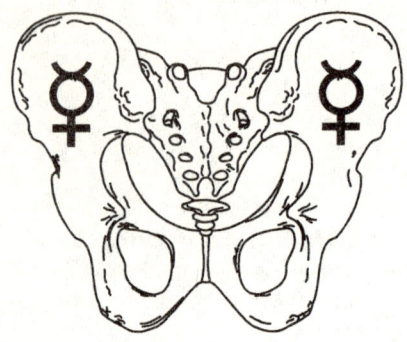

Die Symbolik des Hermes bzw. Merkur ist eng mit der der Flügel verbunden. Man findet Flügel auf dem Helm des Hermes und an seinem Schlangenstab (Caduceus), ebenso wie an seinem Schild und an seinen Fußknöcheln. Das beinhaltet offensichtlich eine Botschaft. Auf dieser Stufe unserer Reise in die esoterische Anatomie fragen wir uns deshalb: Wo sind diese Flügel im Körper? In der Sprache der Anatomen wird der Begriff »Flügel« für die Darmbeine benutzt, die seitlichen Knochen der Hüfte. Der Aspekt der Fortbewegung, der mit der Hüfte verbunden ist, paßt ebenfalls gut zur Symbolik des Merkur.

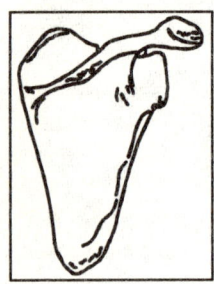

Eine weitere an Flügel erinnernde Form findet sich in den Schulterblättern, die man symbolisch als ein oberes Gegenstück zu den Flügeln des Darmbeins ansehen kann. Neben dem Umstand, daß die dreieckige Form des Schulterblattes an einen Flügel denken läßt, muß man auch darauf hinweisen, daß die Rückseite der Schulter traditionell die Stelle ist, wo Künstler an Engeln (deren griechischer Name *angelos* Boten bedeutet) Flügel dargestellt haben. Vom Standpunkt des Heilens aus sind die Schulterblätter mehr als nur Knochen auf der Rückseite der Schultern – sie sind Zugangswege zu subtileren psychischen und mentalen Funktionen die mit der Schwebkraft und Leichtigkeit im allgemeinen zu tun haben. Wenn »die Seele ihre Flügel verliert«, wie z.B. im Falle einer schweren Depression, dann kann es deutliche Resultate bringen, wenn man an den Schulterblättern eines Patienten arbeitet.

Beachten Sie, daß Vögel große Schulterblätter haben, an denen einige der Muskeln der Flügel ansetzen. Anatomisch betrachtet man die Flügel eines Vogels als Teil seines Schultergürtels.

Zwei Paare von Flügeln finden sich auch am Sphenoidalknochen (*Os sphenoidale*), der eine zentrale Position an der Schädelbasis einnimmt. In einer sattelartigen Einsenkung, die man *Sella trurica* nennt, beherbergt der Sphenoidalknochen die Hypophyse (Hirnanhangdrüse), eine der wichtigsten endokrinen Drüsen des Körpers, die enge Verbindungen zum dritten Auge hat (vgl. Abschnitt 15.7).

Man spricht auch von Lungenflügeln, wobei die Lunge unter den Körperorganen die hauptsächliche Entsprechung des Merkur ist.

Der Merkur im Körper

17.3 Merkur und die Lunge

Es gibt wichtige symbolische Beziehungen zwischen der Lunge und Merkur, die bemerkenswert gut mit traditionellen chinesischen Vorstellungen übereinstimmen.

Die Lunge, Luft/Wind und der Merkur
Ein erster Punkt der Übereinkunft kann darin gefunden werden, daß die Lungen durch den Atem mit dem Luftelement verbunden sind, von dem Merkur der hauptsächliche Vertreter unter den Planeten ist. So wie Merkur der Geschäftigste unter den Göttern und Menschen ist, arbeiten die Lungen pausenlos das ganze Leben hindurch, vom ersten bis zum letzten Atemzug.

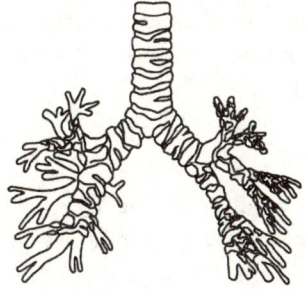

Vielfältige Verästelung
Im alten Griechenland war es allgemein üblich, an Kreuzungen und Weggabelungen Statuen des Hermes aufzustellen (als eine Anrufung des Gottes, um Reisende gegen Geister und Diebe zu schützen). Eine Form, die sich in vielfältige Unterteilungen verästelt – wie die Bronchien es tun – läßt sehr stark an Merkur denken. Im Kapitel über Pflanzen und Planeten werden wir sehen, daß Pflanzen mit feingliedrigen Blättern und Stängeln, wie z.b. der Fenchel, für gewöhnlich mit Merkur verknüpft sind.

Hin- und Herbewegung
Die dauernde Bewegung der Luft in die Lungen hinein und aus ihnen hinaus ist eine perfekte Anwendung des wellenhaften Schwingungsmusters, das wir als zentral für die Merkursymbolik beschrieben haben.

Der Premierminister
Im chinesischen System wird die Lunge Premierminister genannt; er ist derjenige, der dem Kaiser am nächsten ist. Das Herz/der Kaiser verkörpert die Einheit der Ordnung des Himmels, und es ist die Funktion der Lunge – durch die fortwährenden Gezeiten des Atems –, die Verbindung zwischen dieser Einheit und der Vielfalt des Rests der Schöpfung herzustellen. Diese Funktion ähnelt der Art und Weise, wie sich der Merkur aufgrund seiner Nähe zur Sonne hin- und herzubewegen scheint –, als wenn er die Sonne mit den übrigen Planeten verbinden würde. Eine weitere bemerkenswerte Übereinstimmung zwischen der chinesischen

Fei

Vorstellung von der Lunge und der Symbolik des Merkur ist es, daß der rechte Teil des Schriftzeichens *fei* (Lunge) »Marktplatz, verkaufen, kaufen« bedeutet.

Die Lunge und Jupiter
Im Hinblick auf die Tatsache, daß sie das größte Organ des Körpers ist, wird die Lunge manchmal auch mit Jupiter in Verbindung gebracht (so etwa von Ptolemäus im *Tetrabiblos* 3.12). Ein weiterer Grund für diese Verbindung mit Jupiter ist die hochgradig spirituelle Natur der Lunge. Sie umgibt das Herz wie mit Adlerflügeln, und so kann die Lunge der Vermittler von Verbindungen des Bewußtseins mit hohen geistigen Wesen und Engeln sein.

Wenn man hellsichtig Engel beobachtet, dann ist es eine der ersten Entdeckungen, die man macht, daß sie keine Speiseröhre besitzen. Sie haben jedoch großartige Lungen, die aus einer leuchtenden spiritualisierten Substanz bestehen, durch die sie mit hohen Zuständen des Göttlichen verbunden sind.

17.4 Merkur und der Dickdarm

Anders als andere Teile des Verdauungstraktes, in denen sehr viel »Kochen« passiert, finden im Dickdarm nur wenige chemische Reaktionen statt; er ist hauptsächlich eine Durchgangsstation, an der ein Austausch von Stoffen durch die Schleimhaut seiner Wände hindurch geschieht. Im Hinblick auf die Elemente bedeuten »Durchgang« und »Bewegung« Wind bzw. Luft, und das ist ein logischer Grund, warum der Dickdarm mit Merkur verknüpft werden sollte. Der Austausch durch die Darmwand paßt ebenfalls gut zu der Merkursymbolik.

Eine weitere Verbindung zwischen dem Dickdarm und dem Wind findet sich in den Gasen, die bei der Verdauung entstehen. In einen gesunden Dickdarm kommen täglich 7 bis 10 Liter Gas hinein oder werden dort gebildet (von denen nur ½ bis 1 Liter aus dem Hintern abgeht).[27]

In der ayurvedischen Medizin ist es eine der gebräuchlicheren Methoden um *vata*, das Windelement, bei einem Patienten zu verringern, daß man ihm ein Klistier macht.

Koordination
Eine überraschend relevante Verbindung kommt aus der chinesischen Medizin, die dem Dickdarm eine Rolle bei der Koordination aller Körperbewegungen zuweist. Wenn also jemand einen Mangel an

---

[27] Guyton, Arthur: *Human Physiology and Mechanisms of Disease*. 3rd ed., Philadelphia: Saunders, 1982, Seite 512.

Koordination beim Gehen zeigt oder sogar wenn jemand ein Problem wie das Stottern hat, dann ist das erste Organ, an das der Akupunkturpraktiker für die Behandlung denken wird, der Dickdarm. Ein chinesischer medizinischer Merksatz sagt auch: »In Fällen von Lähmung, beginne immer mit dem Stechen des Dickdarmmeridians.« Hier finden wir eine schöne Übereinkunft von mehreren Strömungen der traditionellen Medizin. Auch wenn ein solches Prinzip für die moderne westliche Heilkunde wenig sinnvoll erscheint, so macht es doch im begrifflichen Rahmen der Planetenkräfte ziemlich viel Sinn. Eine Lähmung ist ein Mangel von Luft/Wind/Bewegung, und davon ist Merkur der hauptsächliche Vertreter im Körper.

Das Zeichen Jungfrau und der Darm

Eine weitere Verbindung zwischen dem Dickdarm und Merkur kann man in dem Umstand sehen, daß in der Astrologie die Därme traditionell dem Zeichen Jungfrau (die von Merkur regiert wird) zugeordnet werden. Das Piktogramm der Jungfrau wird manchmal als eine Darstellung der Darmwindungen interpretiert.

Wenn Sie sich ein Anatomiebuch ansehen und die Gehirnwindungen mit denen des Darms vergleichen, dann können Sie nur erstaunt sein über die Ähnlichkeit der Formen. Die konventionelle Physiologie sieht keine sonderliche funktionale Verbindung zwischen dem Gehirn und dem Darm. Die hermetische Sicht hingegen sieht in beiden den Ausdruck der Merkursymbolik – auf verschiedene Funktionen angewandt.

Unter dem Zeichen der Jungfrau steht nicht nur der Dickdarm, sondern auch der Dünndarm. Funktional gesprochen findet gewiß eine Menge von Bewegungen und Austauschvorgängen im Dünndarm statt, was dafür spricht, ihn mit Merkur zu verknüpfen. Es findet allerdings auch ein guter Teil des »Kochens« im Dünndarm statt. Ich bezeichne damit die Wirkung der verschiedenen Enzyme, die ein Ausdruck des Verdauungsfeuers und damit mit Mars verknüpft ist. Es gibt eine ähnliche Verknüpfung in der traditionellen chinesischen Medizin, wo der Dünndarm ebenso wie das Herz mit dem Element Feuer verbunden ist.

17.5 Die esoterische Bedeutung des Caduceus (Schlangenstabs)

Kehren wir nun zu den *nāḍīs* zurück, den Kreisläufen der ätherischen Energie, wie sie von der hinduistischen Tradition beschrieben werden. Wie wir sahen, als wir die Entsprechungen der Sonne erörterten, ist der wichtigste Kreislauf von allen *nāḍīs suṣumṇā-nāḍī*, der zentrale Kanal, der vom Basischakra zur Spitze des Kopfes verläuft. Auf jeder Seite von *suṣumṇā-nāḍī* verlaufen zwei weitere wichtige *nāḍīs*, die *iḍā* und *piṅgalā* genannt werden. Wenn man nur die traditionelle Darstellung dieser gewundenen Kanäle sieht, dann kann man sogleich eine symbolische Verbindung mit dem Schlangenstab des Merkur vermuten – worauf auch viele indische Meister gerne hinweisen.

Abgesehen von der Ähnlichkeit in der Form enthält diese Analogie auch viel Bedeutung. Die tantrische Tradition, die der Teil des Hinduismus ist, der sich mit der Arbeit an der Energie und dem Erwecken der Chakren befaßt, bezieht *iḍā-nāḍī* auf den Mond und die linke Seite des Körpers und *piṅgalā-nāḍī* auf die Sonne und die rechte Seite des Körpers.[28] Die allgemeine Idee bei diesen Hauptkreisläufen der ätherischen Energie ist es, daß sie jeweils einen besonderen Bewußtseinszustand herbeiführen. Wie wir oben sahen, verwandelt sich das Bewußtsein in ein reines Gewahrwerden des Höheren Selbst, wenn *suṣumṇā-nāḍī* fließt. Wenn *iḍā-nāḍī* fließt, dann wendet sich das Bewußtsein nach Auffassung der tantrischen Tradition auf natürliche Weise nach innen, was für geistige Aktivität ebenso angemessen ist wie dafür, in Kontakt mit inneren Welten und zur Inspiration zu kommen. Wenn *piṅgalā-nāḍī* fließt, dann geschieht eine Wendung der Energien und des Bewußtsein nach außen, die für körperliche Aktivitäten geeignet ist oder für alles, was mit der äußeren Welt zu tun hat.[29]

Da *iḍā* und *piṅgalā* genau entgegengesetzte Funktionen haben, fließen sie nie zur gleichen Zeit. Es gibt ein einfaches Kriterium, durch das man feststellen kann, welcher der beiden in einem bestimmten Augenblick fließt. Wenn Sie Ihre Hand ungefähr 2 Zentimeter von der Nase entfernt halten und ihren Atem spüren, dann werden Sie für gewöhnlich feststellen, daß der Fluß in einem Nasenflügel stärker ist als im anderen. Wenn der linke Nasenflügel vorherrscht, so ist es tantrischen Texten zufolge *iḍā nāḍī* der fließt, wenn es der rechte ist, dann *piṅgalā-nāḍī*. Bei einem gesunden Menschen gibt es einen natürlichen Rhythmus, so daß ein *nāḍī* für eine gewisse Zeitdauer fließt (man spricht für gewöhnlich von etwa 40 Minuten), dann folgt eine Periode, in der der andere *nāḍī* aktiv ist und so fort.

Die Verbindungen zwischen *iḍā* und dem Mond und die zwischen *piṅgalā-nāḍī* und der Sonne sind der astrologischen Symbolik der Lichter, wie wir sie beschrieben haben, sehr gut angemessen. Man sagt, die Funktion von *iḍā* sei das Kühlen, Erfrischen und Verinnerlichen der gesamten Körperenergien, während die von *piṅgalā-nāḍī* genau das Gegenteil ist. Die Balance zwischen diesen gegensätzlichen Polen ist so

---

[28] Es gibt auch eine tibetanische tantrische Tradition mit Praktiken, die mit *kuṇḍalinī-yoga* der hinduistischen tantrischen Tradition vergleichbar sind.

[29] Eine der wesentlichen Grundlagen der Themen von *iḍā* und *piṅgalā-nāḍī* ist ein Sanskrittext, der *Śiva-svarodyaya* genannt wird.

der Ausdruck des grundlegendsten *yin-yang*-Rhythmus des Körpers. Genauso wie der chinesische Taoismus die Balance zwischen *yin* und *yang* als Grundlage der Gesundheit beschreibt, hält auch die hinduistische Überlieferung die richtige Balance zwischen *iḍā* und *piṅgalā-nāḍī* für den Schlüssel zu einem gesunden Leben. Mehreren indischen Meistern zufolge ist es diese Balance, die der Schlangenstab des Merkur symbolisch darstellt, und das ist auch der Grund dafür, daß er zum Symbol der medizinischen Berufe geworden ist.

18 - Die Venus im Körper

18.1 Die enge Beziehung zum Mars

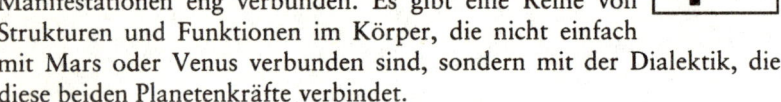

Bevor wir unsere Reise durch die Körperteile und die Funktionen der Venus im Körper beginnen, müssen wir zuerst ein wichtiges Prinzip bedenken, das wir in Abschnitt 7.8 besprochen haben: Venus und Mars sind in ihren Manifestationen eng verbunden. Es gibt eine Reihe von Strukturen und Funktionen im Körper, die nicht einfach mit Mars oder Venus verbunden sind, sondern mit der Dialektik, die diese beiden Planetenkräfte verbindet.

18.2 Venus und die Quintessenz

Eine Quintessenz ist eine verfeinerte und konzentrierte Essenz. Nehmen Sie irgendeine Pflanze oder einen Körper, und suchen Sie nach dem, was am reinsten und kostbarsten ist – das ist die Quintessenz. Nehmen sie irgendeine Substanz, und verfeinern Sie sie, bis alle Gifte entfernt sind und nur ein reines, konzentriertes Prinzip übrig ist – auch das ist eine Quintessenz.

Quintessenzen sind mit Venus verknüpft, weil sich die ganze Symbolik dieses Planeten auf alles bezieht, was subtil, verfeinert, essentiell oder selten, kostbar und teuer ist. Diamanten z.B., die mit die teuersten aller Edelsteine sind, können nur mit Venus verknüpft sein. In ähnlicher Weise sind die kostbarsten und am stärksten verfeinerten Energien im Körper logischerweise mit der Venus verknüpft.

18.3 Venus, Quintessenz und Sexualenergie

Eine ausgezeichnete Illustration des Begriffs der Quintessenz findet sich in der ayurvedischen Medizin, der Medizin des indischen Altertums, und ihrer Lehre von den sieben *dhātu*. Der Begriff *dhātu* kann grob als »Körpergewebe« oder »Körpersubstanz« übersetzt werden; mehr jedoch als die *dhātu* selbst interessiert uns an dieser Stelle die Art und Weise, in der sie nach und nach, eine aus der anderen, zubereitet werden.

Es beginnt alles mit der Aufnahme von Nahrung, die durch Kochen (*pāka*) in *rasa*, »Saft« oder »Speisebrei« (Chymus) verwandelt wird,

Die Venus im Körper

die erste *dhātu*. Sodann, unter dem Einfluß von *pāka*, des inneren Feuers, das die Substanzen sich verwandeln läßt und das dem alchemistischen Begriff der Kochung sehr ähnlich ist, wird *rasa* in drei Teile geteilt. Einer verbleibt als Teil des Vorrats von *rasa* im Körper. Ein zweiter, grober Teil wird mit dem Stuhl ausgeschieden, und der dritte, subtilste Teil wird zu *rakta* verfeinert, zu »Blut«, der zweiten *dhātu*. Das *rakta* wird wiederum von dem verwandelnden Feuer »gekocht«, was einmal mehr in einer dreifachen Aufteilung resultiert. Ein Teil wird dem Vorrat an Blut im System hinzugefügt. Ein Teil wird ausgeschieden. Und der reinste und am stärksten verfeinerte Teil wird in *māṃsa*, »Fleisch« verwandelt. Die Kette der Verwandlungen setzt sich fort und führt zur Herstellung von immer weiter verfeinerten Produkten: *medhas* (Fett), *ashti* (Knochen), *majjā* (Knochenmark), und schließlich *retas* (Samen oder genauer Sexualenergie).

Die Anzahl von *dhātu* kann nur sieben betragen. In der hinduistischen Tradition sind Folgen von Entwicklungsstufen sehr oft mit der Zahl Sieben verbunden, wie man sie in den sieben Chakren, den sieben *loka* (Welten) oder den sieben *manvantara* (Weltaltern) findet. Westliche Parallelen finden sich in den sieben Schöpfungstagen der Genesis, den sieben Sakramenten einiger christlicher Konfessionen und in einer ganzen Reihe anderer Zusammenhänge.

Dieses Modell der Verfeinerung der sieben *dhātu* ist von großer Bedeutung und verdient eingehende Betrachtung, wenn man versucht, die energetischen Geheimnisse des Körpers zu durchdringen. Es stellt eine Abfolge von Verwandlungen durch das Kochen[30] dar, die von grobstofflichen zu feinstofflichen Produkten führt und die große Ähnlichkeiten mit dem Prozeß der Verdauung, wie ihn die traditionelle chinesische Medizin beschreibt, und zur Zubereitung von Quintessenzen in der westlichen Alchemie aufweist. Außerdem führt das Modell der *dhātu* die Sexualenergie als eine der höchsten Essenzen des Körpers ein.

Als wenn wir noch nicht ausreichend überzeugt wären von der Verbindung zwischen *retas* und der Planetenenergie der Venus, fügt das Sanskrit einen zusätzlichen, sprachlichen Hinweis hinzu – das Wort *śukra*, das »Venus« bedeutet, ist gleichbedeutend mit *retas*!

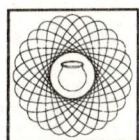

Ein weiteres Prinzip von großer Bedeutung, das nicht nur in den medizinischen Abhandlungen im Sanskrit vorkommt, sondern auch in denen, die sich mit Yoga und den feinstofflichen Körpern befassen, ist *ojas*. In den Transformationswegen des Körpers wird auch *retas*, der Same

---

[30] Gurdjieff wurde einmal gefragt: »Aber ist denn das Kochen nicht schließlich Teil der Medizin?« Mit seinem starken russischen Akzent antwortete Gurdjieff: »Nein! Die Medizin ist Teil des Kochens!«

bzw. die Sexualenergie, einer weiteren Verfeinerung unterworfen, deren Resultat *ojas,* die Quintessenz der Sexualenergie ist.

ojas ist nicht nur extrem kostbar für die Gesundheit, es hat auch spirituelle Eigenschaften. Kurz gesagt könnte man es ein »spirituelles Vitamin« nennen. Es verleiht nicht nur dem gesamten Energiekörper die höchste Lebendigkeit, sondern es gibt auch dem Verstand Schärfe (*tejas*) und Unterscheidungsvermögen. Außerdem verstärkt es in hohem Maße Bewußtsein und Wahrnehmung und erlaubt den Yogis, mit spirituellen Welten in Verbindung zu treten – eine der Venus entsprechende Symbolik der Verbindung mit den Welten des Geistes, wie wir sie im Archetyp der Hohepriesterin finden.

Mehrere Varianten des Yoga beinhalten die Praktiken von *urdhva-retas,* eines weiteren Konzeptes von großer Bedeutung im Zusammenhang der inneren Alchemie. *retas,* so haben wir gesehen, bezeichnet den Samen bzw. die Sexualenergie. *urdhva* bedeutet »aufwärts«, so wie in der aufwärts gerichteten Polarität der Venus. *urdhva-retas* bezeichnet Praktiken, durch die die Sexualenergie, anstatt abwärts aus dem Körper entlassen zu werden (z.B. durch unkontrollierte sexuelle Aktivität) konzentriert und nach oben umgelenkt wird, so daß sie in *ojas* verwandelt werden kann.[31]

Wir können nun kurz zu *param-ojas* zurückkehren, das erwähnt wurde, als wir das Herz bzw. die Sonne besprochen haben. Den Sanskrittexten zufolge gibt es, im Herzen aufbewahrt, *param-ojas,* ein »höchstes *ojas*«, das die am meisten konzentrierte und am weitesten verfeinerte Fraktion der Quintessenz *ojas* ist. Hinsichtlich der Planetenkräfte ist eine Auslegung dieser Tatsache die, daß die höchste Ebene der Venus die Sonne ist.

18.4 Venus und das *jing*

In der chinesischen Medizin und in der taoistischen Alchemie findet sich ein wertvolles Konzept, das *jing* genannt wird und das in mehreren Praktiken des Clairvision Corpus benutzt wird.

---

[31] Wer das Clairvision Corpus studiert, ist aufgefordert, *urdhva-retas* mit der Technik von Max Heindel zu vergleichen, in der Kreisläufe der Sexualenergie benutzt werden, um höhere Energiezentren aufzubauen, die mit der Hypophyse und der Zirbeldrüse verbunden sind. Vgl. z.B. *Rosencrucian Cosmo-Conception,* Oceanside: Rosencrucian Fellowship, mehrere Auflagen, Seite 473 ff. (dt.: *Die Weltanschauung der Rosenkreuzer,* Leipzig 1932 und öfter, Seite 478–79.) Die Analogie zu taoistischen Praktiken der Konzentration der Sexualenergie ist deutlich.

Im Chinesischen bedeutet das Wort *jing* »verfeinert«. Es wird benutzt, um polierten weißen Reis zu bezeichnen, gereinigtes Salz und reines Gold – jede Substanz, von der die Schlacken verworfen und die Essenz bewahrt worden ist. Weitere Bedeutungen des Wortes *jing* umfassen »ausgesucht«, »ausgewählt«, »perfekt«, »ausgezeichnet«, »überlegen«, »von höchster Qualität«, »Quintessenz«, »klug«, »scharfsinnig«, »schlau«, »energisch«, »voll Geist« und auch »Samen« und »die fundamentale Substanz die das Funktionieren des Körpers aufrechterhält; die Essenz des Lebens«.

Die Tatsache, daß *jing* mit der Ernährung verbunden ist, zeigt sich am linken Teil des Schriftzeichens *mi*, das »Reis« bedeutet. *jing* ist ein extrem verfeinertes Produkt des Verdauungsprozesses. Gleichzeitig ist, im chinesischen Modell, *jing* Teil der Erbenergie, d.h. der Energien, die das Individuum von seinen Eltern erbt und von denen es nur einen begrenzten Vorrat hat. Die chinesische Ansicht ist, daß diese Erbenergie im Laufe der Zeit nur zunehmend erschöpft werden kann, was zum Altern und schließlich zum Tode führt. So gibt es also zweierlei *jing* oder vielmehr zwei Aspekte von *jing*. Im einen ist es die Quintessenz, die aus dem Verdauungsprozeß hervorgeht und damit *retas* und *ojas* des Ayurveda sehr ähnlich ist. Im anderen ist es eine Erbenergie, die von den Eltern und Vorfahren herkommt.

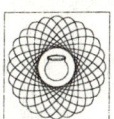
Im gesamten Clairvision Corpus werden wir den Begriff *jing* für die Quintessenz der Sexualenergie verwenden, das aufs Höchste verfeinerte Produkt, das aus der Alchemie der Verdauung hervorgeht und mehr oder weniger mit dem *ojas* der indischen Tradition identisch ist. Die Zubereitung von *dhātu*, wie wir sie im vorigen Abschnitt ausführlich beschrieben haben, gibt einen guten Eindruck von der Verfeinerung und Kostbarkeit dieser Quintessenz.

18.5 Die gefallene Seite des *jing*

Ein wichtiges Prinzip in der Alchemie der Clairvision School ist es, daß in der fernen Vergangenheit die Menschen eine Ganzheit der Energie erfuhren und einen Zustand der engen Verbundenheit mit dem Göttlichen kannten, den sie schließlich verloren haben. Zusammen mit dramatischen Veränderungen in ihrem Bewußtsein fand eine vollständige Neuordnung ihrer Sexualenergie statt. Im biblischen Sinne entspricht das dem Vorgang, als Eva aus Adams Fleisch hervorging. Vor dieser Trennung der Geschlechter war Adam kein Mann, sondern das hermaphroditische Wesen Adam-Eva. Danach erst gab es den männlichen

Adam und die Frau Eva. Und im Zuge dieser schmerzhaften Verwandlung ging der Garten Eden verloren.

So verloren die Menschen auf einen Schlag sowohl ihre enge Verbindung zu Gott wie auch die Hälfte von sich selbst. Mit der Trennung der Geschlechter, die man auch genauer ein »Auseinanderreißen« nennen könnte, berühren wir einen der wesentlichsten und heiligsten Aspekte der menschlichen Natur – einen, ohne den es schwer ist, im Verhalten der Menschen und in ihrem Schicksal Sinn zu finden. Denn diese »verlorene Hälfte« hinterließ eine ursprüngliche  Wunde, die die Menschen dazu bringt, nach etwas zu suchen, was sie nicht genau definieren können, doch wonach sie in der Tiefe ihres Selbst ein verzweifeltes Verlangen haben.

Das *jing* veränderte sich bei der Trennung der Geschlechter notwendigerweise sehr stark, da es ja die Quintessenz der Sexualenergie ist. Vor diesem Einschnitt enthielt jedes Individuum in seinem-ihrem *jing* das volle Potential, einen anderen, zusätzlichen Menschen zu schaffen. Nach der Trennung hatte *jing* nur noch die Hälfte des Lebenspotentials, das zur Fortpflanzung nötig ist. Von da an mußte das *jing* eines Mannes mit dem *jing* einer Frau kombiniert werden, um ein Kind zu bekommen. (Die Chinesen beschreiben die Fortpflanzung manchmal prächtig als zwei *jing*, die nach einander greifen.)

Einige wichtige Konsequenzen folgen daraus. Erstens kann man das Wesen des *jing* nur dann in vollem Umfang verstehen, wenn man seinen gegenwärtigen unvollständige Zustand in Betracht zieht. Im *jing* ist etwas, was ständig die verlorene Hälfte sucht. Ähnlich gibt es etwas in der Venus, das immer die Polarität sucht, so wie es mythologisch in der unwiderstehlichen Anziehung zwischen Aphrodite und ihrem Bruder Ares ausgedrückt ist. Die Sinnlichkeit und mehrere andere Eigenschaften, die traditionell der Planetenkraft der Venus zugeschrieben werden, sind unmittelbare Konsequenzen dieser Suche nach der verlorenen Polarität.

 Zweitens liegt die glorreiche erleuchtete Zukunft des Menschengeschlechts darin, die verlorene Hälfte zu finden und die volle Gemeinschaft mit dem Göttlichen wiederherzustellen – doch in einer höheren Weise, als dies vor der Trennung der Geschlechter der Fall war. In der Clairvision School wird dies als »transpersonale Erleuchtung« bezeichnet. Wie man es erwarten sollte, beinhaltet das Finden der verlorenen Hälfte eine Regeneration und Erhöhung des *jing* – eine alchemistische Transformation des Venusprinzips, von der »Aphrodite aller Menschen« zur himmlischen Aphrodite hin.

18.6 Die Venus und die Niere

> Ein Mann meiner Niere.
> Shakespeare: *Die lustigen Weiber von Windsor*, 3.5

Die Niere = physische und feinstoffliche Teile der Nieren und Nebennieren
Während dieser ganzen Erkundung des Körpers hinsichtlich der Planetenkräfte muß sich der Leser immer wieder daran erinnern, daß aus der Perspektive der chinesischen Medizin, des Ayurveda oder der westlichen Alchemie die Organe mehr als nur Stücke von Körpergewebe sind. Die Nieren sind, wie wir in diesem Abschnitt entdecken werden, die Hüter von außerordentlich kostbaren Energien und die Regler in Schlüsselmechanismen in der Architektur der feinstofflichen Körper. Von dieser weiteren Perspektive her gesehen ist ihre spirituelle Rolle sehr bedeutend. Um dieses weiter aufgefaßte Organ deutlich von den bloßen Stücken Fleisch abzugrenzen, ist es üblich, den Begriff »Niere« im Singular für das gesamte Organ zu verwenden, das nicht nur die physischen Nieren umfaßt, sondern auch die Nebennieren, als Teile seines Einflußbereichs.

Balance

Unter den Körperorganen ist die Niere die hauptsächliche Entsprechung der Venus. Parallel dazu sollten wir auch beachten, daß das Tierkreiszeichen Waage, das von der Venus regiert wird, der Niere entspricht. Der Waage-Venus können wir die Tatsache zuordnen, daß die Nieren dafür verantwortlich sind, die Balance der Ionen und der chemischen Substanzen in den Körperflüssigkeiten aufrechtzuerhalten (darunter auch das Säure-Basen-Gleichgewicht). Soweit es feinstoffliche Körper betrifft, ist eine weitere wichtige Regelungsfunktion der Niere die Kontrolle der Balance der Verkörperung des Astralkörpers in den ätherischen Körper. Ich werde dies hier nicht weiter verfolgen, da ich es anderswo ausführlich behandelt habe.[32]

Reinigung
Die Rolle der Niere bei der Ausscheidung zahlreicher Substanzen aus dem Blut paßt auch gut zur Symbolik der Verfeinerung, die mit der Planetenkraft der Venus verbunden ist. Beachten Sie, daß diese Aufgabe der Reinigung nicht nur physische Substanzen betrifft, sondern auch nicht-physikalische Energien.
   Man kann sich davon überzeugen, wenn man Dialyse-Patienten beobachtet. Die Dialyse-Apparatur beseitigt unerwünschte chemische

---

[32] Vgl. vom Autor dieses Werks: *Subtle Bodies, the Fourfold Model*. Sydney: Clairvision, 1998.

Substanzen, doch den Patienten bleibt eine bedeutende Menge dessen zurück, was die Chinesen *xie qi*, perverse Energien, nennen würden, die sich in ihrem System ansammeln und die ihre Energie extrem schwer und unbequem machen können. Aus diesem Blickwinkel sollten systematische »ätherische Reinigungen« das Leben für diese Patienten deutlich angenehmer machen.

Vorratsbehälter des *jing* und Organ der Schöpferkraft

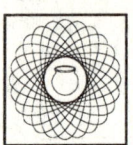

In der chinesischen Medizin gilt es als eine der hauptsächlichen Funktionen der Niere, *jing*, dessen venushafte Symbolik erörtert wurde, aufzubewahren und schützend zu verbergen. Aus chinesischer Sicht wird die Essenz des Samens nicht in den Hoden gebildet, sondern in den Nieren – und das gleiche trifft auch für die weibliche Sexualenergie zu.

Der chinesischen Medizin zufolge sind Ringe oder Säcke unter den Augen ein Zeichen der Erschöpfung der Nierenenergien. Wenn also Menschen nach schlaflosen Nächten oder nach intensiver sexueller Betätigung dunkle Ringe unter den Augen haben, dann kommt das daher, daß *jing* in ihren Nieren leidet. Ein ähnliches Zeichen erlaubt es Ihnen festzustellen, wann ihre Kinder ihre ersten sexuellen Begegnungen haben – Sie treffen sie dann mit bläulichen Ringen unter den Augen.

Eine dauerhafte Erschöpfung der Niere führt zu Impotenz, also Verlust der Erektion beim Mann oder Problemen mit der Empfängnis bei der Frau. Umgekehrt hat jemand mit einer »großen Niere« das Potential, eine große Anzahl von Kindern zu haben. In einer Weise, an der die Psychoanalytiker ihre Freude hätten, macht die chinesische Medizin keinen grundlegenden Unterschied zwischen der sexuellen schöpferischen Kraft und der Kreativität im allgemeinen. Die Niere gilt als Quelle der Kreativität auf allen Ebenen, ob es darum geht, Kinder zu machen, Kunstwerke zu verfertigen oder um andere Formen eines kreativen Ausdrucks – hier ist, einmal mehr, die Venussymbolik sehr deutlich. Die Chinesen assoziieren mit der Niere auch Eigenschaften wie Sachkenntnis, Geschicklichkeit und die Fähigkeit, mit seinen Händen etwas zu schaffen.

Mars und die Niere

Strenggenommen ist die Sexualenergie nicht nur eine Entsprechung der Venus, sondern auch des Mars. Der verfeinerte Aspekt von *jing* muß mit der Venus in Verbindung gebracht werden, doch die Schärfe, die Stärke und der energische, hellwache Zustand, den es fördert, gehören zum Mars. Die Libido, deren Hauptorgan die Niere ist, ist nicht nur ein Ausdruck der Venus, sondern eher einer der Dialektik von Mars und Venus.

Die Venus im Körper 149

Deshalb sah Ptolemäus die Niere und die Geschlechtsteile als Entsprechungen des Mars an (*Tetrabiblos*, 3.12).

Die Niere und der Wille
In der chinesischen Medizin ist die Niere der Sitz von *zhi*, dem Prinzip, das Möglichkeiten wirklich werden läßt – mit anderen Worten, Sitz des Willens oder der Absicht. Das paßt gut zu der Tatsache, daß der Wille eine der wesentlichen Entsprechungen des Mars ist, aber es erinnert uns auch an eine Lehre: ohne Venus ist am Mars nicht viel dran. Wenn die Venus-Seite der Niere schwach ist, dann findet sich keine Grundlage für den Mars-Willen. Wenn Tollkühnheit auch als ein spezifisches Attribut des Mars angesehen werden kann, so kann echte und ausdauernde Anstrengung doch nur aus der Kooperation von Mars und Venus durch die Niere erwachsen.

Die Niere, Hauptorgan des Astralkörpers
In Rudolf Steiners anthroposophischem System ist die Niere das Hauptorgan des Astralkörpers. Das bedeutet, daß sie den Einfluß des Astralkörpers auf den physischen Körper vermittelt, und, wie wir oben sahen, die Verkörperung des Astralkörpers in den Ätherkörper hinein reguliert. (Im Sinne der Planetenkräfte kann der Astralkörper mit allen seinen Emotionen auf die Dialektik von Mars und Venus bezogen werden.)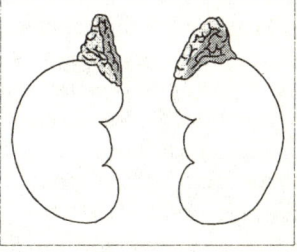

Auf dem Hintergrund der modernen Physiologie erscheint die Verbindung zwischen Astralkörper und Niere deutlich sinnvoller, wenn man im Auge behält, daß »die Niere« mehr als »die Nieren« ist und daß sie insbesondere die Nebennieren einschließt (die neben dem Adrenalin auch mehrere Hormone produzieren, die einen starken Einfluß auf das Funktionieren des Nervensystems haben).

Nehmen Sie an, sie wandern durch den Dschungel und plötzlich taucht ein ärgerlicher Gorilla auf. Dank der Nebennieren kommt es zu einem blitzartigen Aufleuchten der Marsenergie in Ihnen durch eine Ausschüttung von Adrenalin, die Grundlage einer Reaktion von Kampf oder Flucht. Sie löst einen schnelleren Herzschlag, einen erhöhten Blutdruck, die Verengung der peripheren Blutgefäße usw. aus – eine Kaskade von marshaften Reaktionen, die es Ihnen erlauben wird, sehr schnell zu rennen. Das Problem ist jedoch, daß im modernen Leben die Anlässe für einen Ringkampf mit einem Gorilla ziemlich rar geworden sind, während man dies von den Hormonausschüttungen der Nebenniere nicht sagen kann. Das Ergebnis ist Streß, der, unter dem Gesichtspunkt

der Planetenkräfte betrachtet, nichts anderes ist als schlecht ausgerichtete Marsenergie.[33]

18.7 Mars, Venus, die Geschlechtsorgane und die Sexualhormone

Nach dem, was wir bisher besprochen haben, ist es keine Überraschung, daß die Astrologie die Geschlechtsorgane mit Mars und Venus in Verbindung bringt. Interessanterweise hat auch die Sprache der Medizin diese Symbolik bewahrt. Der Schamhügel wird z.b. auch *mons veneris*, »Berg der Venus« genannt. Die Venus erscheint ebenfalls in Begriffen wie »venerische Krankheit« und »Venerologie« (und, etymologisch weiter entfernt, in den Venen und dem, was mit ihnen zusammenhängt).

Der (im Englischen durchaus gebräuchliche) Ausdruck »Familienschmuck« drückt auch lebhaft die kostbare, venushafte Symbolik aus, die mit den männlichen Keimdrüsen verbunden ist.

Aus dem Gesichtspunkt der esoterischen Anatomie sind jedoch die Geschlechtsorgane und Sexualhormone nur ausführende Bestandteile der Sexualfunktion im weiteren Sinne, deren eigentlicher Brennpunkt die Niere ist. Man kann dies mit der Tatsache verbinden, daß sich im Embryonalstadium die Hoden in der Nähe der Niere befinden und dann erst in den letzten 2 Monaten der Schwangerschaft unter dem Einfluß des Testosterons in den Hodensack hinabsteigen. (Auch die Eierstöcke kommen in der Embryonalentwicklung von den Nieren her.)

Wenn man die Organe und physiologischen Funktionen erforscht und sie zu den Planetenkräften in Beziehung setzt, dann kann man einem einfachen Leitfaden folgen: bei allem, was mit geschlechtsbezogenen Merkmalen zu tun hat, die Männer von Frauen unterscheiden, ist es wahrscheinlich, daß es mit entweder Mars oder Venus oder beiden verbunden ist. Außerhalb der Astrologie werden genau die Piktogramme für Venus (♀) und Mars (♂) benutzt, um das weibliche oder männliche Geschlecht anzuzeigen. Das führt uns natürlich dazu, anzunehmen, daß die Hormone, die die Sexualfunktionen betreffen, in außergewöhnlicher Weise mit Venus- oder Marsenergien geladen sein müssen.

Betrachten Sie die Östrogene, die von den Eierstöcken abgesondert werden. In der Pubertät sind die Östrogene verantwortlich für die Reifung der Gebärmutter, der Scheide, der Eileiter und der Brüste, sowie für verschiedene andere Attribute von Weiblichkeit wie die Haarlosigkeit von Gesicht und Körper, die Weichheit der Haut (die mit

---

[33] In *Subtle Bodies, the Fourfold Model* wird die Beziehung zwischen der Niere und dem Astralkörper weiter untersucht.

Die Venus im Körper

einem tieferen Fettpolster zusammenhängt), die runden Körperformen – alles dies Merkmale, die Ihnen mit einem Blick zeigen, wieviel physische Venusenergie eine Frau hat.

Ein weiterer wichtiger Effekt der Östrogene ist, daß sich die Stimmlage in der Pubertät erhöht. Das weist auf eine intrinsische Verbindung zwischen der Sexualenergie und der Stimme hin – die beide mit der Venusenergie verbunden sind.

Testosteron ist umgekehrt für die männlichen Merkmale verantwortlich. Ein Prinzip der Embryologie, das tiefe esoterische Implikationen hat, ist es, daß ein männliches Wesen ein weibliches Wesen ist, das durch Testosteron verändert wurde. Wenn man den Fötus eines männlichen Tieres nimmt und ihn kastriert, um so allen Einfluß des Testosterons auf seine Gewebe auszuschließen, dann hat man schließlich einen Körper, der alle Attribute eines Weibchens zeigt und keine männlichen Geschlechtsorgane hat. Umgekehrt kann eine Injektion von Testosteron bei einem schwangeren Tier die Entwicklung männlicher Geschlechtsorgane bei einem weiblichen Fötus verursachen.

Vom Ende der Embryonalentwicklung bis zur Pubertät wird nur sehr wenig Testosteron im männlichen Körper ausgeschüttet. In der Pubertät jedoch geschieht es unter dem Einfluß des Testosterons, daß die Entwicklung einer Reihe marsbezogener Merkmale stattfindet: die Entwicklung der männlichen Geschlechtsorgane, das Wachstum des Haars im Gesicht, auf der Brust und an den anderen Körperteilen, die Vergrößerung des Kehlkopfs, die zu einer tieferen Stimmlage führt, eine Zunahme der Dicke der Haut, die zunehmende Bildung von Eiweiß und die Entwicklung einer viel größeren Masse von Muskeln, von dickeren Knochen und einer größeren Anzahl von roten Blutkörperchen im Blut.

Im Durchschnitt hat ein Mann 700 000 rote Blutkörperchen mehr pro Kubikmillimeter (µl) als eine Frau. Man muß das zu der Assoziation von Mars, Hämoglobin und rotem Blut in Beziehung setzen.

Hinsichtlich der feinstofflichen Körper muß man feststellen, daß mehr Muskeln und dickere Knochen einen stärker »verkörperten« Körper bedeuten, d.h. einen Träger, der das Bewußtsein direkter auf die physische Welt hinlenkt und an sie bindet. Hinsichtlich der Planetenkräfte ist dies eine unmittelbare Konsequenz der Eisen-Mars-Kraft der Verkörperung, die man, wie es zu erwarten ist, stärker in einem männlichen/♂ als in einem weiblichen/♀ Körper findet.[34]

---

[34] Vgl. das Kapitel über die Balance der Verkörperung in *Subtle Bodies, The Fourfold Model*.

18.8 Die Venus, die Niere und das Haar

Wenn Sie jemanden mit sehr langem und besonders schönem Haar sehen, dann können Sie versichert sein, daß die Venusenergie dieser Person sehr stark ist. Erinnern Sie sich an Botticellis Gemälde der Venus und an ihr außergewöhnliches Haar. Denken Sie auch an die traditionellen Darstellungen des Neptun – der in der Astrologie die höchsten Werte der Venus verkörpert – mit seinem üppig fließenden Haar und Bart.

In der chinesischen Medizin wird die Verbindung zwischen Niere und Haar deutlich festgestellt. Wenn die Niere, und daher auch *jing*, stark ist, dann ist auch das Haar gesund und sieht gut aus. Umgekehrt haben eine Reihe von Fällen von Haarausfall mit einem Mangel an Nierenenergie zu tun. Die Chinesen sehen im Haar eines Menschen eine Reflexion seiner/ihrer Stärke und kreativen Kraft, was ziemlich logisch ist, weil diese Eigenschaften mit der Niere verbunden sind. Wie sollte man hier nicht an Samson denken, der seine Kraft verlor, als Delila ihm einen Haarschnitt verpassen ließ! Im alten China war das Haar sogar ein Zeichen sozialer Macht. Wenn einem das Haar öffentlich abgeschnitten wurde, war das eine große Demütigung, die den Verlust des Status mit sich brachte. Eine ähnliche symbolische Verbindung zwischen Haar und Macht kann man darin sehen, daß, als es in Frankreich für die Männer gebräuchlich wurde, sich die Haare schneiden zu lassen, die Könige weiterhin als Zeichen ihrer Macht lange Haare trugen.

Die sexuelle Symbolik der Haars, auf die schon die Assoziationen Venus–Sexualenergie–*jing*–Niere hindeuten, spiegelt sich in den Bräuchen mehrerer Kulturen, in denen von Frauen erwartet wird, ihre Haare in der Öffentlichkeit zusammenzuflechten und sie nur in intimen Situationen zu lösen.

Wenn man diese verschiedenen symbolischen Elemente verbindet, dann kann man leicht verstehen, warum in einer Reihe von religiösen Zusammenhängen Priester oder Mönche ihren Kopf rasieren. In Indien z.B. bedeutet *sannyasin* zu werden traditionell, der Welt zu entsagen, seine kreative Kraft von der Welt abzuwenden, und wie bei vielen anderen Orden von Mönchen und Nonnen auf der ganzen Welt bedeutet es auch, jede Form sexueller Kontakte aufzugeben.

Lassen sie uns diesen Abschnitt mit einer physiologischen Tatsache beschließen, die hinsichtlich der Planetenkräfte voller Bedeutung ist. Eine der Wirkungen des Testosterons, des hauptsächlichen männlichen Geschlechtshormons und des Trägers von marshaften Prozessen, ist es, den Haarwuchs auf dem Kopf zu verringern. Das ist der Grund, warum es viel mehr kahle Männer als Frauen gibt, und warum Männer ohne funktionierende Hoden nur sehr selten kahl werden. Das unterstreicht wieder die Bedeutung des Testosterons als Mars/anti-Venus-Prinzip und

Die Venus im Körper

zeigt, daß der Zustand der Haare, mehr als daß er nur eine Reflex der Venusenergie einer Person wäre, in Wirklichkeit Ausdruck der Dialektik von Mars und Venus ist.

18.9 Die Venus, die Kehle, der Kehlkopf und die Stimme

Vom Thema der Sexualenergie und der Niere kommen wir sehr natürlich zur Kehle und dem Stimmorgan. Die Verbindung zwischen der Venus und der Stimme ist Gemeingut der Astrologie, wovon die Tatsache zeugt, daß das Tierkreiszeichen Stier, das von der Venus regiert wird, über die Kehle und das Stimmorgan herrscht – zusammen mit allen ihren esoterischen Assoziationen.

Der Clairvision Corpus ist als ein großes Puzzle entworfen worden. Mit jedem Schritt werden Sie Elemente entdecken, die neues Licht auf Themen werfen, die in früheren Modulen berührt wurden. Hier z.B. schlage ich vor, daß Sie in *Tor zu inneren Welten* den Abschnitt 2.3, »Die Geheimnisse des Kehlkopfs«, erneut lesen und seinen Inhalt im Lichte der astrologischen Symbolik der Venus neu überdenken. Gerade so, wie die Niere das Organ der Schöpfung und des Willens ist, wird in der Zukunft des Menschengeschlechts der Kehlkopf das Organ des schöpferischen Worts werden, des Trägers des magischen Willens.

So wie die Dialektik von Mars und Venus grundsätzlich ein Ausdruck der Trennung der Geschlechter ist, so können die hohen Prozesse der Transformation, die zu einer Wiedervereinigung der Geschlechter führen, als eine Alchemie der Venus angesehen werden. Der Impuls des Mars in den Menschen beginnt mit der Trennung der Geschlechter und dem Hervorgehen aus dem vorpersönlichen Zustand. Die Erleuchtung der Venus erreicht ihre volle Blüte mit dem Ausgang aus dem persönlichen Zustand und dem Beginn der Existenz auf einer transpersönlichen Ebene. Dieses Thema ist eines der zentralen Themen des Clairvision Corpus, und es wird in einer Reihe zukünftiger Module weiterverfolgt werden.

18.10 Die Venus, das Wasser, die Niere und die Füße

- In der astrologischen Symbolik unterstehen die Füße dem Wasserzeichen der Fische. (Das Herz steht unter dem Feuerzeichen Löwe.)
- In der chinesischen Akupunktur befindet sich nur ein Punkt der zwölf Hauptmeridiane auf der Fußsohle: *yong quan* (Niere 1), der »entspringendes Wasser« oder »Wasserquelle« heißt.

- Mehrere Kulturen haben in der Form der Ferse eine Analogie mit der der Niere (dem »Wasserorgan« der chinesischen Medizin) gesehen.
- Warum werden in der hinduistischen Tradition die Füße der Gurus als so wichtig angesehen? Weil die Füße symbolisch für das Schöpfertum stehen (genauso wie für die Chinesen die Niere das Organ der schöpferischen Energie ist). Was ist es, was ein Guru erschafft? Seine Schüler.

pranam, das Niederfallen zu Füssen eines Gurus, wird von westlichen Menschen oft mißverstanden, die darin nur den Aspekt der Aufgabe der Individualität sehen. Es findet aber auch eine Übertragung von Kraft statt. In einem richtigen *pranam* legt der Schüler oder die Schülerin sein bzw. ihr drittes Auge auf den Fuß des Gurus. Im Sanskrit ist einer der Namen für das dritte Auge *guru-cakra*, »Chakra, durch das man mit dem Guru kommunizieren kann«. So wird ein Fluß von Energie zwischen den Füßen des Gurus, seiner Niere und seiner venushaften Schöpferkraft einerseits und dem feinstofflichen Körper des Schülers andererseits hergestellt, der in einigen Fälle außerordentlich kraftvoll sein kann.

- Im Clairvision-System der feinstofflichen Anatomie sind die Füße in bezug auf die Niere und auf das Wasser, was die Hände in bezug auf das Herz und das Feuer sind.

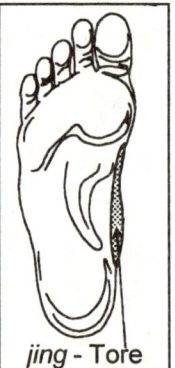

jing - Tore

Die chinesische Medizin gibt einige Hinweise in die gleiche Richtung. So sind der Nierenmeridian und der Herzmeridian beide *shao yin*, also auf der tiefsten der energetischen Ebenen. Der Herzmeridian ist *shou shao yin* (»*shao yin* der Hand«), während der Nierenmeridian *zu shao yin* ist (»*shao yin* des Fußes«). Der Herzmeridian beginnt im Herzen und endet in den Händen. Der Nierenmeridian beginnt in den Fußsohlen und zieht sich durch die Nieren hindurch aufwärts.

Hände	Füße
Feuer	Wasser
Herz	Niere
Mars	Venus

Lassen sie uns nun zu der Assoziation zwischen den Füßen und dem Tierkreiszeichen Fische zurückkehren, die in der Astrologie eine lange Tradition hat. »Fische« ist das Zeichen des universellen Mitgefühls, der Liebe und der Verschmelzung mit dem Göttlichen.

Wenn das Zeichen Fische oft mit dem Christentum in Verbindung gebracht worden ist, so geschah dies nicht nur wegen des großen Gewichtes, das Christus auf die Liebe legte, sondern auch aus historischen Gründen. Die Christen benutzten oft das Symbol eines Fisches als Erkennungszeichen. Für sie war das griechische Wort ICHTYS, »Fisch« eine Abkürzung von *Iesus Christos Theou Yios Soter* (»Jesus Christus, Gottes Sohn und Erlöser«).

Dies weist auf zwei Linien wichtiger symbolischer Assoziationen. Die eine verbindet die kosmischen Wasser mit der universellen Liebe.

Das Wasserzeichen Fische ist oft mit einer Vollendung der Entwicklung des Menschen und daher einer Verschmelzung mit dem Göttlichen in Zusammenhang gebracht worden, weil es am Ende des Tierkreises steht. So sind die Wasser der Fische die »höchsten und letztgültigen Wasser«, die, was die menschliche Erfahrung angeht, die höchste Ebene der Einheit mit den kosmischen Wassern bezeichnen.

Die andere Linie verbindet die Füße mit der universellen Liebe. Wenn ein spiritueller Meister lehrt, so tut er es aus universellem Mitgefühl. Dies weist einmal mehr darauf hin, daß die Füße eines spirituellen Lehrers eine besondere Bedeutung haben.

18.11 Venus und die Venen, Mars und die Arterien

> Es ist keine Leidenschaft mehr, in meinen Venen verborgen,
> Es ist die Venus selbst, die sich auf ihre Beute geworfen hat.
> Jean Racine: *Phèdre*, 1.3

Der Vergleich zwischen den Funktionen der Venen und der Arterien zeigt eine Reihe von Merkmalen, die unmittelbar mit der Symbolik von Mars und Venus verbunden sind.

Venen	Arterien
blaues Blut	pulsierendes rotes Blut
leiten das Blut zum Zentrum zurück (einwärtige Bewegung)	leiten das Blut vom Zentrum fort (auswärtige Bewegung)
lassen das Blut passiv gepumpt werden	tragen das Blut aktiv

18.12 Das Gehör, die Venus und der Saturn

Venus
Wenn man das Bewußtsein verliert, ist das Gehör der letzte Sinn, den man verliert. So kommt es etwa zu Beginn einer Narkose nicht selten vor, daß Menschen alle visuellen und sonstigen Sinneseindrücke verlieren, jedoch weiterhin hören, was im Raum gesprochen wird.

Von allen Sinnen ist das Hören nicht nur der, der am engsten mit dem Bewußtsein verbunden ist, sondern auch der subtilste. Er ist außerdem der harmonischste. Auf seiner höchsten, feinstofflichen Ebene verbindet er die Menschen mit der Harmonie der Sphären, der himmlischen Musik, die die Geisterwelt durchdringt.

Die Pythagoräer waren der Ansicht, daß man durch Einstimmung auf nicht-physikalische Klänge zur Welt der Götter und zur noetischen (archetypischen) Ebene erhoben werden kann.

Im System der traditionellen chinesischen Medizin ist das Gehör mit dem Element Wasser und mit Bewegung verbunden, zusammen mit der Niere und dem Haar. Aus dieser Perspektive kann eine Leere der Nierenenergie (z.b. nach sexuellen Exzessen, die *jing* erschöpfen) für eine Abnahme der Hörfähigkeit verantwortlich sein.

Saturn

Das Gehör ist auch der Sinn, der am meisten mit Knochen zu tun hat – die Töne erreichen das Nervensystem über eine raffinierte Kette von Knöchelchen, die wie ein Musikinstrument funktionieren. Die mathematischen Verhältnisse, die die Tonhöhe bestimmen, und die Art, wie sie das geistige Funktionieren beeinflussen und dem Bewußtsein der Menschen Strukturen aufdrücken, trägt ebenfalls zum Saturn-Aspekt des Gehörs bei.

19 - Der Mars im Körper

19.1 Mars und das Feuer

Ein wichtiges Konzept, das in der gegenwärtigen konventionellen westlichen Physiologie fehlt, ist das des Körperfeuers. In der ayurvedischen Medizin wird eine ganze Skala von *agni*, Feuern, beschrieben, von denen jedes an spezifischen Funktionen beteiligt ist – an der Verdauung, am Stoffwechsel, an der Wahrnehmung, an der Reifung des Embryos im Mutterleib und so fort. In der chinesischen Medizin findet man das Konzept des »dreifachen Erwärmers«, der u.a. das Feuer der Verdauung liefert.

Ein wichtiger Aspekt des Dreifacherwärmers ist, daß es sich nicht um ein Organ im physischen Sinne des Wortes handelt. Er ist eine Funktion. Er wirkt durch viele der physischen Organe, ist jedoch nicht spezifisch an einen Ort im Körper gebunden.

In ähnlicher Weise muß man das Körperfeuer als ein globales Prinzip verstehen, das durch jede einzelne Zelle wirkt. Als Verdauungsfeuer (das sich physisch durch verschiedene Enzyme, Säuren und Ester manifestiert), als Temperaturregulation, als Stärke des Immunsystems, ja sogar als die allgemeine Lebendigkeit (der »Biß«, den jemand hat) – alles das kann man als direkten Reflex des Körperfeuers ansehen.

Das Konzept des Köperfeuers ist für einen energetischen Zugang zur Medizin und zum Heilen von außerordentlicher Bedeutung, und es hat einen weiten Bereich von Anwendungen. Warum essen manche Menschen wie ein Vielfraß und bleiben trotzdem dünn, während andere zunehmen, sobald sie sich nicht mehr um ihre Diät kümmern? Weil die ersteren ein starkes Körperfeuer haben und die letzteren ein schwaches: Warum helfen umgekehrte Yoga-Positionen wie der Kopfstand oder der Schulterstand Menschen beim Abnehmen, wenn sie lange genug gehalten werden?[35] Den Texten des Hatha-Yoga zufolge ist es deshalb, weil sie das Körperfeuer stark anregen. Warum kann Ingwertee, wenn man ihn gleich zu Anfang trinkt, eine Erkältung unterdrücken? Weil der

---

[35] Die effektivste Position ist wahrscheinlich der halbe Schulterstand (*Vipareeta Karani Asana*). Es wird empfohlen, mit täglich 3 Minuten zu beginnen und die Dauer schrittweise auf 10 bis 20 Minuten zu steigern. Sprechen Sie mit Ihrem Arzt, bevor sie diese Methode anwenden. Dem Hatha-Yoga zufolge kann eine Stimulation des Körperfeuers eine Reihe von tief verwurzelten Krankheiten heilen.

Ingwer ein marshaftes, feuriges Prinzip ist und deshalb das Feuer anregt. Entsprechend werden Sie finden, daß Pflanzen, die mit Feuer zu tun haben, mit der Planetenkraft des Mars verbunden sind.

Wenn der Mars traditionell als Planet der Vitalität, der Spannkraft und der Stärke gilt, so beruht das darauf, daß er der Planet des Körperfeuers ist, und dies ist das Hauptprinzip der Vitalität. Wenn Sie ein Interesse am Heilen haben, dann ist es darum von großer Bedeutung, daß Sie lernen, dieses Prinzip des Körperfeuers in Ihrem Körper und in dem anderer Menschen wahrzunehmen, damit sie seine Kraft in Ihren Patienten beurteilen können.

19.2 Mars und die Gallenblase

Gallensäuren – Detergentien und Klärungsmittel
Die hauptsächliche physische Funktion der Gallenblase ist es, die Galle (die von der Leber abgesondert wird) aufzubewahren und zu konzentrieren, um dann die konzentrierte Galle in den Dünndarm abzusondern, wo sie den Prozeß der Verdauung fördert. Chemisch gesprochen sind die Gallensäuren Moleküle mit der Wirkung von Detergentien, die die Fette im Darm emulgieren, so daß sie von der Lipase, einem Enzym der Bauchspeicheldrüse, verdaut werden können. »Emulgierung« bedeutet, daß die Gallensäuren die Oberflächenspannung der Fetttröpfchen im Darm herabsetzen, woraufhin die Bewegung der Eingeweide diese Tröpfchen in immer kleinere verteilt. Mit anderen Worten, die Funktion der Galle ist nicht unähnlich der des Spülmittels, das Sie für den Abwasch verwenden.

Die klärende Wirkung des Mars geschieht auf mehreren Ebenen. Wenn sie sich dösig fühlen und in einem cremigweichen, verträumten Zustand der Trägheit stecken, dann können Sie sich sogleich klären und zu ihrem normalen Potential aufwecken, wenn sie einen Mars-Impuls in Ihrem Bewußtsein auslösen. Manche Menschen erreichen dies durch intensive physische Übungen (eine Aktivität, die dem Mars entspricht), doch jeder andere akute Mars-Impuls kann zum gleichen Ergebnis führen. So kann z.B. Ameisensäure, das edle Gift der Ameisen, sich in der richtigen Zubereitung als ein wundervoll klärendes Prinzip erweisen.

Umgekehrt ist es so: wenn Sie sich nach einem schweren, fettreichen Essen müde fühlen, liegt es daran, daß Ihr Mars vollauf mit der Betätigung Ihrer Gallenblase beschäftigt ist und so für andere Funktionen nicht zur Verfügung steht.

Mut und Ärger

Die Verbindung zwischen der Gallenblase und dem Mut wird in der chinesischen Medizin und im chinesischen Denken des Altertums allgemein deutlich ausgesprochen.  Mut ist eine psychische Funktion, die mit den nicht-physischen Aspekten der Gallenblase zu tun hat; im alten China nannte man kühne Heerführer »große (Gallen-)Blasen«, und selbst im modernen Chinesisch bezeichnet das gleiche Schriftzeichen, *dan*, sowohl »Gallenblase« wie »Mut«, »Tapferkeit« und »Kühnheit«.

Im Englischen hat das Wort *gall* auch noch eine Bedeutung von Wagemut und Kühnheit, allerdings auch von Frechheit. Es kommt von altenglischen *galle* her, das mit dem griechischen *chole* verwandt ist, das »Galle«, aber auch »Ärger« und »Zorn« bedeutet – die Assoziation damit ist ja auch im Deutschen bekannt. Die griechische Wurzel *chole* findet sich in Worten wie Cholesterin, Cholezystitis (Entzündung der Gallenblase), Cholezystektomie (ihre operative Entfernung) usw.; ebenso in der Temperamentsbezeichnung »cholerisch« – unter den vier Temperamenten ist es dasjenige, das zum Zorn neigt und öfters einen *Koller* kriegt. Entsprechend auch das französische Wort *colère*, »Ärger«.

Die Verbindung zwischen dem Ärger und der Gallenblase findet sich auch in der chinesischen Medizin, wo die Gallenblase und die Leber mit dem Windelement verknüpft sind, dessen zugehörige Emotion der Ärger ist.

Lassen Sie uns einen kurzen Exkurs in die Pathologie machen. Es kommt nicht selten vor, daß Menschen, die zu Gallensteinen neigen, in den Tagen, nachdem sie Ärger »heruntergeschluckt« und unterdrückt haben, einen Anfall akuter Schmerzen (die daher kommen, daß ein Stein im Ausfluß der Gallenblase festsitzt) erleiden. Im Sinne der Planetenkräfte ist der Mechanismus klar – der Ärger löst einen starken Schub von Marsenergie aus, der, anstatt herausgelassen zu werden, verinnerlicht wird. Es ist ganz logisch, daß das Hauptorgan des Mars diese Energien abbekommt und dadurch außer Kontrolle gerät. In solchen Situationen ist es möglich mit Akupunktur oder anderen Heilmethoden, die eine direkte Wirkung auf den nicht-physischen Teil der Gallenblase haben, eine spektakuläre Besserung zu erreichen, indem man das schädliche Feuer des Mars aus diesem Organ ableitet.

Entschiedenheit und Zielbewußtsein

Eine weitere schöne Übereinstimmung zwischen der chinesischen Medizin und der westlichen Astrologie findet sich in der Tatsache, daß ein chinesischer Praktiker, um einen Mangel am Organ der Gallenblase zu diagnostizieren, sich als eine seiner ersten Handlungen einen Eindruck davon verschaffen wird, wie es um die Entscheidungsfähigkeit seines

Patienten bestellt ist. Manche Menschen sind jedesmal überfordert, wenn sie in ihrem Leben eine Entscheidung fällen müssen. Es bringt sie völlig aus dem Gleichgewicht, und so neigen sie dazu, aufzuschieben und zu zögern, solange es nur geht. Andere wiederum zeigen eine gegensätzliche Neigung – sie fällen ihre Entscheidungen unverzüglich, aber in einer eher zusammenhanglosen und fast zufälligen Weise, ohne Unterscheidungsvermögen. In beiden Fällen wird die chinesische Medizin der Ansicht sein, daß irgend etwas an der Gallenblase dieser Patienten nicht richtig funktioniert.

Wie der Pfeil in seinem Piktogramm zeigt, ist die Symbolik des Mars eine des Zielbewußtseins und der Entschiedenheit. Wenn ein Akupunkturpraktiker die Fähigkeit eines Patienten, angemessene Entscheidungen zu fällen, verbessert, indem er seine Gallenblase behandelt, so ist es in Wirklichkeit die Marsenergie des Patienten, die gestärkt und reguliert worden ist.

Diese Funktion der Gallenblase kann leicht mit der in Zusammenhang gebracht werden, die wir im vorigen Abschnitt erörtert haben; so groß ist der Unterschied zwischen Mut und Entscheidungsfähigkeit schließlich nicht. Das führt uns ganz natürlich zu einem weiteren spirituellen Aspekt der Gallenblase – Rechtschaffenheit und die Fähigkeit, für das, was man für richtig hält, auch einzutreten.

19.3 Mars und die Muskeln

Die Wirkungsweise der Muskeln ist das Zusammenziehen und Greifen. Sie sind für die Bewegung verantwortlich, und sie sind voller Blut. Man kann sich kaum einen Bodybuilder ohne eine starke Marsenergie vorstellen (auch wenn sich natürlich nicht alle Menschen mit einer starken Marsenergie zum Sport hingezogen fühlen). Genausowenig kann man sich einen Krieger vorstellen, der keine Affinität zu Muskeln hat.

In der traditionellen chinesischen Medizin ist die Gallenblase (zusammen mit der Leber) dem Element Wind zugeordnet, das über die Muskeln herrscht. Diese Entsprechung ist sinnvoll, da Wind Bewegung bedeutet und die Muskeln für die Körperbewegungen verantwortlich sind.

Wie kommt es, im Sinne der Planetenkräfte gedacht, daß Sport gegen Nervosität hilft? Weil Nervosität unkanalisierte Marsenergie bedeutet, die durch die marshafte Aktivität der Muskeln eine natürliche Ableitung findet.

Menschen, die sehr viel Sport treiben, sind für gewöhnlich gut in der Welt verankert. Wiederum im Sinne der Planetenkräfte gedacht, warum ist das so? Weil sie ihre Marsenergie aktivieren, die natürlicherweise zur Verkörperung führt.

19.4 Mars und die Hände

Die Hand ist das ursprüngliche Werkzeug und die ursprüngliche Waffe – zwei grundlegende Entsprechungen des Mars. Menschen unterwerfen sich ihre Umwelt durch den Gebrauch ihrer Hände und durch die »Verlängerung« ihrer Hände in Form von Werkzeugen. Außerdem hat es eine verkörpernde Wirkung auf die Psyche, wenn man mit seinen Händen arbeitet.

Es gibt einige tiefere Beziehungen zwischen den Händen, dem Willen, und dem Kosmischen Feuer.[36] Wenn Zauberer so viel Zeit darauf verwenden, ihre Fingerfertigkeit zu üben, dann sind das letzte Reste einer schon lange vergessenen Überlieferung, die Handübungen dazu verwendete, einen übernatürlichen Willen zu entwickeln. Auf einer esoterischen Ebene spielen die Hände, sobald das kosmische Feuer im Herzen und in der Donnersäule, dem zentralen Kanal, wahrgenommen wird, eine Rolle bei der Verkörperung und Manifestation des höheren Bewußtseins in die äußere Welt hinein. Das kosmische Feuer ist nicht einfach nur Bewußtsein, sondern sich manifestierendes Bewußtsein. Es ist der göttliche Wille, der in der Schöpfung tätig ist. Wie oben, so unten: So, wie die Hände die Vollzieher des Willens des Herzens sind, werden sie auf einer höheren Ebene zum Werkzeug der Manifestation des kosmischen Feuers.

Die Hände und die Sonne

Die hohe spirituelle Rolle der Hände weist darauf hin, daß sie auch eine Verbindung mit der Planetenkraft der Sonne haben müssen. Das stimmt durchaus mit der Tatsache überein, daß es an der Hand des Menschen etwas spezifisch Menschliches gibt, das eben darum auch mit dem Geist verbunden ist. Außer bei einigen klugen Affen fehlt im gesamten Tierreich die Fähigkeit, den Daumen gegen die anderen Finger zu drücken.[37]

19.5 Mars und der Kopf

In manchen astrologischen Abhandlungen werden Sie Beziehungen zwischen dem Kopf und dem Planeten Mars angegeben finden. Ebenso wird, wenn die Tierkreiszeichen den Körperteilen zugeordnet werden, der Kopf dem Widder (der vom Mars regiert wird) zugeordnet.

Die Marssymbolik der Verkörperung kann man in der Tatsache ausgedrückt finden, daß (meistens) der Kopf der erste Teil ist, der aus dem

---

[36] Sie sind in den Teilen des Clairvision Corpus, die vom Willen und von der Heilung handeln, ausführlich entwickelt.
[37] Vgl. *Subtle Bodies, the Fourfold Model*, »The Four Realms« (Die vier Reiche).

Leib der Mutter herauskommt, und auch in der Tatsache, daß die Sinne, die das Bewußtsein nach außen lenken, indem sie es in Kontakt mit der materiellen Welt bringen, hauptsächlich im Kopf angesiedelt sind. Im Hinblick auf das Bewußtsein ist der Kopf gegenwärtig der am stärksten erwachte Teil des Körpers (im Sinne der Clairvision School der am wenigsten vorpersönliche).

19.6 Mars und das Y-Chromosom

Zwei X-Chromosomen machen eine Frau, ein X- und ein Y-Chromosom machen einen Mann. Wir können vermuten, daß die Information, die von diesen Chromosomen freigesetzt wird, für die Strukturen und Funktionen im Körper verantwortlich ist, durch die sich die Dialektik von Mars und Venus manifestiert.

Es gibt eine interessante Störung des Erbguts, bei der Kinder mit einem zusätzlichen Y-Chromosom geboren werden (sie haben so 47 an Stelle von 46 Chromosomen). Das führt zu Männern, die physisch stark sind, ungewöhnlich groß, dazu neigen, früh ihr Haar zu verlieren, und die eine deutlich höhere Kriminalitätsrate haben als der Rest der Bevölkerung. Es wäre natürlich eine Übertreibung zu behaupten, daß der ganze Mars im Y-Chromosom liege, doch ist der symbolische Zusammenhang beeindruckend.

19.7 Mars und die Malleoli

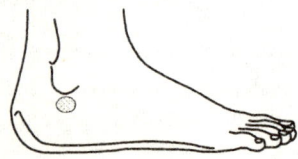

Die beiden Unterschenkelknochen, das Schienbein und das Wadenbein, haben beide an ihrem unteren Ende eine runde Erhebung, die man »Malleolus« nennt und die man auf der Innenseite und der Außenseite des Knöchels leicht erfühlen kann. Die Tatsache, daß *malleolus* im Lateinischen »Hammer« bedeutet, sollte unsere Aufmerksamkeit sogleich auf eine mit diesem Gebiet des Körpers verbundene Marssymbolik lenken.

Wenn jemand oft mit dem Knöchel umknickt, dann ist das für die chinesische Medizin eines der Symptome, die darauf schließen lassen, daß etwas mit dem Gallenblasenmeridian nicht in Ordnung ist. Außerdem befinden sich zwei wichtige Akupunkturpunkte genau unterhalb der äußeren und inneren Malleoli, nämlich Niere 6 und Blase 62, die eine kräftige verkörpernde Wirkung haben – eine der herausgehobenen Funktionen des Mars.

19.8 Mars und der »Embryo des Willens«

hara ist ein Energiezentrum, das sich knapp unterhalb des Nabels befindet. In den asiatischen Kampfsportarten wird es benutzt, um die Kraft zu konzentrieren und so die Tüchtigkeit als Kämpfer zu erhöhen – die Marssymbolik ist deutlich. Im Clairvision-System der inneren Alchemie entspricht *hara* in gewisser Weise dem »Zentrum des Willens« oder dem »Embryo des Willens«, wie er in einer Reihe von Techniken und Prozessen angewandt wird.

Die zweite Planetenkraft, die eng mit diesem Embryo verbunden ist, ist die des Mondes, und daher rührt das Symbol des Kessels, das mit dem Embryo verbunden ist. Der Embryo, nicht unähnlich dem niederen Feld des Elixiers in der taoistischen Alchemie, ist der Sitz tiefer Transformationen nach der Art der Verwesung und des höheren Chaosprinzips. (Vergleichen Sie den Abschnitt 23.8 zu den mit dem Mond verbundenen Aspekten der Verankerung.)

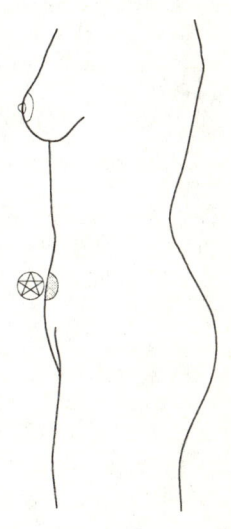

In *Tor zu inneren Welten*, Kapitel 18 und 20, finden Sie eine psychische Schutztechnik, die »Versiegeln der Aura« genannt wird. Hier können wir diese Übung im Lichte der Planetenkräfte erneut aufgreifen. Die Technik besteht darin, durch eine Aktivierung des Willenszentrums »seine Aura einzuziehen«, wodurch man eine schnelle und intensive Verkörperung der feinstofflichen Körper in den physischen hinein erreicht. Verkörperung bedeutet Mars, und wenn Sie also »die Aura versiegeln«, dann aktivieren Sie ein Marsprinzip im »Embryo des Willens« – genauso wie auch die Kampfsporttreibenden ein Marsprinzip in ihrem *hara* aktivieren (allerdings mit einer anderen Zielsetzung). Das gleiche Prinzip kommt zum Tragen, wenn Eisen, das Metall des Mars, verabreicht wird, um den Grad der Verkörperung eines Patienten zu erhöhen.

Wenn Sie über den Mythos des gefallenen Feuers nachdenken, den wir im Kapitel über die Symbolik des Mars erörtert haben, dann können Sie erraten, daß einige der fortgeschrittenen Prozesse der Clairvision-Alchemie, die am »Embryo des Willens« arbeiten, mit der Transformation des Mars-Feuers auf seiner höchsten Ebene zu tun haben.

19.9 Mars, die Nase und der Geruchssinn

Wie wir oben schon erwähnt haben, kann man das Piktogramm des Tierkreiszeichens Widder, das vom Mars regiert wird, als eine symbolische Darstellung von Nase und Augenbrauen betrachten (auch wenn es natürlich primär auf den Widderkopf mit seinen Hörnern hinweist). Die Nase, die gerade vom Körper wegzeigt, ist natürlich mit dem richtungsweisenden Mars und seinem pfeilähnlichen Piktogramm ♂ verknüpft.

Der Geruchssinn, der mit einigen der ältesten Teile des Gehirns verbunden ist, ist ein erdbezogener Sinn, viel weniger subtil und stärker verkörpert als das Hören oder Sehen. Im hinduistisch-tantrischen System der Chakren ist der Geruchssinn mit dem Erdelement und daher mit dem *mūlādhāra-cakra*, dem Basischakra, verknüpft, das sich am Damm befindet. Texte des Hatha-Yoga beschreiben auch, wie die Reinigung des physischen Körpers, der vorwiegend dem Erdelement angehört, leichte und angenehme Körpergerüche zur Folge hat.

Der Geruch ist ein verankernder Sinn (entsprechend in Beziehung zur verkörpernden Kraft des Mars). Wenn jemand dahintreibt und dringend eine Verankerung braucht, dann ist der klassisch empfohlene Weg, ihm etwas zu essen zu geben. Eine weitere Methode besteht darin, diese Person dazu zu bewegen, daß sie ihre Aufmerksamkeit dem Atem in Ihren Nasenflügeln zuwendet und sich auf die Gerüche konzentriert, die sie aus ihrer Umwelt aufnehmen kann. Von diesem Gesichtspunkt aus kann man sicherlich Weisheit in dem alten Brauch sehen, Riechsalze zu benutzen, um jemanden wieder zu sich zu bringen, der ohnmächtig geworden ist.

Hinsichtlich der Verbindung zwischen dem Geruchssinn und dem Mars könnte man auch an die Rolle denken, die der Geruchssinn in der Sexualität spielt, dem Bereich der Dialektik von Mars und Venus. Daher die Tatsache, daß Frauen mit einer starken Venusenergie oft zu Parfums hingezogen werden.

Einige Astrologen bringen die Nase und den Geruchssinn mit dem Zeichen Skorpion in Beziehung, das von Pluto und Mars regiert wird. Abgesehen von den sexuellen Bedeutungen des Geruchssinns hat dies auch zu tun mit der Herrschaft des Skorpions über Hohlräume, wie sie sich in der Nasenhöhle finden.

Energetisch ist die Nasenhöhle der Sitz äußerst intensiver Austauschprozesse mit der ätherischen Umgebung. Sie bleiben für gewöhnlich völlig unbemerkt. Nichtsdestoweniger spielen sie eine wichtige Rolle hinsichtlich der marshaften Vitalität des Körpers.

Ein altes Sprichwort, das vielleicht aus Armenien kommt, sagt, daß reiche Leute große Nüstern haben. Weil ich dieses Sprichwort mehrfach gehört hatte, stimmte ich mich jedesmal, wenn ich mit jemandem zusammenkam, der ein beträchtliches Vermögen erworben hatte, auf seine Nase ein! Auch wenn ich nicht viel über die Größe sagen kann, so habe ich doch eine besondere und ungewöhnliche Ansammlung von Energie und Kraft in den Nüstern dieser Leute beobachtet. (Denken Sie auch an den Eindruck von Kraft, den die Nüstern eines ärgerlich schnaubenden Bullen hervorrufen.)

20 - Der Jupiter im Körper

20.1 Jupiter und die Leber

Die größte Drüse des Körpers
Die Leber sondert jeden Tag ungefähr einen ¾ Liter Gallensaft ab. Jupiter, der eine natürliche Affinität zu allem was groß ist hat, paßt gut zu der größten Drüse des Körpers. Eine ähnliche Assoziation findet sich auch in dem Umstand, daß *guru*, das im Sanskrit »Jupiter« bedeutet, auch »schwer« bedeutet und daß das hebräische Wort für Leber »*kaved*« heißt, was auch »Schwere« bedeutet.

Der General des chinesischen Reiches
In dem chinesischen Modell, das die Organe als Mitglieder einer Regierung ansieht, ist die Leber der General der Armee. Seine Aufgabe ist es, zu **planen** und **vorauszusehen**, denn die überlegene Art, Krieg zu führen, besteht darin, zu siegen, ohne Schlachten schlagen zu müssen. Korn einzulagern, um für eine Zeit schlechter Ernten vorzusorgen, wäre z.B. eine typische Funktion der Leber. In der chinesischen Medizin ist eines der Symptome, die die Aufmerksamkeit des Heilkundigen auf die Möglichkeit einer schlecht funktionierenden Leber lenkt, wenn der Patient **ständig über die Zukunft nachdenkt** und Pläne macht.

In der anthroposophischen Medizin gelten Sorgen über die Zukunft ebenfalls als Zeichen, das auf eine Dysfunktion der Leber hinweisen kann.

Die chinesische Sicht, ebenso wie die hermetische, ist, daß die physischen Funktionen eines Organs nur eine Widerspiegelung seiner nichtphysischen und spirituellen Aspekte sind. Eine Anzahl von physiologischen Aufgaben der Leber passen bemerkenswert gut zur Rolle des Planers. So nimmt die Leber Glukose und lagert sie in Form von Glycogen, und ist somit in der Lage, Zucker in die Blutbahn freizusetzen, wann immer er gebraucht wird. Die Leber bewahrt auch verschiedene Substanzen auf, wie etwa Eisen, Vitamin A, Vitamin B_{12} und Vitamin D. Sie fungiert auch als Reservoir des Bluts, in dem sich 20 bis 25 Prozent der gesamten Blutmenge befinden.

Der Chemiker – Alchemist des Körpers

Die Leber ist im Schnittpunkt einer ganzen Reihe von Stoffwechselprozessen im System Mensch, und die Stoffe, die sie herstellt, sind, genauso wie ihre Funktion der Entgiftung, unerläßlich für das Überleben des Körpers.

Alchemisten könnten die Tatsache nur billigen, daß Jupiter, der Philosoph in der Familie der Planeten, unter der Gestalt der Leber auch der Chemiker des Körpers sein sollte. Denn sie betrachteten ihre Kunst als die wahre Chemie, und sie nannten sich selbst Naturphilosophen – genauso wie sie den Höhepunkt ihrer Kunst »Stein der Weisen« (engl.: *philosopher's stone*) nannten.

Die Leber den »Chemiker« bzw. »Alchemisten« des Körpers zu nennen deutet auch darauf hin, daß er eine spirituelle Rolle in der Zubereitung des Körpers der Unsterblichkeit spielt.

Die Leber und *hun*

In *Entities, Parasites of the Body Energy* (Kapitel 3), habe ich die chinesische Thematik von *hun* und *po* erörtert, der »Teile der Seele«. *hun*, wobei die Chinesen traditionell davon ausgingen, daß es drei gäbe, entsprechen den höchsten spirituellen Teilen der Seele. *hun* sind nicht der Geist oder das Höhere Selbst, aber Teile der Seele, die damit harmonieren.

Im chinesischen Modell sind *hun* mit der Leber verbunden, gerade so, wie *shen* (der Geist) mit dem Herzen verbunden ist und *po* mit der Lunge. *hun* mit der Leber zu verbinden, macht sie zu einem besonders spirituellen Organ, da *hun* diejenigen Teile der Seele bilden, die den negative Einflüssen und Emotionen von *po* entgegenwirken können und die sich mit den höheren Welten des Geistes verbinden können.

Im Kapitel über Pflanzen und Planeten werden wir sehen, daß man in der westlichen hermetischen Tradition von bestimmten Pflanzen, die mit der Leber in Verbindung stehen, annahm, daß sie prophetische Träume und Visionen verleihen – etwa vom Löwenzahn.

20.2 Jupiter und der Tastsinn

> Jupiter ist der Herr über den Tastsinn.
> Ptolemäus: *Tetrabiblos*, 3.12

Es ist natürlich, den Tastsinn zu gebrauchen, wenn man ein Objekt kennenlernen will – kleine Kinder etwa versuchen sogleich, wenn sie etwas interessiert, es mit ihren Händen zu erreichen und zu berühren. Im Tastsinn gibt es einen wichtigen Aspekt des Zuordnens und Wiedererkennens. Umgekehrt, wenn Leute gar nichts über ein bestimmtes Thema wissen, dann sagen sie oft: »Damit bin ich nie in Berührung gekommen.«

Die Berührung, etwa in Form einer Umarmung, kann auch saturnhafte Barrieren oder Kommunikationsbeschränkungen zwischen Menschen überwinden. Menschen, die stark von Jupiter geprägt sind, wissen das intuitiv, und deshalb klopfen sie Ihnen oft auf die Schulter oder stellen irgendeine Art von körperlichem Kontakt her, der eine Verbindung auf der Ebene des Gefühls schafft.

Wenn ein Mensch sich niedergeschlagen fühlt, wenn also sein Jupiter schwach ist, dann können Sie häufig bewirken, daß er sich augenblicklich besser fühlt, indem sie ihn anfassen, z.b. indem Sie seine Schultern massieren oder seine Hände reiben.

Der Aspekt von Sinnlichkeit, der mit der Berührung verbunden ist, kann auch mit Jupiter in Zusammenhang gebracht werden (selbst wenn, wie bei jeder Art von Sinnlichkeit, gleichzeitig auch ein Zusammenhang mit dem Mond, der Venus und dem Mars besteht). So, wie es mythologisch im Zeus vorgebildet ist, der jede mögliche Göttin, Nymphe oder Frau zu verführen versuchte, haben stark von Jupiter geprägte Menschen oft starke sexuelle Bedürfnisse. Der Antrieb und Schwung, den es braucht, um sich einer Person des anderen Geschlechts zu nähern und sie für sich zu interessieren, sind typische Qualitäten des Jupiter – im Gegensatz zu den Ängsten und Selbstbeschränkungen der stark von Saturn geprägten Menschen, die, wenn sie sich zu jemandem hingezogen fühlen, es oft für sich behalten.

In der chinesischen Medizin herrschen die Punkte des Lebermeridians über mehrere wichtige energetische Funktionen, die mit der Sexualität zu tun haben.

20.3 Kreuzbein, Leisten und Hüfte

Kreuzbein (Os sacrum)	Schütze	Jupiter
Lendenwirbel	Waage	Venus
Rückenwirbel	Löwe	Sonne
Halswirbel	Stier	Venus

Heiliges Blut, heiliges Kreuzbein
So wie das Zeichen des Schützen (das von Jupiter regiert wird) über die Oberschenkel, die Hüften und den Hintern herrscht, hat auch der Jupiter symbolische Verbindungen mit diesem Bereich des Körpers.

Die Gegend des Beckens ist es, wo sich ein fundamentaler Unterschied zwischen dem Menschen und anderen Säugetieren zeigt – wir stehen aufrecht, sie gehen auf vier Beinen. Mensch zu sein hat wesentlich mit einer vertikalen Ausrichtung zu tun.

Ebenso wie eine Flamme aufrecht nach oben steigt, ist auch das kosmische Feuer ein vertikales Prinzip. Für Menschen bedeutet der aufrechte Gang, zu lernen, in Resonanz mit dem kosmischen Feuer zu sein. Deshalb ist das Kreuzbein, auf dem das Gebäude unserer aufrechten Wirbelsäule ruht, auch der Grundstein, auf dem unsere Menschlichkeit ruht. Das ist einer der Gründe dafür, daß dieser Knochen im Altertum »heilig« genannt wurde – *sacrum* heißt im Lateinischen »heilig«, »geweiht«, »Heiligtum«.

Gleichzeitig war dieser Abschied von der tierhaften Horizontalität nicht ohne Probleme. Man könnte es das »Kentaurendilemma« nennen, in dem Menschen oft zwischen ihren animalischen Instinkten und der Sehnsucht ihres Höheren Selbst nach dem göttlichen Leben hin- und hergerissen sind. Das Höhere Selbst weiß sich als Bewohner der geistigen Welt. Tiere möchten sich fortpflanzen und essen, und von beidem, soviel es nur geht. Menschen müssen diese beiden Naturen kombinieren, was in der Tat nicht einfach ist. Mit anderen Worten: »Der Geist ist willig, aber der Kentaur ist schwach.« (Der Bogenschütze des Tierkreiszeichens Schütze ist tatsächlich ein Kentaur, und die jupiterhafte Herausforderung, Mensch und Tier zu integrieren, ist zentral für dieses Tierkreiszeichen.)

In Teilen des Clairvision Corpus, die von der esoterischen Anatomie handeln, benutzen wir den Begriff *centaurus gateways*, »Kentaurentore« für Energiezentren, in denen die oberen (spirituellen) und die unteren (animalischen) Aspekte der menschlichen Natur aufeinandertreffen und ihre Integration gefördert werden kann.

In esoterischer Sicht ist es eine der Funktionen des Kreuzbeins, der ätherischen Lebenskraft einen menschlichen Stempel aufzudrücken. Wenn unsere Lebenskraft von der der Tiere verschieden ist, dann ist es in bezug auf diesen Stempel. Gleichzeitig jedoch hat der menschliche Körper viele animalische Merkmale zurückbehalten – wie Tiere (und anders als die Engel) essen wir, verdauen die Nahrung, scheiden Stuhl aus, haben Sex, tragen Babys in unserem Becken aus und stillen sie an unseren Brüsten. Wenn unsere Lebenskraft zu sehr wie die der Tiere wird, dann werden wir das Tier 666 der Offenbarung. Doch wenn sie zu sehr von der animalischen Vitalität gereinigt wird, ist das Resultat ein dramatischer Verlust von Stehvermögen und physischer Widerstandsfähigkeit, der das Tor zu Krankheiten aller Art öffnet. Da liegt die Herausforderung, die dem Kreuzbein auferlegt ist, unsere Lebenskraft nicht einfach wie die eines Tieres sein zu lassen, was uns zu Sklaven unwiderstehlicher Leidenschaften wie der der Kentauren machen würde, aber gleichzeitig unsere Lebenskraft nicht schwach, devitalisiert, deprimiert und ohne jeden jupiterhaften Schwung werden zu lassen. Denn das Kreuzbein teilt der ätherischen Lebenskraft einen gewissen Puls mit, der nicht nur unsere Vitalität und Gesundheit bedingt, sondern auch viele unserer Verhaltensweisen.

Wenn Sie sich auf das Kreuzbein einer Person mit einer starken Jupiterenergie einstimmen, dann werden sie etwas ganz anderes wahrnehmen als das, was Sie im Kreuzbein einer stark von Saturn geprägten Person wahrnehmen. Die allgemeine Tonart, die vom Kreuzbein der Lebenskraft vorgegeben wird, erklärt viele der Unterschiede in den Lebenshaltungen, die die beiden angenommen haben.

Die Cranio-Sacral-Therapie kann als eine Methode angesehen werden, die direkt auf dieser fundamentalen Ebene der Lebenskraft arbeitet und so verschiedene Gesundheitsstörungen an ihrer Wurzel behebt.

Die Wunden des Kentauren
Anatomen sehen die Leisten oft als eine Schwachstelle in der Struktur des menschlichen Körpers an, die mit unserer aufrechten Haltung verbunden ist, und sie erklären damit, warum Bruchleiden in diesem Bereich in unserer Spezies ein gar nicht ungewöhnliches Problem sind. Auf dem Hintergrund der symbolischen Assoziationen, die wir beschrieben haben, kann man nur mit diesem Schluß übereinstimmen. Um dieses Argument noch weiterzuführen, so werden Sie, wenn Sie mit Selbstveränderungstechniken auf energetischer Grundlage vertraut sind, festgestellt haben, daß es oft vorkommt, daß man Energieblockaden oder falschen Energien im Bereich der Leisten oder im angrenzenden, zum Darmbein gehörenden Teil des Unterleibs begegnet.

Wenn man auf solche Probleme stößt, sollte man sie immer in einen weiteren Zusammenhang stellen. Vielleicht befindet sich dort eine perverse Energie oder eine Wesenheit; vielleicht ist dort eine Energieblockade aufgrund einer schlimmen Narbe von einer Blinddarmoperation – doch grundlegender als alles dies haben Sie es hier mit einer Stelle im Körper zu tun, wo das Kentaurendilemma sich mit allen seinen Implikationen am direktesten äußert. Das bedeutet, daß hinter dem erscheinenden Problem in Wirklichkeit die Bürde steht, Menschheit und Tierheit in sich kombinieren zu müssen – daher der Begriff »Kentaurenwunden«, den ich für die verbreiteten und oft resistenten Energieprobleme benutze, die man in dieser Körperzone findet.

21 - Der Saturn im Körper

21.1 Der Saturn und die Haut

Als wir die Archetypen der Planeten erörterten, sahen wir, daß das hermetische Modell die Umlaufbahn des Saturn als die Grenze unseres Sonnensystems ansah (Abschnitte 9.2 und 9.3). Wie oben, so unten – die Haut ist die Grenze zwischen der Innenseite und der Außenseite des Körpers.

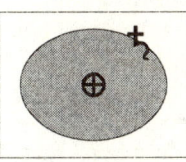

Die Haut und ihre Falten sind ein ins Auge fallender Reflex des biologischen Alters (*chronus*/Zeit und *cronus*/Saturn sind miteinander verwandt).

Bevor wir einige der Funktionen der Haut analysieren, lassen sie uns kurz zu einem wesentlichen Aspekt der Saturnsymbolik zurückkehren – der Struktur-Seite des Ego. Grob gesagt hat das Ego zwei Seiten. Die eine ist das transzendentale Höhere Selbst, das mit der Sonne verknüpft ist. Die andere ist es, die es Ihnen erlaubt, sich als Individuum zu fühlen, als »Ich« im Gegensatz zum »Nicht-Ich« (dem Rest der Schöpfung). Dieser letztere Aspekt, der mit Saturn verknüpft ist, ist es, den wir die »Struktur-Seite des Ego« nennen. Dieser Begriff wird in verschiedenen Teilen des Clairvision Corpus und seinen Prozessen der inneren Alchemie benutzt. Hier können Sie verstehen, daß, wenn der Begriff »Struktur« benutzt wurde, es wegen der damit verbundenen Saturnsymbolik geschah.

Wie wir schon andeuteten, ist es sehr hilfreich, eine Haut zu haben, um sich als Individuum zu fühlen und nicht als ein wolkenhaftes Gebilde, das mit der Umgebung verschmolzen ist. Eine weitere Eigenschaft, die sehr hilfreich für die Wahrnehmung seiner Individualität ist, ist eine stabile Körpertemperatur. Tiere, die keine stabile Körpertemperatur haben, haben auch keine sonderliche Wahrnehmung davon, von ihrer Umwelt verschieden zu sein – während eine wohldosierte stabile Körpertemperatur mit einem Bewußtsein verbunden ist, das sich selbst als eine eigenständige Einheit wahrnimmt. Interessanterweise ist es eine der Hauptaufgaben der Haut, die innere Wärme zu bewahren.

Eine weitere Verbindung zwischen der Haut und dem Saturn kann man an Allergien sehen. Eine Allergie ist eine Überreaktion gegenüber einer fremden Substanz, und deshalb ein Ich – Nicht-Ich – Problem. Bei einer Allergie geraten die Mechanismen außer Kontrolle, die die

Integrität Ihres Systems erhalten sollen, indem sie fremde Substanzen beseitigen. Wie man es nach dem Verständnis der Planetenkräfte vorhersagen könnte, ist die Haut, das Organ des Saturn, eines der Hauptziele für allergische Erscheinungen. Schon einfach das Wort »Immunität«, wovon eine Allergie ein rigider und übertriebener Ausdruck ist, paßt gut zur Symbolik des Saturn.

Wir können auch feststellen, daß beim normalen Funktionieren des Körpers eine der wichtigen Aufgaben der Haut die Ausscheidung unerwünschter Substanzen ist, insbesondere von Mineralsalzen.

Der Antagonismus zwischen Sonne und Saturn kann auch daran beobachtet werden, daß die (physische) Sonne kein Freund der Haut ist. Sonnenbräunung fördert gewöhnlich ein frühes Altern der Haut, sie trocknet sie aus und beschleunigt die Bildung von Falten. Australien, mit seinem sehr deutlichen Saturneinfluß, ist ein Land mit einem sehr hohen Befall von Hautkrebs und Hautproblemen verschiedenster Art.

Die Haut und der Merkur
Weil die Haut ständig Austauschprozesse zwischen der Innenseite und der Außenseite des Körpers vollzieht, kann sie ihrer Funktion nach auch mit Merkur in Verbindung gebracht werden. Außerdem kann man feststellen, daß das Jugendalter – das Alter des Merkur – eine Zeit ist, in der es häufig Hautprobleme gibt.

21.2 Saturn und die Milz

Das hermetische System sieht die Milz als hauptsächliche Entsprechung des Saturn unter den Organen an. Hier wären die Gründe wiederum alles andere als offensichtlich, wenn man nur die physischen Funktionen der Milz betrachten würde, wie es die modernen Physiologie tut. Im Fötus stellt die Milz rote und weiße Blutkörperchen her, doch im erwachsenen Menschen ist sie nur ein Blutreservoir von minderer Bedeutung, in dem alte und abnormale Blutzellen aus dem Blutkreislauf entfernt werden. Bekanntermaßen ist die chirurgische Entfernung der (physischen) Milz nicht das geringste Hindernis für ein normales und gesundes Leben.

Wie bei der Gallenblase haben jedoch medizinische Lehren, die auf spirituellen Traditionen beruhen, der Milz nicht-physische und spirituelle Funktionen zugeschrieben, die weitaus wichtiger sind als ihre physisch erscheinende Rolle.

Der Nahrung den eigenen ätherischen Stempel aufdrücken
Beginnen wir damit, wie Rudolf Steiner die energetische Seite des Verdauungsprozesses beschreibt.

Der Ätherkörper braucht Nahrung, um sich zu regenerieren, und die Verdauung ist mehr als nur ein physischer Prozeß – sie bezieht die gesamte Architektur der feinstofflichen Körper ein.

Der Gedanke, daß *prāṇa* aus der Nahrung gebraucht wird, um die »Hülle-aus-*prāṇa*«, also den Ätherkörper, *qi*, zu regenerieren, ist in der indischen Tradition Allgemeingut. Ebenso werden Sie, wenn sie sich das Schriftzeichen für *qi* ansehen, darin das Schriftzeichen *mi*, »Reis«, wiedererkennen (das sich auch im Schriftzeichen für *jing* findet), das eine Verbindung zwischen der Ebene des *qi*, oder dem Ätherkörper, und der physischen Ernährung anzeigt.³⁸

Der Ätherkörper des Menschen ist jedoch von dem der Pflanzen und Tiere verschieden. Er hat bestimmte charakteristische Merkmale, die es Ihrem Astralkörper (der Ebene des Verstandesbewußtseins) und Ihrem Ego erlauben, Ihr System zu durchdringen und an seinem Funktionieren teilzuhaben. Wenn Ihr Ätherkörper aus dem unbearbeiteten ätherischen Material aus der Nahrung aufgebaut werden würde, dann würde Ihre Energie ihre spezifisch menschliche Qualität verlieren.

Sobald die Nahrung in den Magen kommt, muß sie daher von den Merkmalen fremder Energie befreit werden und den Stempel Ihrer eigenen Energie aufgedrückt bekommen. Nach Steiners Wahrnehmung ist die Milz dasjenige Organ, das diese Funktion ausführt.

Solche Konzepte sind ein perfekter Ausdruck der hermetischen Symbolik des Saturn: die Grenze, der Hüter der inneren Integrität gegen äußere Einflüsse und das Chaos. So, wie die Haut fremde Substanzen und Energien aus unserem System fernhält, ist die Milz dafür verantwortlich, fremde Energien aus der Nahrung zu beseitigen.

Die Milz in der traditionellen chinesischen Medizin
Hier finden wir wiederum auffallende Ähnlichkeiten. Die chinesische Medizin schreibt der Milz eine wichtige Rolle im Verdauungsprozeß zu. Die Milz trennt die reinen Bestandteile der Nahrung von den unreinen und verwandelt die reinen Teile in Blut und *qi*. Weil der physische

---

³⁸ Vgl. Max Heindel: »Die Lebenskraft der Sonne, die uns als farbloses Fluidum umgibt, wird vom Lebens-Leibe durch den ätherischen Doppelgänger der Milz aufgenommen ...« *Die Weltanschauung der Rosenkreuzer*, Leipzig 1932 (und öfter), Seite 63 (original: *Rosicrucian Cosmo-Conception*, Oceanside, CA: Rosicrucian Fellowship, mehrere Auflagen, Seite 62–63). »Die Milz ist das Eingangstor für die Sonnenkräfte, die von jedem Menschen sich besonders zugeeignet und im Körper als das vitale Fluidum zirkuliert werden, ohne das kein Wesen leben kann.« *Message of the Stars*, Rosicrucian Fellowship, Oceanside, CA, mehrere Auflagen, Seite 571 (vgl. *Die Botschaft der Sterne*, Leipzig 1921 und öfter, Seite 293). - Entsprechend bringt Max Heindel die Milz mit der Sonne in Verbindung.

Körper und die Ebene des *qi* weitgehend aus den Produkten der Verdauung aufgebaut sind, wird die Milz *hou tian zhi ben*, »Wurzel des hinteren Himmels« genannt, also die Quelle, aus der der manifestierte und sichtbare Teil des Menschen erzeugt wird.[39] Man sagt auch, daß die Milz »über das Blut herrscht«.

Das chinesische Modell sah im Blut etwas sehr viel Umfassenderes als die moderne Physiologie. Insbesondere waren die Taoisten der Ansicht, daß Blut und *qi* eng verbundene Prinzipien sind und daß sich manchmal Blut in *qi* verwandeln kann und auch umgekehrt. Dies stellt eine Parallele zum westliche Konzept der Ätherisierung des Blutes dar, einem der Ecksteine der Alchemie des Grals. Es lenkt unsere Aufmerksamkeit auch auf zwei faszinierende Akupunkturpunkte, Blase 43 und Blase 53, von denen es heißt, daß sie über die Verwandlung von Blut in *qi* und von *qi* in Blut herrschen.

Eine weitere chinesische Auffassung, die eng mit unserer hermetischen Lehre verwandt ist, ist, daß die Milz und der Magen eng zusammenarbeiten. So sind der Magenmeridian und der Milzmeridian durch die *bao li*-Dialektik verbunden, durch die die zwölf Hauptmeridiane zu sechs Paaren zusammengefaßt werden. Sowohl der Magen- wie der Milzmeridian sind mit dem »Element«[40] Erde verbunden. Im Sinne der Planetenkräfte entspricht diese enge Verbindung der wichtigen Dialektik von Mond und Saturn. Bei einer Anzahl von physischen Funktionen arbeiten Mond und Saturn so eng zusammen, daß es kaum möglich ist, ihre Rollen zu unterscheiden. Zum Beispiel kann die Zersetzung der Nahrung, über die wir im Hinblick auf den Magen sprachen, nicht von der Verdauungsfunktion der Milz getrennt werden. Während die Nahrung in Chaos verwandelt wird, beseitigt die Milz fremde Energien und gibt ihr die Merkmale des eigenen Systems.

Es mag hier auch wertvoll sein, darauf hinzuweisen, daß eine Reihe moderner Strömungen der Akupunktur die Bauchspeicheldrüse tatsächlich als einen Teil der Milz ansehen – ebenso, wie wir die Nebennieren

---

[39] Der »vordere« und der »hintere Himmel« sind wichtige Begriffe des Taoismus. Der vordere Himmel ist das, was vor der Manifestation kommt, also die verborgenen nicht-physischen Welten, in denen die Existenz vor der Geburt stattfindet. Der hintere Himmel entspricht der offen zu Tage liegenden materiellen Welt und dem Teil der Menschen, den jeder sehen kann - ihren physischen und ätherischen Körpern. Im Taoismus gilt die Niere als »Wurzel des vorderen Himmels«, *xian tian zhi ben*, was gut zu der Tatsache paßt, daß Modelle der feinstofflichen Körper sie als das Hauptorgan in bezug auf den Astralkörper beschreiben.

[40] Die Anführungszeichen werden hier deshalb benutzt, weil die 5 »Elemente« des chinesischen Modells eine andere Bedeutung haben als die, von denen in der hinduistischen, griechischen und westlichen Tradition die Rede ist.

Der Saturn im Körper

als einen Teil der Niere betrachtet haben, des größeren Organs, von dem die Nieren nur eine physische Komponente sind.

Das Blut von äußeren Einflüssen isolieren

In Steiners System, ebenso wie im weiteren Zusammenhang der Transformationen in der Alchemie des Grals, wird das Blut als der hauptsächliche Träger für die physische Einwirkung des (höheren) Ego angesehen. Wie wir mehrfach gesehen haben, ist dafür, daß ein Bewußtsein des Ego vorhanden sein kann, Individualität nötig, was eine Trennung von den Energien und Rhythmen der Umgebung impliziert. Als Träger des Ego muß das Blut eine ausreichende Kontinuität in seinen Parametern aufrechterhalten. Wenn seine Zusammensetzung sich fortwährend ändern würde, würde es keine stabile Grundlage für die Verkörperung des Ego bieten.

Die Milz muß wiederum auf dieser Ebene eine Rolle spielen. Der Magen ist manchmal voll und manchmal leer. Würden die Nährstoffe unterschiedslos und ohne Berücksichtigung von Rhythmen ins Blut ausgegossen, dann gäbe es sehr starke Veränderungen in den Parametern der Zusammensetzung des Blutes. Das Blut wäre ein Spielball äußerer Veränderungen und würde so seine energetische Integrität verlieren.

Die Absonderung von Insulin und Glucagon durch die Bauchspeicheldrüse, die die Regulation des Zuckerspiegels im Blut zur Folge hat, kann mit dieser Funktion in Verbindung gebracht werden.

Milz und Melancholie

> Die schiefe Neigung des Gemütes zu kurieren, Milz...
> Lach und lass es dir gutgehen.
> Matthew Green: *The Spleen*

Eine weitere Verbindung zwischen der Milz und dem Saturn findet sich in dem Zusammenhang zwischen Melancholie (was wörtlich »schwarze Galle« bedeutet) und der Milz. Die Medizin des griechischen Altertums brachte ebenso wie die traditionelle chinesische Medizin die Milz mit dem Erdelement in Verbindung. Die Griechen assoziierten sie darüber hinaus mit Melancholie und schwarzer Galle. Hinsichtlich der Elemente entspricht dauerhafte Traurigkeit einer zu starken Vorherrschaft der Erde im psychischen Funktionieren einer Person. Kurz gesagt, wenn die Seele zu erdhaft wird, dann verliert sie ihre Flügel. Wie der Saturn wird sie kalt. Sie verliert auch den Kontakt mit der Sonne und ihrem Enthusiasmus.

Das englische Adjektiv *saturnine* spiegelt diese symbolischen Assoziationen noch. Die französische Sprache enthält sogar noch explizitere symbolische Hinweise. Sie benutzt das englische Wort *spleen* (»Milz«)

für Traurigkeit und finstere Stimmungen. Außerdem ist der Ausdruck *humeur noire* (»schwarze Stimmung«, wie im griechischen »*melan*«- *chole*) synonym mit *avoir le spleen* (»den Spleen/die Milz haben«, d.h. auf saturnhafte Art traurig sein).

21.3 Saturn und das Skelett

Der mineralische Saturn
Wenn man weiß, daß das Skelett der Rahmen ist, entlang dessen die Körpergewebe organisiert sind, so ist es nicht überraschend, daß es dem Saturn, dem Archetyp von Struktur, zugeordnet wird.

Eine weitere Verbindung findet sich in der mineralischen Natur der Knochen. Mineralien oder anorganische Substanzen haben natürlich mehr Affinität zum Saturn, dem Prinzip des Todes, als organische (wobei eine der Bedeutungen des Wortes »organisch« das bezeichnet, »was sich entwickelt wie eine lebende Pflanze oder ein Tier«). Im Körper ist alles, was mineralisiert ist, mit dem Saturn verbunden.[41]

Interessanterweise ist einer der begleitenden Effekte beim Aufenthalt im Weltall, daß die Astronauten leicht Kalzium aus ihren Knochen verlieren.[42] Diese Schwächung des Knochengerüsts kann als Abnahme des Erdelements und der saturnhaften Verankerung verstanden werden – eine unmittelbare Folge des Aufenthalts im All, entsprechend der Entfernung von der Erde.

Man kann auch den Zeit-Aspekt des Saturn in der überdauernden, langsam verwesbaren Natur des Skeletts finden. Die langsame Erweiterung der Schädelknochen, die mit dem Altern einhergeht, ist ein Zeichen, daß die Planetenkraft des Saturn auf ältere Menschen einen größeren Einfluß hat als auf jüngere.

Blutbildung und die Sonne
Knochen sind jedoch nicht einfach nur mineralisierte Gewebe. In ihnen findet einer der vitalsten aller körperlichen Prozesse statt: die Blutbildung. Die Blutbildung findet im roten Knochenmark statt, das sich beim Erwachsenen nur in einigen wenigen Knochen findet: Im Brustbein und den Rippen, in den Wirbelkörpern, den Schädelknochen und Teilen des Oberschenkel- und Oberarmknochens. Bei Kindern geschieht die Blutbildung auch noch in mehreren anderen Knochen.

Im Hebräischen lautet das Wort für »Knochen« *etsem* und bedeutet gleichzeitig »Essenz«.

Wegen der zentralen Rolle, die das Blut in allen Geweben spielt, ist die Blutbildung eine wesentliche Funktion. Es ist der aktivste

---
[41] Umgekehrt hat der Mond eine globale Affinität zu allem Organischen.
[42] Längere Bettruhe hat die gleiche Wirkung.

Erzeugungsprozess des Körpers, der von einer dauerhaften und phänomenalen Vitalität gespeist wird. Solche Merkmale führen uns dazu, diesen Prozeß der Sonne zuzuordnen, was bedeutet, daß die Knochen nicht allein mit dem Saturn verbunden sind, sondern mit der Dialektik von Sonne und Saturn.

Da die Blutbildung solch eine lebensnotwendige und kostbare Funktion ist, ist es nur sinnvoll, daß die Natur versucht hat, sie im Bereich des Saturn, innerhalb der mineralisierten tresorartigen Struktur der Knochen, schützend zu verbergen.

21.4 Die Zähne, der Saturn und der Mars

Als hochgradig mineralisiert und als Teile des Skeletts sind die Zähne natürlich mit dem Saturn verbunden. Wie es bei den Knochen der Fall ist, so verbirgt auch hier ihre tot aussehende Erscheinung ein intensives inneres Leben.

Da es die Funktion der Zähne ist, zu beißen, zu schneiden und zu zerbrechen, sind sie auch mit dem Mars verknüpft. So könnte man sagen, daß die Zähne strukturell dem Saturn und funktional dem Mars angehören.

Was ist Frustration im Sinne der Planetenkräfte? Ein Mars-Antrieb, der versucht, zum Ausdruck zu kommen, dem es aber aufgrund von Beschränkungen (Saturn) nicht gelingt. Entsprechend ist unterdrückter Ärger eine Mars-Gewalt, die man in saturnhafter Weise zurückhält und zügelt. Was tun Menschen typischerweise in solch einer Situation? Sie knirschen mit den Zähnen, was hinsichtlich der Planetenkräfte recht logisch ist, da die Zähne ein Punkt sind, an dem die Energien von Saturn und Mars zusammenkommen.

Wenn Sie sich die Beschreibung und die Kommentare des Hexagramms 21 des I Ging – »sich durchbeißen« – durchlesen, dann werden Sie dieses Zusammentreffen der symbolischen Merkmale von Mars und Saturn wiedererkennen.

21 - Schi Ho

Wenn man im Sinne der Planetenkräfte denkt: Warum entwickeln Studenten in der Zeit um ihr Examen herum signifikant mehr Löcher in ihren Zähnen als andere Menschen? Wegen des Stresses, unter dem sie stehen. Ein verschärft wirksamer Mars, der keine natürliche Ableitung so wie den Kampf mit einem Gorilla hat, beschädigt schließlich die Zähne des Saturn.

Ich habe auch über die Jahre hinweg beobachtet, daß Menschen mit dem »Syndrom des verdrehten Mars« (vgl. Abschnitt 7.9), die nicht wissen, wie sie ihre Marsenergie nach außen lenken können, mehr Probleme mit den Zähnen haben als der Rest der Bevölkerung.

22 - Das Beispiel einer Zelle

Wie oben, so unten. Ebenso wie die hermetischen Philosophen den Körper als Mikrokosmos ansahen, als eine kleine Welt, so werden erleuchtete Biologen früher oder später die Zelle als eine Nachbildung der ganzen Schöpfung sehen. Machen wir einen kurzen Spaziergang durch die verschiedenen Bestandteile einer Zelle, und sehen wir, wie man sie mit den Planetenkräften in Beziehung bringen kann.

22.1 Der Kern – die Sonne

So wie die Sonne das größte Objekt in unserem Sonnensystem ist, ist der Kern die größte Struktur in einer Zelle. Meistens gibt es *einen* sphärischen Kern pro Zelle, und das ist der wichtigste Teil, denn er enthält die Gebrauchsanweisung – die genetische Information, die die Zelle beherrscht und organisiert.

Unsere 46 Chromosomen bestehen aus DNA, codierter Information, deren grundlegendes Zeichen die Nukleinsäure ist. Im Menschen enthält die DNA einer einzigen Zelle etwa 3 Milliarden Nukleinsäuren. Wenn man davon ausgeht, daß es ungefähr 2 000 Zeichen auf jeder Seite des Buches gibt, das Sie gegenwärtig lesen, dann würde man 3 000 Bände von jeweils 500 solchen Seiten brauchen, um die Information der DNA einer Zelle unterzubringen.

Es gibt ungefähr 100 Trillionen (=10^{14}= 10 000 000 000 000) Zellen im Körper eines Erwachsenen.

22.2 Das Protoplasma – der Mond

Das Protoplasma ist die suppenartige Flüssigkeit, die die Zelle ausfüllt und in der alle anderen Zellbestandteile schwimmen. Der Begriff kommt vom griechischen *proto* »das Erste« und *plasso* »formen« (wie man es auch in »Plastik« antrifft). Es ist eine viskose, farblose, durchscheinende, geleeartige Substanz, die symbolische Analogien zu *prima materia*, der »ursprünglichen Substanz« der Alchemisten aufweist.

22.3 Die RNA – der Merkur

Die Ribosomen enthalten Boten-RNA, d.h. bewegliche Information, die von der DNA des Kerns kommt. In anderen Worten, die RNA ist der dem Merkur vergleichbare Bote des Sonnen-Kerns, der Information verbreitet, wo immer sie in der Zelle auch gebraucht wird.

22.4 Die Mitochondrien – Mars–Venus

Die würstchenförmigen Mitochondrien sind das Kraftwerk der Zelle. Sie empfangen Nahrungsmoleküle und oxidieren sie, d.h. sie verbrennen sie, um die Energie zu produzieren, die die Zelle braucht. Enzyme in der inneren Membran der Mitochondrien katalysieren die Verbrennungsreaktionen. Aus einer symbolischen Sicht, die in Abschnitt 19.1, »Der Mars und das Feuer«, präsentiert wurde, sind die Mitochondriten die grundlegenden tätigen Einheiten des Körperfeuers.

22.5 Das endoplasmatische Retikulum – der Chemiker der Zelle – Jupiter

Besonders gut in den Leberzellen entwickelt, ist das endoplasmatische Retikulum an der Verarbeitung verschiedener chemischer Stoffe beteiligt. Genauso also, wie Jupiter, die Leber, der Chemiker des Körpers ist, ist das endoplasmatische Retikulum für zahlreiche chemische Vorgänge in der Zelle verantwortlich. Das granulare (gekörnte) endoplasmatische Retikulum, dessen Granula (Körner) Ribosomen sind, synthetisiert Proteine. Das glatte endoplasmatische Retikulum synthetisiert Fette (und auch einige Proteine und Kohlenhydrate).

22.6 Lysosome – der Mars

Die Lysosome sind kleine Säcke voller Enzyme. Sie sind manchmal an der Verdauung bzw. Verbrennung fremder Substanzen beteiligt, wie z.B. in den Zellen des Immunsystems. Manchmal endet das damit, daß sie die Zelle selbst zerstören, daher ihr Spitzname »Selbstmord-Säcke«.

22.7 Die Membran – Saturn–Merkur

Weil sie die Zelle begrenzt wie eine Haut und eine Grenzlinie zwischen dem Inneren und dem Äußeren herstellt, kann die Membran mit dem Saturn in Beziehung gesetzt werden. Genau wie wir die Haut sowohl mit dem Saturn wie mit dem Merkur in Beziehung gebracht haben, so kann die Zellmembran gleichermaßen dem Merkur zugeordnet werden, und zwar wegen der ständigen Austauschprozesse, die durch diese Grenze hindurch stattfinden.

23 - Feinstoffliche Körper und Planetenkräfte

Die Astrologie bietet eine Palette von Symbolen und Archetypen, die uns in die Lage versetzen, viele esoterische Themen tiefgehend zu erforschen. Wir werden diese Palette dazu benutzen, einige Aspekte zu untersuchen, die mit den feinstofflichen Körpern zu tun haben, und dabei einen frischen Blick auf einige der Schlüsselbegriffe werfen, die wiederholt im Clairvision Corpus benutzt werden.[43]

23.1 Der Saturn und der physische Körper

Der Saturn hat eine besondere Affinität zum physischen Körper. In der gesamten Architektur des Menschen spielt der physische Körper die Rolle eines Rahmens oder eines Gerüsts – eine physische Grundlage, auf der der gesamte Tempel der feinstofflichen Körper ruht. Unter den Planeten hat der Saturn die engste Verbindung mit dem Erdelement - dem materiellsten der Elemente, demjenigen, das am stärksten an die physische Welt und die Materie gebunden ist. Dies verstärkt wiederum die symbolische Verbindung zwischen dem Saturn und dem physischen Körper.

Im Körper findet sich eine der wichtigsten Entsprechungen des Saturn in den Knochen, den am stärksten physischen, verankerten und einem Mineral ähnlichen Geweben des Körpers.

In den Kosmogonien Steiners und Heindels erschien der physische Körper zuerst im Zeitalter des alten Saturn und wurde unter dem Einfluß der Throne entwickelt, der spirituellen Hierarchie, die die westliche Engellehre mit der Sphäre des Saturn verbunden hat. In der Kabbala werden die Throne mit *Binah* verknüpft, der *Sephira*, der auch die Planetenkraft des Saturn zugeordnet ist.

---

[43] Grundlegende Information über die feinstofflichen Körper findet sich verstreut in den drei Einführungsbüchern des Clairvision Corpus: *Awakening the Third Eye* (dt.: *Tor zu inneren Welten*); *Regression, Past Life Therapy for Here and Now Freedom* und *Entities, Parasites of the Body of Energy*. Eine stärker systematische Einführung findet sich in *Subtle Bodies, The Fourfold Model*.

23.2 Der Mond und der Ätherkörper

Der Ätherkörper ist die Ebene der Lebenskraft, die *prāṇa* der hinduistischen Tradition und *qi* der chinesischen Philosophie entspricht. Die ätherische Ebene ist es, die den Pflanzen Leben gibt. Die Hindus, die Chinesen, die Griechen, die Römer und mehrere andere Völker hielten die Kraft des Mondes für archetypisch mit der Lebenskraft der Pflanzen verbunden. In nahezu allen Kulturen der Welt findet man, daß Bauern und Gärtner die Mondphasen berücksichtigt haben (und es auch noch tun), wenn sie säen, jäten oder ernten.

Wie es in *Subtle Bodies, the Fourfold Model* erklärt wird, ist das Ätherische das Prinzip, das für Wachstum und Vermehrung als zwei wesentliche Bereiche der Mondsymbolik verantwortlich ist. Außerdem ist das Ätherische eng verbunden mit dem Element Wasser, und der Mond ist der natürliche Herrscher aller Flüssigkeiten.

Noch näher am Archetyp des Mondes ist die reflektierende Natur der ätherischen Ebene. Bei den Menschen und den Tieren empfängt der Ätherkörper den Astralkörper und wird von ihm durchdrungen. Pflanzen haben keine individuelle astrale Hülle, doch sie fangen beständig Astralenergien von den Sternen und den Planeten ein – das ist der Grund, warum einige Pflanzen mehr mit dem Mars, andere mehr mit dem Jupiter usw. in Beziehung stehen, wie wir es im Kapitel 40, »Pflanzen und Planeten« untersuchen werden. Im Sinne der feinstofflichen Körper ist eine Pflanze also ein ätherisches Wesen, das seine Zeit damit verbringt, astrale Energien anzuziehen und zu konzentrieren. Diese astralen Energien arbeiten ihrerseits an der Pflanze, und bestimmen ihre Form und ihre Eigenschaften. Wenn Sie sich also eine Pflanze ansehen, wenn Sie ihre Farben betrachten und ihren Duft genießen, dann ist das, was Sie wahrnehmen, in Wirklichkeit astrales Licht, das in einer ätherischen Grundlage gespiegelt wird. Diese Funktion der Spiegelung ist eine direkte Manifestation der Planetenkraft des Mondes, die mit den Pflanzen verbunden ist.

In der Astrologie ist es üblich, das Gedächtnis und ebenso sich wiederholende Gewohnheiten und tief eingefleischte Funktionen der verschiedensten Art mit dem Mond zu verbinden.

Das ist der Grund, warum es klug ist, den Neumond als die Zeit zu wählen, wo man eine Diät beginnt oder mit dem Rauchen aufhört. Der neue Impuls der Mondenergie übersetzt sich in einen neuen Start für physische Gewohnheiten und Konditionierungen.

Wenn alles, was sich wiederholt und was auf klassischer Konditionierung beruht, mit dem Mond verbunden ist, so wirkt die Verknüpfung durch den Ätherkörper – denn es ist im Ätherkörper, wo diese Art der Konditionierung eingeschrieben ist.

23.3 Der Schlaf, das Ätherische und der Mond – Regeneration durch Chaos

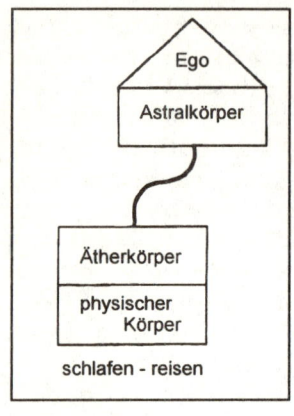

Wegen unserer alchemistischen Perspektive sind wir bereits auf die Symbolik des Chaos zu sprechen gekommen, die mit dem Archetyp des Mondes verbunden ist. Der Schlaf ist eine weitere Funktion, die mit dem Chaos in der höchsten Bedeutung dieses Wortes in Verbindung gebracht werden kann. Wenn Sie einschlafen, dann geben Sie Ihre Vertikalität auf, und es vollzieht sich eine »Auflösung« Ihres physischen Verstandesbewußtseins. Der Astralkörper und das Ego gehen in nicht-physischen Ebenen auf Reisen, und lassen den physischen und den Ätherkörper im Bett liegen. Das befreit den Ätherkörper von der organisierenden Kraft des Ego und des Astralkörpers. Das ist der Grund, warum man nicht selten so ein vages Gefühl hat, wenn man am Morgen aufwacht – es braucht einige Zeit, damit die organisierende Kraft wieder das physische Verstandesbewußtsein übernehmen kann.

Im Deutschen läßt das Wort »Chaos« an nichts besonders Edles oder Erstrebenswertes denken. Wie die verschiedenen Beispiele für die Funktionen des Mondes jedoch klarmachen, ist das Chaos in Wirklichkeit viel mehr als nur ein Zustand von Unordnung. In einem Komposthaufen führt das Prinzip des Chaos zu einer Kraft der Fruchtbarkeit. In Ihrem Magen ist Chaos die Grundlage der Verdauung, also der Wiederherstellung Ihrer physischen und ätherischen Träger. Während des Schlafs ist das Chaosprinzip auch wieder wirksam, und es führt zu einer Regeneration des Ätherkörpers. Chaos einfach als das Fehlen organisierender Kraft anzusehen geht völlig an der Wirklichkeit dieser verschiedenen Funktionen vorbei. Chaos ist eine eigenständige, vollwertige Kraft, komplementär zu der organisierenden Kraft, vergleichbar damit, wie Sonne und Mond dialektisch komplementär zueinander und deshalb auch unfähig sind, ohne den/die andere/n etwas zu erreichen.

Wenn Sie nach einem Schlüssel zum Verständnis des Chaosprinzips suchen, ist die beste symbolische Darstellung *prima materia*, das ursprüngliche Chaos, aus dem die Schöpfung hervorging (vgl. oben Abschnitt 4.2, »Chaos«). *prima materia* enthält die gesamte Schöpfung im Zustand der Möglichkeit und daher unbegrenzte Lebenskraft. Es ist das gleiche unbegrenzte Lebenspotential, das im *soma* ausgedrückt wird, dem Mond-Getränk der Unsterblichkeit der hinduistischen Götter und *ṛṣis*.

Symbolisch betrachtet ist der Schlaf die Art, wie der Ätherkörper versucht, die Bedingungen des ursprünglichen Chaos wiederherzustellen und so seine Vitalität zu regenerieren.
Was tun Kinder, wenn sie krank sind? Sie schlafen. Sie lassen sich in einen tiefen Schlaf fallen, aus dem sie gar nicht so selten völlig erfrischt und geheilt wieder hervorgehen.
Diese ätherische Regeneration durch den Schlaf ist einer der Gründe, warum es kraftvoller ist, am Morgen zu meditieren statt am Abend – besonders wenn Ihre Meditation darauf abzielt, den Energiekörper zu kultivieren (wie es die Techniken der »Donnersäulen-Meditation« der Clairvision School tun). Am Morgen ist der Ätherkörper formbarer und empfänglicher für diese Technik, und so hat eine Stunde der Meditation am Morgen wahrscheinlich mehr transformierenden Einfluß auf das dritte Auge und andere Zentren der Körperenergie als die gleiche meditative Bemühung zu einer anderen Tageszeit.

23.4 Altern bedeutet, den Kontakt zum fruchtbaren Chaos zu verlieren

Sie werden sich daran erinnern, wie es in Ihrer Kindheit nicht ungewöhnlich war, nach einer durchschlafenen Nacht zu erwachen und sich vollständig erneuert zu fühlen, voll von Reinheit und Dynamik. Je weiter sich die Menschen von der Kindheit entfernen, um so mehr neigen sie dazu, diese Fähigkeit zum »totalen Schlaf« zu verlieren, die nicht nur Müdigkeit hinwegwäscht, sondern auch Beschwerden, Kümmernisse und Sorgen.
In der Astrologie werden kleine Kinder symbolisch dem Mond zugeordnet, alte Leute dem Saturn. Kleine Kinder sind formbar und flexibel, sie können leicht neue Gewohnheiten annehmen. Die meisten älteren Menschen neigen dazu, viel starrer auf ihre Überzeugungen und Verhaltensmuster fixiert zu sein. Im alchemistischen Verständnis sind das Spiegelungen der Tatsache, daß Kinder mehr Kontakt zum Chaosprinzip haben als ältere Menschen – daher die Vitalität der Jugend und der graduelle Niedergang des Körpers mit dem Alter.
Ein Baby bringt denen, die sich um es kümmern, eine Fülle von Leben – eine phantastische Dynamik und einen ungeheuren schöpferischen Impuls. Gleichzeitig jedoch ist das Chaosprinzip auch nicht ohne Probleme! Wenn Sie je für länger als einen Tag auf ein kleines Kind aufgepaßt haben, dann haben sie diese angsteinflößende Seite des Chaos erfahren. Kleinkinder bringen nicht nur das Haus in Unordnung – sie versetzen auch Sie selbst in einen chaotischen Zustand. Sie sind das laufende (krabbelnde usw.) aktive Chaosprinzip. Zu ihrer Strategie gehört es außerdem, Sie jede Nacht einige Male aufzuwecken, um Sie tiefgreifend zu destabilisieren. Daher die Leiden vieler junger Mütter,

die für bis zu fünf Jahre nach der Geburt ihres Kindes große Schwierigkeiten haben, strukturierte Aufgaben zu bewältigen, während sie sich um ihr Kind kümmern. Ich erinnere mich, wie ich diese Seite der Mondsymbolik nicht nur an mir selbst, sondern auch an befreundeten Studenten erlebt habe. Bevor sie ein Kind hatten, waren ihre Vorlesungsnotizen untadelig. Nachdem sie es zur Welt gebracht hatten, wurde das totale Chaos daraus: überall Striche, keine zwei Buchstaben in einem Wort in derselben Größe, hingekritzelte Diagramme. Natürlich geht das nicht immer so weiter, aber die ersten Jahre sind wirklich hart.

Hier berühren wir ein zentrales Dilemma des menschlichen Bewußtseins. Das Bewußtsein mag kein Chaos. Es versucht ständig, bleibende Strukturen aufzubauen, auf denen es ruhen kann, um der Benommenheit zu entkommen und sich selbst zu erkennen. Es will einen Bezugsrahmen haben, innerhalb dessen es das Universum verstehen kann. Es möchte sich Telefonnummern merken, wissen, wo Dinge sich im Haus befinden, möchte mit strukturierten Aufgaben und komplexen Arbeiten zurechtkommen – alles Dinge, die man nicht geregelt kriegt, wenn man sich in einem Zustand von Unordnung befindet. Ausbildung und Erziehung im allgemeinen – nicht nur die, die man in der Schule erhält, sondern auch die Selbsterziehung, die Menschen dazu befähigt, im Leben vorwärtszukommen – hat viel mit dem Erzwingen von Struktur in Bereichen zu tun, wo vorher nur Chaos war. Doch dies geschieht um einen schrecklichen Preis: Indem es sich vom Chaos entfernt, verliert das Bewußtsein den Kontakt zu seiner ursprünglichen Vitalität. Menschen werden alt und werden starr. Selbst diejenigen Menschen, die nicht bereit sind zuzugeben, daß sie starr geworden sind, werden oft zustimmen, daß sie in ihrer Jugend sehr viel flexibler waren.

Die Erkenntnis der Schwierigkeit, das Prinzip des Chaos mit organisierten Strukturen zu versöhnen, kann als der Ausgangspunkt der Alchemie verstanden werden. Denn der Zweck der Alchemie ist Unsterblichkeit – nicht in einem Zustand des Nirwana und der Auflösung, sondern in einem Träger, den ich den »Körper der Unsterblichkeit« nenne. Träger heißt »Struktur«, doch damit diese Struktur ewig ist, muß sie die Fülle des Lebens des ursprünglichen Chaos bewahren, anstatt sich davon abzutrennen.

23.5 Mond und *chitta* (mentale Substanz)

chitta ist ein Sanskritwort, das sich auf die »Substanz des Verstandes« bezieht oder genauer auf die Substanz des physischen Verstandesbewußtseins.

Die Theorie der feinstofflichen Körper geht davon aus, daß Gedanken keine abstrakten Dinge sind, sondern Formen, die »Gedankenformen«

Feinstoffliche Körper und Planetenkräfte

genannt werden und auf der astralen Ebene existieren. Astrale Gedankenformen werden in den ätherischen und physischen Teilen des Nervensystems gespiegelt, was physische Verstandesaktivitäten zur Folge hat, d.h. das gewöhnliche Denken, wie es im Verlauf der täglichen Beschäftigungen stattfindet. (Wir haben dies bereits beim Zusammenhang von Mond und Gehirn im Abschnitt 16.9 erörtert.)

```
┌─────────────────┐
│       /\        │
│      /  \       │
│     / Ego\      │
│    /_____\     │
│   │Astralkörper││
│   └────────────┘│
│         ~       │
│         ~       │
│   ┌────────────┐│
│   │ Ätherkörper││
│   ├────────────┤│
│   │ physischer ││
│   │   Körper   ││
│   ├────────────┤│
│   │schlafen-reisen││
│   └────────────┘│
└─────────────────┘
```

Warum sprechen wir vom physischen Verstandesbewußtsein, statt nur vom Verstandesbewußtsein? Weil Sie durch Transformationsprozesse fähig werden können, Ihren physischen und ätherischen Körper willentlich zu verlassen, und nur in Ihrem Ego und Astralkörper zu sein. Denkprozesse finden dann immer noch statt, doch sie haben dann nichts mehr mit dem physischen Körper zu tun. Sie finden in Ihrem Astralkörper statt und haben einen ganz anderen »Geschmack« als die Gedanken, die ihre wachen täglichen Verrichtungen begleiten. Die Gedanken, die in Ihrem Astralkörper stattfinden, nenne ich »Verstandesbewußtsein«, diejenigen, die in dem physischen und ätherischen Gehirn gespiegelt werden, entsprechen dem »physischen Verstandesbewußtsein«.

Wo paßt *chitta* in dieses Modell? Es handelt sich um einen aus der Erfahrung gewonnenen Begriff. Wenn Sie sich der Energien bewußt werden und beginnen, ihre Gedanken als Formen wahrzunehmen, dann kommt es zu der Wahrnehmung eines bestimmten Feldes in Ihrem Kopf und um ihn herum, in dem Gedanken auftreten. Das ist die *chitta*. Sie ist eine plastische »Substanz« – natürlich keine physische. Sie nimmt unterschiedliche Formen an, wenn Gedankenformen in ihr gespiegelt werden.

Im Sinne der feinstofflichen Körper ist *chitta* die obere Seite des Ätherkörpers, nahe am Astralkörper, mit dem sie in Wechselwirkung steht.

Es gibt verschiedene Gründe, warum *chitta* mit der Planetenkraft des Mondes verbunden ist. Natürlich handelt es sich um eine ätherische Ebene, und das Ätherische ist allgemein mit der Symbolik des Mondes verbunden. Das Ätherische als Ganzes reflektiert das Astrale, und die *chitta* ist der Teil des Ätherischen, der darauf spezialisiert ist, die Gedankenformen zu reflektieren (die ihren Ursprung im Astralen haben). Spezifischer aber ist *chitta* ein Chaos – in der edlen Bedeutung, die die Alchemie diesem Wort gibt. Seine plastische Substanz verändert und bewegt sich ständig, einem Ozean nicht unähnlich. Seine Wellen sind das, was die indische Tradition *vṛttis* nennt, die unaufhörlichen Gedanken und »Halb-Gedanken«, die Menschen in ihrem Kopf fühlen, wenn sie ihre Augen schließen und meditieren.

Mit etwas Übung können sie leicht feststellen, daß die Qualität Ihrer *chitta* nicht immer gleich ist. Wenn Sie z.b. müde sind, dann wird sie langsam und zähklebrig. Es gibt jedoch einige überraschendere Beobachtungen zu machen, die unmittelbar mit der mondhaften, spiegelnden Natur von *chitta* verbunden sind. Im ersten Abschnitt der Verdauung, während die Nahrung im Magen gekocht wird, stehen die mondhafte Aktivität des Magens und die mondhafte *chitta* miteinander in Resonanz. Die Substanz von *chitta* erfährt einen Einfluß von der Mond-Magen-Energie, und dies ist einer der Gründe dafür, warum ein schweres Essen die Denkprozesse signifikant verlangsamen kann.

Wenn Sie sich den einfachen Clairvision-Prozessen unterzogen haben, die mit dem dritten Auge arbeiten, können sie das ganz leicht an sich selbst beobachten. Stimmen sie sich einfach auf die Eigenschaften von *chitta* vor und nach Mahlzeiten ein, und vergleichen Sie je nach dem, was Sie gegessen haben.

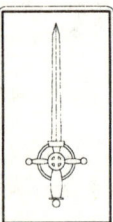

Ein interessantes Resultat der Wahrnehmung von *chitta* ist, daß es zur Pflege und Kultivierung ihrer Substanz beitragen kann, was einen Einfluß auf die Qualität Ihrer Denkprozesse hat. Wenn Sie *chitta* in sich beobachten können, dann versuchen Sie, sie auch an anderen Menschen wahrzunehmen. Sie werden beobachten, daß intelligente und bewegliche Menschen sehr flüssige *chitta* haben und auch eine, die sich mit hohen astralen Schichten des Verstandes verbinden kann. Meine Ansicht hier ist das glatte Gegenteil derjenigen aller Leute, die glauben, daß die Intelligenz angeboren und festgelegt ist und nie erhöht werden kann. Durch eine spezielle Pflege ist es möglich, *chitta* selektiv in Schwingungsebenen des Superverstandes einzustimmen, was nicht nur zu einer dramatischen Beschleunigung Ihres Denkens führt, sondern Ihnen auch Flüsse der Intuition und Inspiration erschließt.

Das entspricht dem, was wir in den Modulen des Clairvision Corpus, die die Transformationen des Denkens behandeln, »vertikales Denken« nennen werden.

23.6 Heureka – Einsicht durch das fruchtbare Chaos des Mondes.

Irgendwann muß es ihnen schon einmal passiert sein, daß Sie morgens aufgewacht sind, und plötzlich fiel Ihnen die Lösung eines Problems ein, an dem Sie sich schon einige Zeit festgebissen hatten. Oder vielleicht hatten Sie eine glänzende Idee, die eine Ihrer Fragen beantwortete. Entdeckungen durch Einsicht tauchen oft im Verstand auf, wenn man sie am wenigsten erwartet, wie Wissenschaftler und andere Menschen, die vorwiegend denken, aus eigener Erfahrung wissen.

Wie wir eben sahen, ist *chitta* ein Mondprinzip; wenn Sie einschlafen, verwandelt sie sich in einen chaotischen Zustand – daher die Auflösung des physischen Verstandesbewußtseins. Doch Chaos bedeutet Fruchtbarkeit. Während sie sich in dem chaotischen Zustand befindet, wird *chitta* für Samen aus den archetypischen Welten empfänglich, in denen sich die symbolischen Prototypen der irdischen Dinge befinden. Gleiches zieht Gleiches an. Wenn *chitta* schlau ist, dann wird sie nachts in Resonanz mit Bewußtseinswelten kommen, in denen die Antwort auf Ihre Frage liegt. Und entsprechend ihrer mondhaften, spiegelnden Natur, empfängt sie Impulse und läßt sie sich zu Ideen auswachsen. Wenn Sie aufwachen, dann pflücken Sie diese Ideen wie Blumen.

Hierbei kommt es sehr auf die Mitarbeit des Saturn an. Wenn Ihr Verstand nicht strukturiert genug ist, dann haben Sie vielleicht schöne Ideen, doch werden Sie unfähig sein, sie auszudrücken. Ohne den Saturn werden Sie nicht die Worte finden, um Ihre Gedanken auszudrücken, und genausowenig werden Sie den begrifflichen Rahmen haben, der nötig ist, um über vage Ahnungen und Intuitionen hinauszugehen, und so wird in der Praxis nichts zu erreichen sein. Mit anderen Worten gesagt werden Sie wissen, daß Sie etwas wissen, doch werden Sie kaum wissen, was das, was Sie wissen, denn nun ist – ein Satz der gut zum Mond oder zum Neptun (dem transzendierenden Mond) paßt, wenn er nicht vom Saturn unterstützt wird.

Diese Überlegungen zur Natur von *chitta* geben auch Hinweise für diejenigen, die mit den Nachtübungstechniken[44] arbeiten. Nachtübungen haben eine Menge damit zu tun, während der Nacht eine Art Bewußtsein aufrechtzuerhalten. Doch es wäre ein Fehler, wollte man versuchen, die gleiche Art von Bewußtsein beizubehalten, die man tagsüber hatte. Die Nacht ist die Zeit eines *pralaya*-artigen, chaotischen Mond-Bewußtseins. Die Absicht kann nicht sein, diese Phase zu eliminieren, sondern bewußt statt betäubt durch sie hindurch zu gehen. Das erfordert, daß man einen bestimmten Blickwinkel einnimmt, nämlich einen dem Mond entsprechenden Bewußtseinszustand erreicht. Einer der wichtigsten Gründe, warum Übende ihren Bewußtseinsfaden während der Nacht verlieren, besteht darin, daß sie versuchen, an Formen des Tagesbewußtseins festzuhalten, anstatt in das »Chaosbewußtsein« hineinzutauchen.

---

[44] Zum Thema der Nachtübungen vgl. *Tor zu inneren Welten*, Kapitel 13, 14 und 15, sowie weitere Ausarbeitungen dieser Praktiken in verschiedenen Modulen des Clairvision Corpus.

23.7 Der Mond und der Ätherkörper – plastische Hüllen

So, wie *chitta* der Teil des Ätherkörpers ist, der darauf spezialisiert ist, Gedanken zu empfangen, findet man im Ätherkörper noch zwei weitere plastische Hüllen: eine in der Gegend des Herzzentrums, die andere im Becken. Die plastische Hülle des Herzens hat viel mit Emotionen und Stimmungen zu tun. Die im Becken ist mit der Sexualität verbunden. Beide bestehen aus eindrucksfähiger, formbarer, halb-flüssiger ätherischer Substanz.

Ich benutze den Begriff »Hülle«, weil er in der esoterischen Literatur weit verbreitet ist. Er vermittelt jedoch manchmal den falschen Eindruck von einer leeren Schale. In Wirklichkeit sind die plastische Hüllen »gefüllte Hüllen«. Vielleicht wäre es besser, von ihnen als »Substanzen« oder »Felder« zu sprechen, was ihr Wesen besser bezeichnen würde. Doch der Begriff »plastische Hüllen« ist eben schon von verschiedenen anderen Verfassern benutzt worden. Außerdem stimmt er mit dem Sanskrit-Begriff *kosa* überein, der »Scheide« oder »Hülle« bedeutet; daher ziehe ich es vor, kein neues Wort einzuführen.

Ebenso wie die Textur von *chitta* sich sehr von einem Individuum zum anderen unterscheiden kann, ist auch die Substanz der plastischen Hüllen manchmal feiner, manchmal gröber. Auch bei einem bestimmten Menschen kann die Substanz von Tag zu Tag recht unterschiedlich sein, abhängig von der jeweils vorherrschenden Stimmung. Sexuelle Betätigung führt ebenfalls zu dramatischen Veränderungen an der Hülle im Becken, nicht nur, weil Instinkte und Begierden ihr Formen aufdrücken, sondern auch weil die Energie des Partners oder der Partner ebenfalls Eindrücke hinterläßt.

Die Mondsymbolik dieser verschiedenen Hüllen kann man nicht nur an der flüssigkeitsartigen, plastischen und veränderlichen Textur ihrer Substanz erkennen, sondern auch an ihrem beeinflußbaren und Eindrücke aufnehmendem Wesen.[45]

23.8 Der Mond und die Verankerung

Es ist eine wichtige Lehre der chinesischen Medizin, daß sowohl der Magen wie die Milz, die eng im ersten Teil des Verdauungsprozesses zusammenarbeiten, in bezug zum Element Erde stehen. Hinsichtlich der feinstofflichen Körper hat das Essen etwas sehr Erdendes und Verkörperndes.[46]

---

[45] Nähere Ausführungen zur Natur und Funktion dieser Hüllen finden sich in den Modulen des Clairvision Corpus über die feinstofflichen Körper.

[46] Hier werden Puristen feststellen, daß ich die Bewegung der Erde ungefähr mit dem Element Erde gleichsetze. Genaugenommen sind *wu shu* nicht mit den

Wie Sie es oft im Clairvision Corpus finden werden, ist die archetypische Natur der Erde eng mit dem Chaos verbunden, mit all der Ehrfurcht und dem Staunen, das die Alchemisten für das ursprüngliche Chaos empfunden haben, aus dem alle Dinge entstanden sind. Ein Komposthaufen auf der Erde ist eine großartige Verkörperung des Chaosprinzips. Die gesamte Fruchtbarkeit der Natur beruht auf der Zersetzung und dem Verrotten, wie es in diesem magischen Haufen stattfindet.

Der Mond-Magen, der ebenfalls seine Aufgabe erfüllt, indem er die Nahrung in Chaos verwandelt, ist deshalb perfekt geeignet, um die Rolle der Erde im Körper zu spielen. Man kann das in verschiedener Weise selbst erfahren. Wenn Sie sich z.B. nach einer intensiven Meditation noch ein bißchen unsicher und schwummerig fühlen, nicht so recht in Ihrem Körper zu Hause, dann wird Ihnen Essen sogleich eine deutliche Erdung geben, das Gefühl, mit beiden Beinen auf dem Boden zu stehen. Was passiert da hinsichtlich der feinstofflichen Körper? Ihr Astralkörper erkennt, daß ein Chaos/Erde-Prinzip in Ihrem Magen tätig ist, und findet darin eine natürliche Grundlage, auf der er aufsetzen kann. Das kann dazu führen, daß Sie Ihr Frühstück aus einem anderen Blickwinkel betrachten. Da es das erste Mahl eines Tages ist, gibt es Ihrem Astralkörper die Gelegenheit, im Physischen Fuß zu fassen, nachdem er während der Nacht in den astralen Räumen unterwegs war.

Seekrankheit

Lassen sie uns ein weiteres Beispiel betrachten, diesmal eines, das zeigt, was geschieht, wenn die Planetenkraft des Mondes ihre verankernde Aufgabe nicht erfüllt: Seekrankheit. Das Faszinierende an der Seekrankheit ist, daß sie zwar ziemlich unschädlich ist und keinerlei Verletzung mit sich bringt, Ihnen aber doch das Gefühl gibt, als wären sie an der Schwelle des Todes. Wenn Sie einmal richtig seekrank waren, dann haben Sie sich vielleicht gewünscht, sie wären tot! Das ist deutlich unverhältnismäßig – die Probleme sind an sich geringfügig, und doch können sie kräftige und gesunde Personen völlig außer Gefecht setzen.

Im Sinne der Planetenkräfte desorientiert die Seekrankheit die Verankerung im Verhältnis zu Mond und Erde. Der Magen wird unfähig, das Chaosprinzip in Ihnen aufrechtzuerhalten, was zu dem typischen Erbrechen führt. Wenn Sie seekrank sind, dann verlieren Sie den Kontakt zum Prinzip Erde, und das ist der Grund, warum Sie sich wie kurz vor dem Sterben fühlen – denn das Sterben ist nichts anderes als das Verlassen der Erde.

Elementen identisch. In der Praxis haben die Chinesen jedoch nicht immer deutlich zwischen ihnen unterschieden.

Deshalb ist auch etwas dran an dem Ratschlag, den Ihnen erfahrene Seeleute geben werden, wenn Sie auf einer Fahrt unter anhaltender **Seekrankheit** leiden – essen Sie! Auch wenn Sie wieder erbrechen wollen, was Sie gegessen haben, so lassen sie doch Ihren Magen nie leer werden. In anderen Worten, versuchen Sie, etwas Chaos in ihrem Magen aufrechtzuerhalten. Der Schlaf (der Ihr Bewußtsein in ein Mond-Chaos führt und es Ihnen abnimmt, Ihre Verankerung zu bewahren) ist eine weitere Möglichkeit, durch die sie Erleichterung finden können.

Der Uterus als Verankerung
Im weiblichen Körper spielt die Gebärmutter die Rolle eines Ankers für den Astralkörper und das Ego. Im männlichen Körper ist der Prozeß der Verkörperung des Astralkörpers intensiver und diffuser, und er hängt weniger von einem einzelnen Organ ab (was auch der Grund ist, warum Männer als weniger intuitiv, d.h. als weniger mit nicht-physischen Welten verbunden angesehen werden als Frauen). Die Verkörperung der Frauen ist flexibler und verändert sich mit ihrem Menstruationszyklus. Insbesondere zur Zeit der Regelblutung wirken das Ego und der Astralkörper auf den Uterus ein und dadurch auch auf alle physiologischen Bereiche – was der Grund dafür ist, daß sich Frauen nicht selten kurz vor oder während der Regelblutung besonders hungrig und erdverbunden fühlen.

In vielen Kulturen des Altertums wurde von Priesterinnen und Nonnen erwartet, daß sie Jungfrauen bleiben. Hinsichtlich der feinstofflichen Körper geschah dies, weil es die Funktion einer Hohepriesterin war, mit erhabenen spirituellen Welten in Kontakt zu sein, und man ging davon aus, daß sexuelle Betätigung und Mutterschaft eine Frau erdverhaftet machen.

Solche Einstellungen sind heute irrelevant, denn von modernen Eingeweihten wird erwartet, daß sie ihre Füße fest auf dem Boden haben und dabei mit ihrem Kopf an den Himmel heranreichen. Doch in einer Reihe spiritueller Lebenszusammenhänge der Vergangenheit wurden bestimmte Initiaten so trainiert, daß sie möglichst wenig Kontakt mit der physischen Welt hatten, damit sie ihre schöpferische Energie ausschließlich der geistigen Welt zuwendeten.
Sie können eine weitere Manifestation des gleichen Prinzips in der Tatsache erkennen, daß viele Frauen weitaus tiefere Aspekte ihrer Sinnlichkeit entdecken, nachdem sie Kinder gehabt haben. In dem Jahr, das der Entbindung folgt, tritt nicht selten eine »sexuelle Betäubung« ein, d.h. ein völliges Fehlen der Begierde. Doch wenn das Verlangen zurückkehrt, dann kann es Ausmaße annehmen, die die Frau, bevor sie das Kind hatte, nie erahnt hat. Was die feinstofflichen Körper angeht,

so hatte die intensive Aktivität des Uterus einen Verkörperungsprozeß zur Folge, und die Frau ist nun viel stärker in Berührung mit der Erde. Im Sinne des Clairvision-Systems der inneren Alchemie ist sie auch viel stärker in Berührung mit ihrem »Embryo des Willens« und allen Leidenschaften, die mit ihm verbunden sind.

Hysterektomie und Verkörperung
Wenn Sie einmal die verankernde Funktion des Uterus erkannt haben, dann sind Sie auch in einer Position, aus der heraus Sie Frauen helfen können, die schwerwiegende Problem nach einer chirurgischen Entfernung des Uterus entwickeln.

Wie wir mehrfach gesehen haben, ist ein Organ mehr als nur sein physischer Teil, und so ist es nicht einfach die physische Gebärmutter, die Erdung und Verkörperung bietet, sondern auch ihr energetisches Gegenstück. So kann es nach einer Hysterektomie vorkommen, daß eine Frau keinerlei Probleme hat, geerdet zu bleiben, weil der nichtphysische Uterus eine ausreichende verkörpernde Kraft hat. In anderen Fällen können Frauen beginnen, Zeichen einer mangelnden Erdung ihres Astralkörpers zu zeigen – schlechte Konzentration, schlechtes Gedächtnis, ein dauerhaftes Gefühl von Zerbrechlichkeit, Schwierigkeiten, Richtung und Zielstrebigkeit zu finden, ein Überschießen von Gefühlen, nah am Wasser gebaut, das Gefühl, nicht ganz »da« zu sein, große Schwierigkeiten, für ihre Interessen einzutreten und sich in Konflikten zu behaupten, und möglicherweise auch eine Kette von verwandten physischen Symptomen.

Ich habe beobachtet, daß die Wahrscheinlichkeit solcher Probleme größer ist, wenn die Hysterektomie früh erfolgt, sagen wir vor dem Alter von 35 Jahren. Wenn sie jedoch in oder nach den Wechseljahren erfolgt, so ist es sehr viel weniger wahrscheinlich, daß sie für derartige Probleme verantwortlich ist.

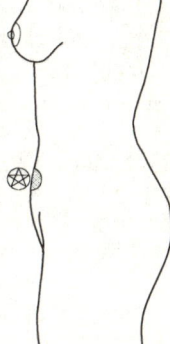

Eine der Schwierigkeiten von Frauen, die mit diesem Leiden zu tun haben, ist, daß es ihr Problem vom Standpunkt der orthodoxen Medizin aus gesehen gar nicht gibt! Es paßt in kein anerkanntes Krankheitsbild, und es ist auch keine Behandlungsmethode dafür entwickelt worden. Es liegt daher nahe, daß sie von Arzt zu Arzt gehen, ohne viel Linderung bekommen zu können.

Was diese Frauen lernen müssen, ist, sich auf der Ebene der Energie zu verankern. Sie müssen lernen, wie sie ihren energetischen Uterus dazu benutzen können, ihren Astralkörper hinunter in den physischen Körper zu ziehen. Im Repertoire der Heilmethoden der Clairvision School arbeiten die Techniken, die man zu diesem Zweck einsetzt, am Embryo oder am Willenszentrum, ähnlich dem »Versiegeln der Aura« (*Tor zu inneren Welten*, Kapitel 18 und 20), jedoch in unterschiedlichen Modalitäten.

Ein anthroposophisches Heilmittel, das in solch einer Situation ebenfalls Wunder wirken kann, ist *Argentum per Bryophillum* – eine Form des Silbers, des Metalls des Mondes, kombiniert mit der Pflanze Bryophillum.

Wechseljahre

Die tiefgreifenden physiologischen und psychischen Veränderungen, die mit den Wechseljahren eintreten, lassen sich nur auf dem Hintergrund der Aufgabe der Verankerung verstehen, die der Uterus erfüllt. Von der Pubertät bis zur Menopause ist die physische Aktivität, die im Uterus stattfindet, ein wichtiger Faktor zur Anregung des energetischen Teils dieses Organs.

Mit den Wechseljahren und dem Ende der Menstruation schläft der physische Uterus gewissermaßen ein, und wenn der »energetische Uterus« nicht in der Lage ist, seine Verankerungsfunktion zu erfüllen, ohne von den physischen Prozessen in der gewohnten Weise angeregt zu werden, dann ist es wahrscheinlich, daß die Frau eine schwierige Lebensperiode durchmacht. Hitzewallungen insbesondere sind ein Zeichen dafür, daß der energetische Uterus nicht »halten« kann – einige Energien, die zum Astralkörper und zum Ego gehören sind nicht mehr angemessen »unten« verankert, und so tritt ein Rückfluß nach oben ein. Reizbarkeit, eines der Symptome, die man für gewöhnlich mit schwierigen Wechseljahren assoziiert, kann ebenfalls daher rühren, daß der Astralkörper nicht mehr angemessen im Unterleib verankert ist.

Natürlich sind die Veränderungen des Lebensstils und der Familienstruktur, die in diesen Lebensabschnitt fallen, ebenfalls wichtig für die Entstehung von Leiden an und in den Wechseljahren. Es ist jedoch meine Erfahrung, daß man die Hitzewallungen, die Ängste und Depressionen der Wechseljahre und der ihnen unmittelbar vorausgehenden Zeit signifikant verringern kann, wenn man einer Frau beibringt, wie sie ihren energetischen Uterus aktivieren und stärken kann.

23.9 Mars, Venus und der Astralkörper

Bedingte Emotionen, die nach unserem System der feinstofflichen Körper mit dem Astralkörper verbunden sind, haben immer eine Polarität an sich. Sie mögen etwas, also fühlen Sie sich davon angezogen. Oder Sie mögen es nicht, und dann werden Sie natürlich versuchen, es zu vermeiden.⁴⁷ Oder vielleicht ist es auch umgekehrt – genau weil Sie etwas hassen, werden Sie dazu neigen, sich davon angezogen zu fühlen. Bei Polaritäten kommt es nicht so sehr auf das Plus- oder Minuszeichen an, sondern mehr auf die Tatsache, daß sie Ihr Verhalten beeinflussen, weil sie nicht neutral sind.

Manchmal ist die Polarität offensichtlich und in vollem Umfang bewußt: Sie mögen etwas, und sie versuchen es sich zu verschaffen, oder Sie halten sich von etwas fern, was sie nicht ausstehen können. In einer Reihe von Fällen manifestieren sich die Polaritäten jedoch nur unterhalb der Schwelle des bewußten Verstandes, als unterbewußter oder unbewußter »Anstoß«. Das bedeutet nicht, daß sie dann nicht aktiv sind. Wenn überhaupt, dann macht die Tatsache, daß sie nicht bewußt erkannt werden, sie nur mächtiger, weil kein rationaler Mechanismus gegen sie zum Tragen kommt und sie so Ihr Verhalten unbestritten beherrschen können.⁴⁸

Emotionale und stimmungsbezogene Wellen, die in einer Anziehungs- bzw. Abstoßungskraft resultieren, sind mit Mars und Venus verbunden. In einem Horoskop bringen viele Astronomen das zweite Haus mit Ihrem Wertesystem in Verbindung, das die Entscheidungen, die Sie fällen, und die Handlungen, die Sie unternehmen, bestimmt. Das zweite Haus wird ebenso wie das Tierkreiszeichen Stier von der Venus beherrscht. Ihr Wertesystem hat mit dem zu tun, was Sie im Sinne der Venus mögen und womit Sie sich identifizieren, und dies wiederum bestimmt, was Sie im Sinne des Mars entscheiden und worauf Sie hinarbeiten. Hinsichtlich der feinstofflichen Körper ist alles dies mit der Mars-Venus-Landkarte der emotionalen Ladungen verbunden, die sich ihrem Astralkörper eingedrückt haben.

23.10 Merkur und die Schwebkraft

> Erhebe dich vom Boden wie der geflügelte Merkur
> Shakespeare: *King Henry IV*, Teil 1, 4.1

Die »Schwebkraft«, die Energie der Leichtigkeit, ist ein wichtiger Begriff im Clairvision-System der inneren Alchemie. Es ist die Fraktion der ätherischen Energie, die auf alle aufwärts gerichteten Bewegungen des Körpers spezialisiert ist und die eine besondere Affinität zum Geist hat. Ein verwandter Begriff aus der Sanskrit-Literatur ist *udāna vāyu*.

---

⁴⁷ In der hinduistischen Philosophie wird dieses Wechselspiel von anziehenden und abstoßenden Polaritäten mit dem Ausdruck *rāga-dveṣa* bezeichnet.
⁴⁸ *Regression, Past Life Therapy for Here and Now Freedom* vom Autor dieses Werks untersucht diese Polaritäten des Unterbewußten und Unbewußten in ihren Einzelheiten.

So, wie Merkur für Verbindungen und Schnittstellen zuständig ist und dafür, den Sterblichen beim Übergang durch den Tod beizustehen, spielt die Schwebkraft eine Schlüsselrolle, indem sie den Start bei Astralreisen auslöst. Wie Hermes der Initiator ist, der große okkulte Meister hinter der hermetischen Tradition, so ist die Schwebkraft eines der okkultesten, d.h. verborgensten Prinzipien im Ätherkörper, und sie enthält den Schlüssel zu einer Anzahl von Realisierungen, die gebraucht werden, um feinstoffliche Wahrnehmung und die Verbindung zu spirituellen Welten zu erreichen.

In anderen Teilen des Clairvision Corpus werden wir sehen, daß die Schwebkraft eine wesentliche Rolle im Funktionieren der »Geistessäule« spielt (man könnte die Geistessäule grob als Erweiterung des Kronenchakras nach oben hin beschreiben). Die Lunge, das Organ des Merkur, ist ebenfalls direkt am Funktionieren der Schwebkraft beteiligt.

24 - Die Sonne, das Gold und die transformierten Körper

24.1 Das Ego und die Sonne

Es kommt gar nicht selten vor, daß Menschen, die am Anfang des Studiums der Esoterik stehen, Schwierigkeiten mit dem Verständnis des Konzepts des Ego haben. Im Clairvision Corpus wird das Ego oft mit dem Höheren Selbst und mit dem Geist gleichgesetzt. Lassen Sie uns zunächst bei diesen Begriffen verweilen, denn die Symbolik der Planetenkräfte bietet wertvolle Schlüssel zu ihrer Klärung.

Doch zunächst einige Worte zu ihrem Hintergrund. Der Clairvision Corpus hat seine Quelle im uralten Wissen, das aus dem alten Kontinent Atlantis stammt und in einem nicht-physischen Archiv aufbewahrt wurde. Beim Aufbau der Clairvision School war es eine schwierige Aufgabe, eine 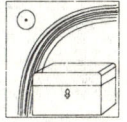 Anzahl von Worten und Begriffen zu übersetzen, die keine direkte Entsprechung im Englischen hatten oder deren Entsprechungen ungebräuchlich und nicht allgemein bekannt waren.

Bei der Arbeit an dieser Aufgabe wurden beträchtliche Anstrengungen unternommen, bereits vorhandene Begriffe aus anderen Traditionen und Schulen zu gebrauchen, um die Vereinbarkeit zwischen verschiedenen Traditionen zu unterstreichen und eine gegenseitige Befruchtung zu fördern. So haben wir bereits den chinesischen Begriff *jing* erörtert, der außerordentlich wichtig für die Clairvision-Prozesse der inneren Alchemie ist. Mehrere Begriffe aus dem Sanskrit, so wie etwa *samskara*, sind auch schon benutzt worden. Viele Elemente der hermetischen, westlich-alchemistischen Tradition paßten wunderbar in das Material des Archivs. Rudolf Steiner hat sich ebenfalls als eine bemerkenswert zuverlässige Quelle für einige Worte und Begriffe erwiesen. Insbesondere wurde der Begriff »Ego« mit den Bedeutungen entlehnt, die Steiner ihm im anthroposophischen Zusammenhang gegeben hat.

Zwei Punkte müssen jedoch ganz deutlich herausgestellt werden. Erstens sind nicht alle Systeme miteinander vereinbar. So gibt es z.B. trotz der vielen Ähnlichkeiten zwischen Steiners System der feinstofflichen Körper und dem hinduistischen System bestimmte Hindernisse, Themen, in denen sich diese Systeme grundlegend widersprechen. Das Ego ist eines davon. Zweitens enthält der Clairvision Corpus eine große

Anzahl von Begriffen und Praktiken, die sich in den anderen Traditionen *nicht* finden und die die Einführung von neuen Begriffen erforderte.

Kehren wir nun zum Ego zurück. Menschen, die mit den östlichen Traditionen in Berührung gekommen sind, sind manchmal erstaunt, wenn sie das Wort »Ego« in einer Bedeutung, vergleichbar mit dem Begriff »Höheres Selbst«, verwendet finden. Die indischen Meister benutzen das Wort »Ego« so gut wie nie in diesem Sinn. In ihrer Terminologie faßt das Ego alles zusammen, was ein Schüler loswerden sollte: Falsche und vorurteilshafte Auffassungen über sich selbst, ein künstliches Gefühl von Identität, emotionale Belastungen, eine Menge von verborgenen Eindrücken (*samskara*), die parasitisch im Bewußtsein hängen und die einen davon abhalten, im Hier und Jetzt zu leben.

Es gibt zwei Gründe für diesen wichtigen Unterschied; einer hat einfach mit Fragen der Benennung und des Vokabulars zu tun, der andere berührt fundamentale Unterschiede der beiden Lehren.

Auf der einfachen Ebene des Vokabulars ist es so, daß die indischen Meister das Wort »Ego« benutzen, um die Schicht von *samskara* zu bezeichnen, und die emotionalen Reaktionen, die davon ausgehen. In ihrer Terminologie ist das Wort »Ego« (oft auch als »kleines Ego« bezeichnet) mehr oder weniger synonym mit dem Astralkörper. Das ist einfach eine Frage der Terminologie, und sobald man erst einmal verstanden hat, daß ein Guru, jedesmal wenn er »Ego« sagt, tatsächlich »kleines Ego«, also »Astralkörper« meint, wird es viel einfacher, Brücken zwischen den Systemen zu finden.

Es gibt jedoch auch einen viel größeren und weniger überbrückbaren Unterschied: In der hinduistischen Tradition gibt es nichts, das dem Begriff eines »ewigen Ego« entspricht, in dem eine gewisse Form der Individualität bewahrt bleibt. Im hinduistischen Modell gibt es den Begriff *ātman*, »Selbst« oder »Höheres Selbst«. Wenn jedoch ein Yogi endgültig in *ātman* eintaucht, dann hat das die völlige Zerstörung der Individualität zur Folge, wie in dem klassischen Bild der Puppe aus Salz, die sich entschloß, im Ozean zu baden. Der Yogi ist dann eins geworden mit dem kosmischen Bewußtsein, und wenn er in sich schaut, dann kann er nichts finden, was er als »sich zugehörig« dem »Rest« des kosmischen Bewußtseins entgegensetzen könnte. Die Verschmelzung hat jede Spur der Individualität ausgelöscht.

In Steiners Sicht des Ego hingegen bleibt ein gewisses Selbstbewußtsein erhalten, wenn es zu einer Einheit mit dem Höchsten Bewußtsein kommt. Dieses Selbstbewußtsein ist nicht starr und hat absolut nichts mit *samskara* oder Konditionierungen zu tun. Es ist eher die Art von Ich bzw. Selbstbewußtsein, die Paulus dahin führt, daß er sagt »nicht mehr ich, sondern Christus lebt in mir« (Galater 2,20). Dennoch gibt es in diesem »mir« ein Selbstbewußtsein. Darüber hinaus ist diese

Individualität nicht nur ein Rückstand, wie eine Art Erinnerung an die vergangenen Zeiten der Existenz unter vielfältigen Bedingungen. Dieses erhöhte Selbstbewußtsein ist die eigentliche Grundlage der transpersonalen Erleuchtung.[49]

Die Kluft zwischen Steiners Ansichten und denen der hinduistischen Tradition wird sogar noch deutlicher sichtbar, wenn Steiner das Selbstbewußtsein eines kleinen Kindes als grundsätzlich gleichartig mit dem Selbstbewußtsein beschreibt, das die Grundlage transpersonaler Erleuchtung ist. Das Selbstbewußtsein entwickelt sich und das kleine Kind wird viele Lektionen zu lernen haben, dennoch bleibt der Wesenskern, der das kleine Kind befähigt, sich als Selbstbewußtsein wahrzunehmen, gleich – der Eckstein, auf dem die Erleuchtung in Christus aufbauen wird.

Das kann aus einer hinduistischen Perspektive nur *Unsinn* sein. *ātman* ist *kein* Selbstbewußtsein. *ātman* ist *nir-aham*, »jenseits des Ich«, »Nicht-Ich«, und wer *ātman* erkennt und in sich verwirklicht, dem vergeht das Selbstbewußtsein ein für allemal.[50]

Hat also Steiner etwas mißverstanden? Hier kommt die astrologische Symbolik ins Spiel. Denn es ist ja nicht nur Steiners System, in dem das Prinzip der Individualität mit der inneren Quelle der Erleuchtung zusammenfällt. In der Astrologie wird genau die gleiche Symbolik mit der Sonne verbunden. Da gibt es nicht eine Planetenkraft für das Selbstbewußtsein des kleinen Kindes, das nach seinem Spielzeug greift, und eine andere für den transpersonal erleuchteten Weisen. Es gibt nur eine Sonne, von der beide ein Ausdruck auf verschiedenen Entwicklungsstufen sind. Die solare Sicht des Ego war nicht nur ein beliebiger Einfall von Steiner. Es ist eine der tiefen Grundlagen, einer der wesentlichen Fäden, die sich durch die westliche Tradition des esoterischen Wissens ziehen. Ohne ihn könnte man z.B. auch die Bedeutung einer Anzahl der Lehren Christi nicht verstehen. Nehmen wir den Vers aus dem Johannesevangelium, den wir im Kapitel über die Sonne zitiert haben.

> Ich bin der Weg und die Wahrheit und das Leben; niemand kommt zum Vater außer durch mich.   Johannes 14,6

---

[49] Der Begriff »transpersonal« kommt in der Begrifflichkeit Steiners nicht vor. So, wie er im Clairvision Corpus benutzt wird, stimmt er jedoch mit Steiners Sicht eines erleuchteten Ego überein.

[50] Die buddhistische Sicht wäre der Vorstellung eines ewigen und erleuchteten Selbstbewußtsein womöglich noch schroffer entgegengesetzt, da es eine der grundlegenden Lehren des Buddhismus ist, die Wahrheit d.h. Realität von *ātman* oder des Selbst zu leugnen.

Glaubte Jesus wirklich, daß kein Eingeweihter je Gott kannte, bevor er in die Welt kam oder jedenfalls jenseits der Grenzen seiner Überlieferung? Es fällt einem schwer, sich das vorzustellen. Lassen Sie uns aber das »ich« dieses Verses durch »Ego« ersetzen, wie es sich im griechischen Urtext findet. Wenn wir das tun, kommen wir zu einer Aussage, in der das Ego der Weg, die Wahrheit und das Leben ist, und niemand zum Vater kommen kann als durch das Ego. In einer ähnlichen Interpretation von Johannes 6,35 wäre das Ego das Brot des Lebens, und wer zum Ego kommt, den soll nie hungern.

Diese Interpretation kann auf mehr als einer Ebene vorgenommen werden, denn im esoterischen Christentum wird der Christus-Impuls als ein Impuls des Ego gesehen, eine Ausstrahlung des solaren Logos, die darauf zielt, den Menschen das Bewußtsein des Ego mitzuteilen und zu verleihen.

Im Clairvision-Archiv gibt es eine Anzahl von Prozessen und Wissensbeständen, die schlichtweg sinnlos werden, wenn man das Prinzip der Individualität fortnimmt – z.b. Entwicklungen, die mit dem Willen zu tun haben oder hinsichtlich der Entstehung des Körpers der Unsterblichkeit. Aus diesem Grund nötigte es sich auf, den Begriff »Ego« zu verwenden, und nicht nur »Selbst« zu sagen, um den ewigen Kern des Menschen zu bezeichnen. Wenn man von einfachen Themen wie *samskara* oder Wesenheiten redet, dann schadet es nichts, wenn man vereinfacht »Ego«, »Höheres Ego«, »Selbst«, »Höheres Selbst« »Geist« und »unsterbliche Flamme« gleichsetzt. Doch wenn es um die Zubereitung des Körpers der Unsterblichkeit geht, dann wird es wesentlich, zwischen Ego und Selbst, zwischen der individuellen Flamme und dem nicht-individualisierten transzendentalen Bewußtsein, zu unterscheiden.[51]

24.2 Das Ego und die Erde

> In der Tiefe der Nacht habe ich die Sonne der Mitternacht getroffen,
> Osiris der Unterwelt, und er erzählte mir ...
>
> *Clairvision Ritual*

Aus der Perspektive der Clairvision School ist das Ego ein Mysterium, mit dem die gegenwärtig lebenden Menschen noch kaum in Berührung gekommen sind. Die Leser sind darum gebeten, ihre Vorstellungen vom Ego *nicht* zu fixieren, sondern das Ego als ein Rätsel anzusehen, das das verstandesmäßige Begreifen übersteigt. Statt voreilig einen Standpunkt

---

[51] Ein ganzes Modul des Clairvision Corpus unter dem Titel *The Cycle on the Ego* wird den verschiedenen Ansichten und Paradoxien gewidmet sein, die mit Individualität und Erleuchtung verbunden sind.

Sonne, Gold und transformierte Körper

zu wählen und entweder der hinduistischen oder der Steinerschen Ansicht anzuhängen, ist es besser, für die Möglichkeit phänomenaler Entdeckungen und Überraschungen offen zu bleiben.

 Wenn Sie erneut über das viergeteilte Piktogramm der Erde nachdenken, dann können sie nun tiefer in seine herzartige Symbolik eindringen (das physische Herz hat ja vier Kammern). Weist dies darauf hin, daß es einen Aspekt des Herzens gibt, der mit der Erde verbunden ist?

Eine Reihe esoterischer Strömungen haben diese Frage zustimmend beantwortet; sie sind der Auffassung gewesen, daß es eine tiefe Verbindung zwischen der Erde und der Entwicklung des Ego gibt. Die Lehren aus dem Clairvision-Archiv stimmen damit überein. Es gibt, in den fernen galaktischen Räumen, viele Formen astralen Lebens – einige außerordentlich hoch entwickelt und verfeinert –, die überhaupt keine Vorstellung davon haben, was ein individualisiertes Ego bedeuten könnte.

Auf einer anderen Ebene lehren verschiedene Traditionen, daß sich menschliche Seelen nur auf der Erde entwickeln können. Sie mögen sich wohl schöner spiritueller Ferien erfreuen, wenn sie in den Höhen der Welt des Geistes sind oder wenn sie sich bei den Göttern aufhalten, doch um weiter auf ihrem evolutionären Weg fortzuschreiten, müssen sie auf die Erde zurückkehren. Die Perspektive von Clairvision stimmt hiermit nicht unbedingt ganz überein – es gibt einige nicht-physische Welten, in denen Menschen sich weiterentwickeln können, vorausgesetzt daß sie bereits einen gewissen Grad von Erleuchtung erreicht haben. Dennoch hat die Erde, was die Qualität des Ego, die Ich-heit anbetrifft, etwas definitiv Einzigartiges an sich.

Im Sanskrit ist einer der Namen für die Erde *vasu-dhāra*, »die, die einen Schatz enthält«. Könnte dieser Schatz mit dem solaren Ego zu tun haben? In der ägyptischen Mythologie wohnt der Sonnengott Osiris in der Unterwelt, im Inneren der Erde. Ähnlich wohnt in Steiners Vision der solare Logos nun im Zentrum der Erde. En wichtiges Prinzip der Alchemie weist in die gleiche Richtung. Um die Erreichung des Höhepunkts der alchemistischen Arbeit zu bezeichnen, hat Basil Valentin das mittlerweile berühmte Motto VITRIOL formuliert: *Visita Interiora Terrae Rectificando Invenies Occultum Lapidem* (»Besuche das Innere der Erde, und indem du reinigst, findest du den verborgenen Stein.«). Das berührt das Mysterium der Verkörperung bzw. Inkarnation auf der höchsten Ebene und weist erneut auf symbolische Verbindungen zwischen dem Ego und der Erde hin.

Zurück zur Seekrankheit

Lassen Sie uns eine einfache Anwendung dieser Prinzipien auf die medizinische Symbolik betrachten. In Abschnitt 23.8 analysierten wir die Seekrankheit als Verlust des Kontakts zum Erdprinzip im Innern der Person. Interessanterweise wird in einer Reihe von Sprachen der Ausdruck »herz-krank« benutzt für jemanden, der unter Übelkeit leidet. So finden wir *mal au coeur* im Französischen, *hṛl-lāsa* im Sanskrit und ähnliche Ausdrücke im Arabischen, Assyrischen und Armenischen. Diese Verknüpfung mit dem Herzen ist in Wirklichkeit ein Bezug zum Ego. Wenn Menschen so tief von Seekrankheit ergriffen werden, dann ist es deshalb, weil ihr physischer Körper dabei in einem gewissen Maße zeitweilig von ihrem Ego getrennt ist. Dieser »Angriff« auf das Ego ist der Grund dafür, warum Seekrankheit als so fürchterlich empfunden wird – als schlimmer als der Tod!

Sie sollten nicht überrascht sein, daß etwas, das mit der Erde zu tun hat, unter der Kategorie des Mondes erscheint. Da die Erde nicht zu den sieben traditionellen Planeten zählt, kommt es oft vor, daß die Mondsymbolik für erdbezogene Dinge verwandt wird. So findet z.B. das Chaos des Komposthaufens, das wesenhaft mit einem Erdprozeß verbunden ist, in natürlicher Weise seinen Platz in der Liste der Assoziationen zum Mond-Chaos.

24.3 Die Sonne, das Gold, und die transformierten Körper

Seine Augen sind wie die Strahlen der Sonne.
1 Enoch 106,6

... und sein Angesicht war, wie die Sonne leuchtet in ihrer Kraft. Offenbarung 1,16

Die hermetische Symbolik bietet Schlüssel zum Verständnis zentraler Begriffe der Lehre von den transformierten feinstofflichen Körpern, den feinstofflichen Trägern, die nicht in jedem Menschen vorhanden sind, sondern nur als ein Resultat innerer Transformation zustande kommen. Wenn das Thema der feinstofflichen Körper so zentral für die Arbeit der Clairvision School ist, dann deshalb, weil es sich um eine Arbeit der inneren Alchemie handelt, d.h. um eine der Verwandlung bzw. Transformation Ihrer Energie. Viele spirituelle Schulen gehen davon aus, daß es ausreicht, Ihr Bewußtsein zu ändern, damit Ihre Energie sich ändert. Man muß diese Ansicht respektieren, doch die Clairvision-Arbeit geht von einem radikal unterschiedlichen Ansatz aus, der die Arbeit der Bewußtwerdung durch eine systematische Entwicklung des Energiekörpers ergänzt. Sie führt Sie dazu, einen Reihe von tiefgreifenden Transformationsprozessen an den feinstofflichen Energien vorzunehmen, gerade so, wie Chemiker und Physiker mit der Materie arbeiten. Bei solch einer Arbeit braucht es einen theoretischen Rahmen, eine Art Landkarte der feinstofflichen Energien, und genau das ist es, wovon die Theorie der feinstofflichen Körper handelt.

Schritt für Schritt werden durch die Arbeit der inneren Alchemie neue Schichten erzeugt, die als Träger für höhere Bewußtseinszustände dienen, Zustände, in denen die Sonne bzw. der Geist scheint. Das ist der erste und wichtigste Aspekt der transformierten Körper – es sind Träger, durch die das Selbst in vollem Umfang und dauerhaft erfahren werden kann. Das Dilemma vieler Meditierender ist es, daß sie ihr Selbst in hohen Meditationszuständen erfahren können (wenn sie sich z.b. irgendwohin in die Abgeschiedenheit zurückziehen und jeden Tag viele Stunden meditieren), dabei jedoch dazu neigen, diese hohen Bewußtseinszustände wieder zu verlieren, wenn sie zu ihren alltäglichen Beschäftigungen zurückkehren und wieder von materiell orientierten Routinen eingefangen werden. Die Ursache ihres Problems liegt darin, daß die Träger, die sie in ihren tagtäglichen Lebensabläufen benutzen, nicht leicht vom Geist durchdrungen werden können – sie sind zu grob und undurchsichtig. Wenn Sie zwölf Stunden am Tag meditieren, dann können Sie sich weit über ihren Körper und ihren Verstand erheben und in den erhabenen Aspekten ihres Selbst existieren. Doch wenn Sie in der Welt arbeiten müssen, dann können Sie es nicht vermeiden, Ihren Verstand bzw. Astralkörper und Ihren vom Ätherkörper beherrschten Magen zu gebrauchen, und das zieht Sie fort aus den erhabenen Räumen.

Von daher können Sie verstehen, warum die Alchemisten von der Goldmacherei so besessen waren. Gold ist das Metall der Sonne. Wer auch immer die Macht hat, unedle Metalle in Gold zu verwandeln, hat die Macht, seine Träger zu spiritualisieren, d.h. die feinstofflichen Körper mit Geist zu füllen, und so für immer mit Gott verbunden zu sein. So werden die Leidenschaften von Mars und Venus in das reine Gold der Sonne verwandelt, in bedingungslose Liebe und Verbundenheit mit dem Göttlichen.

Genau das ist es, was der Stein der Weisen tut. Sage ich deshalb, daß der Stein der Weisen nur ein psychologisches Werkzeug ist, und daß alle chemischen Aspekte der alchemistischen Texte darum nur metaphorisch sind? Nicht im Geringsten! Der Stein der Weisen, der fixiertes Feuer ist, wirkt auf allen Ebenen. Er enthält die archetypische Kraft der Sonne – wir könnten sie »Sonnenhaftigkeit« nennen – und kann deshalb seine unübertreffliche Kraft des Geistes  allem mitteilen, sei es, indem er Metalle in Gold verwandelt, sei es, daß er spirituelle Erleuchtung verleiht, oder indem er alle Krankheiten heilt und den physischen Körper verjüngt.

Die Alchemisten sahen die Natur, ihren großen Lehrer, in einem ständigen Entwicklungsprozeß begriffen – und ein Aspekt dieser Evolution ist es, daß alle Metalle auf dem Weg dazu sind, Gold zu werden. Dies ist ein wesentlicher Punkt, denn so ist die Verwandlung eines

Metalles in Gold nichts weiter als eine Beschleunigung des normalen Entwicklungsprozesses der Natur – und keine Verletzung ihrer Gesetze. Auf das Feld der inneren Alchemie angewandt, hat diese Aussage wichtige Konsequenzen. Sie deutet darauf, daß es die natürliche Entwicklung aller Träger, aller feinstofflichen Körper ist, vom Geist durchdrungen zu werden. Wie die Alchemisten davon ausgingen, daß sich die Metalle im Schoß der Erde langsam in Gold verwandeln, so bereiten sich die Menschen einen Körper der Unsterblichkeit, indem sie sich dem langwierigen Prozeß der Wiedergeburten unterziehen. So erläutert jener Ursprungstext der Alchemie, die *Smaragdene Tafel*, bei der Beschreibung der Herstellung des Steins der Weisen:

> Er steigt von der Erde zum Himmel auf. Wiederum steigt er vom Himmel herab und wird auf der Erde neu geboren. Er vereinigt in sich die Kräfte der oberen und der unteren Dinge.

Das endgültige Ergebnis dieses Prozesses kann man in der Offenbarung des Johannes lesen:

> Ich bin der Erste und der Letzte und der Lebendige, und ich war tot, und siehe, ich bin lebendig in alle Ewigkeit und habe die Schlüssel des Todes und des Totenreiches.
>
> Offenbarung 1,17–18

24.4 Der Uranus und der transformierte Astralkörper

Ego	Sonne
Transformierter Astralkörper	Uranus
Transformierter Ätherkörper	Neptun
Transformierter physischer Körper	Pluto

Der Begriff »transformierter Körper« ist sicherlich nicht falsch, und doch muß er mit Vorsicht benutzt werden. Ist ein Schmetterling z.B. eine transformierte Puppe? Ja, in dem Sinne, daß da am Anfang eine Puppe war, und später wurde ein Schmetterling daraus. Und doch könnten Sie sich nicht die Puppe nehmen, ihr Wissen vermitteln, daß sie klüger wird, und so einen Schmetterling daraus machen. Zwischen der Puppe und dem Schmetterling liegt eine fundamentale Zustandsänderung, eine Metamorphose. Ein Schmetterling ist keine Super-Puppe, er ist etwas anderes – etwas wesenhaft Verschiedenes.

Das gleiche kann man vom Astralkörper sagen, der Ebene der Emotionen (emotionalen Reaktionen) und Gedanken. Zwischen dem Astralkörper und dem, was ich den »transformierten Astralkörper« nenne, liegt eine qualitative Veränderung. Wenn sie Ihren Astralkörper darauf trainieren, daß er klüger wird und weniger impulsiv reagiert, kann das einen großen Unterschied für Ihr Leben ausmachen, doch damit wird aus Ihrem Astralkörper noch nicht der transformierte Astralkörper. Die Analogie mit alchemistischen Prozessen erklärt sich von selbst – Sie können Eisen polieren und verfeinern, so lange Sie wollen, doch davon verwandelt es sich nicht in Gold.

Aus diesem Grund würde man den Begriff des »transsubstantiierten« Astralkörpers vorziehen, da er den Vorteil hat, deutlich auf eine wesenhafte Verwandlung hinzuweisen. Doch hat er auch den Nachteil, lang und etwas unhandlich zu sein, was nicht für einen viel benutzten Fachausdruck paßt. Das ist der Grund, warum »transformiert« gewählt wurde. Wenn man diesen Begriff gebraucht, dann muß man jedoch daran denken, daß er sich auf eine bestimmte Verwandlung bezieht und nicht einfach auf irgendeine Veränderung.

Der wesentliche Unterschied zwischen dem Astralkörper und dem transformierten Astralkörper besteht darin, daß im Letzteren das Ego leuchtet. Wenn Sie je versucht haben, während Ihrer täglichen Beschäftigungen vollkommen achtsam zu bleiben, dann werden Sie die Erfahrung gemacht haben, daß es nicht selten gelingt, sich durch kurze Zeiträume hindurch völlig seines Selbst bewußt zu sein. Wenn jedoch ein Gedanke oder eine Emotion in Ihrem Verstand aufkommt, dann verlieren Sie jedesmal ihre Achtsamkeit auf das Selbst und werden von der mentalen Welle vereinnahmt. Im Sinne der feinstofflichen Körper bestehen diese mentalen Wellen (Gedanken und Emotionen) aus astraler Substanz. Diese Substanz ist undurchlässig für die Strahlen des Geistes und wirkt wie Wolken, die sich vor die Sonne schieben.

Wenn man vom verwandelten Astralkörper her denkt oder Gefühle empfindet, dann bleibt das volle Bewußtsein des Selbst erhalten. Es ist das Ego selbst, das denkt und empfindet. In der Erfahrung wird der Unterschied überwältigend deutlich. In der Aktivität des transformierten Astralkörpers gibt es einen deutlichen Sinn für das »Ich« – ich denke, oder ich fühle. Dagegen fühlen sich die Gedanken des untransformierten Astralkörpers so an, als würden sie in Ihrem Verstand ohne Ihre Beteiligung gedacht. Das macht einen fundamentalen Unterschied in der Substanz des Verstandes sichtbar – die Substanz des transformierten Astralkörpers ist voller Ego-haftigkeit. Einfach indem Sie sich auf dieser Ebene befinden, wird Ihr Bewußtsein automatisch auf die Schwingungen des Ego hingelenkt.

Es gibt einen anderen Aspekt des transformierten Astralkörpers, der mit dem Super-Verstand zu tun hat, mit Schwingungsebenen verstandesmäßiger Aktivität, die viel schneller stattfindet, mit weniger Reibung und Widerstand und mit unvergleichlich mehr Intuition. Diese Merkmale sind alle mit dem Uranus verknüpft, was es logisch erscheinen läßt, diesen Planeten zum transformierten Astralkörper in Bezug zu setzen. Es wäre jedoch nicht richtig zu denken, daß der Merkur nur der Verstand ist, während der Uranus der Super-Verstand ist. In Wahrheit ist der Merkur der Super-Verstand, und den normalen Verstand würde man wohl besser einen »Unter-Merkur« nennen. Der Uranus bringt nichts hinzu, was nicht bereits im Merkur enthalten ist, er hilft nur, dessen höhere Aspekte deutlich werden zu lassen.

24.5 Mond, Venus, Neptun und der transformierte Ätherkörper

Der Ätherkörper ist die Ebene der Lebenskraft, doch einer Lebenskraft, die fortwährend stirbt. Paradoxerweise ist es darum, weil sie Leben (und daher einen Ätherkörper) haben, daß Pflanzen, Tiere und Menschen auf diesem Planeten soviel weniger dauerhaft sind als Minerale. Was tun Sie, wenn sie eine Blume aufbewahren möchten? Sie trocknen sie. Wie werden Mumien konserviert? Indem man die mit dem Mond in Beziehung stehenden Gewebe entfernt, die einen hohen Wassergehalt haben, und nur die saturnhaften übrigbehält, in denen das Ätherische viel weniger ausgeprägt ist. Alles, was Wasser und Lebenskraft enthält scheint dazu verdammt zu sein zu verwesen.

Die westliche esoterische Tradition ist der Auffassung, daß dies nicht immer so war, daß jedoch zu einem bestimmten Zeitpunkt in der Vergangenheit etwas an dem Lebensprinzip korrumpiert wurde, sowohl in der Natur wie in den Menschen.[52] Eine Fülle wurde plötzlich entleert, was zu Tod und Krankheit führte. »... um deinetwillen ist der Erdboden verflucht« sprach der Elohim (1 Mose 3,17). Vor dieser dramatischen Veränderung erfreuten sich die Menschen im Garten Eden eines ununterbrochenen Lebens und einer perfekten Gesundheit. Danach mußten sie für das Lebensnotwendige arbeiten, das ihnen die Natur nicht mehr von sich aus darbot.

Die christlichen Kirchen brachten die Vorstellung von einem moralischen, einem Sünden-Fall, verursacht von der Begierde bzw. Lust, in Umlauf. Esoterisch gesprochen war der Fall jedoch einer der mondhaften Lebenskraft, von welcher Lust (und eine Reihe weiterer emotionaler Komplikationen) eine Konsequenz und nicht die Ursache war. Wenn es eine Erbsünde gab, dann war es nicht die von Adam und Eva, sondern die der ätherischen Ebene als ganze. Adam und Eva waren ein wenig zu einfältig, um das zu der Zeit voll und ganz zu verstehen. Wie wir schon in den Abschnitten über *jing* sahen, brach etwas im Prinzip der Lebens-

---

[52] Wenn ich hier von der »westlichen esoterischen Tradition« spreche, dann beziehe ich mich auf eine große Anzahl von Autoren, von Gregor von Nyssa, Scotus Eriugena und Jakob Böhme bis hin zu Rudolf Steiner. Man kann auch die Gnostiker, Kabbalisten und Martinisten hinzuzählen. Dieses Thema kann sogar als eine der »offiziellen« Interpretationen der Bibel im Judentum angesehen werden.

kraft zusammen, was nicht nur darin resultierte, daß der Tod in die Welt kam, sondern auch die Trennung der Geschlechter und die Notwendigkeit, materielle Nahrung zu sich zu nehmen zur Folge hatte. Den transformierten Ätherkörper zu erlangen bedeutet nicht weniger als eine Regeneration des Ätherischen, eine Wiederherstellung der Unsterblichkeit. Adam und Eva sind wieder in Eden, doch dieses Mal sind sie vollständig bewußt – sie verstehen die Gründe und die Wirkungsweise ihrer Unsterblichkeit, denn sie mußten sie durch ihre eigenen evolutionären Anstrengungen wiederherstellen. Im Sinne der Clairvision School waren Adam und Eva in Eden vorpersönlich. Nachdem sie aus dem Paradies geworfen worden waren, wurden schrittweise persönliche Wesen aus ihnen. Indem sie transpersonal werden, geschieht es, daß sie die Schlüssel der Unsterblichkeit wiedererlangen.

Erinnern Sie sich daran, was Venus tat, nachdem ihr die Peinlichkeit widerfahren war, von all den anderen Göttern mit Mars im Bett entdeckt zu werden. Sie ging einfach und badete im Ozean, und das reichte aus, um ihre Jungfräulichkeit wiederzugewinnen. Das genau ist es, was die Menschen seit dem Fall nicht mehr tun können. Ihr Ätherkörper hat die Berührung mit den ursprünglichen Wassern, dem Urmeer, dem ursprünglichen Chaos oder *prima materia* verloren, worin das ganze Lebenspotential enthalten ist. Wenn ihre Niere müde ist, dann wissen sie nicht, wie sie sie regenerieren sollen.

Ebenso wie bei den anderen trans-saturnischen Planeten, kann man auch vom Neptun sagen, daß es seine Funktion ist, die Planetenkräfte des Mondes, des Merkur, der Venus, des Mars, des Jupiter und des Saturn zu erleuchten, so daß alle Aspekte des menschlichen Lebens in der Fülle des Sonnen-Geistes strahlen können. Neptun, also Poseidon, der Herr des Ozeans, wird auch als eine höhere Oktave des Mondes beschrieben – ein erleuchteter Mond, und genau das ist der transformierte Ätherkörper. Ebenso wie der Ätherkörper, ein gefallenes Prinzip der Lebenskraft, vom Mond regiert wird, wird der transformierte Ätherkörper von einem regenerierten Mond regiert, der symbolisch durch den Ozean des Neptun in seiner höchsten symbolischen Bedeutung dargestellt wird.

24.6 Der transformierte physische Körper

> Doch wenn die Wiedervereinigung stattfindet, dann wird der Körper Geist, und der Geist wird Körper ... Wenn Körper Geister werden und Geister Körper, dann ist dein Werk beendet; denn dann wird aus dem, was aufwärts steigt, und dem, was abwärts steigt, *ein* Körper.
> The Glory of the World[53]

---

[53] Waite, A. E.: *The Hermetic Museum, Restored and Enlarged.* London, 1893, Vol. 1, Seite 228.

Pluto ist der Planet der Extreme – wo die Dinge bis zu ihren absoluten Grenzen hin getrieben werden. Ähnlich ist der transformierte physische Körper der Kulminationspunkt der menschlichen Evolution im physischen Universum. Auf dieser hohen Stufe der Evolution sind es nicht nur der Astralkörper und der Ätherkörper, die vergeistigt worden sind, sondern gleichermaßen jedes einzelne Atom des physischen Körpers. Der menschliche Körper ist zum Stein der Weisen geworden, und »alles ist vollbracht«. Der Geist ist Materie geworden – was der Kulminationspunkt der Inkarnation ist. In der Astrologie ist Mars der Planet der Verkörperung und Pluto ist ein transzendierender Mars.

Mars ist der Planet des Feuers, Pluto der des untergründigen Feuers – des Feuers, das als ein Schatz im Innern der Erde bewahrt wird: klassische alchemistische Texte beschreiben den Stein der Weisen oft als »fixiertes Feuer«.

In alchemistischen Texten wird Vulkan oft als Symbol für das physische Feuer benutzt, dem nicht unähnlich, was ich im Clairvision Corpus »Körperfeuer« nenne. In Steiners System gibt es symbolische Verknüpfungen zwischen Vulkan und dem transformierten physischen Körper. Eine davon ist, daß jenes *manvantara* (Weltalter oder kosmische Zeitalter), in dem die Menschheit als ganze den transformierten physischen Körper erlangt, Vulkan genannt wird. Im Clairvision-System der inneren Alchemie wird das Körperfeuer als das den transformierten physischen Körper nächste Prinzip angesehen, auf das sich gegenwärtige Menschen überhaupt einstimmen können.

25 - Pathologie und Planetenkräfte

25.1 Behandeln Sie Menschen, nicht Krankheiten

Die hermetische Sicht, die in diesem Buch dargestellt wird, kann zu vielerlei Anwendungen für Therapie und Heilen führen. Doch ihre richtige Anwendung verlangt, daß man die Symbolik der Planetenkräfte gründlich durchdringt und daß sie kreativ angewendet wird, nicht starr oder schematisch. In dieser Hinsicht bieten sich viele Ähnlichkeiten mit der chinesischen Akupunktur oder dem hinduistischen System der ayurvedischen Medizin. Wenn geübte Praktiker der chinesischen Medizin eine Diagnose stellen, dann sagen sie nicht: »Dieser Patient hat Grippe. Die Akupunkturpunkte für Grippe sind die und die. Ich werde deshalb diese Punkte stechen.« Sie betrachten ihren Patienten statt dessen entsprechend dem chinesischen Symbolsystem: »Hat der Patient zuviel *yin*- oder zuviel *yang*-Energie? Ist eines der Elemente aus dem Gleichgewicht geraten? Ist *xie qi* (perverse Energie) in den Patienten eingedrungen?« Nehmen Sie z.B. eine Gruppe von zehn Patienten, die alle Grippe haben. Wo die konventionelle westliche Medizin nur ein einziges Krankheitsbild sehen würde, könnten Praktiker der traditionellen chinesischen Medizin bis zu zehn vollständig unterschiedliche Sätze von Zeichen und energetischen Störungen sehen, und dies würde zu zehn verschiedenen Behandlungen führen. Wenn sie mit dieser Subtilität angewandt wird, ist die chinesische Medizin ein phänomenales System des Heilens. Sie kann schier unglaubliche Resultate erzielen, bei einem viel weiteren Bereich von Krankheitszuständen, als es sich die westliche Öffentlichkeit normalerweise bewußt geworden ist. Ähnliches könnte man von der Homöopathie und der ayurvedischen Medizin sagen, denn auch bei ihnen liegt der Schwerpunkt darauf, Menschen zu behandeln an Stelle von Krankheiten.

Die gleichen Prinzipien treffen ebenfalls für die hermetische Methode, gesundheitliche Störungen darzustellen, zu. Wenn man eine Haltung einnehmen wollte, die dazu führt, starr eine bestimmte Planetenkraft einer bestimmten Krankheit oder Gruppe von Krankheiten zuzuordnen, dann würde man das eigentlich Wesentliche komplett verpassen. Im Sinne der Planetenkräfte können verschiedene Menschen aus total verschiedenen Gründen an hohem Blutdruck leiden. Eine Person mag einen übersprudelnden Jupiter haben, die nächste ein Problem mit ihrer

Sonne, der dritte Patient hat wiederum sein Venus-*jing* erschöpft und so fort.

Es folgt daraus, daß es nicht sinnvoll wäre zu versuchen, eine feste Liste von Krankheiten aufzustellen, jede von ihnen von einem bestimmten Planeten verursacht, und darauf dann ein System des Heilens aufzubauen. Man kann es nur wiederholen: Vom Blickwinkel der symbolischen Medizin her gibt es so etwas wie eine Krankheit nicht – es gibt nur Patienten, allesamt mit ihrem jeweils eigenen Satz vom Planetenkräften. Es ist ihre jeweilige persönliche Konfiguration, die Sie hinter den vielfältigen Symptomen und Zeichen zu entziffern versuchen müssen. In einer Reihe von Fällen wird dies mehr Intuition als Wissen erfordern. Wenn Sie also ein Meister in dieser Kunst werden möchten, dann liegt der Schlüssel dazu in der Entwicklung eines tiefen Sinns für die Planetenkräfte – nicht nur eines intellektuelle Verständnisses. Wenn sie die geheimnisvolle Kraft des Mond-Chaos in einem Komposthaufen spüren können, wenn Sie ein großes, solides Stück Eisen sehen können und sogleich wahrnehmen, warum Elfen oder andere stark von der Venus bestimmte Wesen es nicht mögen würden, oder wenn Sie sich enthusiastisch fühlen können, einfach indem sie sich den Jupiter am Himmel ansehen, dann sind Sie auf der richtigen Spur. Selbst wenn ein Patient verwirrende Symptome zeigt, werden Sie imstande sein, die Planetenkraft zu spüren, die bei der jeweiligen Störung eine Rolle spielt.

In den folgenden Abschnitten werden wir sehen, wie bestimmte Zeichen und Symptome dazu tendieren, häufiger mit der einen oder der anderen bestimmten Planetenkraft in Beziehung zu stehen. Dies sollte jedoch nur als ganz allgemeine Indikation verstanden werden. In Wirklichkeit kann jede Krankheit mit fast jeder Planetenkraft zu tun haben.

Wie schon bei unserem Überblick über die Körperteile wäre auch hier eine ganze Enzyklopädie nötig, um die gesamte menschliche Pathologie vollständig abzudecken. Diese Kapitel können nicht mehr für sich beanspruchen, als allgemeine Hinweise zu geben.

26 - Die Sonne und die Krankheiten

26.1 Der Sonnen-Patient

Nur ein kleiner Teil der Sonnen-Patienten wird die überheblichen Charaktermerkmale zeigen, die man sonst mit der Sonne assoziiert, daß sie also nur vom besten Doktor behandelt werden wollen, immer Privatpatienten sein möchten und so fort. In der Homöopathie verkörpert das Heilmittel *Platina* diesen »pingeligen« Aspekt der Sonne.

Ein besonderer Typus des Sonnenpatienten ist der, der »sein Feuer nicht halten kann«. Solche Menschen neigen dazu, viel zu reden, aber nicht wie die mondhaften Plappermäulchen. Ihre Reden sind zusammenhängend und stimmig, es ist kein Wortdurchfall, doch sie verausgaben zuviel von ihrer Energie, wenn sie sprechen. Man kann fühlen, wie sie ihr »Feuer« herauslassen – ein subjektives Gefühl, das unmißverständlich ist, sobald Ihnen jemand geholfen hat, es an ein oder zwei Patienten zu identifizieren. Man kann auch eine starke ätherische Ausstrahlung fühlen, die aus ihrem Herzzentrum kommt. Sie bekommen leicht eine gerötetes Gesicht. Sie überarbeiten sich häufig und müssen deshalb von ihren Reserven zehren, was zu einer Erschöpfung der wesentlichen Energien ihres Herzens führt.

Je früher dieses »Syndrom« von einem energiebewußten Therapeuten erkannt werden kann, desto besser, denn solche Menschen sind durch frühe Herzkrankheiten gefährdet und sterben mit einiger Wahrscheinlichkeit jung, wenn ihnen nicht jemand dabei hilft, ihre Energien wiederherzustellen und sich abzubremsen!

26.2 Allgemeine Charakteristika von Krankheiten, die mit der Sonne zu tun haben

Eine Krankheit steht wahrscheinlich im Beziehung zur Sonne,
- wenn sie die wesentlichsten Energien eines Individuums berührt (deswegen werden Krankheiten, die das Herz in Mitleidenschaft ziehen, eine gewisse Beziehung zur Sonne haben);
- wenn sie das Körperfeuer beeinflußt.

26.3 Herz und Blutgefäße

Mehr als die Hälfte der Bevölkerung der westlichen Länder stirbt an Erkrankungen des Herzens oder der Blutgefäße. Sind alle diese Krankheiten mit der Sonne verknüpft? Ja und nein. Wie wir in Abschnitt 15.1 erörtert haben, ist das Herz der Sitz der wesentlichsten Lebenskraft. Wenn das Herz stark ist – und unter dem Herzen verstehe ich hier nicht nur das physische Herz, sondern auch das spirituelle Organ hinter ihm –, dann ist der ganze Körper stark. Umgekehrt kann man bei jeder Krankheit finden, daß sie letztlich in einer Schwäche des Herzens wurzelt.

Von diesem Gesichtspunkt aus sind es nicht nur die Krankheiten des Herzens, sondern alle Krankheitserscheinungen, die man in letzter Instanz mit der Planetenkraft der Sonne in Verbindung bringen kann – so wie das Licht aller Planeten nichts als reflektiertes Sonnenlicht ist.

Esoterisch gesprochen dient das Herz als Grundlage des gesamten physischen Körpers – und in viel stärkerem Maße, als dies von unserer gegenwärtigen Wissenschaft der Physiologie erkannt wird. So steckt von einer hermetischen Perspektive aus hinter den Krankheiten des Herzens und der größeren Blutgefäße mehr als die gegenwärtige Medizin zugesteht; da ist vor allem die Tatsache, daß das Herz arbeitet, um den Geist in der materiellen Welt zu verkörpern. Die physische Welt ist kein einfacher Aufenthaltsort für den Geist, und das Herz unternimmt immense Anstrengungen bei dem Versuch, die Schwere der Materie zu überwinden und es dem Geist zu erlauben, in den Körper hinein hindurchzuscheinen. Wie es im Sonnensystem kein Leben ohne die Sonne geben könnte, so könnte es für Menschen keine physische Existenz ohne den Geist geben.

Auf diesem Stadium der menschlichen Evolution sind das Ego und das Herz noch in einer Art Kindesalter. Sie sind zerbrechlich und unsicher in ihren Versuchen, sich in der physischen Welt zu manifestieren. Vom Gesichtspunkt der feinstofflichen Körper her liegt darin der Grund, warum so viele Menschen durch ihr Herz sterben. Wenn das Herz ein angemessener Leuchtturm für das Ego werden wird, dann wird es nicht mehr so rasch erschöpft sein, und die hermetische Vision ist es, daß sich dann die menschliche Lebensspanne bedeutend verlängern wird.

26.4 Angeborene Krankheiten

Wie oben, so unten. Wie jedes Individuum ein Mikrokosmos ist, eine kleine Welt nach dem Bilde des Makrokosmos, so ist die Fortpflanzung eine verkleinerte Nachbildung der Schöpfung des Universums. Im Makrokosmos steht die Sonne für das schöpferische Prinzip.

Entsprechend ist in einem Individuum eine angeborene Störung, Krankheit oder Mißbildung (eine, die bei der Empfängnis oder im Laufe der Schwangerschaft entstanden ist) wahrscheinlich in Beziehung zur Sonne zu sehen.

Als wir das Beispiel einer Zelle besprachen (Kapitel 22), da verknüpften wir die genetische Information mit der Sonne, weil sie im Kern enthalten ist und weil sie das organisierende Prinzip des Körpers ist. Genetisch übertragene Krankheiten können deshalb global mit der Sonne in Verbindung gebracht werden (obwohl dies jeweils abhängig vom einzelnen Krankheitsbild nuancieren wird).

Das führt uns auf den Gedanken, daß genetische Manipulationen in Zukunft, wenn sie gebräuchlich werden, durch eine direkte Einwirkung auf die Planetenkraft der Sonne im Patienten stattfinden werden.

26.5 Ego, Sonne, Immunsystem und Allergie

Die Sonne und das Immunsystem
Durch das Immunsystem beseitigt ein Organismus fremde Substanzen, die seinem eigenen Wesen nicht verträglich sind. Die Immunitätsfunktionen bestehen aus Reaktionen auf der Grundlage einer Unterscheidung zwischen »mein« und »nicht-mein« und stehen so in Bezug zum Ego, von dem die Sonne das archetypische Symbol ist.

Man muß diese Verbindung zwischen Immunität und Ego jedoch näher bestimmen, denn Menschen sind nicht die einzigen Lebewesen, die ein Immunsystem haben. Auch Tiere weisen Immunreaktionen auf. Was dies betrifft, so kann man eine Parallele ziehen zu einer anderen Ego-bezogenen Funktion: der gleichbleibenden Körpertemperatur. Im Menschen ist die Körpertemperatur direkt mit dem Ego verknüpft. Eine konstante Körpertemperatur erlaubt es dem Ego, seine angemessene Beziehung zum physischen Körper aufrechtzuerhalten (im Falle des Fiebers macht das Ego eine Ausnahme und kommt hinunter in die physische Arena, beteiligt sich direkter am Funktionieren des physischen Körpers). Auch viele Tiere haben eine relativ konstante Körpertemperatur. Man kann jedoch feststellen, daß sich nur bei den höherentwickelten Wirbeltieren die Körpertemperatur zu stabilisieren beginnt – die Bluttemperatur der Eidechsen schwankt z.B. mit der Temperatur ihrer Umgebung. Ähnlich haben auch die höheren Wirbeltiere ein sehr viel ausgefeilteres Immunsystem.

Wenn Sie sich auf das Bewußtsein einer Eidechse und auf das eines Hundes einstimmen, dann können sie feststellen, daß ein evolutionärer Sprung sie voneinander trennt; das Bewußtsein des Hundes ist deutlich stärker »individualisiert« als das der Eidechse. Die Immunfunktion kann ebenso wie die gleichbleibende Körpertemperatur als ein Lernen von Individualität angesehen werden, als eine Vorbereitung auf das Bewußtsein des Ego.

Hinsichtlich der feinstofflichen Körper besteht ein fundamentaler Unterschied zwischen der Wärme von Tieren und von Menschen. Die der Menschen ist aufgeladen mit dem transzendenten Licht des Ego oder Höheren Selbst, das in den Tieren nicht anwesend ist. Das führt uns zu der Auffassung, daß es auch einen grundlegenden Unterschied zwischen dem Immunsystem der Tiere und dem der Menschen geben muß. Die Immunologie ist noch ein junger und sich rasch verändernder Wissenschaftszweig, daher wäre es voreilig, wollte man versuchen, eine fertige Theorie zu formulieren. Ich sage jedoch voraus, daß auf einer gewissen Stufe die Immunologen bestimmte Aspekte der Immunreaktionen identifizieren werden, die es so bei Tieren nicht gibt und die ein sehr großes Potential zur Heilung eines breiten Spektrums von Krankheiten bieten werden, darunter auch sehr schwere Krankheiten.

Der Mars und das Immunsystem
Wie Sie bei der Lektüre dieses Buchs feststellen konnten, ist es so, daß eine physiologische Funktion, die mit der Sonne verknüpft ist, nicht selten auch eine Beziehung zum Mars hat. Warum ist das so? Weil Sonne und Mars die beiden Planetenkräfte des Feuers (sowohl des Elements Feuer wie des kosmischen Feuers) sind. Die Sonne ist scheinendes Feuer und brennende Herrschaft, während Mars das Feuer verkörpert, es aktiv hinunterträgt in die physikalischen Prozesse und die weltlichen Aktivitäten.

So ist das Immunsystem nicht nur mit der Sonne, sondern auch mit dem Mars verknüpft. Immunologische Begriffe wie »Immunabwehr« und »Killer-Lymphozyten« weisen deutlich auf die Mars-Symbolik hin. Der Grund dafür ist, daß die Immunreaktion in der Form eines Kriegs der Zellen stattfindet! Die Lymphozyten identifizieren Feinde und greifen sie an, um sie zu verschlingen; und wenn die Schlacht verloren geht, dann hat das Krankheit zur Folge. Die enzymatische Verdauung von unerwünschten Zellen oder Substanzen ist ein direkter Ausdruck des Feuers des Mars, und die außerordentliche Spezifität, mit der Lymphozyten Antigene identifizieren und gegen sie gerichtet werden, muß man mit der höheren Mars-Funktion der Wahl, Entscheidung und des Zielbewußtseins in Beziehung bringen, der wir in der Gallenblase begegnet waren.

Ohne Zweifel hätten die Taoisten die Macrophagen gern »große Blasen« genannt, wie sie es mit ihren tapferen Generalen taten!

Sonne, Mars und Allergie

Allergien werden von Reaktionen verursacht, die denen der Immunreaktion ähnlich sind. Statt gegen Bakterien oder giftige Chemikalien gehen jedoch hier die Lymphozyten gegen gewöhnliche Substanzen unserer Umwelt wie Staub oder Pollen vor.

Wie das ganze Immunsystem, so ist auch die Allergie ein Phänomen auf der Grundlage einer Unterscheidung zwischen »mein« und »nicht mein«, und deshalb mit dem Sonnen-Ego verknüpft. Es gibt auch einen genetischen Faktor dabei, was dafür spricht, Allergien mit der Sonne zu verknüpfen. Viele Menschen, die unter Allergien leiden, kommen aus Familien, in denen es bereits eine Tradition allergischer Reaktionen gibt.

Autoimmunkrankheiten

Bei Autoimmunkrankheiten zeigt das System ein schweres Identitätsproblem – es gelingt ihm nicht, seine eigenen Zellen zu erkennen, und greift sie an, als ob sie bedrohliche Feinde wären.

26.6 Krebs

Krebs ist ein so komplexes Phänomen, daß notwendigerweise mehr als eine Planetenkraft daran beteiligt ist. Die Grundtatsache beim Krebs ist es jedoch, daß einige Zellen von dem Bauplan des Körpers abweichen, der in den Chromosomen enthalten ist. Im Sinne der Planetenkräfte sind Krebszellen Renegaten, die sich der Herrschaft der Sonne entziehen – das bedeutet, daß alles, was das Sonnenprinzip in einem Krebspatienten stärkt, nur einen günstigen Einfluß auf die Entwicklung der Krankheit haben kann.

Das erklärt die Strategie hinter Rudolf Steiners anthroposophischer Methode der Krebsbehandlung. Eine der hauptsächlichen Behandlungsmethoden, die er empfahl, besteht in Injektionen von Mistelpräparaten, die starke entzündliche Prozesse im Patienten bewirken. Wie wir bald ausführlicher erörtern werden (Abschnitt 30.3), ist eine Entzündung ein feuerbezogener Prozeß, durch den das Ego dem physischen Körper seine Anwesenheit aufprägt. Die Idee ist es, das Ego in die physische Arena hinunterzurufen und es einzuladen, sich direkter an den physiologischen Prozessen zu beteiligen – um die Herrschaft des Königs wiederherzustellen. Aus der Perspektive der anthroposophischen Medizin sollte der Arzt im Verlauf einer Krebserkrankung deshalb Entzündungen, Fieber und andere feuer-bezogene Prozesse begrüßen und fördern, statt sie mit Drogen niederzuschlagen.

Praktiker der anthroposophischen Medizin sind der Auffassung, daß es auch außerhalb des Zusammenhanges einer Krebserkrankung nicht unbedingt klug ist, Entzündungsprozesse im Körper abzublocken.

Wenn man von Kindheit an alle Entzündungen und Fieber unterdrückt, indem man jedesmal Antibiotika gibt, wenn eine Infektion vorkommt, und indem man gegen alle möglichen Kinderkrankheiten impft, dann verhindert man, daß das Ego vollständig vom Körper Besitz ergreift. Auf lange Sicht kann dies nur zu einer Schwächung des Immunsystems führen und auch zu einer geringeren Widerstandsfähigkeit gegen Krebs.

Verlassen wir die anthroposophische Medizin, und betrachten wir einige einfache, aber weitreichende Konsequenzen aus der Auffassung, daß beim Krebs die Führungsrolle der Sonne angefochten wird. Wenn man, durch Meditation allgemein oder durch spezifische Techniken der Heilmeditation, das Bewußtsein des Ego in die vom Krebs befallene Region des Körpers »schieben« kann, dann kann man dem System in seinem Kampf für die Gesundheit nur helfen. Jede andere Maßnahme, die das Scheinen der Sonne im Patienten verstärkt, so wie etwa die Pflege innerer Freude und liebevoller Gefühle, wird ebenfalls dem Körper bei seinen Anstrengungen zur Heilung helfen.

Es gibt natürlich noch verschiedene andere Faktoren, die an einer Krebserkrankung beteiligt sind. So haben z.B. eine ganze Reihe von Krebspatienten eine tief verwurzelte negative emotionale Konditionierung in ihrem Astralkörper, die durch psychotherapeutische Arbeit wie den ISIS-Prozeß angegangen werden muß, wenn man Wurzeln und Ursachen behandeln will – und nicht nur ihre Konsequenzen.[54]

Ein Prinzip, auf das die Alchemisten hingewiesen haben, ist, daß Antimon Kräfte enthält, die bei der Krebsbehandlung helfen könnten. Das kann nicht bedeuten, diese Substanz selbst zu nehmen (die ein starkes Gift ist und ohne Zweifel den Patienten umbringen würde!), sondern durch alchemistische Prozesse aktive Wirkungsprinzipien aus dem Antimon zu extrahieren. Das ist in Übereinstimmung mit dem, was wir zuvor schon kurz über das Antimon sagten – dieses Metall ist mit dem verknüpft, was im Clairvision-System der inneren Alchemie das »Venom« genannt wird, mit der Quelle, die fortwährend den menschlichen Astralkörper nährt.

26.7 Diabetes mellitus

Mehrere Vertreter der medizinischen Astrologie haben Diabetes, die Zuckerkrankheit, mit der Sonne in Verbindung gebracht. Warum? Diabetes ist eine Dysfunktion des Zuckerstoffwechsels – daher der Zusatz *mellitus*, der vom lateinischen *mel*, »Honig« kommt, und der dem Namen der Krankheit im 17. Jahrhundert hinzugefügt wurde, weil erkannt wurde, daß der Urin der Patienten schmeckte, »als sei er von

---

[54] Vgl. *Regression, Past Life Therapy for Here and Now Freedom.*

Honig erfüllt«. Patienten, die an Diabetes leiden, können ihren Zucker nicht angemessen verwalten, was abnormal erhöhte Glukosewerte in Blut und Urin zur Folge hat. In esoterischer Sicht ist Zucker, wie es in *Subtle Bodies, the Fourfold Model* erörtert wird, eine auf das Ego bezogene Substanz. Da das Ego die Sonne des Menschen ist, ist es logisch, daß Diabetes mit der Planetenenergie der Sonne verbunden sein sollte.

Zur Verbindung zwischen dem Ego und Zucker: Sobald der Zuckerspiegel im Blut unter einen bestimmten Wert fällt, verliert der Mensch das Bewußtsein, d.h. er wird unfähig, die physische Anwesenheit seines Ego aufrechtzuerhalten. Bei weniger schweren Fällen von Hypoglykämie (Unterzuckerung) sind Müdigkeit und ein Gefühl von Leere ebenfalls Zeichen dafür, daß sich das Ego nicht in vollem Umfang in den physischen Körper hinein ausdrücken kann. Man kann verschiedene weitere Assoziationen zwischen Zucker und Ego finden, sowohl auf der symbolischen Ebene wie auf der Ebene der inneren Wahrnehmung. So kann man, wenn man Zucker gegessen hat, spüren, wie er einem ins Blut geht, und das Blut ist das hauptsächliche Vehikel des Ego. Länder, in denen sich das am stärksten ichbezogene Bewußtsein entwickelt hat, haben auch den höchsten Verbrauch an Zucker usw.

Ein weiteres Zeichen bei Diabetes, das auf die Sonne hinweist, ist, daß die hauptsächlichen Komplikationen an den Blutgefäßen auftreten: Erkrankung der Koronararterien, Schäden der Gehirngefäße und Schäden an den Gefäßen in der Retina (Netzhaut) und der Niere.

Von den beiden Haupttypen des Diabetes, dem insulinabhängigen (Typ I) und dem nicht-insulinabhängigen (Typ II) ist der Letztere weniger direkt mit der Sonne verknüpft. Da er mit übermäßiger Nahrungsaufnahme und Übergewicht zu tun hat und für gewöhnlich erst in einem reifen Alter auftritt, kann man ihn ebenso mit Jupiter wie mit der Sonne in Verbindung bringen.

27 - Der Mond und die Krankheiten

27.1 Der Mond-Patient

Der Mond ist seiner Natur nach nicht sonderlich tapfer und kann daher sehr verängstigt sein, wenn er mit einer Krankheit konfrontiert wird.

Kann leicht eine kindliche, passive Haltung gegenüber Krankheiten einnehmen. Ist leicht zu beeinflussen und liefert sich so oft ganz seinem Arzt aus, ohne je eine der Verordnungen oder therapeutischen Entscheidungen in Frage zu stellen (eine »Schneiden sie doch schon!«-Haltung).

Wird durch eine Krankheit leicht in einen chaotischen Zustand gebracht. Manchmal kann das zu einer scheinbaren Übersteigerung aller Symptome führen. Der Mond ist die Planetenkraft, die den Patienten am leichtesten zum Hypochonder macht.

Kann gut im Bett liegen bleiben (im Gegensatz zum Mars-Patienten, der es oft haßt, Bettruhe halten zu sollen). Wenn Personen mit einem starken Mond krank werden, dann fühlen sie sich erleichtert, als wollten sie sagen »Gott sei Dank! Ich kann mich heute einfach ins Bett legen und mich bemuttern lassen. Heute gibt es keine Verantwortung für mich.«

Vergißt leicht, seine Tropfen zu nehmen oder sonst die verordnete Behandlung einzuhalten (im Gegensatz zum Saturn, der den Verordnungen rigoros Folge leistet).

27.2 Selbstheilung durch das Chaos

Selbst bei geringfügigen gesundheitlichen Störungen haben Menschen mit einem starken Mond die Tendenz, mit Chaos zu reagieren, flach im Bett zu liegen mit einem vagen Blick in den Augen, als hätte sie eine schwere Krankheit niedergestreckt. Das ist nicht notwendigerweise schlecht; in vielen Fällen kann das ein Weg zur Selbstheilung sein. Nach kurzer Zeit kommen sie wieder in ihren normalen Zustand zurück. Ärzte und Heiler sollten diese Tendenzen erkennen und nicht versuchen, gegen sie anzukämpfen. Wenn der Patient für einige Zeit fix und fertig sein will, warum sollte man ihn nicht lassen? Es könnte sein kürzester Weg zur Erholung sein. Nur wenn Patienten sich für längere Zeit in einem schlechten Zustand einrichten, sollte man sie wieder zurück in die Realität holen.

27.3 Mangel an Tonus und schwache Lebenskraft

Der Mond ist kein Planet großer physischer Stärke und hoher Widerstandsfähigkeit gegen Krankheiten. Menschen mit einem starken Mond haben die Tendenz, leicht Gewicht zuzulegen, sie weisen dicke Fleischwülste auf, und ihre Körperkraft läßt früh nach. Denken Sie an Azaleen oder Jasminbüsche (die sehr stark von der Planetenkraft des Mondes beeinflußt werden), die sehr schön sein können, wenn sie aufgeblüht sind, doch deren Blüten schnell ausbleichen und vertrocknen, was sie ziemlich unordentlich aussehen läßt. So kann auch die Lebenskraft der vom Mond geprägten Menschen früh welken.

Das ist einer der Hauptunterschiede zwischen dem Körper einer Person mit einer starken Venus und jemandem mit einem starken Mond. Beide mögen in jungen Jahren recht hübsch sein, doch die von der Venus geprägte Person wird viel länger gut aussehen, wenn sie alt wird, während die vom Mond geprägte viel schneller vom Alter gezeichnet wird.

Das ist der Grund, warum Menschen mit einem starken Mond sehr stark dazu ermuntert werden sollten, Sport zu treiben, ungeachtet dessen, daß sie Sport oft hassen. Diese Kultivierung ihrer Lebensenergie wird ihnen einen höchst notwendigen Feuerfunken bringen und wird ihre Widerstandskraft gegen Krankheiten in hohem Maße stärken.

27.4 Der Mond und die Eßstörungen

Der Mond regiert die Ernährungsfunktionen insgesamt, und so sind logischerweise die meisten Eßstörungen tatsächlich Störungen der Mondkraft. Das trifft auf den gesamten Bereich der Eßstörungen zu, von der Bulimie bis zur Anorexia nervosa.

Übermäßiges Essen
Es ist eine wohlbekannte Tatsache, daß es einfach nicht ausreicht, einen übergewichtigen Menschen dazu aufzufordern, weniger zu essen und sich an eine Diät zu halten, um ihn zu einem gesunden Lebensstil zurückzubringen. Ein Nähren und Heilen ihrer Mondenergie muß ebenfalls stattfinden. Das beinhaltet insbesondere, die emotionalen Antriebskräfte und Entbehrungen der Patienten zu erkunden und ihnen zu helfen, emotional ins Gleichgewicht zu kommen. Diese weitere Dimension, die die tieferen Mond-Aspekte der Persönlichkeit berücksichtigt, wird für gewöhnlich übersehen. Das ist dann der Grund dafür, warum die Versuche so vieler Menschen, ihr Gewicht zu reduzieren, sich als nichts als Zeitverschwendung erweisen.

Anorexia nervosa

Die typische Patientin mit *Anorexia nervosa* ist ein junges Mädchen zwischen 14 und 17, die sich eine strikte Diät auferlegt und sich sogar nach Mahlzeiten erbrechen macht. Das Ergebnis ist eine sehr starke Abmagerung und in extremen Fällen (mehr als 10 Prozent) der Tod durch Verhungern.

Aus einer spirituellen Perspektive ist Anorexia nervosa eine Weigerung dagegen, sich auf der Erde zu verkörpern. Dieses Verhalten beginnt in der Pubertät, also in der Zeit, in der sich der Astralkörper (die Ebene des Verstandesbewußtseins) enger mit dem physischen Körper verbindet. Die anorektische Patientin will nicht auf der Erde sein. Ärzte wissen durchaus, daß Fasten die Menstruation unterdrückt und daß anorektische Frauen ihre Weiblichkeit unterdrücken (das genaue Gegenteil einer Frau mit einer starken Mondenergie, die sich der Erde erfreut, indem sie Freude an ihrer Sexualität hat). Was jedoch oft übersehen wird, ist, daß ein Teenager sich durch Fasten in bestimmte höhere Bewußtseinszustände bringen kann und eine Klarheit erzielen kann, wie sie derjenigen der Asketen in der Wüste nicht unähnlich ist.[55] Es ist wahr, daß das im Falle anorektischer Patienten im Zusammenhang schwerer psychischer Störungen stattfindet und deshalb nie als ein Erleuchtungszustand bezeichnet werden kann. Dennoch muß man sich, um diese Patienten voll und ganz verstehen zu können, klarmachen, daß das Leben auf der Erde mit einer unglaublichen Schwere verbunden ist und daß diese Patienten durch das Fasten ein kleines bißchen von der »unerträglichen Leichtigkeit des Seins« des Geistes mitbekommen. Asketen ist es wohlbekannt, daß diese scharfe Seinserfahrung außerordentlich suchtbildend ist, und vielleicht können Ärzte und Heiler das Ergebnis ihrer Behandlung dieser Störung verbessern, wenn sie ihren symbolischen Hintergrund kennen. Der Körper der Patientin will die Klarheit des Feuers und weist deshalb alle irdischen Dinge (das Fleisch, die Menstruation, die Sexualität) zurück, indem sie ihre Mondkraft verwelken läßt.

Es ist interessant, daß oft von Patienten mit *Anorexia nervosa* berichtet wird, sie hätten »perfektionistische« Persönlichkeiten. Auch dies führt wieder zu einem Verständnis ihrer Störung als Verweigerung der Unvollkommenheiten des Lebens auf der Erde und als ein (bewußtes oder unbewußtes) Bedürfnis nach einer Vollkommenheit, die nicht von dieser Welt ist.

---

[55] Vgl. das Kapitel über die Wüste in *Subtle Bodies, the Fourfold Model*.

27.5 Der Mond und Probleme mit der Mutter

Wenn man die verborgenen und spirituellen Aspekte hinter Krankheiten zu interpretieren versucht, so muß man immer im Auge behalten, daß die Seele, wenn sie sich auf der Erde verkörpert, sich in einer gänzlich anderen Umgebung wiederfindet als es das höhere Licht und die Harmonie waren, die in den Welten des Geistes herrschen. Das erfordert immense Anstrengungen zur Anpassung, von denen eine Reihe von Krankheiten und spirituellen Krisen nur Facetten sind. Wie erfahren die Individuen ihren ersten Kontakt mit der Erde? Durch ihre Mutter. Die Seele des Babys landet in der geschützten Umgebung der Gebärmutter, und so entwickeln Mutter und Kind eine extrem enge Beziehung zueinander. Von der Embryonalzeit bis mindestens ein bis zwei Jahren nach der Geburt gibt es für das Bewußtsein des Kindes keinen deutlichen Unterschied zwischen der emotionalen Umwelt, die die Mutter darstellt, und dem Planeten Erde als Ganzem. Außerdem hat das Baby keine Schutzmechanismen gegen die Emotionen seiner Mutter. Das bedeutet, daß es unendlich voller und tiefer Liebe empfangen kann als Erwachsene. Doch es heißt auch, daß es getroffen und stark verletzt ist, wenn die Mutter ihm keine Liebe bietet oder wenn es ihr schlecht geht oder sie von negativen emotionalen Wellen erfaßt wird.

Ein hinduistisches Sprichwort sagt:

> Ein Vater ist mehr wert als hundert Gurus (Lehrer).
> Eine Mutter ist hundert Väter wert.

Wovon hier die Rede ist, ist allerdings nicht irgendeine Mutter, sondern eine, die ihrem Kind die Fülle der Mütterlichkeit des Mondes bieten kann. Hinter diesem Sprichwort steckt große Weisheit – die willkommnende und nährende Liebe, die ein Baby von seiner Mutter bekommt, hat eine unglaubliche Wirkung und bereitet die Fundamente für Körper und Verstand des späteren Erwachsenen. Viele *samskara*, also traumatische psychische Eindrücke, die aus früheren Leben zurückgeblieben sind, können durch die Mutterliebe rasch geheilt werden. Eigenschaften wie Selbstachtung und Selbstvertrauen haben z.B. ihre Wurzel in der mondhaften mütterlichen Liebe, die einem als Kind gegeben wurde. Wenn man umgekehrt nicht genug davon in diesen frühen Stadien erhalten hat, dann wird es später beträchtliche Selbstveränderungsarbeit brauchen, um die Schäden zu beheben – was der Grund dafür ist, daß eine wirkliche Mutter soviel wert ist wie 10 000 Gurus.

Wenn viele Menschen ein tiefes, unbewußtes Verlangen in sich tragen, nicht auf der Welt zu sein, dann deshalb, weil sie keine solche Mutter gehabt haben. Bei Fällen von *Anorexia nervosa* ist es z.B. nicht ungewöhnlich festzustellen, daß die Patientin schwere Probleme mit ihrer Mutter hat. Doch auch viele andere gesundheitliche und psychische Störungen, nicht nur die, die mit der Ernährung oder der Fortpflanzung zu tun haben, liegen darin begründet, daß die Betroffenen kein angemessenes mondhaftes Nähren und Pflegen von ihrer Mutter bekommen haben.

27.6 Verdauung auf allen Ebenen – Traumata behandeln bedeutet den Mond zu behandeln

Nahrung zu verdauen bedeutet, sie sich zu eigen zu machen, sie in unsere Substanz aufzunehmen, und das schließt ein, sie von Energien zu reinigen, die mit unserem Wesen unvereinbar sind. Als Teil einer globalen Sicht auf das Heilen ist es jedoch wichtig, den Begriff der Verdauung auf psychische Ereignisse auszudehnen. So bedeutet das englische Verb *to stomach* (abgeleitet von *stomach*, Magen) eine Tatsache ohne Groll hören zu können, sie also zu »verdauen«, und genauso sagen wir es ja auch im Deutschen. Dahinter steckt großes unterscheidendes Wissen, denn der Mond-Magen spielt tatsächlich eine Rolle bei der »Verdauung« von traumatischen Ereignissen. Ebenso wie wir die Nahrung in Chaos verwandeln, um sie uns anzueignen, vollzieht die Mondkraft in uns eine langsame Zersetzung bzw. Kompostierung und Verdauung einer Reihe von Tatsachen und Ereignissen in unserem Leben. Wenn aus irgendeinem Grund dieser Prozeß nicht vollständig ablaufen kann, dann ist das Resultat entweder anhaltende Bitterkeit oder irgendeine Störung im Gleichgewicht der Mondfunktionen. Daraus könnte z.B. eine Eßstörung oder ein gynäkologisches Problem entstehen. Doch die Planetenkraft des Mondes ist sehr breit an allen physiologischen Prozessen beteiligt, so daß das Resultat sich in einer großen Vielfalt von Funktionen manifestieren kann – nicht nur an den beiden Schwerpunkten des Mondes, der Verdauung und der Fortpflanzung.

Das führt zu entscheidenden therapeutischen Überlegungen. Lassen Sie uns als Beispiel das weitverbreitete Ereignis nehmen, daß jemand bei einem Autounfall am Rücken verletzt worden ist. Die Beschwerden sind eher gering, es bedarf keines chirurgischen Eingriffs, und die Röntgenaufnahme zeigt, daß nur ein oder zwei Wirbel leicht verschoben sind. Eine häufig anzutreffende Haltung in solch einem Falle wäre es, einige Sitzungen bei einem Chiropraktiker zu empfehlen und sonst weiter nichts – und das wäre ein Fehler; es könnte zu einem dieser Fälle von nicht enden wollenden Rückenschmerzen führen, an denen Leute ihr Leben hindurch leiden. Eine Ausrichtung der Wirbel mag notwendig sein, sie ist aber nicht ausreichend. Ein Trauma zu behandeln bedeutet, den Mond des Patienten zu behandeln. Das »nasse physiologische Substrat«, also die Mondkraft, hat einen Schock erlitten, und ehe man sie wieder zur Ruhe bringt, können die physischen Probleme immer weitergehen, begleitet von psychischen Komplikationen, die bei Menschen, die Unfälle oder andere schwere Traumata erlitten haben, gar nicht selten vorkommen. Wenn man umgekehrt das Gleichgewicht in der Mondkraft des Patienten wiederherstellt, dann lassen die verschiedenen physischen Beschwerden oft schrittweise nach und verschwinden, ohne einen nachhaltig bleibenden Eindruck zu hinterlassen. In unserem Beispiel war die eigentliche Beschädigung an der Mondkraft, nicht an der Wirbelsäule. Wenn man nun die Wirbelsäule behandelt, dann arbeitet man nur an den Konsequenzen, nicht aber an den Ursachen, und so sind keine spektakulären Erfolge zu erwarten.

27.7 Mond und Wahnsinn

> Es ist so recht ein Fehler des Mondes;
> er kommt viel näher an die Erde als gewohnt
> und macht die Menschen irre.
>
> Shakespeare: *Othello*, 5.2

Die Verbindung zwischen dem Mond und dem Wahnsinn ist seit dem Altertum geläufig und findet sich in verschiedenen Kulturen. Wahnsinn ist ein Chaos des Verstandes, und so natürlicherweise mit der Planetenenergie des Mondes verknüpft. Nehmen Sie z.B. die Ophelia im *Hamlet*. Sie kann mit Hamlets uranushaft-erratischem Verhalten nicht zurechtkommen, und da sie keinen hermetisch orientierten Heilpraktiker hat, um ihre Mondkraft zu nähren, reagiert sie darauf, indem sie sich in totales inneres Chaos wirft – sie wird wahnsinnig.

Außerdem hatte man im Altertum beobachtet, daß sich der Zustand einer Anzahl von geistig gestörten Menschen zum Vollmond verschlechterte, was ein weiterer Grund dafür war, den Mond mit dem Wahnsinn zusammenzubringen. So hat das Englische das Wort *lunatic* (verrückt, Verrückter) vom lateinischen *lunaticus* (von *luna*, Mond) geerbt, und ähnliche Worte finden sich in fast allen westlichen Sprachen. Ausdrücke wie *moon-struck*, »mondsüchtig« kommen aus derselben Gedankenreihe.

Heutzutage gilt jedoch das Wort »Wahnsinn« als viel zu vage, als daß es irgendwie nützlich sein könnte, um Patienten zu helfen, und es ist durch ausgefeilte Klassifikationen von psychischen Störungen ersetzt worden. Im heutigen Sinne kann man zwar noch ein Element des Mond-Chaos in den Psychosen erkennen, die meisten Neurosenwerden jedoch besser mit dem Saturn verknüpft.

27.8 Der Mond, Wesenheiten und Parasiten

Ich werde hier nicht auf die vielfältigen Anzeichen für Wesenheiten eingehen, da ich sie in *Entities, Parasites of the Body of Energy* beschrieben habe. Wenn Sie diese Darstellung gelesen haben, dann werden Sie jetzt feststellen, daß die hauptsächlichen Symptome, die durch die Gegenwart einer Wesenheit verursacht werden, von ähnlicher Art wie die Planetenkraft des Mondes sind. Wesenheiten gedeihen unter Bedingungen von Verwirrung und Desorganisation, sie begünstigen auch oft unklare Geisteszustände. Viele von ihnen möchten einfach ruhig in ihrem Wirt schlafen, es sich in ihrer warmen Umgebung gemütlich machen. Sie mögen es, genährt zu werden. Sie haben ein starkes Verlangen, ja einen Heißhunger, auf Nahrung besonders auf süße Speisen. Sie neigen dazu, eine bestimmte emotionale Forderung endlos zu wiederholen oder auch ein anderes Muster, das ihrer Substanz aufgeprägt ist. Sie werden zum Vollmond schlimmer und so fort.

Physische Parasiten kann man ebenso mit dem Mond in Verbindung bringen – alles, was sie wollen, ist, in Ihnen zu leben, sich von Ihnen zu ernähren und sich fortzupflanzen. Außerdem begünstigen Eingeweideparasiten nach meiner Beobachtung einen gewissen Mangel an Klarheit im Denken. Diese Verbindung mit der Planetenkraft des Mondes ist der Grund dafür, warum verschiedene Systeme des Heilens empfehlen, daß man Drogen gegen Parasiten entweder bei Vollmond oder kurz vor dem Neumond nehmen soll.

Der Neumond und der Vollmond sind auch die Zeitpunkte, die die meisten astrologisch orientierten Gärtner für das Jäten von Unkräutern empfohlen haben.

28 - Der Merkur und die Krankheiten

28.1 Der Merkur-Patient

Redselig. Der Arzt muß jedoch vorsichtig sein, dem Patienten nicht zu erlauben, zu irrelevanten Themen abzuschweifen. Von Merkur geprägte Menschen können gut jonglieren. Manchmal finden sie allerhand Wege, um zu vermeiden, den wirklich wichtigen Fragen ins Gesicht zu sehen.

Von Merkur geprägte Menschen haben eine Tendenz, sich Geschichten über ihren Gesundheitszustand zurechtzulegen, in denen sie auch geringfügige Symptome interpretieren und Krankheitsszenarien entwerfen, die in der Wirklichkeit keine Grundlage haben. Da ihr Verstand stark ist, können sie so manchmal sogar physische Beschwerden herbeiführen. Mit Logik und einer dem Merkur entsprechenden Argumentation muß der Arzt sie zu einer klaren Wahrnehmung ihres Zustandes zurückbringen.

Der Mond-Patient kann sich hypochondrischen Stimmungen hingeben. Der Merkur-Patient kann über Krankheiten phantasieren.

Die wechselhafte Natur der Merkur-Patienten kann benutzt werden, um ihre Genesung zu fördern. Statt daß sie dauerhaft in einer depressiven oder kranken Geisteshaltung steckenbleiben, kann man ihnen leicht dabei helfen, in einen positiven geistigen Rahmen zurückzukehren.

28.2 Charakteristika von Krankheiten, die mit Merkur zu tun haben

Merkur ist der Planet des Luft/Wind-Elements. So sind verschiedene Charakteristika von Krankheiten, die mit Merkur verknüpft sind, in Wirklichkeit Merkmale, die mit dem Wind zu tun haben: Die Symptome sind wechselhaft (veränderliche Körperstellen/veränderliche Modalitäten), entwickeln sich schnell, treten plötzlich auf und verschwinden manchmal ebenso plötzlich wieder.

Rheumatisches Fieber z.B., mit seinen wandernden Anfällen von Gelenkschmerzen, ist eine typische windhafte Erscheinung.

Symptome wie sich schütteln, Schauer oder Zuckungen sind sowohl von der chinesischen wie von der ayurvedischen Medizin dem Windelement zugeordnet worden. Juckreiz ist ebenfalls ein klassisches »Wind-Zeichen« in der chinesischen Medizin.

Der Begriff »Wind« bezieht sich nicht nur auf relativ milde und harmlose Erkrankungen. Wind ist das Prinzip der Bewegung im Körper, und deshalb geht man in der chinesischen Medizin wie in der ayurvedischen und der tibetanischen davon aus, daß schwerere windbezogene Störungen dramatische Manifestationen wie einen Schlaganfall oder Lähmungen aller Art zeigen können.

- Störungen, die eine Desorganisation physischer oder energetischer Rhythmen mit sich bringen.
- Störungen, die gewissermaßen mit Schnittstellen, Interfaces zu tun haben, also mit Körpergeweben, die an Austauschprozessen mit der Außenwelt beteiligt sind (so wie Schleimhäute oder die Haut).

Es ist bedeutsam, daß jedes der Organe, die hauptsächlich mit Merkur verbunden sind, eine phantastische Oberfläche aus Schleimhaut hat: die Villi bzw. Dünndarmzotten, haarartige Auswüchse des Dünndarms, vergrößern seine Oberfläche um das 160fache, während das komplizierte Netzwerk der Alveoli bzw. Lungenbläschen, wenn man es entfalten könnte, ungefähr dieselbe Fläche wie ein Tennisplatz bedecken würde.

28.3 Erkältungen und Grippe

Hinter Erkältungen und verschiedenen Formen der Grippe sieht die modernen Medizin nur Bakterien oder Viren. Die traditionelle chinesische oder die ayurvedische Medizin sahen dabei den Einfluß äußerer Energien, die sie »Kälte« oder »Wind« nannten. Diese schädlichen Energien durchdringen die weiter an der Oberfläche liegenden Schichten des Energiekörpers, was vorübergehend das Körperfeuer beeinträchtigt.

Natürlich streitet eine moderne Art, diese Lehren zu gebrauchen, nicht die Existenz von Bakterien oder Viren ab. Sie geht vielmehr davon aus, daß dies nur ausführenden Organe, die Agenten oder Vektoren von anderen Energien sind. Manchmal ist es möglich, eine Erkältung oder Grippe in sehr kurzer Zeit zu kurieren, indem man nur Akupunktur, Moxibustion oder eine energiebezogene Heilungstechnik anwendet, um diese schädlichen fremden Energien aus dem Körper zu entfernen.

Das ist der Weg, wie ich als Arzt zu den alternativen Therapieformen gekommen bin. Ein Akupunkturpraktiker zeigte mir mehrere 20-Minuten-Kuren für einfache akute Erkrankungen an einigen Patienten. Die Tatsache, daß die Patienten in dieser kurzen Zeit vollständig beschwerdefrei wurden, war eine verblüffende Demonstration, daß Energie eine Rolle bei der Entstehung der Krankheiten spielt.

Warum bringt man Erkältungen und Grippe mit Merkur in Verbindung? Weil sie mit dem Eindringen einer falschen Energie in die äußeren, näher an der Oberfläche liegenden Schichten des Energiekörpers zu tun haben, welche als Schnittstelle zur Umwelt dienen. In der Mehrzahl der Fälle entwickelt sich eine Grippe schnell. Ein weiterer Faktor, der mit Merkur zu tun hat, ist die Ansteckung, die sich durch Kontakt mit Menschen ausbreitet – man kriegt oder holt sich die Grippe für gewöhnlich von jemandem, und nicht selten gibt man sie schließlich auch jemand anderem weiter.

Wenn man sich seines Energiekörpers bewußt und seiner Herr wird, dann wird man fähig zu spüren, wenn ein Virus anklopft und versucht hineinzukommen. Das Gefühl ist wie eine feuchte, schmutzige, vermischte Energie, die unzüchtig die äußersten Bereiche Ihres Ätherkörpers berührt. Man hat das oft, wenn man mit jemandem zusammen ist, der Grippe hat. Indem Sie Ihre oberflächliche Energieschicht – die »energetische Haut« – dichter machen, können Sie leicht die falsche Energie zurückweisen.[56] Man muß jedoch sehr bewußt und wachsam sein, denn diese falschen Energien können unglaublich schnell in Ihr System eindringen – man könnte sagen, merkurhaft flink! Wenn Sie sie einmal hineingelassen haben, dann ist es viel schwieriger, sie wieder aus Ihrem System zu brennen.

Der Mond und Grippe
Sie haben vielleicht bemerkt, daß gar nicht selten Menschen, die gerade den Streß einer hektischen Periode voller Arbeit hinter sich gelassen haben, sich eine Grippe holen, für ein paar Tage außer Gefecht sind und sich hinterher viel besser fühlen. Im energetischen Sinne entspricht das einem präzisen Mechanismus. Während der Zeit, wo sie bis zur Erschöpfung gearbeitet haben, sind diese Menschen bis an die Grenzen ihrer ätherischen Energie gegangen. Sie haben Ihrem Ätherkörper (der Ebene der Lebenskraft) im Übermaß ihren Astralkörper (die Ebene, auf der man denkt und sich auf Arbeit konzentriert) aufgedrückt. Der Ätherkörper hat sein Bestes getan, um damit zurechtzukommen, doch kommt da ein Punkt, an dem seine Vitalität erschöpft ist. Man könnte natürlich sagen, daß die ätherische Erschöpfung der Grund dafür ist, daß die oberflächlichen, auf Abwehr eingestellten Energieschichten schwach geworden sind und daß die Person deshalb eine Grippe bekommen hat. Doch der Körper besitzt eine größere Weisheit. Manchmal versteht er es, geringfügigere Krankheiten als eine Methode der Selbstheilung zuzulassen. Wenn also Menschen, die bis an ihre Grenzen gegangen sind, eine Grippe bekommen, dann kann man oft beobachten, daß der Ätherkörper den Virus gewissermaßen eingeladen hat. Warum? Weil er sich in ein Mond-Chaos fallen lassen möchte, um sich vom Astralkörper zu lösen und wieder zu Kräften zu kommen. Wenn Sie eine ordentliche Grippe haben, dann verlieren Sie die Klarheit

---

[56] Die Methode ist dem »Spiegeln« ähnlich, das im ISIS-Prozeß mit ablenkenden Klienten gebraucht wird.

und Schärfe, die es Ihnen erlauben würde, weiterhin zügig zu arbeiten; statt dessen fühlen Sie sich taub, dumm und träge wie ein Vollmond, und so müssen sie sich ausruhen. Außerdem gibt es, wie wir mehrfach erörtert haben, Formen des Chaos, die perfekte innere Bedingungen für die Wiederherstellung der Energie und die Heilung sein können – Mondkraft in ihrer höchsten Wirkungsweise.

Darum ist es auch nicht immer klug, eine Grippe zu rasch zu heilen, selbst wenn man nur alternative Therapien verwendet. Wenn das Chaos der Grippe vom Körper als Weg zu Selbstheilung gebraucht wird, dann tut man der langfristigen Gesundheit des Patienten damit keinen Gefallen.

Grippeviren, Merkur, Mars und Venus
Hellsichtige Beobachtung zeigt, daß viele Formen der Grippe mit gewaltsamen astralen Energien in Beziehung stehen. Diese Energien sehen wie astraler Staub aus, der aus der astralen Umwelt auf den Kopf der Menschen fällt und die Beziehung zwischen dem Astralkörper und dem Ätherkörper dramatisch verändert. Wie jeder weiß, kann einen eine Grippe für kurze Zeit völlig außer Gefecht setzen. Aus dieser Sicht ist der Virus nur ein Agent von astralen Kräften einer großen, von Mars und Venus bestimmten Intensität, die ihrem System einen Schock verpassen. Wegen ihrer merkurhaft-leichtfüßigen Art der Übertragung von Mensch zu Mensch können sich Virusepidemien außerordentlich schnell ausbreiten und so jupiterhafte Proportionen annehmen!

Weil es die Bestimmung des Menschen ist, mit astralen Energien immer höherer Größenordnung in Berührung zu kommen, sage ich vorher, daß in Zukunft einige Grippeepidemien der Menschheit einen verheerenden Zoll abfordern werden. Je schneller die wissenschaftliche Medizin die astralen Kräfte versteht, die die eigentliche Ursache hinter diesen Epidemien sind, um so schneller wird sie in der Lage sein, ihnen etwas entgegenzustellen.

28.4 Stottern, Lese-Rechtschreib-Schwäche und Koordinationsprobleme

Das Sprechen und die Beredsamkeit sind das eigentliche Feld des Merkur, und Menschen, deren Sprache flüssig und gut artikuliert ist, haben für gewöhnlich eine starke Planetenkraft des Merkur. Umgekehrt können eine Reihe von Sprach- und Sprechschwierigkeiten, wie z.B. das Stottern, als ein mit Merkur verknüpftes Problem der Koordination verstanden werden.

Während die Sprache mit Merkur verknüpft ist, ist die Stimme mit Venus verbunden, und ebenfalls mit der Sonne (wie im kosmischen Wort oder *logos*). Das bedeutet, daß hinter dem Stottern ein viel größeres Spektrum von Ursachen stehen kann als nur ein merkurbezogenes Koordinationsproblem. So kann beispielsweise ein sehr stark blockierter und nach innen gewendeter Mars Stottern als eine Form von Selbstunterdrückung und Gewalt hervorrufen.

Auch bei Menschen, die Schwierigkeiten damit haben, die rechte und linke Körperseite zu unterscheiden, kann man davon ausgehen, daß sie ein Problem mit ihrem Merkur haben, denn Merkur herrscht über die Polaritäten und ermöglicht die Flüssigkeit des Übergangs von einer Seite zu anderen. So ist Lese-Rechtschreib-Schwäche z.B. typischerweise ein mit Merkur verbundenes Problem. Jede Störung, die mit Schwierigkeiten beim Wechsel zwischen Polaritäten zu tun hat oder mit der Kommunikation zwischen der rechten und der linken Gehirnhälfte, kann mit Merkur in Verbindung gebracht werden.

28.5 Störungen des Nervensystems

Da viel vom Funktionieren des Nervensystems mit Merkur in Beziehung steht, ist es logisch, daß verschiedene neurologische Probleme mit demselben Planeten verknüpft sind. Wie wir schon oben sahen, reflektiert die chinesische Maxime: »im Falle von Lähmungen, behandeln Sie zuerst den Dickdarmmeridian« die Tatsache, daß neurologische Störungen in tieferen symbolischen Funktionen verwurzelt sein können als nur auf der Ebene der Neuronen. Aus astrologischer Sicht ist der Dickdarm ein Bereich, der unter Merkur steht, und der obige Grundsatz sollte nicht so verstanden werden, als beziehe er sich ausschließlich auf dieses Organ, sondern so, daß er sich auf das dahinterstehende Merkur-Wind-Prinzip bezieht.

In der Astrologie werden klassischerweise verschiedene Formen von Lähmungen, Zittern (Tremor) oder Koordinationsprobleme dem Merkur zugeordnet – genauso, wie sie in der chinesischen und ayurvedischen Medizin mit einem Mangel oder Überschuß des Windelements verbunden werden.

28.6 Herzrhythmusstörungen

Eine Reihe von Abweichungen vom normalen Herzrhythmus werden von Herzkrankheiten verursacht, die die Übermittlung von Nervenimpulsen im Herzmuskel behindern. Andere Dysfunktionen treten auf, ohne daß man einen bestimmten organischen Schaden feststellen könnte. Beide Kategorien von Störungen stehen in gewisser Weise mit Merkur in Verbindung. Wenn keine organische Schädigung vorliegt, können die Störungen manchmal in spektakulär kurzer Zeit in Ordnung gebracht werden, ohne daß man dafür Drogen gebraucht. Dies geschieht, indem man direkt auf die Planetenkraft des Merkur und auf das Windelement einwirkt, entweder durch Akupunktur oder durch ein Heilverfahren, das auf den Energiekörper wirkt.

28.7 Tabak trennt Verbindungen

Der Merkur ist ein Planet der Verbindungen. Auf einer nicht-physikalischen Ebene hat der Tabak eine tiefe Wirkung darauf, wie Menschen mit ihrem Astralkörper und ihrem Höheren Selbst verbunden sind. Nach meinen Beobachtungen gibt es große Unterschiede darin, wie intensiv die Auswirkungen auf die jeweilige Person sind. Die allgemeine Tendenz ist jedoch, daß der Tabak Verbindungen trennt; er ist daher ein Gift, das sich gegen die Planetenkraft des Merkur richtet. Für viele Menschen funktioniert der Tabak als eine Maske, die Themen oder Seiten ihrer selbst vor ihnen verbirgt. Er erzeugt nicht die gleiche Trägheit und Unschärfe wie es der Alkohol tut, aber er trennt die Menschen von ihren Geistführern und von den spirituellen Welten ganz allgemein.

28.8 Der grundlegende Rhythmus des Körpers

Lassen Sie uns zu den *iḍā*, *piṅgalā* und *suṣumṇā-nāḍīs* zurückkehren, die wir in Abschnitt 17.5, »Die esoterische Bedeutung des Caduceus«, beschrieben haben. Diese wesentlichen ätherischen Kreisläufe fließen abwechselnd, dem folgend, was tantrische Texte als den grundlegendsten aller menschlichen Körperrhythmen ansehen. Für einen Zeitabschnitt (von ungefähr 40 Minuten) ist der Kreislauf der Energie in *iḍā-nāḍī* (der links von *suṣumṇā-nāḍī*, dem zentralen Kanal, gelegen ist) stärker als der in *piṅgalā-nāḍī* (auf der rechten Seite des zentralen Kanals gelegen). Dann folgt eine kurze Periode (kaum mehr als einige Minuten) des Gleichgewichts, in der sich *suṣumṇā-nāḍī* öffnet. Dann kehrt sich das Verhältnis um, und *piṅgalā-nāḍī* herrscht für ungefähr 40 Minuten vor.

Wenn *iḍā-nāḍī*, der linksseitige Kreislauf, vorherrscht, sagt man, daß die Körperenergien nach innen gewendet werden. Wenn *piṅgalā-nāḍī* vorherrscht, sagt man, daß der Körper am besten zu physischer Arbeit oder anderen nach außen gewandten Aktivitäten fähig ist. Auch wenn die tantrischen Texte einem nicht alle Einzelheiten geben, die man über die genaue Arbeitsweise von *nāḍīs* gerne wissen möchte, so sind sie doch sehr entschieden darin, daß jede einzelne physiologische Funktion im Körper in der einen oder anderen Weise von diesem Rhythmus beeinflußt wird. Insbesondere sind sie der Ansicht, daß ein gestörtes Gleichgewicht mit einiger Wahrscheinlichkeit zu gesundheitlichen Störungen führt, wenn entweder *iḍā* oder *piṅgalā* überhand nimmt und dauerhaft stärker als der andere fließt.

29 - Die Venus und die Krankheiten

29.1 Der Venus-Patient

Weint leicht. Venus ist eine mit dem Wasser verknüpfte Planetenkraft. Kann von seinen/ihren Problemen überwältigt und entmutigt sein – das Feuer muß neu entzündet werden.
Der Zustand bessert sich oft, wenn der Patient Anteilnahme erhält.
Eher müde als aufgeregt.
Schläft viel.

29.2 Die Wichtigkeit des emotionalen Faktors für Patienten mit einer starken Venusenergie

Menschen mit einer starken Venusenergie sind von Natur aus sentimental, und ihre Krankheiten können oft das Ergebnis einer schwierigen emotionalen Situation sein. Dies nicht zu erkennen hieße eine wesentliche Dimension außer acht zu lassen. Für diese Menschen vielleicht in stärkerem Maße als für alle anderen Patientengruppen kann die Wiederherstellung der emotionalen Harmonie der Schlüssel sein, der anderen Behandlungsmaßnahmen zum Erfolg verhilft. Für den von Venus geprägten Menschen sind Gefühle der Kern der Existenz. Es geschieht oft gerade dann, wenn ihre Gefühle verletzt worden sind, daß sie krank werden, und da es die höhere Kunst der Medizin ist, Ursachen an Stelle von Konsequenzen zu behandeln, wird es die Aufgabe des Arztes bei diesen Patienten sein, eine Erholung und Stärkung ihres Herzens zu fördern.

Ein weiterer wichtiger Aspekt ist es, daß stark von Venus geprägte Menschen nach höherer Harmonie und Liebe streben und daß sie sich deshalb nie ganz mit dem »Kampf ums Dasein« und ganz auf Wettbewerb ausgerichteten Haltungen werden abfinden können. So werden sie in manchen Situationen, in denen Personen mit geringeren moralischen Maßstäben zurückschlagen oder sich rächen würden, einfach nur traurig oder deprimiert sein. Wenn man ihnen in einer Situation, in der sie herausgefordert werden, helfen kann, Ihre Gefühle zu stärken und ihre höhere Philosophie an die Notwendigkeiten des Überlebens anzupassen, dann hat man oft schon eine Menge von dem getan, was nötig ist, um ihre Gesundheit wiederherzustellen.

29.3 Allgemeine Charakteristika von Krankheiten, die mit Venus zu tun haben

- Die Probleme sind häufiger auf der »hypo-« als auf der »hyper-Seite« (zu niedriger Blutdruck eher als zu hoher, usw., auch wenn kein einzelnes Merkmal für sich schon genug ist, um auf eine bestimmte Planetenkraft hinzuweisen).
- Störungen, die mit einer Verlangsamung von physiologischen Funktionen verbunden sind. Dieses Merkmal ist ebenso wie das zuerst genannte ein Zeichen dafür, daß das Feuerelement schwach ist. Umgekehrt ist z.B. hohes Fieber überhaupt nicht typisch für die Venus.
- Sub-akute und chronische Krankheiten (sich langsam entwickelnde Störungen) eher als akute Erkrankungen.
- Gesundheitliche Störungen, die mit dem Element Wasser verbunden sind: Produktion von Schleim, Katarrh oder Störungen, bei denen chronisch Sekretionen auftreten, Verlangsamung und Stagnation von Energien, Blockierung der feuerbezogenen Prozesse.
- Krankheiten, die mit einer Erschöpfung von *jing* und anderen essentiellen Energien zu tun haben.

29.4 Venus, der Planet der Gesundheit und Langlebigkeit

Die Astrologie sieht Venus und Jupiter als wohltätige Planeten an – nicht gerade als diejenigen, die die meisten Krankheiten verursachen (die Planeten, die die Tradition »Übeltäter« nannte, waren Saturn und Mars). Venus ist der Planet der Langlebigkeit, Menschen mit einer starken Venusenergie werden oft in harmonischer Weise alt, behalten ihr Haar länger als andere Menschen und haben weniger Falten.

Das liegt daran, daß die Krankheiten der Menschen grundsätzlich eine Folge der falschen Behandlung und Erschöpfung von *jing* sind, das von dem Planeten Venus regiert wird.

So werden die meisten der Krankheiten, die im folgenden besprochen werden, nicht von der Planetenkraft der Venus verursacht, sondern von einer Leere oder von der Erschöpfung der Venusenergie. Wenn sie in diesem Abschnitt behandelt werden, dann deshalb, weil sie geheilt oder gelindert werden können, indem man die Venus stärkt, nicht, weil die Venus für sie verantwortlich wäre.

29.5 Probleme mit der Niere

Wie wir in Abschnitt 18.6 sahen, hat die Niere in Hinblick auf die Energien und die feinstofflichen Körper sehr viel mehr Funktionen, als von der gegenwärtigen konventionellen Medizin erkannt werden. Die

Niere, Organ der Dialektik von Mars und Venus, verbindet den Astralkörper mit dem Ätherkörper, bewahrt *jing* auf, die Quintessenz der Sexualenergie, und ist das Organ der Libido und der schöpferischen Energie. Deshalb kann ein weites Spektrum von Krankheitserscheinungen auf Fehlfunktionen der Niere zurückgeführt werden, aus dem nur wenige Aspekte im Rahmen dieses Buchs dargestellt werden können.

29.6 Die Wunde der Scheidung bzw. Trennung

Wenn ein Paar etliche Jahre zusammenlebt und die Intimität einer sexuellen Beziehung teilt, dann schafft es eine energetische Bindung. Ein Problem besteht darin, daß es nicht ausreicht, seinen Partner satt zu haben und zu entscheiden, sich zu trennen, damit diese Bindung sich löst. In *Entities, Parasites of the Body of Energy* habe ich das Thema der Schnüre angesprochen, die starke ätherische Bindungen sind. Es braucht eine »ätherische Chirurgie«, um sie zu entfernen, so daß die Partner bei Paaren, die sich getrennt haben, ihre emotionale Unabhängigkeit und Stabilität zurückgewinnen können. Bei einer Trennung sind allerdings auch noch andere Aspekte zu beachten, die sich spezifischer auf die Niere und *jing* beziehen.

Die Niere ist das Organ der schöpferischen Kraft und der sexuellen Energie. Während des Geschlechtsverkehrs öffnet sich die Nierenenergie für die des Partners, was zu einer gewissen Resonanz zwischen den *jing* dieser beiden Menschen führt. Jeder Partner empfängt einen Eindruck von der Energie des anderen in seinem *jing*. Dies kann leicht zu einer Situation führen, in der jeder Partner sein *jing* auf dem des anderen »ausruht«. Wenn die Beziehung harmonisch ist, kann das zu einer tiefen, energetischen Ehe führen, in der jeder von beiden Gleichgewicht und Stabilität finden kann.

Wenn es jedoch zu einer Trennung kommt, besonders (aber nicht nur) von Menschen, die eine lange Zeit zusammengewesen sind, dann kann das Resultat eine schreckliche schmerzhafte Leere sein. Das eigene *jing* kann nicht mehr auf dem des Partners ruhen, und das Ergebnis ist eine »energetische Wunde« der Niere. Irgendwie muß dieses Organ eine neue Balance finden, eine neue Art zu existieren und seine Funktion zu erfüllen, und die Übergangsphase kann fürchterlich schmerzhaft sein. Erinnern Sie sich, daß in der traditionellen chinesischen Medizin die Niere *shao yin*, der tiefsten Ebene der *yin*-Energie entspricht. Eine Wunde an der Niere ist ein Angriff auf die intimste energetische Ebene eines Individuums.

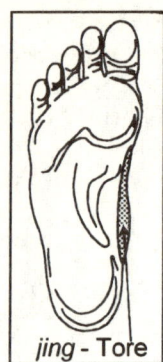

jing - Tore

Es geschieht nicht selten, daß sehr junge Menschen, wenn sie sich Hals über Kopf verlieben, ihrem/ihrer Geliebten ohne jede Einschränkung ihr *jing* öffnen. Wenn Sie eine dieser Geschichten wie von Romeo und Julia erlebt haben, die in einer plötzlichen Trennung endet, dann erinnern Sie sich sicher an die atemberaubende Leere, die darauf folgte. Es ist mehr als nur ein »gebrochenes Herz«, und so könnte man solche Erfahrungen auch eine »gebrochene Niere« nennen.

Was die Therapie betrifft, so haben es Klienten mit einer Nierenwunde nach einer Trennung nötig, daß ihr *jing* genährt und wieder ins Gleichgewicht gebracht wird. Man kann das durch bestimmte Heiltechniken erreichen, indem man z.B. an den Toren von *jing* arbeitet (Energiezentren, durch die man auf *jing* Einfluß nehmen kann). Kupfer in homöopathischen Dosen kann ebenfalls sehr hilfreich sein.

29.7 Erschöpfung der Nierenenergie

Die Venus herrscht über das, was kostbar ist, und wenige Dinge sind kostbarer für den Menschen als die energetischen Quintessenzen, die von der Niere aufbewahrt werden. Wenn jemand dieser Energien Herr werden könnte und sie wiederherstellen könnte, wenn sie erschöpft sind, dann könnte er Verjüngungskuren anbieten, die die Folgen des Alterungsprozesses deutlich mildern oder sie sogar umkehren könnten!

Ein kluger Mensch sollte daher immer auf seine Niere aufpassen. Was sind die Faktoren, die die Reserven der Nierenenergie angreifen? Mangel an Schlaf, Überarbeitung und Erschöpfung, aus welchem Grund auch immer, chronische Krankheiten, und falscher Umgang mit seiner Sexualenergie. Die Taoisten gehen davon aus, daß Geschlechtsverkehr bei Neumond, stärker aber noch der bei Vollmond, *jing* schädigen kann. Sie haben auch ein kompliziertes System, das auf den Rhythmen der chinesischen Astrologie beruht, und das bestimmte Tage als mehr oder weniger »gefährlich« für den Geschlechtsverkehr ausweist. Ein Tag im Jahr wird als besonders schädlich für *jing* angesehen. Wer an diesem Tag Sex hat, riskiert es, seine Niere dauerhaft zu erschöpfen und zu ruinieren, was zu Krankheiten aller Art und möglicherweise auch zum Tode führen kann! Glücklicherweise gibt das erste Buch des *Su Nu Jing*, einer klassischen chinesischen Abhandlung über Sexualität aus taoistischer Sicht klar an, um was für einen Tag es sich handelt:

> Der sechzehnte Tag des fünften Monats des Jahres ist der Tag des Beischlafs zwischen Himmel und Erde. Wer an diesem Tag Verkehr hat, wird binnen drei Jahren sterben.

Natürlich bezieht sich das »Jahr« in diesem Zitat auf die chinesische Zeitrechnung, so daß Sie den Tag nicht ohne einen chinesischen Kalender berechnen können.[57] Meister Tam Long, ein Taoist, dem ich verdanke, daß er mir einige Prinzipien seiner Kunst gelehrt hat, war der Ansicht, daß es nicht nur einen, sondern drei Tage für »tödlichen« Sex gibt – die beiden anderen wären der Tag vor und der Tag nach dem sechzehnten Tag des fünften Monats.

29.8 Geschlechtskrankheiten

Geschlechtskrankheiten, die man heute allgemeiner »sexuell übertragbare Krankheiten« nennt, sind traditionell der Venus zugeordnet worden (früher auch »venerische« – von Venus – Krankheiten genannt). Ursprünglich gab es vor allem Gonorrhoe und Syphilis, doch inzwischen ist die Anzahl der bekannten sexuell übertragbaren Krankheiten erheblich angestiegen. Außerdem sagten in den frühen neunziger Jahren Statistiken, daß in den USA alle 1,5 Sekunden jemand mit einer Geschlechtskrankheit angesteckt wurde. Die Hälfte der Patienten mit Geschlechtskrankheiten sind unter 25, also in dem Lebensalter, das die astrologische Tradition mit der Venus verknüpft hat.

Historisch sind Klischees über Geschlechtskrankheiten oft mit Ländern verknüpft worden, die eine starke Venusenergie haben. So bezeichneten jahrhundertelang verschiedene Sprachen die Syphilis als »französische Krankheit«. Die Franzosen hingegen nannten sie *Ce mal qui nous vint d'Italie et qui leur vint des dieux* (Die Krankheit, die aus Italien zu uns gekommen ist, und die zu ihnen von den Göttern gekommen ist – »ihnen« bezieht sich dabei auf die französischen Soldaten, die in Neapel gegen Ende des 15. Jahrhunderts gegen die Spanier gekämpft haben).

Hinsichtlich der Planetenkräfte verknüpft die Tatsache, daß die Geschlechtskrankheiten leicht von einer Person zur anderen übertragen werden, sie auch mit dem Merkur. Es ist dabei interessant, daß jahrhundertelang das hauptsächliche Heilmittel, das gegen die Syphilis benutzt wurde, das Metall Quecksilber war.

AIDS, die Sonne und der Neptun
Trotz der Tatsache, daß es bei den sexuell übertragbaren Krankheiten eingeordnet wird, nimmt AIDS in der Klassifikation nach den Planetenkräften einen anderen Platz ein. In einem größeren Zusammenhang betrachte ich AIDS als Teil einer Reihe von bevorstehenden schweren Angriffen auf das menschliche Immunsystem. Ich würde daher AIDS

---

[57] Personalisierte Berechnungen der taoistischen Tage finden sich im Menü »Almanac« von *Canopus*.

mit der Sonne in Verbindung bringen, auch wenn, ebenso wie beim Krebs, eine so komplexe Krankheit nicht einer Planetenkraft allein zugeordnet werden kann.

Ich habe im Umgang mit AIDS-Patienten auch die Erfahrung gemacht, daß eine Anzahl von ihnen mitten im Leiden der letzten Krankheitsstadien bedeutende Sonne-Herz-Öffnungen hatten.

In Kapitel 34 werden wir sehen, daß bei einigen AIDS-Patienten die Neptunenergie stark ist und sich als ein Hang zu den Welten des Geistes hin manifestiert und dementsprechend in einer Sehnsucht, die Erde zu verlassen.

29.9 Krampfadern

In der astrologisch orientierten Medizin werden Krampfadern klassischerweise der Venus zugeordnet, weil Venen für gewöhnlich als Entsprechung der Venus angesehen werden und weil es sich außerdem hauptsächlich um ein Problem von Frauen handelt. Die Tatsache, daß Krampfadern oft während einer Schwangerschaft schlimmer werden, wenn das System eine große, von der Venus bzw. der Niere getragene schöpferische Anstrengung aufbietet, spricht ebenfalls für die Zuordnung zur Venus.

Ich habe einige Erfolge bei der Linderung von Schmerzen, die mit Krampfadern verbunden sind, erzielt, indem ich *Channel-Release* (»Kanalöffnungs«)-Techniken mit Einreibungen kombiniert habe, die homöopathisch verdünntes Kupfer enthielten (örtlich zweimal am Tag nach den Channel-Release-Übungen angewandt).[58]

Statistiken zeigen allerdings, daß mehr als 60 Prozent der über 60jährigen Frauen Krampfadern haben. Wenn sie mit der Venus verknüpft sind, dann handelt es sich deshalb eher um einen venusbezogenen Mangel an unserer Gattung als um ein individuelles Problem, das mit der Planetenenergie der Venus zu tun hat.

---

[58] Mischen Sie 30 Tropfen Cuprum metallicum C30 und 30 Tropfen Aurum metallicum C30 in einen halben Becher Massageöl. Wenden Sie die Techniken zur Kanalöffnung aus *Tor zu inneren Welten* zweimal am Tag einige Minuten lang an, jeweils gefolgt von der Anwendung des Massageöls.

30 - Der Mars und die Krankheiten

30.1 Der Mars-Patient

Der Mars-Patient ist nur dem Namen nach ein Patient. Von seiner Natur her ist er oder sie ziemlich ungeduldig mit der Krankheit und mit Ärzten oder Heilpraktikern ganz allgemein.

Stark von Mars geprägte Menschen sind wenig bereit, eine Krankheit zu akzeptieren. Sie kämpfen mit all ihrer Kraft dagegen an. Sie sind mutig, und sie lassen sich von Krankheiten nicht kleinkriegen, selbst von schwereren nicht.

Wenn Sie jemanden sich mit einem flehenden Gesichtsausdruck im Bett wälzen sehen, dann können sie ziemlich sicher sein, daß diese Person keinen starken Mars hat. Wenn es dennoch der Fall ist, dann hat die Krankheit sie entweder zu einer völlig anderen Seite ihrer selbst gebracht, oder sie sind sehr schwer krank.

Der Mars-Patient hat eine aktive Haltung gegenüber der Krankheit und läßt sich von seinem Arzt nicht mit dummem Zeug abspeisen, genausowenig wie von sonst irgendwem. Er oder sie wird medizinische Entscheidungen durchaus auch in Frage stellen. Der Arzt sollte darauf nicht beleidigt reagieren, sondern eher das starke vitale Potential des Patienten erkennen und seine aktive Mitarbeit im therapeutischen Prozeß suchen.

Wenn der Arzt den Eindruck macht, als wüßte er nicht genau, was er tut, dann wird ihm ein Patient mit einem starken Mars gar nicht erst zuhören.

Wenn umgekehrt Mars-Patienten erst einmal einer Behandlung zugestimmt haben, dann kann man ihnen auch zutrauen, daß sie ihr folgen werden, gang gleich, wie schwierig sie sein mag.

Haßt es, zu lange im Bett liegen zu müssen. Bettruhe sollte Patienten mit einem starken Mars nur verordnet werden, wenn es gar nicht anders geht, denn im Bett zu bleiben ist eines der Dinge im Leben, die sie krank machen! Egal was ihnen der Arzt vorgeschrieben hat, sie werden aufstehen, sobald sie sich stark genug dazu fühlen. (Mars-Patienten sind oft die, die dafür sorgen, daß sie früher als vorgesehen aus dem Krankenhaus entlassen werden.)

Da Ärger eine der wichtigsten Ausdrucksformen des Mars ist, können Mars-Patienten sich leicht darüber ärgern, daß sie krank sind. In einigen Fällen richtet sich der Ärger gegen ihren Arzt – es ist die Art von

Patienten, die beleidigend und aggressiv werden können. Darauf einzusteigen hilft nicht. Wie Feuer Wasser zum Löschen braucht, so sollte der Arzt verstehen, daß es einfach das Temperament dieser Person ist, und er sollte bereit sein, diesen Funken mit seiner tiefen Anwesenheit zu begegnen.

30.2 Charakteristika von Krankheiten, die mit Mars zu tun haben

Erinnern Sie sich, daß es hinsichtlich der Planetenkräfte nichts Absolutes gibt. Aus hermetischer Sicht behandelt man Patienten, nicht Krankheiten, und auch eine hoch fieberhafte akute Halsentzündung könnte von irgendeiner der Planetenkräfte verursacht sein. Die folgenden Charakteristika weisen lediglich auf eine Beteiligung des Mars hin:
- akute Natur der Krankheit, mit plötzlichem Beginn der Beschwerden;
- heftige Symptome;
- Fieber und mit Hitze in Verbindung stehende Symptome wie ein gerötetes Gesicht, roter Ausschlag, brennendes Gefühl, Manifestationen einer Entzündung.

Wenn Sie Zugang zu einer homöopathischen *Materia medica* haben, dann werden Sie eine Sammlung von marshaften Symptomen bei Heilmitteln wie *Belladonna*, *Bryonia* und natürlich *Ferrum phosphoricum* finden.

30.3 Entzündung – Eisen/Mars – Verkörperung des Ego

Eine Entzündung ist ein kriegerischer Abwehrmechanismus, durch den das System Angriffe von außen bekämpft oder gegen einen nach innen gelangten Wirkstoff reagiert. Die Hitze (sowohl die physische wie die subjektiv empfundene), die eine Entzündung begleitet, ist ein natürlicher Grund dafür, daß man die Entzündung im Altertum dem Feuerelement zugeordnet hat – wie es ja auch das Wort selbst nahelegt.

Aus der Sicht der feinstofflichen Körper und ihrer Wahrnehmung ist die Entzündung ein Prozeß, in dem das Ego (das mit dem Element Feuer verbunden ist) vom physischen Körper Besitz ergreift. Man kann das bei kleinen Kindern beobachten, die eine Krankheit wie die Röteln bekommen, bei der es zu heftigen Entzündungsprozessen kommt, und die hinterher plötzlich erwachsener geworden zu sein scheinen, weil ihr Ego stärker verkörpert und gegenwärtig ist. Dies führt zu einem veränderten Verständnis von Fieber und Entzündung; statt es nur als eine negative Erscheinung zu sehen, die so schnell wie möglich mit Antipyretika und Antibiotika abgestellt werden müßte, erscheint das Fieber nicht nun nicht nur als ein Feuer, das unerwünschte Energien verbrennt, sondern auch als ein Wirkungsmechanismus zur Verkörperung des Ego.

So benutzt das Ego in der Sicht der anthroposophischen Medizin Kinderkrankheiten und Fieber im allgemeinen als ein Mittel, den physischen Körper in Besitz zu nehmen, d.h. sich zu verkörpern. Wenn diese Verkörperung des Ego blockiert würde, wäre das Ergebnis auf lange Sicht gesehen ein »lauwarmes« Individuum: jemand, der nicht voll gegenwärtig, sondern vage und schlecht motiviert ist und große Schwierigkeiten hat, Ziele in seinem Leben zu finden. Physische Konsequenzen eines mangelhaft verkörperten Ego schließen eine Schwäche des Immunsystems und eine erhöhte Gefährdung durch Krebs ein.

Im Sinne der Planetenkräfte ist Mars der Planet der Verkörperung. Wie wir sahen, ist das eiserne Zeitalter dasjenige, in dem die Menschen am stärksten verkörpert sind. Als Heilmittel kann Eisen, das Metall des Mars, einen mächtigen verkörpernden Einfluß auf das Gleichgewicht der feinstofflichen Körper haben.[59] Die Tatsache, daß Fieber und Entzündungen verkörpernde Faktoren sind, ist eine direkte Konsequenz des Mars-Impulses dahinter.

Daher greift die Homöopathie zur Anwendung von Ferrum Phosphoricum für viele Patienten, die Zeichen einer Entzündung zeigen.

30.4 Knochenbrüche als Weg zum Erwachsenwerden

Schnitte, Brüche und Traumata verschiedener Art sind in der astrologischen Tradition Mars zugeordnet worden. In Abschnitt 7.9 sahen wir, daß bei Personen, die solche Verletzungen gewissermaßen sammeln, vermutet werden sollte, daß sie einen »verdrehten Mars« haben, und ihren Mars zerstörerisch gegen sich selbst wenden, statt ihre Libido frei in nach außen gerichtete Aktivitäten und Kreativität fließen zu lassen.

Lassen sie uns hier eine besondere Situation betrachten, die mit Knochenbrüchen zu tun hat. Wenn Jugendliche sich einen Knochen brechen, dann ist das oft ein Weg für sie, sich zu verkörpern – sie nehmen nach dem »Unfall« plötzlich an Reife zu. Die Knochen sind hochgradig spirituelle Strukturen, an denen die Planetenkräfte von Sonne und Saturn stark beteiligt sind. Wenn ein Knochen nach einem Knochenbruch heilt, dann ist nicht nur der physische Körper dabei tätig, sondern auch die feinstofflichen Körper und das Ego. Das Ergebnis ist eine Zunahme an Reife bezüglich Sonne und Saturn mit Hilfe des Eisen-Mars-Impulses zu Verkörperung. Zusammenfassend wird man sagen: Wenn Ihre Kinder sich die Knochen brechen, machen Sie sich nicht zu viele Sorgen; es könnte durchaus exzellente Konsequenzen für deren Psyche haben.

---

[59] Das Thema des Gleichgewichts der Verkörperung wird ausführlich in *Subtle Bodies, the Fourfold Model* behandelt und wird deshalb hier nicht näher erörtert.

30.5 Bluthochdruck und Herzkrankheiten

Wenden wir uns nun Krankheitserscheinungen zu, die mit zuviel Verkörperung des Astralkörpers in den physischen und den Ätherkörper hinein verbunden sind. Wie es in *Subtle Bodies, the Fourfold Model* näher erörtert wird, ist es so, daß, wenn der Astralkörper ständig nach dem ätherischen und physischen Körper greift, das Ergebnis nicht nur Spannungszustände und Streß ist, sondern auch eine Vielzahl von Krankheitserscheinungen, von denen Bluthochdruck und Herzkrankheiten die Liste anführen. Hier ist der marshafte Prozeß der Verkörperung übertrieben worden. Im Sinne der Planetenkräfte kann die Tatsache, daß Frauen vor den Wechseljahren eine signifikant niedrigere Erkrankungsrate durch Herzkrankheiten haben als Männer, mit dem venushaften Einfluß ihres Hormonsystems in Verbindung gebracht werden, das dem Mars-Impuls entgegenwirkt.

30.6 Anämie

Anämie, eine Verringerung der Anzahl der roten Blutkörperchen im Blut (sogenannte Blutarmut), ist praxisnäher als eine verringerte Konzentration des Hämoglobins definiert (des Proteins, das Eisen enthält und das den Sauerstoff im Blut transportiert). Eher als eine Krankheit für sich wird Anämie als Symptom einer zugrundeliegenden Störung angesehen, wovon die häufigste ein Eisenmangel ist. Insbesondere kommt bei schwangeren Frauen ziemlich häufig eine Eisenmangelanämie vor.

31 - Der Jupiter und die Krankheiten

31.1 Der Jupiter-Patient

Jupiter-Patienten sind von Natur aus optimistisch. Er oder sie scherzt gerne mit dem Arzt. Es ist die Art von Patient, die es schaffen, das Team einer Notaufnahmestation zum Lachen zu bringen, selbst wenn sie in ziemlichen Schwierigkeiten sind. Diese Patienten haben eine positive Einstellung zur Krankheit und zum Leben im allgemeinen. Sie sehen das Gute an den Dingen, selbst unter schwierigen Umständen.

Die negative Seite ist, daß es leicht eine Tendenz geben kann, die Krankheit zu verleugnen. Der Mars-Patient kämpft gegen die Krankheit, Jupiter-Patienten tun so, als sei sie nicht da: »Macht euch keine Sorgen, mir geht es gut« (selbst wenn das überhaupt nicht der Fall ist). Insbesondere werden sie immer versuchen, ihre Familie und ihre Freunde davon zu überzeugen, daß sie in Ordnung sind, auch wenn sie dazu sehr viel bluffen müssen.

Im Falle einer ernsten Erkrankung kann diese Verleugnung ein erhebliches Hindernis für einen angemessenen Umgang mit dem Problem und seinen Ursachen sein.

Sie können ein Jahr lang zögern, bevor sie zum Zahnarzt gehen oder bevor sie einen notwendigen Schritt in einer medizinischen Behandlung machen, und zwar wegen ihrer Verleugnungshaltung. – Mond-Patienten zögern den Zahnarztbesuch hinaus, weil sie Angst haben (»Ich weiß genau, es wird wehtun!«), Saturn-Patienten, weil sie Geld sparen wollen.

Es fällt ihnen nicht leicht, eine Diät einzuhalten oder auf Alkohol zu verzichten. Der Jupiter ist der Planet der Exzesse.

31.2 Charakteristika von Krankheiten, die mit Jupiter zu tun haben

In der Astrologie werden der Jupiter und die Venus, anders als der Saturn, nicht als Krankheitsbringer angesehen. In einem Horoskop gilt der Einfluß des Jupiter eher als wohltätig, als lindernd für Probleme und Krankheiten und nicht als verantwortlich für Unfälle und gesundheitliche Störungen. Die pathologischen Manifestationen des Jupiter spiegeln seine Tendenz zu vergrößern und zu übertreiben wider:
- Überfülle und Ansammlungen verschiedener Art, die den Stoffwechsel verstopfen.

- Erkrankungen, die unkontrolliertes Gewebewachstum beinhalten – jedoch eher gutartige als bösartige Tumore. Es kann jedoch kein Zweifel daran bestehen, daß bei der Entwicklung einer Krebserkrankung ein ungezügelter, aus der Kontrolle geratener Jupiter Metastasen aufflammen und sie sich über den ganzen Körper ausbreiten lassen kann.
- Krankheitserscheinungen, die Ergebnis von übermäßigem Essen, Übergewicht, erworbenem (nicht-insulinabhängigem) Diabetes sind.
- Krankheiten, die aus dem Mißbrauch von Alkohol oder Drogen resultieren.

31.3 Gicht

Gicht, eine Krankheit, die vorwiegend bei Männern im mittleren Alter (dem Lebensalter des Jupiter) auftritt, ist ein Defekt im Aminosäurestoffwechsel. Er hat eine Ansammlung von Harnsäure im Blut und in den Gelenken zur Folge, wo sie schmerzhafte Anfälle verursacht.

Der genetische Faktor bei dieser Krankheit ist so, daß sie auch mit der Planetenkraft der Sonne verbunden werden sollte. Ebenfalls in Beziehung zur Sonne steht die Tatsache, daß viele Männer aus Königshäusern bekanntermaßen unter dieser Krankheit litten. Auch viele geniale Menschen litten an Gicht.

31.4 Alkoholismus, Jupiter und Neptun

Trunkenheit und Rausch, ob durch Alkohol oder durch Drogen, ist nicht nur ein Bereich des Neptun, sondern auch des Jupiter.

In der Astrologie gibt es mehrere symbolische Verbindungen zwischen Jupiter und Neptun. So wird etwa das Tierkreiszeichen Fische von Jupiter und Neptun gemeinsam regiert. Beides sind Planeten der Spiritualität.

Was die mythologischen Verbindungen zwischen dem Jupiter und dem Alkohol angeht, so denken Sie doch an die Kentauren, die bei den griechischen Festen schließlich immer betrunken waren und Frauen vergewaltigten; und ebenso an Bacchus, dessen Natur gut zum Jupiter paßt.

Alkoholiker oder drogenabhängig zu werden hat damit zu tun, daß man nicht weiß, wo man eine Grenze setzen muß – und das ist oft der hauptsächliche schwache Punkt des Jupiter.

Mäßige Trunkenheit durch Alkohol kann als ein Zustand angesehen werden, in dem die jupiterhaft gehobene Stimmung den Sinn des Saturn für Grenzen überwindet, was sich als Frohsinn, Aufregung, Verlust von Hemmungen und Geschwätzigkeit äußert. All das zeigt an, daß das

Gleichgewicht zwischen Jupiter und Saturn zugunsten des Jupiter verschoben ist. Der Eskapismus, bei dem viele Menschen Alkohol benutzen, um ihren Streß zu dämpfen und ihre Probleme zu vergessen, kann auch als ein Aspekt der Tendenz des Jupiter verstanden werden, eine Fassade aufzubauen.

Die Halluzinationen, zu denen es bei ernsteren Rauschzuständen und als Teil von Entzugserscheinungen kommt, können auch mit dem Jupiter als dem Planeten des dritten Auges und der spirituellen Schau in Verbindung gebracht werden. Natürlich ist in diesem Falle die Schau verzerrt und auf ekelerregende niedrige astrale Räume gerichtet – doch ich habe keine Zweifel daran, daß in einigen Fällen die monströsen Tiere und Insekten, die die Alkoholiker heimsuchen, echte Wahrnehmungen sind, die aus »mülleimerartigen« Astralwelten herkommen.

Im Hinblick auf den Jupiter können wir auch darauf hinweisen, daß das hauptsächliche Organ, das unter chronischem Alkoholmißbrauch leidet, die Leber ist.

31.5 Hepatitis und Leberkrankheiten

Es gibt nicht eine, sondern mehrere Arten von Hepatitis, und die Pathologie der Leber ist zu komplex und subtil, als daß nur allein die Planetenkraft des Jupiter daran beteiligt wäre. Ein Punkt jedoch, in dem das hermetische Verständnis eine große Hilfe sein kann, ist daß Zinn (*Stannum*), das Metall des Jupiter, die Genesung von Patienten fördern kann, die nach einer Hepatitis unter dauernder Ermüdung und Antriebsarmut leiden.

Homöopathisches *Stannum* kann in Dosierungen zwischen C 30 und M1 gebraucht werden. Wie wir im Kapitel über die Metalle erörtern werden, kann der Zeitpunkt und der Rhythmus der Einnahme des Heilmittels den entscheidenden Unterschied ausmachen.

32 - Der Saturn und die Krankheiten

32.1 Der Saturn-Patient

Dieser Patient ist dauerhaft pessimistisch und mit seiner Krankheit beschäftigt (während der Mond-Patient vorübergehend am Boden zerstört ist). Sie denken gern darüber nach, wie schlimm ihre Symptome sind, denken an alle möglichen Komplikationen, die bei ihrer Krankheit auftreten, und grübeln über die Tatsache, daß der Tod letztlich unvermeidlich ist – »Es ist nur eine Frage der Zeit«.

Diese negative Einstellung zur Krankheit kann für sich schon ein erhebliches Hindernis gegen eine Heilung darstellen und muß vom Arzt immer bearbeitet werden. Saturn-Patienten brauchen es häufig, bestätigt und aufgeheitert zu werden, während Venus- und Mond-Patienten getröstet werden müssen.

Der Saturn-Patient kann sich mehr Gedanken darüber machen, wieviel eine Behandlung kosten wird, als drüber, wie wirksam sie ist.

Die Vorsicht der von Saturn geprägten Menschen wird sie oft dazu bringen, verschiedene Ärzte zu konsultieren, bevor sie sich für eine Behandlung entscheiden.

Saturn-Patienten neigen dazu, ihre Krankheit ernst zu nehmen. Manchmal werden sie sie sogar regelrecht studieren, und ihren Therapeuten überraschen, indem sie alles über ihre Krankheit, die betroffenen anatomischen Strukturen und die allgemein anerkannten Behandlungsmethoden wissen. (Dies könnte in noch stärkerem Maße für Uranus-Patienten zutreffen.)

Sie befolgen Verordnungen aufs i-Tüpfelchen, und nehmen jede einzelne Pille genau zur vorgeschriebenen Zeit.

Trotz ihrer geringen Vitalität leben von Saturn geprägte Menschen letztlich oft lange. Von Jupiter geprägte Menschen sind mit einer überreichlichen Vitalität zur Welt gekommen, doch neigen sie dazu, verschwenderisch damit umzugehen. Von Saturn geprägte Menschen andererseits mögen zart, schwach und leicht zu ermüden sein, aber sie sparen mit sich. Sie verstehen es, Routinen zu folgen und Exzesse zu vermeiden. Daher können sie am Ende ihres Lebens paradoxerweise in einem besseren Zustand sein. Außerdem ist das, was eine Affinität zu Saturn hat, seiner Natur nach dauerhaft.

32.2 Charakteristika von Krankheiten, die mit Saturn zu tun haben

- Entwickeln sich langsam.
- Krankheiten, die sich nur mit einiger Verzögerung äußern.
- Krankheiten, die die Beweglichkeit einschränken.
- Krankheiten, die ein Welken, ein Schwinden der Lebenskraft verursachen (Saturn ist dem Mond dialektisch entgegengesetzt). Sklerose und Altersprozesse.
- Chronische Krankheiten. Hartnäckige Krankheitserscheinungen, die Behandlungsversuchen widerstehen.
  Der ayurvedische Begriff *kuṣṭha*, »hartnäckige Hautkrankheit«, kann typischerweise mit Saturn in Verbindung gebracht werden. Hautkrankheiten wie Schuppenflechte (Psoriasis) z.B., die sich langsam entwickeln und besonders widerstandsfähig gegen jegliche Behandlung sind, sind für den Saturn typisch.
- Krankheiten, die den Rahmen oder die Struktur berühren, z.B. Krankheiten, die das Skelett betreffen oder Bruchleiden.
  Ein Eingeweidebruch ist ein sehr typisches Saturnproblem. Aufgrund eines Defekts in der Struktur der Muskelwand des Unterleibs findet weiches Gewebe seinen Weg hindurch und staut sich unter der Haut. Ein Bruch ist für gewöhnlich am Anfang sehr klein, doch entwickelt er sich dann langsam und unvermeidlich. Die Zeit arbeitet gegen die Patienten – jedesmal, wenn sie sich bewegen, husten oder niesen, schieben sich die Eingeweide ein kleines Stück weiter und machen den Bruch etwas größer. Nach und nach, durch die Wirkung von Zeit und Schwerkraft, wird der Bruch immer schlimmer.

32.3 Der Alterungsprozeß ist grundlegend ein Saturnprozeß

Auf der Ebene der Gewebe beinhalten die Veränderungen, die mit fortschreitendem Alter auftreten, einen Verlust an Flexibilität und an Vitalität sowie eine Abnahme des Wassergehalts (eine Abnahme des Flüssigkeitsprinzips des Mondes im Körper).

Die Blutgefäße werden härter. Die Haut wird trocken und faltig. Das Gehirn schrumpft (ein wenig) ebenso wie die Muskeln. Eine der am weitesten verbreiteten Theorien des Alterungsprozesses, die der »Hayflickschen Grenze«, geht davon aus, daß das Altern durch eine Erschöpfung der Fähigkeit der Zellen, sich fortzupflanzen, bedingt ist, was man im Sinne der Planetenkräfte als Erschöpfung des mondbezogenen Potentials zur Fortpflanzung beschreiben könnte.

Auf der psychischen Ebene beinhaltet das Altern eine verringerte Anpassungsfähigkeit und Flexibilität, eine verringerte Fähigkeit, neue Modelle zu übernehmen, und ein schwächeres Gedächtnis (Zeichen, die das Schwinden der Mondkraft anzeigen). Menschen werden langsamer, ihre Interessen werden mehr und mehr eingeschränkt, und sie neigen dazu, sich an ihre vorhandenen Gewohnheiten zu halten.

Wie man es wegen der Symbolik des *Chronus* (der Zeit und des Alters) erwarten sollte, reflektieren die Erscheinungen, die mit dem Altern einhergehen, alle die Planetenkraft des Saturn, Hand in Hand mit einer Abnahme der Kraft des Mondes – was verständlich ist, weil Saturn und Mond häufig eine entgegengesetzte Wirkung auf physiologische Prozesse ausüben. Wie wir sahen, zeigt das Piktogramm des Saturn die Sichel des Todes.

Wegen der engen Verbindung zwischen Saturn und Altern werden Sie finden, daß mehrere der Krankheitsbilder, die mit dem Saturn in Verbindung stehen, entweder dem Alterungsprozeß ähneln oder ein Teil davon sind.

32.4 Arteriosklerose

Arteriosklerose nimmt mit dem Alter zu, und ungefähr die Hälfte der Menschen stirbt an Komplikationen, die damit verbunden sind.

Bei der Arteriosklerose sind es nicht nur Fettablagerungen (Fettstreifen, fibröse Plaques), die die Arterien verstopfen, Calcium lagert sich zusammen mit den Fetten ab (daher »Verkalkung«), was zu einer Verhärtung führt. (Das griechische Wort *skleros* bedeutet »hart« und ist mit dem Wort *skeletos*, »ausgetrocknet« verwandt, von dem das Wort »Skelett« abgeleitet ist.) Normalerweise findet man das Calcium in den Knochen! Ein gesunder Erwachsener enthält zwischen 1 und 2 Kilogramm Calcium, 98 Prozent davon im Skelett.

Wie es die Etymologie der Sklerose anzeigt, findet bei der Arteriosklerose eine Ausdehnung des saturnhaft-mineralischen Einflusses über das normale Territorium des Saturn hinaus in die Gefäße hinein statt.

In der Homöopathie ist eines der hauptsächlichen Heilmittel gegen Arteriosklerose *Plumbum metallicum*, also Blei, das Metall des Saturn.

32.5 Degenerative Gelenkveränderungen

Bevor wir die degenerativen Gelenkveränderungen erörtern, müssen wir zuerst eine Blick auf den Bau und die Organisation der Gelenke werfen. In den Gelenken findet man grundsätzlich zwei Gewebearten: Knochen und Knorpel. Der Knorpel in den Gelenken ist ein Gewebe, das aufgrund des Gehalts an Protoglykanen und eines spezifischen Kollagens außergewöhnliche Materialeigenschaften hinsichtlich Elastizität und Kompressibilität besitzt. Die Protoglykane haben die Fähigkeit, eine große Menge von Wassermolekülen zu binden, die freigesetzt werden, wenn der Knorpel zusammengedrückt wird, und die wieder aufgenommen werden, wenn der Druck aufhört. Hinsichtlich der Planetenkräfte sind die Knochen eine starre, strukturbezogene, mit Saturn verknüpfte Struktur. Der weißliche, weiche, elastische Knorpel ist angesichts seiner flüssigkeitsähnlichen Fähigkeit, sich verschiedenen Druckzuständen anzupassen, mit der Planetenkraft des Mondes verknüpft.

Da Gelenke grundsätzlich ein Aufeinandertreffen eines Saturnprinzips und eines Mondprinzips sind, kann man erwarten, daß sie direkt vom Alterungsprozeß betroffen sind, der viel mit einer Veränderung in der Dialektik zwischen Mond und Saturn zu tun hat. Und so ist es auch der Fall – mehr als 80 Prozent der westlichen Bevölkerung über 70 zeigt radiologisch Zeichen von degenerativen Gelenkveränderungen, so daß viele Pathologen eine degenerative Gelenkveränderung mehr oder weniger als Teil des normalen Alterungsprozesses ansehen und nicht als eine besondere »Krankheit«. In jedem Fall aber handelt es sich bei der degenerativen Gelenkveränderung um eine Krankheitserscheinung, die mit Abnutzung zu tun hat; Menschen, die gewohnheitsmäßig ein bestimmtes Gelenk strapazieren, zeigen häufig schon vorzeitig eine degenerative Gelenkveränderung, und umgekehrt findet sie sich selten oder nur spät an gelähmten Gliedmaßen.

Die Tatsache, daß die Schmerzen von einer degenerativen Gelenkveränderung oft nach Ruhe schlimmer sind (etwa am frühen Morgen) und nach einigen Minuten Bewegung abnehmen, deutet auf eine saturnhafte Stagnation der Energie im betreffenden Körperteil hin.

Es gibt bedeutende physiologische Veränderungen bei dieser Gelenkerkrankung: einen Verlust der Elastizität des Knorpels, eine Abnahme seiner Größe und eine Hypertrophie der Knochen. Wie bei vielen Alterungsprozessen nimmt der Mond ab und der Saturn nimmt überhand. Das Resultat sind die Einschränkung der Beweglichkeit und die Gelenkschmerzen, die so typisch für ein hohes Alter sind.

32.6 Neurosen

Bei Phobien, Angstneurosen und Zwangsneurosen werden einige verstandesmäßige Merkmale starr festgehalten, und sie äußern sich in Symptomen wie wiederkehrenden Ängsten oder dem zwanghaften Bedürfnis, bestimmte Handlungen zu wiederholen. Diese Starre des Saturn ist manchmal ein globaler Zug der Persönlichkeit des Patienten, der nach einer Milderung des Einflusses der Planetenkraft des Saturn verlangt; manchmal ist sie auch nur an eine bestimmte Schwingungsebene ihrer Psyche gebunden.

Es wäre jedoch viel zu einfach, alle neurotischen Erscheinungen mit saturnhafter Starre gleichzusetzen. Viel von der Angst, die Teil der neurotischen Symptome ist, hat mit einer schlecht kanalisierten Marskraft zu tun – vergleichbar mit dem »Syndrom des verdrehten Mars«, das wir in Abschnitt 7.9 beschrieben haben, wobei sich die Kraft hier jedoch in Form von neurotischen Symptomen manifestiert. Die Mars-Libido kann nicht frei fließen. Sie ist internalisiert und gegen den Patienten gewendet, und sie manifestiert sich als überwältigende Angst oder in anderen neurotischen Symptomen.

Bei einer depressiven Neurose kann die Selbstkritik, die niedrige Selbstachtung und die geringe Vitalität direkt mit dem Saturn in Verbindung gebracht werden; dies könnte jedoch auch durch eine Leere der Sonnenenergie verursacht sein oder durch eine Reihe anderer Mechanismen, durch die der Vorrat an Vitalität erschöpft wurde.

»Hysterische« Neurosen

Etymologisch kommt der Begriff »Hysterie« vom griechischen Wort für Uterus. Wenn man jedoch im Altertum die Hysterie mit dem Uterus in Verbindung brachte, dann war damit eigentlich die Planetenkraft des Mondes gemeint. Das ist ein allgemeines Merkmal des aus dem Altertum überkommenen Systems der symbolischen Verbindungen – hier werden oft die Manifestationen eines Prinzips als äquivalenter Begriff für das Prinzip selbst benutzt. Da also der Uterus eine hauptsächliche Manifestation der Planetenkraft des Mondes ist, sprach man im Altertum vom Uterus, wo wir heute von der Kraft des Mondes sprechen würden. Weil symbolische Verknüpfungen viel stärker als heute Bestandteil des damaligen Denkens und des ganzen Begriffssystems waren, als sie es in der Moderne sind, erschien dieses Verfahren damals vollkommen legitim. Leute, die heute über die Dummheit der Menschen des Altertums lachen, weil sie die hysterischen Symptome mit dem Uterus in Verbindung brachten, haben diesen Punkt übersehen und sind sich nicht über die philosophischen Zusammenhänge im klaren, in die eine ganze Anzahl von Prinzipien aus jener Zeit gestellt werden müssen, bevor man sie sachlich beurteilen kann.

Nach alledem – ist denn nun die Hysterie mit dem Mond verknüpft? Das Schlafwandeln, die Amnesie und die Veränderung des Identitätsbewußtsein, die man bei dissoziativen Störungen findet, kann gewiß mit einer mondhaften Desorganisation der Psyche in Verbindung gebracht werden. Die Konversionsneurose ist durch physische Symptome wie paradoxe Lähmungen, Krämpfe, Störungen der Sinnesfunktionen und Schmerzzustände gekennzeichnet – Erscheinungen, die oft mit einer schlechten Verankerung des Astralkörpers verknüpft sind (vgl. Abschnitt 23.8, »Der Mond und die Verankerung«). In meiner Praxis habe ich die Erfahrung gemacht, daß hysterische Neurosen und verwandte Symptome oft bedeutend gebessert, wenn nicht sogar geheilt werden können, indem man die mondhafte Verankerung des Astralkörpers stärkt. In vielen Fällen schließt dies eine Stärkung der »Bauchenergien« ein – des »Embryos« im Clairvision-System der feinstofflichen Anatomie.

Im ISIS-Prozeß gibt es eine ganze Reihe von Prozessen, die dafür entwickelt wurden, unterdrückte Energien, die im Unterleib festsitzen, frei zu bekommen, und dabei zu helfen, die Psyche in der Gegend von *hara* zu verankern.

33 - Der Uranus, der Körper und die Krankheiten

In Abschnitt 24.4 haben wir den Uranus mit dem »transformierten Astralkörper« in Verbindung gebracht. In diesem Kapitel werden wir den Begriff weiterentwickeln und seine Implikationen hinsichtlich der Physiologie, der Gesundheit und Krankheit betrachten. Lassen Sie uns jedoch zunächst einige einfache Fakten über den Astralkörper zusammenfassen.

33.1 Der Astralkörper und seine Reflexion in den physischen Körper

Der Begriff des Astralkörpers mag zunächst geheimnisvoll klingen, doch in Wirklichkeit bezeichnet er einfache Mechanismen, die für jeden Menschen Teil des alltäglichen Lebens sind. Der Astralkörper ist die Ebene des Verstandesbewußtseins. Wann immer Sie also etwas denken, dann findet etwas in Ihrem Astralkörper statt. Ich habe nie etwas von den billigen Klischees über die Aura gehalten, doch können sie uns im vorliegenden Fall vielleicht eine hilfreiche Analogie bieten.

Stellen Sie sich den Astralkörper als eine Aura aus astralem Licht vor, die ihren physischen Körper durchdringt und umgibt. Wenn Sie denken, gibt es zuerst eine Welle nicht-physikalischen Lichts in der Aura bzw. dem Astralkörper. Dann wird dieser Impuls auf das Gehirn und das Zentrale Nervensystem übertragen, und zwar durch eine subtile und verfeinerte ätherische Substanz (*chitta*, die »plastische Hülle«, die in Abschnitt 23.5 besprochen wurde). Beachten Sie, daß Sie nicht immer denken, wenn Sie wach sind. Es gibt eine Reihe von Augenblicken im Laufe des Tages, während derer Sie weder in Tagträumen versackt noch mit aktiven Prozessen des Denkens oder Empfindens beschäftigt sind, sondern einfach so »bei Bewußtsein« sind, mit einer gewissen Bewußtheit der Seele von sich (im Unterschied zu dem Zustand, wenn Sie schlafen). Im Sinne der feinstofflichen Körper ist dieses Wachbewußtsein die Reflexion Ihrer Aura / Ihres Astralkörpers in Ihr Nervensystem hinein.

Es gibt allerdings im Laufe des Tages Augenblicke, in denen Sie sich wacher fühlen als in anderen. Manchmal ist Ihr Verstandesbewußtsein verschwommen, mit ganz langsamen Denkprozessen; manchmal dagegen fühlen Sie sich klar und vollständig wachsam. Hinsichtlich der feinstofflichen Körper entsprechen diese Variationen verschiedenen Graden der Reflexion des Lichts des Astralkörpers in Ihrem Nervensystem. Und wenn sie schlafen, stellt der Astralkörper seine Aktivität nicht ein, aber die Verbindung zum Nervensystem ist abgeschaltet.

Im Sinne der planetarischen Archetypen ist das Funktionieren des Verstandesbewußtseins verwandt mit der Merkursymbolik der Kommunikation und der Hin- und Herbewegung. Der Astralkörper überträgt seine Impulse auf das Nervensystem. Ständige Bewegungen im Nervensystem tragen die Befehle des Astralkörpers zu allen Teilen des physischen Körpers. Gleichzeitig erreichen Impulse von den Sinnesorganen das Nervensystem und werden zum Astralkörper übertragen, der sie verarbeitet und entsprechend wieder neue Impulse in das Nervensystem zurückschickt. Das Wachbewußtsein ist das Resultat dieser ständigen Austauschvorgänge zwischen dem physischen und dem Astralkörper, die sich durch die plastische Substanz des Ätherkörpers hindurch vollziehen.

Da der Uranus ein Super-Merkur ist, ist es seine Funktion, eine Intensivierung des Verstandesbewußtseins und seiner merkurhaften Austauschprozesse herbeizuführen.

33.2 Die Sonne und der Uranus – die duale Evolution des Astralkörpers

Die spirituelle Entwicklung bewirkt eine Transformation der feinstofflichen Körper. Im Falle des Astralkörpers jedoch muß etwas Grundlegendes deutlich gemacht werden: Diese Evolution hat nicht nur einen Aspekt. Ich werde insbesondere in diesem Abschnitt zwei Gruppen von Eigenschaften präsentieren, von denen jede die Schwingungsebene des Astralkörpers erhöhen kann und das Verstandesbewußtsein sich weit über das hinaus entwickeln lassen kann, was gegenwärtig von den meisten Menschen erfahren wird. Für die erste, die mit der Sonne verknüpft ist, werde ich den Clairvision-Begriff »vergegenwärtigen« (*presencing*) verwenden; für die zweite, die mit dem Uranus verknüpft ist, den Begriff »Super-Verstand« (*supermind*).

»Vergegenwärtigen« und die Sonne

Es fällt westlichen Menschen gelegentlich schwer zu verstehen, daß man spirituell erleuchtet sein kann und trotzdem nicht besonders intelligent sein muß. Man kann vollständig in Kontakt mit dem Ego (durch die Sonne symbolisiert) sein und dennoch Verstandesleistungen haben, die nicht schneller ablaufen als beim Durchschnitt der Bevölkerung. Was ist dann aber anders im Verstand eines erleuchteten Menschen? Das Ego scheint. Anstatt dicht und vom Ego nicht durchdrungen zu sein, ist der Astralkörper mit dem Licht und der Anwesenheit des Ego imprägniert worden. Um auf das

Bild der Aura zurückzugreifen, ist es nicht mehr nur astrales Licht, das in das Nervensystem hinein reflektiert wird, sondern astrales Licht, das mit der Gegenwart und dem Licht des Ego gesättigt ist. Das Ergebnis ist ein hoher Grad inneren Friedens und manchmal ein phantastisches Glücksgefühl.

Die schrittweise Transformation, durch die das Ego eingeladen wird, durch das Verstandesbewußtsein hindurchzuscheinen, wird in der Sprache der Clairvision School »vergegenwärtigen« genannt. Eine Vielzahl von spirituellen Übungen zielt darauf, einen Sinn von Gegenwart während der täglichen Beschäftigungen aufzubauen und zu pflegen. Dies hat mehrere Veränderungen des Verstandesbewußtseins zur Folge: eine wärmere innere Atmosphäre, ein erhöhter Sinn der eigenen Gegenwart in der Welt, eine größere Zentriertheit, eine verringerte Tendenz, zu reagieren und in den emotionalem Mustern der *samskara* eingefangen zu werden, ein Sinn von Zielbewußtsein und Fülle und auf einer fortgeschrittenen Stufe die Fähigkeit, alle Denkprozesse anzuhalten und einfach zu »sein«.

Super-Verstand und der Uranus

Die andere Dimension, in der der Verstand sich entwickeln kann, ist mit einer Beschleunigung der mentalen Prozesse verbunden und mit dem Zugang zu »über«-logischen Formen des Problemlösens – lateralem Denken und einer Intelligenz, die kosmische Ausmaße annimmt. Der Verstand kommt mit der noetischen Welt der Archetypen (die so etwas darstellt wie die Gebrauchsanweisung für die Schöpfung) in Verbindung und kann so auf unbegrenzte Intuition und unbegrenztes Wissen zugreifen. Er beginnt wie ein Superleiter zu funktionieren: Außerordentlich schnell, aber ohne Reibung.

Viele Formen spiritueller Arbeit interessieren sich überhaupt nicht für diesen Aspekt der Entwicklung des Astralkörpers. Der Clairvision Corpus sieht ihn jedoch als einen natürlichen Trend der Entwicklung des Verstandes an. Im die Zukunft betreffenden Material des Clairvision-Archivs findet man, daß die Menschen auf dem Wege sind, ihren Verstand weit über die gegenwärtige Stufe hinaus zu entwickeln.  Das schließt nicht nur ein, eine Intelligenz der Superlative zu entwickeln, sondern auch eine Fülle von Eigenschaften, die gegenwärtig noch gar niemand vermutet. Weil unsere Arbeit der inneren Alchemie auf das zielt, was die Menschheit erst in Zukunft erreichen wird, und weil das Wassermannzeitalter näher rückt, beziehen sich eine Reihe von Lehren der Clairvision School auf den Super-Verstand. Dies beinhaltet Begriffe wie »vertikales Denken«,

»Transformation des Denkens« und das Wissen über die »Macht des Point«.

Die Integration von Sonne und Uranus

Es wäre vollkommen falsch, zu glauben, daß das der Sonne entsprechende Vergegenwärtigen und der dem Uranus entsprechende Super-Verstand einander widersprechende evolutionäre Wege wären. Es handelt sich nicht so sehr um unterschiedliche Richtungen als um verschiedene *Dimensionen* in der Entwicklung des Verstandes. Aus der Perspektive von Clairvision wäre die Frage, ob es besser sei, sich zum Vergegenwärtigen und zur Sonne oder zum Super-Verstand und zum Uranus hin zu bewegen – so, als wollte man fragen: »Hätten Sie lieber einen Körper mit Beinen oder einen Körper mit Armen?« Die selbstverständliche Antwort ist, daß man nur, wenn man beides hat, voll und ganz ein Mensch sein kann.

33.3 Der Uranus im System Mensch

Eine Reihe von Astrologen sehen die trans-saturnischen Planeten nicht eigentlich als Teil unseres Sonnensystems an, sondern eher als Boten aus dem Universum, die die Evolution beschleunigen sollen und beim Übergang von einem begrenzten Bewußtsein (hier verkörpert durch die Grenze der Saturnbahn) zum kosmischen Bewußtsein hin helfen sollen. Entsprechend findet sich der Uranus auf der Ebene des menschlichen Körpers nicht in der Form eines bestimmten Organs oder einer Gruppe von Körperstrukturen, sondern mehr als ein allgemeiner Einfluß, der einer Beschleunigung der Evolution zur Seite steht.

Ein stärker kristallisierter Astralkörper wie ein Superleiter
Lassen Sie uns unsere Beschreibung dessen, wie der Astralkörper funktioniert, zusammenfassen und uns ein Bild davon machen, wie der Einfluß des Uranus ihn transformieren kann. Ein Uranusverstand bewegt sich schnell. Hinsichtlich der feinstofflichen Körper bedeutet das eine sensationelle Verbesserung und Beschleunigung der Bewegung des Lichts innerhalb der Aura bzw. des Astralkörpers. Der Astralkörper wird schärfer definiert und kristallisiert; seine Spannung steigt in dramatischem Maße.

Die Evolution des Nervensystems
Hand in Hand mit dieser Entwicklung finden tiefgreifende Veränderungen in der plastischen ätherischen Substanz statt, die den Astralkörper und das Gehirn bzw. das Nervensystem verbindet. Das Nervensystem selbst erfährt eine Transformation, so daß bestimmte Neurotransmitter und Hormone in signifikant größeren Mengen abgesondert und ganz

neue chemische Substanzen gebildet werden. Verschiedene Teile des Gehirns, die gegenwärtig brachliegen, werden aktiv. Die Zirbeldrüse hört auf, inaktiv und wie Sand zu sein, und wird direkt an Denkprozessen beteiligt. Die Nebennieren (deren Funktion wir der Venus-Niere zugeordnet haben) produzieren ebenfalls neue Hormone mit einem mächtigen Einfluß auf das Nervensystem, die die Wachheit und eine schnellere Übertragung der Nervenimpulse fördern. Wie der Uranus der Planet der Elektrizität ist, so ist es auch wichtig, sich zu erinnern, daß die Informationsübertragung in den Neuronen in Form von elektrischen Strömen stattfindet.

So wird der durch den Uranus transformierte menschliche Körper ein bedeutend verbessertes Nervensystem haben und besser imstande sein, die Impulse des zum Super-Verstand transformierten Astralkörpers zu übertragen und zu manifestieren.

Die Evolution von *chitta* und des Ätherkörpers im allgemeinen
Der physische Körper ist jedoch vom Ätherkörper nicht zu trennen, und es könnte keine Entwicklung auf der physischen Ebene stattfinden ohne eine auf der ätherischen. Es ist schwieriger zu beschreiben, wie diese ätherische Transformation beschaffen sein wird, weil der Ätherkörper, anders als der physische, bislang noch nicht in seinen Einzelheiten untersucht worden ist. Um jedoch die Begriffe zu benutzen, die wir oben schon eingeführt haben, wird *chitta* (die plastische ätherische Substanz, die zum Funktionieren des Gehirns gehört) nicht nur verfeinert werden und dann weniger »dick und cremig« sein, sondern auch solider und widerstandsfähiger. Wenn heutzutage Menschen einige Tage lang ohne Schlaf auskommen müssen, dann kommt ihr Bewußtsein sehr stark in Unordnung, was zu abnormalem Verhalten führt. Das hat eine Menge mit einer Schwäche von *chitta* zu tun, die sich jede Nacht durch das Chaos des Schlafs regenerieren muß, das das Bewußtsein aus dem Gehirn herauswäscht. Im *chitta* der Zukunft wird das nicht mehr so sein! Ihre Struktur wird sich kristallisiert und bis zu dem Punkt hinentwickelt haben, wo sie sich nicht mehr in ein Chaos zu werfen braucht und das Bewußtsein ununterbrochen beibehalten kann.

chitta wird jedoch nicht der einzige Teil des Ätherkörpers sein, der sich entwickelt. Eine viel höhere ätherische Vitalität wird notwendig sein, um mit der höheren Spannung des Astralkörpers zurechtzukommen. Das ist eines der Gebiete, wo eine Reihe von Uranus-bezogenen gesundheitlichen Problemen vorkommen kann (und sie haben tatsächlich auch schon bei manchen Menschen begonnen).

33.4 Ätherkörper und physischer Körper müssen folgen

Was würde passieren, wenn ein heutiger Mensch den durch Uranus transformierten Astralkörper der Zukunft erleben würde? Zuerst wohl ein phantastisches Gefühl – »Puh, ist es *das,* was man so Denken nennt?« Zweifellos wären viele zunächst verblüfft, wenn sie die Tiefe der Bewußtseinszustände des Super-Verstandes entdecken würden. Innerhalb von Stunden, jedenfalls aber maximal einigen Wochen würden sich einige dramatische Probleme auftun, die daher rühren, daß der physische und der Ätherkörper in ihrem gegenwärtigen Zustand vollkommen unfähig sind, mit der Hochspannung eines durch den Uranus transformierten Astralkörpers zurechtzukommen. Erschöpfung wäre die erste Folge (auch deshalb, weil sie wahrscheinlich ganze Tage hintereinander ohne Schlaf verbringen würden, wie unter hohen Dosen von Amphetaminen). Wahnsinn könnte durchaus eine weitere Folge sein, indem *chitta* unter dem Druck des Astralkörpers buchstäblich explodieren würde.

Friedrich Nietzsche kann als jemand angesehen werden, der Beziehungen zum Super-Verstand hatte, über die Grenzen dessen hinaus, was sein System vertragen konnte, und der nach einem Lebensabschnitt brillanter Kreativität in Geisteskrankheit zusammenbrach.

Lassen sie mich jedoch deutlich sagen, daß ich keineswegs behaupte, daß die Uranus-Dimension der Evolution des Superverstandes falsch wäre! Was ich hier sage, ist nur, daß sie von einem entsprechenden Wachstum und einer Verfeinerung im physischen und im Ätherkörper begleitet werden muß.

33.5 Uranus-Krankheiten – Ätherkörper und physischer Körper kommen nicht mit

Ich sage jedoch voraus, daß es in Zukunft eine Anzahl von Lebensphasen geben wird, während derer es für den Ätherkörper und den physischen Körper schwierig sein wird, mit der Entwicklung des Astralkörpers Schritt zu halten.

Starke Winde des Super-Verstands von Uranus fegen bereits über die Erde, berühren eine große Anzahl von Menschen und beschleunigen so die Entwicklung ihres Astralkörpers. Doch viele Menschen werden nur langsam begreifen, daß ergänzend eine Kultivierung des Ätherkörpers notwendig ist. Tatsächlich werden viele Leute noch nicht einmal merken, daß ein Erwachen stattfindet, und auch wenn sie die Notwendigkeit einer Anpassung sehen würden, hätten sie noch nicht die leiseste Idee, wie sie ihren Ätherkörper pflegen könnten. Das ist die Stelle, an der Technologien des Bewußtseins wie die Lehren von Clairvision über die Transformation des Denkens von entscheidender Bedeutung sein können. Andernfalls wird es zu einer großen Zahl von physischen und psychischen Störungen kommen. Ein Beispiel davon kann man bereits im chronischen Müdigkeitssyndrom erkennen.

33.6 Chronisches Müdigkeitssyndrom

Eines der Probleme beim chronischen Müdigkeitssyndrom ist, daß seine Definition vage ist. Grob gesagt bezieht sich dieser Begriff auf Menschen, die unter einer dauerhaften Erschöpfung leiden, oft im Gefolge einer Virusinfektion. Verschiedene andere Symptome können Teil des Syndroms sein, so etwa Kopfschmerzen oder Muskelkrämpfe. Praktisch werden jedoch mehr und mehr Menschen auf chronisches Müdigkeitssyndrom hin diagnostiziert, und es bestehen große Zweifel daran, ob sie alle unter dem gleichen Syndrom leiden.

In einer Reihe von Fällen habe ich bei der Arbeit mit Patienten, die unter chronischem Müdigkeitssyndrom litten, festgestellt, daß sie deutliche Anzeichen für ein Erwachen des Astralkörpers zeigten, mit dem ihr physischer und ihr Ätherkörper nicht zurechtkommen konnten. Daher die Erschöpfung und die Kopfschmerzen. Daher die phantastischen Träume, die viele von ihnen haben. Daher auch die Tatsache, daß eine Anzahl von ihnen ein Gefühl des inneren Erwachens und von neuen spirituellen Dimensionen, die sich für sie öffnen, haben, während sie unter der Krankheit leiden. Ihr Astralkörper hat plötzlich begonnen, sich zu kristallisieren, d.h. dichter, intensiver und stärker definiert zu werden. Viele von ihnen spüren, daß ihre Krankheit spirituelle Bezüge hat, und aus meiner Perspektive haben sie recht damit.

Ich behaupte hier nicht, daß *alle* Patienten mit einem chronischen Müdigkeitssyndrom ein astrales Erwachen erleben. Ich glaube jedoch, daß es bei einer signifikanten Anzahl von ihnen der Fall ist. Ich habe auch beobachtet, daß es bei einer Reihe von Patienten zu einer Besserung oder sogar Heilung kam, wenn ich ihnen Techniken zeigte, um ihre ätherische Energie zu stärken und um größere astrale Intensitäten hantieren zu können.

33.7 Chronisches Müdigkeitssyndrom und die Macht des Point

Die »Macht des Point« ist ein hochgradig esoterisches Kapitel in den Lehren der Clairvision School, eines, das Schüler oft überrascht (allerdings ist das ja auch das mindeste, was man von einem auf Uranus bezogenen Prozeß erwarten sollte). Es hat mit bestimmten Methoden für den Umgang mit den Energiezentren über dem Kopf zu tun, die ein Uranus entsprechendes Erwachen des Astralkörpers auslösen und mit

Bewußtseinsebenen des Super-Verstandes verbinden. Gleichzeitig wird der Ätherkörper kultiviert, damit er fähig wird, die höhere astrale Spannung auszuhalten. Die »Macht des Points« ist ein langer und heftiger Prozeß (voll von Gefahr durch Venom, als hätte man es mit Antimon zu tun), und es würde zu weit führen, sie hier darzustellen.

Für Patienten, die unter dem chronischen Müdigkeitssyndrom leiden, kann es jedoch interessant sein zu wissen, daß einige der Probleme, mit denen sie es zu tun haben, ähnlich sind wie die, denen man begegnet, wenn man die Macht des Point beherrschen lernt.

Viele Patienten mit dem chronischen Müdigkeitssyndrom haben stark geladene astrale Energien über ihrem Kopf, und sie müssen lernen, mit ihnen umzugehen. Diese Energien sollten über dem Kopf bleiben, doch die Patienten haben nicht die ätherische Kraft, sie zusammenzuhalten. Das Resultat ist ein unangemessenes Herabsickern oder sogar ein völliges Ausfließen – so ähnlich wie bei Inkontinenz, aber eben nicht auf der physischen Ebene. In ihren Kopf fallen Energien ein, die dort nichts zu suchen haben, und benehmen sich wie schädliches astrales Venom, solange sie im System sind. Wenn das heftig geschieht, hat es einen Zusammenbruch und den Beginn einer Erschöpfungsepisode zur Folge.

Wenn ein Patient mit dem chronischen Müdigkeitssyndrom gleich zu Anfang (während der ersten Stunden) eines solchen Zusammenbruchs in Behandlung kommt und man die Macht des Point benutzen kann, um die Energien wieder nach oben zu ziehen, dann sind die Ergebnisse spektakulär. Die Patienten sind zu Beginn der Konsultation in einem völlig überwältigten und vernichteten Zustand, und innerhalb von 20 Minuten stehen sie auf und laufen herum, als ob nichts passiert wäre; Wochen bettlägeriger Erschöpfung werden vermieden. Wenn man die Patienten jedoch erst in einem späteren Stadium antrifft, kann man häufig nicht mehr viel für sie tun. Sie brauchen dann Ruhe, bis die Krise vorbeigeht.

Man muß kaum darauf hinweisen, daß eine dauerhafte Lösung nur darin bestehen kann, daß die Patienten selbst lernen, die Vorzeichen dieser astralen Zusammenbrüche wahrzunehmen, und ihre eigene Energie bis zu dem Punkt hin entwickeln, wo sie fähig werden, selbst mit ihnen fertigzuwerden. Nach meiner Wahrnehmung der Evolution der feinstofflichen Körper wird man in Zukunft mehr und mehr Menschen mit Zuständen in der Art des chronischen Müdigkeitssyndroms diagnostizieren. Solange die energetische Dimension hinter diesen Zuständen nicht erkannt wird, werden sie für den Arzt ein Rätsel bleiben, weil die physischen Beschwerden nur eine Spiegelung dessen sind, was sich zwischen dem Astralkörper und dem Ätherkörper abspielt.

33.8 Schizophrenie

Einige Fälle von Schizophrenie (nicht notwendigerweise alle) scheinen mir durch einen ähnlichen Zusammenbruch des Ätherkörpers unter dem Druck außerordentlich starker astraler Kräfte verursacht zu sein. Es kommt nicht selten vor, daß Schizophrene außergewöhnliche Wahrnehmungen und Einsicht in nicht-physikalische Welten haben. Dies erscheint nicht nur in den Beschreibungen, die sie von ihren »Erfahrungen« geben, sondern auch in der summenden astralen Intensität, die man in ihnen spüren kann, besonders wenn sie eine delirante Episode durchmachen.

Außerdem paßt die Fremdartigkeit, die diese Krankheit begleitet, sehr gut zu den astrologischen Eigenschaften von Uranus.

Ich kann hier jedoch nicht berichten, daß ich je auch nur den geringsten Erfolg damit gehabt hätte, die geistige Gesundheit eines zuverlässig diagnostizierten schizophrenen Patienten wiederherzustellen. Wenn sie erst einmal zu delirieren begonnen haben, dann weiß ich nichts, was sie zurückholen könnte.

33.9 Schlaganfälle und Herzinfarkte

Ich würde auch einige Fälle von Schlaganfällen und Herzinfarkten (gewiß nicht alle davon) mit plötzlichen astralen Zusammenbrüchen in Verbindung bringen. In der chinesischen Medizin, ebenso wie in der ayurvedischen, werden diese pathologischen Zustände mit stürmischen Angriffen des Luft/Wind-Elements in Verbindung gebracht, d.h. im Sinne der feinstofflichen Körper, mit der astralen Ebene.

In unserem System der feinstofflichen Körper ist nach dem Vorbild Steiners und der Theosophen das Erdelement mit dem physischen Körper verbunden, das Wasser mit dem Ätherkörper, Luft bzw. Wind mit dem Astralkörper und das Feuer mit dem Ego.

33.10 Neurologische Störungen

Es ist wahrscheinlich, daß einige Gehirntumore und neurologische Störungen ebenfalls durch eine astrale Spannung verursacht sind, die das System überlastet hat.

34 - Der Neptun, der Körper und die Krankheiten

34.1 Die lemurischen Blobs

Genauso wie wir den Uranus mit dem Super-Verstand in Beziehung gebracht haben, kann der Neptun der Planet der »Super-Verbindung« genannt werden, also der Verbindung zu Gott und den spirituellen Welten. Bevor man die Wirkung von Neptun im physischen Körper erfassen kann, muß man zunächst seine spirituelle Bedeutung ausloten, da die erstere eine direkte Konsequenz der letzteren ist. Dies lädt uns zu einem Blick in die ferne Vergangenheit der Menschheit und ebenso in ihre Zukunft ein, denn die Menschen waren spirituell viel enger verbunden als sie es gegenwärtig sind, und sie werden es auch wieder sein.

Lassen sie uns mit Aspekten der Vorzeit beginnen, so, wie ich sie wahrgenommen habe, indem ich das Archiv der Erde gelesen und mein Bewußtsein in die Menschen jener Epoche projiziert habe. Unter der Vorzeit verstehe ich eine Periode vor dem Zeitalter von Atlantis, als die Menschen völlig am Anfang ihrer Abenteuer auf der Erde waren. Weil diese voratlantischen Zeiträume oft als »Lemuria« bezeichnet worden sind, werde ich hier, der Einfachheit halber, den gleichen Begriff benutzen.

Das Material, das in diesem Abschnitt geboten wird, stammt nicht aus dem Clairvision-Archiv, sondern aus den allgemeinen Archiven, die oft als »Akasha-Chronik« bezeichnet worden sind. Ähnliche Visionen der Vergangenheit finden sich in dem »Buch M« (*liber m[undi]*, Buch der Welt, ein Begriff, der in den rosenkreuzerischen Schriften des 17. Jahrhunderts aufgekommen ist), das der ätherischen Weisheit der Natur entspricht und das gelesen wird, indem man sich auf die Ätherik der Umgebung einstimmt und ihrem Faden zu den am stärksten verfeinerten ätherischen Bereichen folgt.

Lassen sie mich also das Bild einer anderen Erde zeichnen – ganz anders freilich als in den üblichen Klischees einer Welt der Dinosaurier. In der fernen Vergangenheit war die Atmosphäre dick. Was auch immer ihre chemische Zusammensetzung gewesen sein mag, die Menschen jenes Zeitalters nahmen sie als eine warme und beinahe flüssige Umgebung wahr. Ihr Körper war viel weicher, als es unserer ist. Sein Gewebe war wie das von Tintenfischen oder von Babys oder eben das von

Blobs, und seine Form war von der gegenwärtigen menschlichen Form ziemlich weit entfernt. Doch die Blobs »sahen« sich nicht, so wie wir das tun. Ihre Wahrnehmung fand ganz in der Sphäre des Spürens und Fühlens statt. Eine verschwommene, aber zuverlässige Intuition war ihr wichtigstes Mittel, um sich auf die Welt um sie herum zu beziehen.

Wie fühlte es sich also an, ein lemurischer Blob zu sein? Sehr gemütlich – nicht viel anders, als wenn man so halb wach ist, während man an einem Sonntagmorgen zu lange im Bett bleibt. Und auch sehr einfach. Keine Bedürfnisse. Die gegenwärtigen Menschen müssen mit ihrer Umwelt kämpfen, um ihre physiologischen Bedürfnisse zu befriedigen, während die physiologischen Bedürfnisse der lemurischen Blobs automatisch befriedigt wurden, durch eine Art von Osmose mit ihrer Umwelt. Sie badeten in ihrer suppenartigen Atmosphäre, und wenn sie Hunger spürten oder eher ihr Äquivalent für Hunger, dann wurde sogleich »irgendwas« in sie gezogen, was die Leere ausfüllte. Es ist wahr, daß die Blobs *sehr* einfache Bedürfnisse hatten. Doch da diese befriedigt wurden, sobald sie ihnen zu Bewußtsein kamen, lebten sie in einer glückseligen Kontinuität ohne alles wünschen, brauchen oder mangeln.

Vorpersönliches Stadium
Eine Konsequenz aus dieser Beziehung zu ihrer Umwelt war, daß sie keinen klaren Sinn für ihre Individualität hatten, noch nicht einmal für die Grenzen ihres Körpers. Wenn Ihr Körper halb-flüssig ist und Sie nie eine andere Umwelt als eine suppenartige Atmosphäre gekannt haben, warum sollten Sie dann etwas davon wissen? Wenn es nie irgendeinen marshaften Anreiz gegeben hat, sich zu verteidigen, oder irgendeinen Kampf gegen widrige klimatische Bedingungen, wie hätten Sie da einen saturnhaften Sinn für Grenzen entwickeln können?

34.2 Lemurische Spiritualität – neptunhafte Verschmelzung

Nun zu einem unerwarteten Aspekt; die lemurischen Blobs, ungeachtet vieler Eigenschaften, die auf uns einen unreifen Eindruck machen, hatten ein hochgestimmtes spirituelles Leben. Ein unverdorbener göttlicher Einfluß durchdrang den Planeten, auf eine Art, die vorzustellen uns heute schwerfällt. Wenn man sein Bewußtsein in diese Zeit zurückprojiziert, dann kann man so von weißem Licht überflutet werden, daß man nichts anderes mehr sieht. Die Erde war eine Behausung Gottes, und die Blobs waren unbeschränkt mit dem Göttlichen vereint. Außerdem beinhaltete die Tatsache, daß ihre babyartige Energie total offen war für ihre Umwelt, daß das göttliche Licht sie vollständig durchdringen konnte und bis in den tiefsten Kern ihres Wesens reichte.

Natürlich wußten sie nicht, wie erhaben und kostbar ihre Verbindung war – sie wußten rein gar nichts. Sie trieben einfach in ihrer glücklichen Mischung von Schlaf und göttlicher Trunkenheit dahin, ohne Sinn für Zeit und ohne eine Ahnung, daß ein schmerzhaftes Erwachen auf sie wartete. Das schmerzhafte Erwachen war nichts anders als die Trennung der Geschlechter, die wir in Abschnitt 18.5 erörtert haben.

Die Spiritualität der lemurischen Menschen war hochgradig neptunhaft. Sie beruhte auf einer völligen Einheit mit dem Göttlichen. Mehr als nur eine Öffnung, handelte es sich um einen Zustand völliger Verschmelzung. Es war nicht nur eine Tatsache ihres Bewußtseins, sondern auch eine »organische« Erfahrung: die Blobs fühlten die göttliche Gegenwart in den Zellen ihrer Körper. Für sie war ihr halb-flüssiger Körper Teil einer allgemein wässrigen Organisation des Bewußtseins, durchgängig auf dem Gefühl beruhend und vom Göttlichen erfüllt.

34.3 Neptun heute

Ohne diesen historischen Hintergrund zu kennen, kann man nicht voll und ganz die neptunhaften Werte der heutigen Menschen ermessen. Denn die Menschen haben ihre glückselige Einheit mit dem Göttlichen verloren, und nun scheinen sie diese neptunhaften Zustände der Gemeinschaft mit dem Göttlichen vollständig vergessen zu haben. Doch tief in ihnen erinnert sich etwas. Sie tragen eine Nostalgie mit sich herum, eine Sehnsucht, die sie nicht definieren können – genauso wie die lemurischen Blobs nicht imstande waren, ihren Zustand zu analysieren. Möglicherweise jedoch ist diese Sehnsucht vielleicht ihre stärkste Antriebskraft.

Abgesehen von der spirituellen Seite sind eine Reihe von psychologischen Merkmalen noch unbewußt in den heutigen Menschen wirksam. Es sind nicht notwendigerweise klare Emotionen oder Gedanken; eher schon manifestieren sie sich als tiefe Gefühlsimpulse, die durch den unbewußten Verstand hindurchlaufen. Sie stellen die »Bauch«-Ebene der Gefühle dar und sind so eng mit dem Hintergrund des Bewußtseins verwoben, daß sie selten erkannt werden. Nichtsdestoweniger sind sie aktiv. In einigen Fällen, in denen man zögert und aufschiebt, oder in Zuständen, die oberflächlich betrachtet halb aus Faulheit, halb aus Müdigkeit zu bestehen scheinen, da können einige tief verwurzelte neptunhafte Gefühle aus Lemuria am Werk sein.

Vielleicht der wichtigste Punkt an den neptunhaften Werten ist heute, daß sie keine Möglichkeit mehr haben, sich zu äußern. Die Menschen haben ihre Verbindung mit dem Göttlichen verloren, und der einzige Weg, auf dem sie sie wiedererlangen können, ist eine lange Suche. Ihre neptunhafte Seite ist ausgehungert. Sie ist entweder betäubt oder schläft, nahezu vergessen, im unbewußten Hintergrund des Bewußtseins, oder sie wird als die schmerzhafteste aller Wunden gefühlt – als die, von Gott getrennt worden zu sein.

34.4 Alkohol und Drogenrausch

Wenn Drogen (einschließlich Alkohol) einen derartigen Sog auf Menschen ausüben, dann deshalb, weil ihre Effekte hohe Bewußtseinszustände nachahmen. Es wäre nur angemessen zu sagen, daß die lemurischen Wesen vom Göttlichen berauscht waren. Für mich gibt es auch keinen Zweifel daran, daß Menschen durch den Alkoholrausch versuchen, einen lemurischen vorpersönlichen Zustand wiederherzustellen. Natürlich hilft der Alkohol niemandem, die Gemeinschaft mit dem Göttlichen zu erreichen, doch die neptunhaften Bedürfnisse sind nicht wählerisch. Wenn sie einem neptunhaften Sog folgen, wissen die Menschen nicht, was sie wollen, noch wo dieser Sog herkommt. Weil alle diese Bedürfnisse in der Vergangenheit verwurzelt sind, als die Menschen noch keine Struktur hatten, treten sie als vage Wellen ins Bewußtsein – aber manchmal mit solcher Stärke, daß sie unwiderstehlich sein können. Denn der Sog ist in Wirklichkeit ein Sog zu Gott hin.

Diese Überlegungen werfen ein neues Licht auf die süchtige Persönlichkeitsfehlhaltung von Alkoholikern und Drogenabhängigen. Eine Reihe von psychologischen Merkmalen und Mechanismen, die von einer logischen Perspektive aus wenig sinnvoll erscheinen, nehmen plötzlich eine neue Dimension an. Durch den Rausch suchen eine Anzahl von Alkoholikern und Drogenabhängigen unbewußt einen Rückweg in einen neptunhaften/lemurischen Zustand. Das bedeutet, daß es mit einem erfolgreichen Entzug mehr auf sich hat als einfach eine schädliche Gewohnheit sein zu lassen; was gebraucht wird, ist ein globaler Übergang von einem Wertesystem zu einem anderen – von der vorpersönlichen zur persönlichen Welt.

34.5 Das »Ich will nicht auf der Erde sein«-Syndrom

Als ich begann, die ISIS-Techniken der Regression bei einer größeren Anzahl von Klienten anzuwenden, hat es mich beeindruckt, wie viele von ihnen entdeckten, daß sie nicht auf der Erde sein wollten. Ich sah es einige Male bei Patienten mit Krebs oder AIDS; wenn sie tiefe (neptunhafte) Schichten ihrer Psyche erreichten, dann fanden sie einen Kernbestandteil ihrer selbst, der entschieden gehen wollte, also sterben. Es kam nicht selten vor, daß sie sogar entdeckten, daß sie diese Haltung eingenommen hatten, *bevor* sie auch nur im Leib ihrer Mutter angekommen waren! Sie hatten einfach von allem Anfang an nie hier sein wollen, und dieser Kernbestandteil von ihnen freute sich ganz sanft über die endgültige Wendung der Krankheit. Oft waren diese Menschen von ihrer Entdeckung gar nicht überrascht; auch wenn es nie zuvor so klar formuliert worden war, war ihnen dieses Gefühl immer unbewußt bekannt gewesen.

Zwischen zwei Inkarnationen auf der Erde reisen die Menschen zu geistigen Welten, in denen sie einen Blick auffangen auf die Fülle des Lichts, die sie im lemurischen Stadium erlebt haben. Daher haben Patienten eine große unbewußte oder halb-bewußte Nostalgie für die »andere Seite«. In Wahrheit ist ihre Krankheit eine Form »spirituellen Selbstmords«, ein Sog zurück ins Licht. Das Problem besteht natürlich darin, daß sie, sobald sie in den geistigen Welten ankommen, erkennen, daß sie auf die Erde zurückgehen müssen. Und so dreht das Rad sich weiter.

Was die Behandlung der Krankheit betrifft, so ist es entscheidend, daß die Patienten erkennen, daß sie unter dem »Ich will nicht auf der Erde sein«-Syndrom leiden. Einem schwerkranken Patienten, der sich entschlossen hat zu gehen, wird wahrscheinlich keinerlei Behandlung nutzen können. Das Problem, das angegangen werden muß, ist dieser Entschluß selbst, mehr sogar als die physische Seite der Krankheit.

Es wäre falsch zu glauben, daß diese Unlust an der Inkarnation sich nur in Patienten findet, die an ernsthaften Krankheiten leiden. Alle möglichen Leute tragen sie in sich, mit unterschiedlichen Konsequenzen. Für viele bedeutet es einfach nur, nicht ganz da zu sein. Sie haben eine Fassade aufgebaut, die den Verpflichtungen des täglichen Lebens gerecht wird, aber sie bewohnen sie nicht wirklich – und sie wollen es auch gar nicht. Ihr Zögern gegenüber der Verkörperung läßt sie durchs Leben treiben, in das sie sich so wenig wie nur möglich hineinziehen lassen.

Bei anderen kann sich das »Ich will nicht auf der Erde sein«-Syndrom in der Form eines Mangels der Verkörperung der feinstofflichen Körper in den physischen hinein äußern (wie dies in *Subtle Bodies, the Fourfold Model* beschrieben wird). Wenden wir uns nun einigen gesundheitlichen Störungen zu, die aus einem neptunhaften Mangel an Verkörperung resultieren können.

34.6 Multiple perverse Energien

Der Begriff »perverse Energie« bezeichnet unangemessene ätherische Energien, die sich an den Ätherkörper anheften. Einige davon werden von der jeweiligen Person nicht bemerkt; andere schaffen ein deutliches Gefühl von Unwohlsein in der jeweiligen Körperzone, das oft schwer zu beschreiben ist. Alle perversen Energien neigen dazu, Lebenskraft abzuziehen. Einige können sogar zum Ausgangspunkt für eine physische Krankheit werden.[60]

Ein neptunhafter Mangel an Verkörperung schafft einen Mangel an Präsenz und einen Mangel an Feuer (wie beim Körperfeuer, das wir in Abschnitt 19.1 besprochen haben), was das Eindringen perverser Energien begünstigt. Hierbei ist allerdings noch mehr zu bedenken. Die neptunhafte psychische Organisation ist eine, der es schwerfällt, Grenzen zu ziehen – ein direktes Erbe des Blob-Zustands der lemurischen Menschen, die in ihre Umwelt eingebettet und total offen für sie waren. Die Verschmelzungstendenz des Neptun ist vollkommen unangebracht, wenn sie sich durch den Ätherkörper manifestiert. Wir leben jetzt in einer Welt voller schädlicher Energien, und wenn unsere ätherischen Grenzen nicht ausreichend gesichert sind, dann können uns schädliche perverse Energien der verschiedensten Art überschwemmen.

So neigen manche Leute, in denen die Planetenkraft des Neptun stark ist, nicht nur dazu, vielfältige perverse Energien einzufangen, sondern sie erlauben es auch einigen stärkeren davon, sich in ihren tiefsten Bereichen einzunisten. Der Ätherkörper hat verschiedene Schichten, einige davon oberflächlich, einige tief. Normalerweise sind die tieferen Schichten sehr stark geschützt; wenn eine perverse Energie hier eindringt, sind Lebenskraft und Gesundheit in Gefahr. Die mit Neptun verbundene Vagheit und die Tendenz zu schlecht definierten Grenzen können Faktoren sein, die das tiefgehende Eindringen ermöglicht, besonders in der frühen Kindheit oder sogar schon im Mutterleib. Ohne einen Heilkundigen mit den notwendigen Kenntnissen, um diese perversen Energien zu entfernen, kann das Resultat ein Kind sein, das ohne einen offensichtlichen Grund eine Krankheit nach der anderen durchmacht und bei dem es möglicherweise auch schwerere Persönlichkeitsstörungen gibt.

34.7 Wesenheiten

Aus genau den gleichen Gründen kann ein neptunhafter Mangel an Verkörperung auch das Eindringen einer Wesenheit erleichtern. Ohne in die Details zu gehen, die ich in dem Buch *Entities* dargestellt habe, muß man hier darauf hinweisen, daß die Tendenzen zu Verwirrung und Vagheit und der Mangel an Klarheit, die von Wesenheiten in ihren Wirten gefördert werden, die gleichen Tendenzen verstärken, die eine von Neptun geprägte Person bereits mitbringt.

---

[60] Perverse Energien werden in *Entities*, Abschnitt 3.1, erörtert.

34.8 Ein Schwamm für Schwingungen

Wegen ihrer Tendenz, auf allen Ebenen (physisch, ätherisch, astral) keine klar definierten Grenzen zu haben, können Menschen mit starken vorpersönlichen Neptunqualitäten beträchtliche übersinnliche Fähigkeiten besitzen. Sie können sich leicht den verschiedensten Einflüssen öffnen, wie im alten atavistischen Zustand des Hellsehens und anderen Zuständen außersinnlicher Wahrnehmung. (Sie sind z.B. wahrscheinlich exzellente Psychometriker.)

Die andere Seite davon ist es jedoch, daß sie es wahrscheinlich auch schwierig finden werden, zwischen ihren eigenen Emotionen und denen der Menschen ihrer Umgebung zu unterscheiden. Manchmal können sie sogar alle Arten von Schwingungen wie ein Schwamm aufsaugen und von Bewußtseinswellen, die aus ihrer familiären Umgebung oder auch aus der Gesellschaft als ganzer kommen, aus dem Gleichgewicht gebracht werden.

Das kann psychische und gesundheitliche Störungen hervorrufen, für die sich keine endgültige Lösung finden läßt, solange die betreffende Person nicht gelernt hat, wie sie ihre Energie verstärken und schützen kann.

34.9 Multiple Infektionen und ein schwaches Immunsystem aufgrund schwacher Verkörperung

Das Immunsystem ist eine Manifestation des Feuers von Sonne und Mars im Individuum. Wenn ein Mangel an Verkörperung besteht, dann zögert das Ego, sich in den physischen Körper und seine physiologischen Prozesse einzumischen. Als eine Folge davon ist das Feuer gering, was automatisch zu einem schwachen Immunsystem führt.

Das Resultat kann eine Tendenz sein, eine Grippe oder sonstige Erkrankung nach der anderen zu bekommen. Es kann auch Schwierigkeiten geben, chronische oder sub-chronische Formen von Infektionen zu überwinden. Denken Sie auch an den vaginalen Ausfluß, der ohne ersichtlichen Grund immer weiter geht und bei dem konventionelle Behandlungsmethoden versagen.

Der Mangel an klar definierten energetischen Grenzen ist ein weiterer Faktor, der einen Befall durch Mikroorganismen begünstigen kann. So ist das, was wir hier erörtern, nur eine weitere Manifestation der schwach ausgeprägten Fähigkeit, perverse Energien abzuwehren (die oft mit Infektionen verbunden sind).

34.10 Tuberkulose

Die Tuberkulose ist vorerst stark zurückgegangen und trifft jetzt hauptsächlich Menschen, die unter schlechten hygienischen Bedingungen leben. Als sie noch blühte, also vor der Entwicklung von Antibiotika, konnte man die Tuberkulose ganz entschieden unter die Krankheiten einreihen, die durch einen neptunhaften Mangel an Verkörperung begünstigt wurden.

Vielleicht aus tiefer Einsicht waren die Ärzte früher der Ansicht, daß eine tiefe Traurigkeit Tuberkulose auslösen könnte. Sie kann sicherlich einen Rückzug des Astralkörpers und einen Mangel an Verkörperung auslösen.

34.11 Die neptunhafte Art

Wenn man es mit Patienten zu tun hat, die starke neptunhafte Eigenschaften aufweisen, wie sie in diesem Kapitel beschrieben wurden, kann es eine sehr wirkungsvolle Maßnahme sein, ihren Sinn für ihre Identität zu stärken. Viele ihrer Probleme haben mit der vorpersönlichen Organisation ihrer Psyche und ihrer Energie zu tun, durch die keine klaren Grenzen zwischen sich und ihrer Umgebung gezogen werden. Ein Sinn für ihre Selbstbezüglichkeit muß entwickelt werden, indem sie systematisch versuchen, ihre eigene Energie von derjenigen der Leute zu unterscheiden, mit denen sie sich unterhalten oder sonst zu tun haben. Sie sollten ermutigt werden, die Grenzen ihrer eigenen Energie wahrzunehmen (also wie weit sich ihre Aura ausdehnt) und zu spüren, wie sich die Qualität und der »Geschmack« ihrer inneren Atmosphäre von der energetischen Umgebung unterscheidet. Um diesen wachsenden Sinn für das Selbst zu unterstützen wird jede Maßnahme, die die saturnhafte Struktur stärkt, sehr hilfreich sein. Die neptunhafte Vagheit und den Mangel an Zielbewußtsein zu bekämpfen, sich Ziele zu setzen und an ihnen festzuhalten, bis sie erreicht worden sind, und das Zögern und Aufschieben zu meiden wie die Pest – das steht ganz oben auf der Prioritätenliste. Menschen, die stark von Neptun geprägt sind, sollten sich auch unbedingt vom Alkohol und anderen Drogen fernhalten, denn sie fördern Verwirrung, und genau das ist es, was sie beseitigen müssen.

Was nun das »Ich will nicht auf der Erde sein«-Syndrom angeht, was kann man tun? Alles, was die auf Sonne und Mars bezogene Motivation der Patienten stärken und sie für eine Aufgabe oder eine Entwicklungsrichtung interessieren kann, alles, was ihren marshaften Antrieb und Enthusiasmus wieder in Gang bringen kann, wird segensreich für

sie sein. Das Feuer ist schwach, daher kann man versuchen, es durch körperliche Übungen und Baucharbeit zu stimulieren.[61]
Von Neptun geprägte Menschen haben oft eine Affinität zum Ozean. Einfach schon an der See zu sein läßt es ihnen besser gehen, und kann sogar mächtige Regenerationskräfte in ihrem System freisetzen. Schwimmen ist daher eine der besten körperlichen Aktivitäten, die man ihnen empfehlen kann.
Feurige, marshafte Heilmittel wie Ingwer, Knoblauch und verschiedene andere Gewürze können auch zuweilen nützlich sein. Man sollte den Patienten daher vorschlagen, sie routinemäßig beim Kochen zu verwenden.
Es braucht jedoch eine Menge Takt. Wenn Sie versuchen würden, von Neptun geprägte Menschen dazu zu zwingen, Aufgaben auszuführen, zu denen sie keine wirkliche Affinität haben, dann könnten Sie durchaus eine Reaktion auslösen, die das Gegenteil von dem wäre, was Sie beabsichtigt haben – einen noch stärkeren Abfall an Motivation und noch stärkere Rückzugstendenzen. Auch wenn Sie ihr Körperfeuer auf eine Weise anregen würden, daß ihre Psyche nicht mitkommen könnte, würde der gleiche Rückzug stattfinden.

Das Herz dieser Sache ist spiritueller Natur. Solange keine Veränderung in der Tiefe der Psyche vollzogen wird, wird ihre Nostalgie nach höheren Welten diese Menschen immer dazu treiben, von der Erde wegzudriften. Das ist die Grenze, an der man nicht immer viel machen kann. Wenn die betreffende Person vollständig ohne Bezug zu ihrer eigenen Spiritualität ist, ist es unwahrscheinlich, daß sie auf Ihre Vorschläge eingehen wird. Wenn sie jedoch die erforderlichen Eigenschaften und die nötige Reife hat, dann kann man eine Neuorientierung ihres Wertesystems versuchen: versuchen, Wege zu finden, eine echte Spiritualität hier und jetzt auf der Erde zu leben, und sich so auf Zustände kosmischer Liebe und Gemeinschaft zuzubewegen. Je mehr diese Menschen erkennen, daß sie mit dem Göttlichen eins sein können, während sie auf der Erde leben, und je mehr sie Anteilnahme und Dienst am Mitmenschen entfalten, desto näher sind sie daran, in ein neues Selbst hineinzutreten und die alten Gewohnheiten des Sich-Hinwegsehnens aufzugeben. Es muß gar keine sofortige Erleuchtung sein; einfach die Erkenntnis, die die entsprechende Hoffnung und das Streben mit sich bringt,

---

[61] Baucharbeit bezeichnet den Teil im ISIS-Prozeß, der das marshafte Feuer in einem Individuum anregt und die Äußerung ihrer Kraft und Libido durch eine Stimulierung von Energiezentren im Unterleib freisetzt. Vgl. *Regression*.

daß es tatsächlich möglich ist, auf der Erde mit einer Verbindung zum Göttlichen zu leben. Diese Erkenntnis kann allein schon ausreichen, um das Schicksal der von Neptun geprägten Menschen zu ändern.

35 - Der Pluto, der Körper und die Krankheiten

35.1 Pluto, die Macht der unteren Chakren

Kosmisch ist Pluto der Herr der Unterwelt. Auf der menschlichen Ebene entspricht Plutos Reich den unteren Chakren und den Kräften, die mit ihnen in Beziehung stehen. Lassen Sie uns also hinabsteigen und einen Blick auf diese geheimnisvollen und immer noch weitgehend unerforschten Teile des menschlichen Körperbaus werfen.

Wo beginnen die unteren Chakren? Man kann sicher das Sakralchakra (*svādhiṣṭhāna-cakra* in der hinduistischen Tradition) dazu zählen. Mit der Sexualenergie verbunden, ist es im Rückgrat auf der Ebene des Kreuzbeins angesiedelt, und es strahlt in das Schambein und die Geschlechtsteile hinein aus. Es steht mit dem Fluß der Libido in Zusammenhang und allgemeiner mit dem, was in anderen Teilen des Clairvision Corpus als eine horizontale Öffnung zu den kosmischen Wassern bezeichnet wird, und spezifischer zu dem Teil der kosmischen Wasser, der der ätherischen Lebenskraft nahe ist.

Tiefer unten befindet sich das Basischakra (*mūlādhāra-cakra* in der hinduistischen Tradition). Manche lokalisieren es am Ende der Wirbelsäule, im Steißbein, andere im Damm, am äußersten Ende des Rumpfes – eine räumliche Zuordnung, die gut zu seinem Symbolgehalt als »Basischakra« paßt und die für die Übungen der Clairvision School maßgeblich ist. Mit dem Basischakra sind tiefe Überlebensinstinkte und ursprüngliche Kräfte verbunden. So ist z.B. der Geruchssinn, den die tantrische Tradition *mūlādhāra-cakra* zuordnet, mit entwicklungsgeschichtlich alten, ursprünglichen Teilen des Gehirns verbunden.

Doch die Chakren hören nicht bei *mūlādhāra-cakra* auf. Die hinduistische Tradition beschreibt mehrere andere, die sich auf einer geraden Linie unterhalb des Basischakras befinden. Das höchste von ihnen ist knapp unterhalb der Hüften, und das unterste ist zwischen den Füßen. Zusammen bilden sie eine nach unten gerichtete Verlängerung der Donnersäule, des zentralen Energiekanals, der durch die Mitte des Körpers führt, von der Spitze des Kopfes (oder knapp darüber) bis zum Damm.

Bei Tieren entspricht diese Verlängerung nach unten dem Schwanz. Das bedeutet, daß sich wirklich etwas ganz Besonderes in den unteren Chakren der Hunde abspielen muß, wenn sie vor Aufregung mit dem Schwanz wedeln.

Die Chakren unter *mūlādhāra-cakra* sind weitgehend unbewußt, was nicht heißt, daß sie nicht aktiv wären. Sie sind angefüllt mit ungeheuer mächtigen Kräften, die das Leben aufrechterhalten. So sind sie das endlose Reservoir, aus dem die Libido stammt. Doch auch verschiedene andere Kräfte, die sich der Wahrnehmung des Menschen entziehen, sind in diesen Bereichen enthalten. Vom Standpunkt einer höheren spirituellen Sicht aus kann man in diesen Chakren der Unterwelt die Kräfte sehen, die den Zusammenhalt der Materie gewährleisten. Würden sie zusammenbrechen, dann würde sich in relativ kurzer Zeit die gesamte menschliche Struktur auflösen. Allgemeiner findet sich in den unteren Chakren ein vollständiges Arsenal von latenten Kräften und Mächten, deren Größe von den Menschen gegenwärtig noch nicht einmal vermutet wird. Man kann diese schlafenden Kräfte mit Basil Valentins Motto VITRIOL zusammenbringen, auf das wir oben hingewiesen haben (Abschnitt 24.2): »Besuche das Innere der Erde, um die höchste Kraft des Steins zu finden.« Abgesehen davon, daß Hades das Reich der Toten ist, haben verschiedene spirituelle Traditionen darauf hingewiesen, daß in der Unterwelt entscheidende Geheimnisse verborgen sind, die sich auf die Überwindung des Todes beziehen. So spricht der »Lebendige« der Apokalypse:

> Ich bin der Erste und der Letzte und der Lebendige, und ich war tot, und siehe, ich bin lebendig in alle Ewigkeit und habe die Schlüssel des Todes und des Totenreiches. Offenbarung 1,17–18

35.2 Ein neuer Blick auf den Pluto

Wenn man all dies im Auge behält, was macht dann eine starke Planetenkraft des Pluto an einem Individuum aus? Eine von Pluto geprägte Person ist etwas mehr im Kontakt mit diesen untergründigen Kräften als die meisten Menschen. Warum haben von Pluto geprägte Menschen eine magnetische Ausstrahlung? Weil etwas von der Macht der unteren Chakren durch ihren Körper und ihre Persönlichkeit hindurchstrahlt. Warum können sie so fasziniert sein vom Sex? Weil für sie, die sie im Kontakt mit den intensiven Schwingungen der unteren Chakren sind, Sex eine unglaublich mächtige Erfahrung ist. Wo andere Menschen einfach Vergnügen haben, findet für sie ein Erdbeben statt, wie von unterirdischen Atomexplosionen – das ist hochgradig suchtbildend und von einer vom Gewöhnlichen völlig unterschiedlichen inneren Bedeutung durchdrungen; wenn diese Menschen Sex haben, dann blicken sie in die erhabene Größe der Unterwelten. Warum erleiden von Pluto geprägte Menschen manchmal besonders tiefe Depressionen? Weil mächtige Kräfte von unten in ihr Bewußtsein hinein aufbrechen und sie in hoffnungslose Felder des Bewußtseins hinabziehen, die Dantes

Inferno ähnlich sind. Unterwelten sind *nicht* an sich schlecht oder auch nur dunkel. Das menschliche Bewußtsein jedoch, solange es sich nicht einem Transformationsweg unterworfen hat, hat noch nicht den Zustand erreicht, der es ihm erlauben würde, seine Integrität zu bewahren, während es in die Unterwelten hinabsteigt, und so neigt es dazu, sie als Auflösung des Selbst zu erfahren. Die Seele verliert den Kontakt zu ihrem eigenen Feuer, sie friert ein und verliert die Hoffnung.

Warum haben von Pluto geprägte Menschen eine so erstaunliche Fähigkeit zur Genesung? Weil sie mehr Kontakt zu ihren unteren Chakren haben, können sie auf deren unbegrenzte Regenerationskraft zugreifen. Warum scheinen von Pluto geprägte Menschen Krisen zu brauchen, um sich zu transformieren? Weil sie sich durch die Wirkung von tiefen, untergründigen Kräften transformieren. Für sie ist eine Krise ein Weg, in die Unterwelt hinabzusteigen und so an ihr Potential heranzukommen.

35.3 Pluto im Körper

Wie wir gesehen haben, besteht der zentrale Unterschied zwischen der physischen Rolle der sichtbaren Planeten und der der trans-saturnischen Planeten darin, daß die ersteren klar bestimmbare Entsprechungen haben, wie das Herz z.b., das wie eine Sonne im Körper ist. Die Planeten jenseits des Saturn haben hingegen eine mehr diffuse und globale Wirkung, die nahezu alle Strukturen im Körper berührt.

Natürlich können einige Körperteile eine direktere Beziehung zu den Energien des Pluto haben. So erscheint es sehr sinnvoll, daß die Geschlechtsorgane und der After traditionell mit Pluto verknüpft werden. Ich habe auch in einem anderen Zusammenhang erwähnt, wie ich sehe, daß die Nasenhöhle dazu gebracht werden kann, mit der Lebenskraft der unteren Chakren in Resonanz zu kommen und so mächtige Regenerationskräfte freizusetzen.[62]

Doch mehr noch als in Resonanz mit einem bestimmten Organ hat man sich die Planetenkraft des Pluto so vorstellen, daß sie den gesamten physischen Körper von unten her aufrechterhält. Wie ein Haus nicht ohne ein Fundament errichtet werden kann, so kann der menschliche Körper (und ganz allgemein der Rahmen der physischen Existenz) sich selbst nicht aufrechterhalten ohne die geheimnisvolle, unsichtbare Kraft aus den unteren Chakren. Denken Sie z.B. an den phantastisch vitalen Prozeß, durch den im Knochenmark bestimmter Knochen Blutzellen produziert werden. Wenn die Resonanz zwischen dem Knochenmark und den untergründigen Kräften gestört wird oder sogar verloren geht, hört dieser Prozeß auf oder gerät außer Kontrolle.

---

[62] Vgl. z.B. *Tor zu inneren Welten*, Abschnitt 15.6.

Ebenso ist es mein Eindruck, daß alle körperlichen Prozesse, die starkes vitales Feuer erfordern, auf dem untergründigen Fundament der unteren Chakren ruhen. Da wir nur die Spitze des Eisbergs wahrnehmen, haben wir keinen leicht zugänglichen Weg, um objektiv festzustellen, wie wichtig die Resonanz zwischen oben und unten ist, wie lebensnotwendig es für den Körper ist, die magnetische Unterstützung durch die Chakren von unten zu haben. Wenn diese Verbindung jedoch in irgendeiner Weise behindert oder gestört wird, dann können die Konsequenzen nichtsdestoweniger verheerend sein, wie wenn die Fundamente eines Gebäudes zusammenbrechen.

Über ihre Rolle als unterirdisches Kraftwerk hinaus haben die unteren Chakren auch eine strukturelle Funktion. Sie halten den Zusammenhalt des physischen Rahmens aufrecht (so, wie Pluto symbolisch für die Kräfte steht, die Partikel zusammenhalten und so die Existenz von Atomen erlauben). Dieses Thema ist geheimnisvoll, und es gibt bislang noch keinen wissenschaftlichen Rahmen, um es aufzuklären. Es ist jedoch meine Vorhersage, daß in Zukunft einige schreckliche Vernichtungswaffen entwickelt werden, die auf die pluto-bezogenen Kräfte des Zusammenhalts der Materie einwirken. Mit einem extrem geringen Energieaufwand wird es möglich sein, eine physische Struktur in eine Suppe von Partikeln zusammenbrechen zu lassen – nicht gerade ein schöner Anblick.

Auf einer unterschiedlichen Ebene wirkt das gleiche plutohafte Prinzip des Zusammenhalts im ätherischen und physischen Rahmen vom Menschen, und jede Veränderung in dem kostbaren und empfindlichen Gleichgewicht, das ihn aufrechterhält, kann wichtige Auswirkungen auf die Gesundheit eines Individuums haben.

35.4 Pluto-Krankheiten

Wenn die Resonanz zwischen den unteren Chakren und dem Rest des Körpers gestört ist, dann ist die Tür offen für schreckliche Krankheiten. Dies mag der Fall sein, weil das unterirdische Kraftwerk nicht mehr die Lebenskraft des Körpers speist. Es kann sich auch so verhalten, daß die Kraft noch da ist, daß aber irgend etwas in der Lebenskraft verzerrt worden ist, so daß der Körper nicht mehr in der Lage ist, mit den Kräften von unten in Resonanz zu sein.

Wenn Menschen schlecht mit ihrer Sexualkraft umgehen, kann es z.B. passieren, daß die Verbindung zwischen dem Körperfeuer und den unteren Chakren verzerrt wird. Zunächst geschieht nichts Sichtbares, doch langfristig hat das eine lebensbedrohende Krankheit zur Folge.

Welche Arten von Krankheiten können mit einem Mangel oder einer Störung der Plutokraft in den unteren Chakren verbunden sein? Aus meiner Perspektive ist es nicht so sehr die Art der Krankheit, die hier bedeutsam ist, sondern ihre Größenordnung. Wenn die Kraft des Pluto beeinträchtigt ist, ist ein Mensch in der Gefahr des Zusammenbruchs oder des Todes, welche Form diese Gefahr auch immer annehmen mag. Natürlich fallen einem als erste Beispiele Krankheiten wie Leukämie oder Krebs ein. Doch lassen Sie uns bewußt ein anderes Beispiel wählen. Es ist in der buddhistischen Tradition eine wohlbekannte Tatsache, daß der Buddha an der Ruhr gestorben ist. Nun überrascht das viele Menschen, und sie fragen sich, wie jemand der Buddha sein kann, alle erdenklichen Wundern tun und alle möglichen Leute heilen kann und am Ende doch an der Ruhr stirbt? Die Frage ist falsch gestellt. Die Ruhr ist hier nicht so wichtig. Der Buddha hatte sich entschlossen zu gehen, und so mußte er an irgend etwas sterben. Es war nun eben die Ruhr, es hätte auch alles andere sein können. Worauf es ankam, war, daß die Verbindung zwischen den untergründigen Fundamenten und der Lebenskraft des Körpers getrennt worden war, und so stand der Tod durch irgend etwas unmittelbar bevor.

In ähnlicher Weise kommt es nicht selten vor, daß Ärzte, die eine intuitive Einsicht in ihre Patienten haben, Fälle beobachten, wo Menschen »beschließen« zu sterben. Das ist eine profunde Entscheidung, die weit über den bewußten Verstand hinausgeht. Genau so, wie Skorpione dafür berühmt sind, Selbstmord zu begehen, können Menschen mit einem starken Pluto ihre Verbindung mit der Kraft der Chakren unten »abschalten«. Innerhalb von Monaten oder manchmal Wochen verschlechtert sich ihr Gesundheitszustand drastisch, und sie sind tot, und es gibt nichts, was man dagegen tun könnte, zumindest nicht beim gegenwärtigen Stand der Wissenschaft.

Es ist klar, daß ich hier nicht behaupte, daß die Ruhr spezifisch mit Pluto verknüpft ist. Sie war nur zufällig die Ausgangstür für den Buddha. Ebenso wäre es ungenau, Krebs mit einer Störung der untergründigen Kraft des Pluto gleichzusetzen, weil viele Arten von Krebs aufgrund eines gestörten Gleichgewichts anderer Planetenkräfte beginnen können. Meine Beobachtungen haben mich jedoch zu der Auffassung geführt, daß eine Störung in der Beziehung zwischen der Kraft der unteren Chakren und der Lebenskraft des Körpers zu den wichtigsten ursächlichen Faktoren für Krebs zählt. Außerdem tendiert der Krebs (wie alle tödlichen Krankheiten), sobald er über ein gewisses Stadium hinaus ist, dazu, die Resonanz zwischen dem Körper und seinen untergründigen Wurzeln zu untergraben. Die physische Lebenskraft wird unfähig, mit dem untergründigen Feuer zu schwingen, und der Patient verfällt zusehends.

Allgemeiner kann man sagen, daß nicht alle verheerenden Krankheiten aufgrund einer gestörten Beziehung zu den unteren Chakren beginnen (obwohl das bei einer Reihe von ihnen der Fall ist). Jenseits eines bestimmten Punkts in ihrem Verlauf ist jedoch die Verbindung zwischen dem Körper und seinen unsichtbaren untergründigen Fundamenten für gewöhnlich bedroht.

35.5 Eine Diskrepanz

Wie alles, was wahrhaft plutonisch ist, ist das Bild bei den mit den unteren Chakren verbunden Krankheiten zur gleichen Zeit außerordentlich trostlos und doch voll von Hoffnung. Wenn einerseits die unteren Chakren den Körper nicht mehr tragen, dann muß man alle Hoffnung auf Genesung aufgeben – gerade so, wie in der *Göttlichen Komödie* die Seelen, die in die Hölle eintreten, alle Hoffnung fahren lassen müssen. Wenn andererseits jemand der Kraft der unteren Chakren Herr werden könnte, dann gäbe es keine Grenzen mehr für die Heilung und Rehabilitation, die so bewirkt werden könnte.

Gegenwärtig sind solche Fälle einer Wunderheilung durch die Kraft der unteren Chakren selten, aber es gibt sie. Besonders Menschen mit einem starken Pluto können sich selbst mit Krebs oder einer anderen Krankheit bis an den Rand des Todes bringen und sich dann wieder in einer Weise erholen, die eine Beleidigung für die (gegenwärtige) medizinische Wissenschaft darstellt.

Wenn man die Chance einer Heilung bei jemandem beurteilt, der an einem schweren Fall von Krebs oder einer anderen tödlichen Krankheit leidet, sollte man immer die Stärke der Planetenkraft des Pluto im Patienten in seine Überlegungen miteinbeziehen. Je stärker Pluto ist, desto größer ist ihre Chance der Genesung durch ein Erwachen der untergründigen Zentren.

Lassen Sie mich am Ende dieser Reihe von Kapiteln über die Krankheiten aufzeigen, was mir als eine wichtige Diskrepanz auf dem Gebiet des Heilens erscheint. Trotz der Tatsache, daß die unteren Chakren das höchste Potential für die Erneuerung und Wiederherstellung der Lebenskraft bieten, gibt es anscheinend kein Heilungssystem, das versucht, direkt aus diesem Potential zu schöpfen, wenn es um den Kampf gegen lebensbedrohliche Krankheiten geht. Und doch hat von allen Kräften, die man im menschlichen Körper am Werk sieht, keine so deutlich die Macht, einem äußerst schlechten physischen Zustand entgegenzuwirken und ihn zum Besseren zu wenden. Gerade so, wie die Alchemisten den Abstieg in die Materie unter dem Motto VITRIOL als den Schlüssel zur Regeneration der Materie ansahen, kann der Abstieg in die verborgenen, unbewußten Bereiche der unteren Chakren der Schlüssel zu einer vollständigen Regeneration der Gesundheit sein.

36 - Die Planetenstunden

36.1 Planeten und Wochentage

Möglicherweise ist eine der am allgemeinsten verbreiteten symbolischen Verknüpfungen die zwischen den Planeten und den Wochentagen. Im Sanskrit z.b. heißen die Tage:

> sūrya-vāra, Tag der sūrya (Sonne) – Sonntag
> soma-vāra, Tag des soma (Mondes) – Montag
> mangala-vāra, Tag des mangala (Mars) – Dienstag
> budha-vāra, Tag des budha (Merkur) – Mittwoch
> guru-vāra, Tag des guru (Jupiter) – Donnerstag
> śukra-vāra, Tag der śukra (Venus) – Freitag
> śani-vāra, Tag des śani (Saturn) – Samstag

Die Verknüpfung ist im Lateinischen genauso offensichtlich. Hier findet man dieselbe Ordnung und dieselben Bedeutungen. Die Tage heißen: *dies solis, lunis dies, martis dies, mercurii dies, jovis dies, veneris dies, saturni dies.*

Im Englischen stehen *Saturday, Sunday* und *Monday* deutlich in Zusammenhang mit Saturn, Sonne und Mond. Im Deutschen ist die Etymologie von *Samstag* etwas unklar (außerdem sagt man ja im Norden eher *Sonnabend*, Vorabend und Vortag des Sonntags), der Name dürfte jedoch auch mit dem Saturn zu tun haben. *Tuesday* und *Dienstag* leiten sich von Tyr, dem nordischen Kriegsgott ab. *Wednesday* verbindet den Tag mit Wotan, dem nordischen Merkur. *Mittwoch*, diese nüchterne Bezeichnung, dokumentiert den Erfolg der Christianisierung; im älteren Niederdeutsch sprach man noch vom *Wodensdach*, so wie auch die Niederländer sich ihren *Woensdag* nicht nehmen ließen. *Thursday* bezieht sich direkt auf Thor, den nordischen Jupiter, *Donnerstag* indirekt – der Donner war Thors Attribut. *Friday* und *Freitag* wiederum sind abgeleitet vom Namen der Freia, der nordischen Göttin der Schönheit.

Im Chinesischen werden die Wochentage nicht mit Namen, sondern mit Nummern bezeichnet, mit Ausnahme des Sonntags, der »Tag der Sonne« genannt wird. Jeder der 28 Tage des chinesischen Mondkalenders ist mit einem bestimmten Sternbild verbunden, das wiederum von einem der sieben Planeten (von der Sonne bis zum Saturn) regiert wird.

Es fängt an, wie eine Verschwörung auszusehen, wenn wir feststellen, daß die Sternbilder, die auf Samstage fallen, vom Saturn regiert werden, die auf Donnerstage fallen vom Jupiter und so fort.

Wer immer sich für Symbolik interessiert, sollte über diese Verknüpfungen nachdenken, denn es ist selten, daß man kulturelle Merkmale findet, die so gleichmäßig über die Erde verteilt sind.

In verschiedenen Kulturen findet man auch Regeln und Bräuche, die mit der planetarischen Symbolik der Wochentage zu tun haben. So fällt z.b. der jüdische Feiertag auf den Samstag, den Sabbat. Wenn man die traditionelle symbolische Zuschreibung großer Bosheit zum Saturn wörtlich nimmt, dann wäre es verständlich, daß man an diesem Tag viele Verrichtungen unterlassen soll (der Saturn war in alten astrologischen Lehren hauptsächlich der Bringer von Hindernissen und Plagen). Wir haben die symbolischen Verbindungen zwischen dem Christusbewußtsein und der Planetenkraft der Sonne kennengelernt (Abschnitt 3.9). Die christliche Religion führte den Tag der Sonne als Ruhetag ein oder vielmehr als den Tag, an dem man den Herrn feiern sollte, statt seinen alltäglichen Geschäften nachzugehen.

Erinnern Sie sich daran, daß ebenso wie die Sonne die erste unter den Planetenkräften ist, der Sonntag auch der erste Tag der Woche ist (und nicht der letzte). In der traditionellen jüdischen Gesellschaft war der Samstag der Ruhetag und der Sonntag der erste Arbeitstag der Woche. Den Sonntag als Feiertag zu wählen war für die frühen Christen ein Mittel, sich von den kulturellen Werten des Judentums abzusetzen.

Ich bin auch mehreren indischen Asketen begegnet, die den Donnerstag, den Tag des Jupiter/*guru*, als ihren wöchentlichen Fastentag wählten, um sich so am besten auf die Ausstrahlung ihres spirituellen Lehrers einzustimmen.

Vergleichen Sie das mit dem alten Kinderreim:

Monday's child is fair of face.	... hat ein hübsches Gesicht.
Tuesday's child is full of grace.	... ist voller Anmut.
Wednesday's child is full of woe.	... ist voller Schmerzen.
Thursday's child has far to go.	... kann es weit bringen.
Friday's child is loving and giving.	... liebt und gibt großzügig.
Saturday's child works hard for a living.	... arbeitet hart, um sein Leben zu bestreiten.
The child born on Sunday is bright and blithe and good and gay.	... ist klug und munter und gut und fröhlich.

Wenn Sie mit der Kosmologie der Theosophen und Anthroposophen vertraut sind, dann bemerken Sie vielleicht, daß ihr Modell der *manvantaras* (der aufeinanderfolgenden Epochen bzw. Reinkarnationen unseres Planeten) einer ähnlichen Reihenfolge folgt: »alter Saturn«, »alte Sonne«, »alter Mond«; dann die gegenwärtige Erde, eingeteilt in zwei Perioden, die »Mars« und »Merkur« genannt werden. Die zukünftigen *manvantaras* sind nach »Jupiter« und »Venus« benannt und schließlich nach einem Neuling, nach »Vulkan«.

36.2 Planetensphären

Ein weiteres System, das sich in einer Anzahl von esoterischen Systemen findet (allerdings mit mehr Variationen als die Regentschaft der Planeten über die Wochentage) ist das der Planetensphären. Wenn man die Ptolemaeische Sicht der Welt kurz zusammenfaßt, so hielt man die Erde für von sieben »Planetensphären« umgeben, deren jede von einem der sieben traditionellen Planeten beherrscht wurde. Am nächsten an der Erde war die Sphäre des Mondes, dann kamen die Sphären von Merkur, Venus, Sonne, Mars, Jupiter und Saturn. Danach kam die Sphäre der Tierkreiszeichen und der Fixsterne.[63]

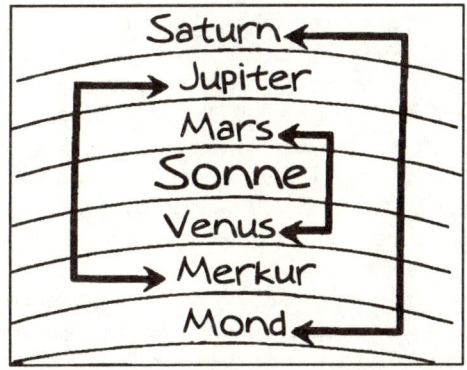

Bleiben wir bei dieser Folge der Planeten, die nicht nur für die Astrologie grundlegend war, sondern die auch die Theorien vieler Esoteriker – im Osten wie im Westen – inspiriert hat, wenn es um die Beschreibung der nicht-physischen Welten ging. Der Mond markiert die der Erde nächste Sphäre, der Saturn die fernste. Die Sonne, die astrologisch für den Kern steht, nimmt die zentrale Position ein. Sie können leicht

---

[63] *Canopus*, die Astrologiesoftware der Clairvision School, wurde so programmiert, daß man die Option hat, Horoskopgraphiken auf diese Art zu erstellen. Im Hauptmenü von *Canopus* wählen Sie einfach den Menüpunkt »Seven Spheres« aus der Liste der möglichen Graphikvarianten. Sie werden sofort ein Bild der Architektur der sieben Sphären bekommen. Außerdem können sie die Graphik schnell um einen Tag vorwärts und rückwärts bewegen, indem Sie die <<<- bzw. >>>-Knöpfe betätigen; so können Sie sehen, wie sich die Umdrehung der Planeten in diesem System auswirkt.

die dialektischen Verhältnisse zwischen den Planeten identifizieren: Saturn und Mond, Jupiter und Merkur, sowie Mars und Venus.

In der Kosmologie Rudolf Steiners korrespondieren die astralen Welten mit der Sphäre des Mondes; die geistigen Welten beginnen hinter der Sphäre des Mondes und umfassen alle folgenden Sphären.

Bevor wir dieses System im Lichte dessen beurteilen, was wir heute über die Bewegung der Planeten wissen, sollten wir uns zuerst erinnern, daß es für die Menschen des Altertums nicht nur die physische Welt, sondern auch die astralen Welten beschrieb (sie unterschieden zwischen diesen Bereichen nicht so deutlich, wie wir es heute tun). Wir wissen, natürlich, daß das Ptolemaeische System der Welt die physikalische Realität des Sonnensystems nicht angemessen beschreiben kann. Wir sollten jedoch vorsichtig sein, es auch als eine Landkarte der astralen Welten zu verwerfen, für die es durchaus noch relevant sein könnte.

Die alten Griechen, darin einer noch viel älteren Tradition folgend, betrachteten das Leben auf der Erde als nur einen kleinen Teil einer Reise, die jenseits der Planetensphären begann. Die Seele reiste zuerst abwärts durch die Sphäre des Saturn, dann durch die des Jupiter usw., und sammelte dabei »Seelen-Substanz« von jeder dieser Sphären. Dann endlich, nachdem sie durch die Sphäre des Mondes gedrungen war, wurde sie auf der Erde geboren.

Dies weist auf eine neue Dimension astrologischer Diagramme hin, die so gewissermaßen zu einer »Landkarte« der verschiedenen »astralen Bestandteile« werden, die die Seele bei der Reise durch jede der Planetensphären angesammelt hat.

Nach dem Tode steigt die Seele wieder durch die Sphären hinauf und wirft Bestandteile in jeder dieser Sphären ab, bis sie jenseits der Sphäre des Saturn mit dem höchsten Göttlichen wiedervereinigt wird.

In der Sprache der Clairvision School sind die Bestandteile, die die Seele beim Abstieg durch die Sphären sammelt und bei ihrem Wiederaufstieg abwirft, nichts anderes als der Astralleib. Ein astrologisches Diagramm kann daher als eine »Landkarte« des Astralleibs angesehen werden.

Mit jeder Reinkarnation wiederholt sich eine ähnliche Reise.

Vielen Esoterikern zufolge schaffen jedoch die Seelen zwischen zwei Inkarnationen nicht immer den ganzen Weg bis zur höchsten Sphäre. Viele von ihnen steigen nur einige Sphären weit hinauf und kehren dann zur Erde zurück. Auf diesem Hintergrund kann man verstehen, was die Griechen meinten, wenn sie von »schweren« Seelen sprachen oder von Seelen, die ihre »Flügel« verloren hatten.

Eine weitere wichtige Verknüpfung, die von Dionysios dem Areopagiten stammt, verbindet die spirituelle Hierarchie der Engel auf die folgende Weise mit jeder der Planetensphären:

Sphäre des Saturn	Throne
Sphäre des Jupiter	Kyriotetes (Gewalten)
Sphäre des Mars	Dynamis (Tugenden)
Sphäre der Sonne	Exusiai (Mächte)
Sphäre der Venus	Archais (Fürstentümer)
Sphäre des Merkur	Erzengel
Sphäre des Mondes	Engel

In diesem System sind die Cherubim und Seraphim jenseits der sieben Sphären angesiedelt.

36.3 Planetenstunden

Ein Konzept voller praktischer Implikationen ist das der Planetenstunden, die in der westlichen und in der hinduistischen Astrologie identisch sind. Es gibt mehrere Systeme. Nach dem wichtigsten beginnt ein Tag von 24 Stunden bei Sonnenaufgang und wird in zwei Perioden eingeteilt:

A) von Sonnenaufgang bis Sonnenuntergang,
B) vom Sonnenuntergang bis zum Sonnenaufgang (des nächsten Tages).

Periode A und B werden jeweils wiederum in zwölf gleiche Unterabschnitte eingeteilt. Jeder dieser Unterabschnitte oder jede »Planetenstunde«, ist mit einem bestimmten Planeten verknüpft.

An den Tag- und Nachtgleichen fallen Sonnenaufgang und Sonnenuntergang ungefähr auf 6 Uhr bzw. 18 Uhr, und jede »Planetenstunde« dauert genau eine Stunde. Im Sommer sind jedoch die Tage länger als die Nächte, und so dauern auch die Planetenstunden des Tages länger als die der Nacht. Umgekehrt sind im Winter die Planetenstunden der Nacht länger als die des Tages.

In welcher Reihenfolge folgen die Planetenstunden aufeinander? In der gleichen, wie sie in den Planetensphären vorliegt:

Saturn → Jupiter → Mars → Sonne → Venus → Merkur → Mond

Nach der Stunde des Mondes beginnt die Reihe wieder von vorn.

Die Reihe beginnt jeden Tag mit einem anderen Planeten – nur am Samstag ist der Saturn der erste. Der Herrscher eines jeden Tages beginnt die Reihe der Periode A (von Sonnenaufgang bis Sonnenuntergang). So markiert der Sonnenaufgang am Sonntag den Beginn der Stunde der Sonne, der ersten Stunde, gefolgt von Venus → Merkur → Mond usw.

Am Montag markiert der Sonnenaufgang den Anfang der Stunde des Mondes (gefolgt von Saturn → Jupiter → Mars usw.).

36.4 Von der Reihenfolge der Stunden zur Reihenfolge der Tage

Nun kommt etwas Spektakuläres! Lassen Sie uns die Planetenstunden des Mittwochs, des Tags des Merkur, beginnend mit dem Sonnenaufgang, verfolgen:

1. Merkur → 2. Mond → 3. Saturn → 4. Jupiter → 5. Mars →
6. Sonne → 7. Venus → 8. Merkur → 9. Mond → 10. Saturn →
11. Jupiter → 12. Mars

Zwölf Planetenstunden sind vergangen, es ist nun Sonnenuntergang. Eine weitere Folge der Planetenstunden beginnt, und zwar mit der Sonne, denn die Sonne regiert die Stunde, die nach der des Mars kommt. So haben wir:

1. Sonne → 2. Venus → 3. Merkur → 4. Mond → 5. Saturn →
6. Jupiter → 7. Mars → 8. Sonne → 9. Venus → 10. Merkur →
11. Mond → 12. Saturn

Es ist nun der Sonnenaufgang des folgenden Tages, des Donnerstags. Welche Planetenstunde folgt auf die des Saturn? Die des Jupiter, der genau der Herrscher des Donnerstags ist. Der gleiche »Zufall« ereignet sich jeden Tag, wie die folgende Tabelle zeigt.

	AM TAGE													BEI NACHT												
	1	2	3	4	5	6	7	8	9	10	11	12	1	2	3	4	5	6	7	8	9	10	11	12
So	☉	♀	☿	☽	♄	♃	♂	☉	♀	☿	☽	♄	♃	♂	☉	♀	☿	☽	♄	♃	♂	☉	♀	☿
Mo	☽	♄	♃	♂	☉	♀	☿	☽	♄	♃	♂	☉	♀	☿	☽	♄	♃	♂	☉	♀	☿	☽	♄	♃
Di	♂	☉	♀	☿	☽	♄	♃	♂	☉	♀	☿	☽	♄	♃	♂	☉	♀	☿	☽	♄	♃	♂	☉	♀
Mi	☿	☽	♄	♃	♂	☉	♀	☿	☽	♄	♃	♂	☉	♀	☿	☽	♄	♃	♂	☉	♀	☿	☽	♄
Do	♃	♂	☉	♀	☿	☽	♄	♃	♂	☉	♀	☿	☽	♄	♃	♂	☉	♀	☿	☽	♄	♃	♂	☉
Fr	♀	☿	☽	♄	♃	♂	☉	♀	☿	☽	♄	♃	♂	☉	♀	☿	☽	♄	♃	♂	☉	♀	☿	☽
Sa	♄	♃	♂	☉	♀	☿	☽	♄	♃	♂	☉	♀	☿	☽	♄	♃	♂	☉	♀	☿	☽	♄	♃	♂

Lassen Sie uns über die Konsequenzen dieses Befundes nachdenken. In Wirklichkeit ist die Ordnung der Wochentage nur eine Konsequenz der Ordnung der Planetenstunden. Wenn man weiß, daß der Sonntag mit

der Stunde der Sonne beginnt und den Tag in 24 Stunden einteilt, dann kann der folgende Tag nur der Tag des Mondes, Montag sein, und der Tag danach kann nur der Tag des Mars, Dienstag sein.
Dies erweist die Reihenfolge der Planetenstunden als den fundamentalen Rhythmus, auf dem die Zeiteinteilung beruht. Da man weiß, daß die Abfolge der Tage auf der ganzen Erde zu finden ist, hat es ganz deutlich etwas Ursprüngliches und Universelles mit der Reihenfolge der Stunden auf sich.

36.5 Quiz

Frage 1: Was ist besonders am Sonnenuntergang des Mittwochs?

Frage 2: Die Kreuzigung Christi fand an einem Freitag statt, und einige Kirchen haben den Brauch beibehalten, an Freitagen um 3 Uhr nachmittags die Glocken zu läuten, zur Erinnerung an die »neunte Stunde«, in der Jesus starb.
Verschiedene esoterische Traditionen erwähnen ebenfalls die »neunte Stunde« als die des physischen Todes Jesu.
Der Tradition zufolge kam Jesus zur ersten Stunde des ersten Tages der Woche wieder zurück ins Leben. Das führt zu weiteren Fragen.
Während welcher Planetenstunde ist Jesus gestorben?

Frage 3: Während welcher Planetenstunde ist er auferstanden?
Die Antworten finden sich am Ende dieses Kapitels.

36.6 Praktische Anwendungen der Planetenstunden

Die Regentschaft der Planeten über die Wochentage scheint für mich keine starken energetischen Verbindungen zu haben. In anderen Worten, ich nehme den Montag nicht als besonders vom Mond beeinflußt wahr, noch den Dienstag als vom Mars beeinflußt. Die Regentschaft über die Stunden ist jedoch spezifischer. Ich habe seit Jahren mit diesem System gearbeitet, und ich habe oftmals einen Marsimpuls zu Anfang der Stunde des Mars gespürt oder einen Sonnenimpuls zu Beginn der Stunde der Sonne. Meiner Erfahrung nach sind die Übergangsperioden zwischen den Stunden oft am bedeutendsten.

Um die Validität des Systems zu beurteilen kann genauso wie bei allem anderen nichts ihre eigene Erfahrung ersetzen. Nehmen Sie sich die Planetenstunden für einige Tage, und beobachten Sie Veränderungen in Ihrer eigenen Energie ebenso wie in den Reaktionen der Menschen ihrer Umgebung. Sehen Sie, ob das, was passiert, Ihrer Liste der Stunden entspricht und ob es hinsichtlich der Symbolik der Planetenkräfte sinnvoll ist.

Wichtige Anwendungen der Planetenstunden finden sich in der Alchemie und allgemeiner bei der Zubereitung von Heilmitteln, die darauf abzielen, die Energie der Planetenkräfte einzufangen. Man kann die Planetenstunden als Zeiten ansehen, während derer die Energie eines bestimmten Planeten intensiver und leichter zugänglich wird. So benutzt man Pflanzen in der Spagyrik (einer Form der Alchemie), um Heilmittel herzustellen, in denen eine Planetenkraft konzentriert ist. Wie wir in Kapitel 40 sehen werden, ist jede Pflanze mit einem der Planeten verbunden. Ein wichtiges Prinzip der Spagyrik ist es, daß Pflanzen in der Stunde des ihnen entsprechenden Planeten gepflückt werden sollen (und vorzugsweise bei Sonnenaufgang, so daß der Herrscher der Stunde und der des Tages zusammenfallen).

Das führt uns auf einen einfachen Hinweis. Nehmen sie an, Sie müssen herausfinden, wann eine Stunde der Sonne beginnt (um z.B. eine bestimmte alchemistische Operation vorzunehmen), und Sie haben keinen Zugang zu den Berechnungen in Canopus oder zu einer Tabelle der genauen Sonnenaufgangs- und Sonnenuntergangszeiten. Dann wählen Sie einfach die Zeit des Sonnenaufgangs an dem Tag, der Ihren jeweiligen Planeten entspricht. So ist die erste Stunde am Sonntag immer die Stunde der Sonne, und das gleiche gilt für die anderen Planeten.

Auf dem Gebiet der Selbstveränderung können die Planetenstunden sehr nützlich sein. So kann es z.B. bei psychotherapeutischer Arbeit einen wirklichen Unterschied ausmachen, wenn man die Stunde des Mars für die Arbeit mit Klienten wählt, denen man helfen muß, ihren Ärger herauszulassen und auszudrücken. Außerhalb dieses speziellen Zusammenhangs ist die Stunde des Mars eine, in der man ruhig bleiben sollte – ich habe beobachtet, wie leicht während dieser Stunde Streit oder ein Kampf zwischen Freunden entbrennt.

Die Stunde des Saturn zu wählen, wenn man mit jemandem arbeitet, der Ängste und Hemmungen überwinden muß, ist nicht klug und könnte zu einer dieser festgefahrenen Sitzungen führen, in denen nichts passiert. Die Stunde des Jupiter wäre viel angemessener.

Ich habe oft den Eindruck gehabt, daß die Minuten des Übergangs, die die Stunde der Sonne eröffnen, eine wertvolle Zeit sind, um hohe spirituelle Verbindungen aufzubauen.

36.7 Wie man die Planetenstunden berechnet

Ein einfacher Weg, um an die Zeiten des Sonnenaufgangs und Sonnenuntergangs zu kommen, kann es sein, in der Zeitung nachzusehen, wo diese Information oft zusammen mit dem Wetterbericht gegeben wird. (Auch Kalender geben häufig diese Daten an, und zwar in Deutschland auf die Ortszeit von Kassel berechnet – man hat dann gegebenenfalls einige Minuten abzuziehen bzw. hinzuzurechnen, um den genauen Zeitpunkt am Wohnort zu erfahren.) Berechnen Sie die Zeitdauer zwischen Sonnenaufgang und Sonnenuntergang, und die von Sonnenuntergang bis Sonnenaufgang, und teilen Sie jede Periode in zwölf Teile. Die Zahlen ändern sich von Tag zu Tag nicht sehr, Sie können daher davon ausgehen, daß der Sonnenaufgang am folgenden Tag um die gleiche Zeit geschieht. In der Tat reicht es aus, die Berechnung einmal in der Woche durchzuführen, auch wenn natürlich die Planeten jeden Tag wechseln.

Canopus enthält einen Baustein mit dem Titel »Planetary Alarm« (Planetenwecker), der nicht nur die gegenwärtige Planetenstunde berechnet, sondern der auch so eingestellt werden kann, daß er bei jedem Wechsel der Planetenstunden während des Tages ein Signal gibt. Sie finden bei diesem Programm auch auf jeder Horoskopgrafik und jeder Liste der Planetenstände die Planetenstunden angegeben.

36.8 Andere Systeme der Planetenstunden

Ein anderes System funktioniert nach dem gleichen Prinzip, doch mit Mitternacht und Mittag als Ausgangspunkten für die Abfolge der Planetenstunden. Dies erscheint in energetischer Hinsicht viel weniger sinnvoll, da bei Sonnenaufgang und Sonnenuntergang etwas ziemlich Dramatisches geschieht. Das läßt es logischer erscheinen, diese Zeiten an Stelle von Mitternacht und Mittag als Ausgangspunkte zu nehmen.

Ein weiteres System teilt jeden Tag in sieben Perioden von 3 Stunden, 25 Minuten und 42,86 Sekunden ein. Die erste Stunde, die mit dem Sonnenaufgang beginnt, ist die des Tagesregenten (Saturn für den Samstag usw.), und die Reihe entfaltet sich in der gleichen Ordnung wie die Planetensphären (Saturn → Jupiter → Mars ...). Befürworter dieses Systems betonen, daß es einfach und praktisch ist, weil die Dauer der Perioden feststeht. Das Problem liegt darin, daß es das wesentliche Merkmal der Planetensphären vermissen läßt: Die letzte Stunde des Samstags gehört dem Mond, auf den logischerweise wieder der Saturn folgen sollte. Stattdessen folgt darauf die Stunde der Sonne, mit der die Reihe für den Sonntag beginnt. Ich würde deshalb dieses System in die Kategorie derer einordnen, die zweifellos dem Drachen aus dem Weg gehen, aber auch gar nicht erst an die Prinzessin herankommen.

36.9 Heptagramme

Lassen sie uns dieses Kapitel mit einem kurzen Exkurs zu den spirituellen Bezügen der Geometrie abschließen. Zeichnen sie einen Kreis, und teilen Sie ihn in sieben gleiche Teile. Plazieren Sie an jeder Markierung einen der Planeten, und folgen Sie dabei der Reihenfolge der

Planetensphären. Dann verbinden Sie die Planeten entsprechend der Reihenfolge der Wochentage. Hier ist das Ergebnis:

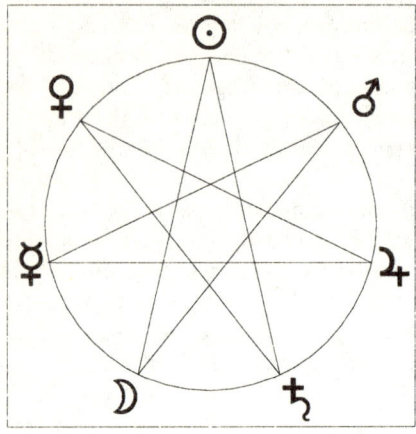

Das griechische Wort *gramme* bedeutet »Linie«. So gebraucht das I Ging Hexagramme, Figuren aus sechs Linien, um seine Symbole auszudrücken. Entsprechend besteht ein Heptagramm aus sieben Linien.

Das hier gezeigte Heptagramm wird ein »perfektes« Heptagramm genannt, weil jeder Durchmesser, der von einem der Planeten aus gezogen wird, eine Symmetrieachse für die ganze Figur darstellt.

In der obigen Figur haben wir die Planeten nach der Abfolge der Wochentage verbunden. Wenn wir sie nach der Reihenfolge der Planetenstunden verbinden, erhalten wir dieses zweite Heptagramm.

In jedem Horoskop kann man Heptagramme zeichnen, indem man die Planeten miteinander verbindet. (Dabei gibt es zwei Heptagramme, eines entsprechend der Reihenfolge der Wochentage, eines entsprechend der Abfolge der Planetenstunden.) Wenn Sie sehen möchten, wie Ihr persönliches Heptagramm aussieht, wählen Sie einfach den Menüpunkt »Heptagramme« in der Liste der Graphikvarianten in *Canopus*.

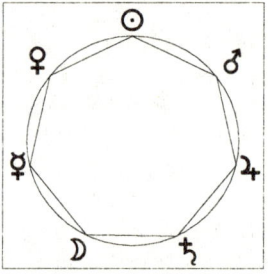

In den meisten Fällen brauchen Sie noch nicht einmal Ihre Geburtszeit, um die Heptagramme zu zeichnen, denn der Aszendent wird dazu nicht benötigt. (*Canopus* plaziert allerdings den Planeten, der am nächsten am MC steht, an die Spitze des Kreises, doch hat dies keinen Einfluß auf die Reihenfolge oder die Symmetrie.) Der einzige Fall, in dem die Geburtszeit eine Rolle spielen kann, ist, wenn Ihr Mond sehr nahe an einem anderen Planeten steht. In diesem Fall kann er auf der einen oder der anderen Seite dieses Planeten stehen, je nachdem ob Sie am Morgen oder am Abend geboren sind, denn die Mondbewegung kann mehr als 13 Grad pro Tag betragen.

Wenn Sie Heptagramme betrachten, dann werden Sie feststellen, daß einige symmetrisch sind, andere nicht. Wenn in einem Horoskop ein symmetrisches Heptagramm auf einen der Planeten zeigt, dann ist das einer der Faktoren, die darauf hinweisen, daß diese Planetenenergie in einer Person stark ist (allerdings eben nur ein Faktor – ein Horoskop ist eine komplexe Mischung mehrerer Elemente).

Wenn Sie sich auf das geometrische Muster der Heptagramme einstimmen und sie auf Ihr Bewußtsein wirken lassen, werden Sie finden, daß sie starke astrale Energien erwecken können.

Heptagramme sind den gegenwärtigen Astrologen fast völlig unbekannt, doch sage ich voraus, daß sie in Zukunft breitere Popularität gewinnen werden, denn sie sind einfach, aber ausdrucksstark, und ein erster Schritt dazu, mehr spirituelle Geometrie in das Feld der Astrologie einzuführen.

36.10 Antworten auf die Fragen

Frage 1: Der Sonnenuntergang am Mittwoch ist der einzige Sonnenuntergang, der mit einer Stunde der Sonne zusammenfällt.
Zählen Sie von 1. Merkur (die erste Planetenstunde am Mittwoch), 2. Mond ... bis 13., und Sie gelangen zur Sonne!

Frage 2: Freitag ist der Tag der Venus. Die erste Planetenstunde am Freitag ist daher die der Venus. Welches war die neunte Stunde? Alles, was wir tun müssen, ist entsprechend der Abfolge der Planetenstunden zu zählen, beginnend mit der Venus:

1. Venus 2. Merkur 3. Mond 4. Saturn 5. Jupiter 6. Mars 7. Sonne
8. Venus 9. Merkur

So starb Jesus während der Stunde des Hermes-Merkur am Kreuz, was gut zu der mythologischen Funktion des Merkur paßt, Seelen vom Leben zum Tod zu geleiten, und allgemeiner zu seiner Herrschaft über Übergänge und hohe okkulte Operationen.

Frage 3: Der erste Tag der Woche ist der Sonntag, dessen erste Stunde von der Sonne regiert wird. Dies war eine absehbare Zeit, für die Auferstehung eines Messias.

37 - Metalle

37.1 Hermetische Ansichten über die Metalle

Aus der Sicht der Alchemisten sind die Metalle mehr, als die heutige Chemie wahrnimmt – sie sind eine Schatzkammer astraler Kräfte. So ist das Silber aus einer hermetischen Perspektive konzentrierte Mondenergie, Kupfer ist konzentrierte Venusenergie und so fort. Die Planetenkräfte, so wie wir sie dieses Buch hindurch untersucht haben, sind in den Metallen verkörpert. Genauer gesagt sind die Metalle die »planetaren Substanzen« par excellence – viele Gegenstände und Wesen sind von der einen oder anderen Planetenkraft geprägt, doch keine Substanz auf der Erde ist so rein »Mond« wie das Silber oder so rein »Venus« wie das Kupfer.

Diese Feststellung muß jedoch eingeschränkt werden. Die grobe Form des Metalls kann eventuell nicht die reine Planetenkraft abgeben, und einiges an Aufbereitung kann erforderlich sein.

Dies macht Metalle besonders wertvoll. Wenn Sie die Lehre von den Planetenkräften durchdringen und die Manifestationen dieser Kräfte in Menschen und Gegenständen erkennen lernen, dann möchten Sie dieses Wissen natürlich auch praktisch anwenden. Die Probleme mancher Leute rühren z.B. offensichtlich von einem Mangel an Jupiterkraft her oder von einem Überschuß an Marsenergie. Wenn Sie die Kraft aus den Metallen herausziehen können, haben Sie eine extrem präzise und aktive Methode, um psychische oder gesundheitliche Beschwerden zu beheben, indem sie ihre tiefste Wurzel behandeln. Sie halten damit auch die Schüssel zum Astralleib in der Hand (dessen Bausteine die Planetenkräfte sind)[64], was phänomenale Möglichkeiten auf dem Gebiet der spirituellen Transformation bietet.

Aus einer hermetischen Perspektive besteht gegenwärtig eine grelle Diskrepanz dazwischen, wieviel Kraft in den Metallen enthalten ist, und wie wenig sie von der konventionellen Medizin genutzt werden.

37.2 Vom Metall zum Heilmittel – aktive Essenzen

Es ist entscheidend, zu begreifen, daß die aktiven Wirkungsprinzipien nicht die Metalle selbst sind, sondern die astralen Wesensenergien, die

---

[64] Zur Verbindung zwischen Astralleib und Planetenkräften siehe *Subtle Bodies, the Fourfold Model*.

in ihren widerhallen. Das bedeutet, daß eine gewisse Aufbereitung notwendig ist, um das aktive Prinzip aus den Metallen herauszulösen. Außerdem sind die meisten Metalle giftig und sollten daher nie eingenommen werden. Wiederholen wir es im Fettdruck für Leser, die in diesem Buch nur blättern:

Metalle sind giftig und dürfen nicht geschluckt werden! Die Indikationen, die in diesem Buch angegeben werden, beziehen sich auf *homöopathische Verdünnungen der Metalle*, in denen nichts oder so gut wie nichts von der ursprünglichen Substanz mehr enthalten ist.

Wie benutzten also die Alchemisten ein Metall als Heilmittel? Sie unterwarfen es zuerst einem komplexen Prozeß der Reinigung und Aufbereitung. Solche Prozesse konnten Jahre dauern, und sie schlossen Bewußtseinsoperationen ein, die weit über das hinausgehen, was wir heute unter Chemie verstehen. Wenn sich das Metall »entwickelt« hatte, war es keine grobe und giftige Substanz mehr, und deshalb konnte es eingenommen werden. Vorausgesetzt natürlich, die Operation war gelungen. Es gab da oft einen gewisses Maß an Spannung – der einzige Weg, herauszufinden, ob die Zubereitung des Elixiers/Heilmittels gelungen war, bestand darin, es einzunehmen. Aber wenn der Prozeß misslungen war, dann war der Alchemist natürlich in ziemlichen Schwierigkeiten. Stellen Sie sich vor, Sie sitzen vor einer kleinen Flasche mit einer Flüssigkeit darin, für deren Zubereitung Sie vier Jahre gebraucht haben, und Sie fragen sich »Was ist nun? Soll ichs trinken?«

37.3 Metalle und Homöopathie

Ich halte die Homöopathie für eine andere Methode, um an die aktiven Prinzipien der Metalle heranzukommen. Sie hat einen hauptsächlichen Vorteil: Die homöopathische Methode, Heilmittel herzustellen, arbeitet mit wiederholten Verdünnungen, bis zu einem Punkt, an dem nichts von der ursprünglichen Substanz mehr enthalten ist – daher stellt sich die Frage der Giftigkeit der Metalle nicht. Doch gleichzeitig behaupte ich durchaus nicht, daß ein homöopathisches Heilmittel die gleiche Kraft hat wie ein alchemistisches Elixier! Die Homöopathie ist eine rasche, leichte und hinreichend wirkungsvolle Methode, die aktiven Planetenkräfte der Metalle verfügbar zu machen, doch in ihrer gegenwärtigen Form kann sie sich noch nicht mit dem messen, was man von den Alchemisten erzählt.

Die Macht der Homöopathie ist jedoch viel größer, als die meisten Menschen heutzutage vermuten. Ich habe dies nicht nur beobachtet, indem ich jahrelang homöopathische Mittel bei meinen Patienten angewandt habe, sondern auch, indem ich gesehen habe, was geschehen kann, während ein homöopathisches Heilmittel zubereitet wird.

In einer Flasche wird 1 Milliliter der Tinktur einer Substanz mit 99 Milliliter eines Lösungsmittels gemischt, und dann beginnt eine wichtige Phase, in der die Flasche einhundertmal geschüttelt wird. Diese Phase ist das, was man in der Homöopathie »Verschüttelung« nennt. Das Ergebnis wird eine »C1-Verdünnung« genannt. Dann wird 1 Milliliter aus dieser C1-Flasche in einer zweiten Flasche mit 99 Milliliter des Lösungsmittels gemischt. Nach dem Verschütteln wird der Inhalt dieser Flasche als »C2-Verdünnung« bezeichnet. Dann wird 1 Milliliter aus der C2-Flasche dazu verwandt, eine C3-Verdünnung herzustellen, usw. C30- oder sogar C200-Verdünnungen (auch »Potenzen« genannt, da man den physischen Wirkstoffgehalt als »10^{-2x} (die jeweilige Zahl)« angeben kann) sind in der Homöopathie weit verbreitet.

Während der Herstellung von Verdünnungen habe ich mehr als einmal die Explosion nicht-physikalischer Energien erlebt, plötzliche und massive Ausbrüche nicht-physikalischen Lichts, die auf einer Stufe des Verdünnens und Verschüttelns geschahen. Die ungeheuren Energieausbrüche, die ich erlebt habe, haben mich davon überzeugt, daß die homöopathische Methode tatsächlich die aktiven Prinzipien in Pflanzen und Mineralien zum Vorschein bringt und sie im Heilmittel einfängt.

Die Methode könnte natürlich sehr verbessert werden, wenn die Personen, die die Heilmittel zubereiten, eine bewußte Kontrolle über die energetischen Manipulationen hätten, die sie vornehmen. Hahnemann, der Begründer der Homöopathie (gegen Ende des 18. Jahrhunderts, in der Zeit, als der Uranus entdeckt wurde), hatte wahrscheinlich einen intuitiven Zugang zu diesem Aspekt, denn er verschüttelte seine Substanzen für gewöhnlich, indem er die Flasche gegen eine ledergebundene Bibel schlug! Hier schlage ich natürlich keine Rückkehr zu Heiligen Schrift vor – auch wenn ein merkurbetonter Verstand wahrscheinlich Freude daran hätte, mit einem gegen die *Bhagavad-Gītā* verschütteten Heilmittel im Vergleich zu einem gegen die Bibel oder das *Tao-te-King* verschütteten zu experimentieren! Indem jedoch die Menschen mehr und mehr in Kontakt mit Energien kommen und sich ihre Wahrnehmung entwickelt, ist es wahrscheinlich, daß eine Neubewertung der Homöopathie stattfinden wird, zusammen mit vielversprechenden Experimenten bei der Zubereitung ihrer Heilmittel.

Zusammenfassend kann man sagen, daß die Homöopathie den Weg zu einer viel weiteren Anwendung der Metalle eröffnet hat. Bevor Sie sie verwenden, müssen Sie zuerst die Gesetze ihres Landes berücksichtigen und sicherstellen, daß Sie keine Bestimmungen verletzen. In Frankreich z.B. findet man qualitativ hochwertige homöopathische Heilmittel nicht nur in den meisten Apotheken, sie sind auch frei verkäuflich – jeder kann sie ohne Rezept kaufen und anwenden, wie er mag –, und auch wenn sich die Ärzte hinsichtlich ihrer Wirksamkeit nicht einig sind, so sind sie sich doch darüber einig, daß sie nicht giftig sind. In Deutschland sind ebenfalls die meisten homöopathischen Arzneimittel (einige wenige Wirkstoffe ausgenommen) frei verkäuflich.

37.4 Die Zukunft der Metalle

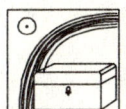
Lassen Sie uns nun das Clairvision-Archiv öffnen und einen Blick auf den vergangenen und zukünftigen Gebrauch der Metalle werfen. Nach dem Wissen der Clairvision School ist das Konzept, zu versuchen, die aktiven Prinzipien von Substanzen einzufangen, alles andere als neu. Auf dem alten Kontinent Atlantis wurden bereits verschiedene technische Mittel zu diesem Zweck benutzt. Eines davon, das ich hier »Konversionskammer« nennen will, funktionierte so, daß man entweder mineralische oder pflanzliche Substanzen nahm und sie in Resonanz mit etwas anderem brachte (wir würden dafür heute z.b. eine Flasche mit einem Lösungsmittel nehmen). So verstanden es die Bewohner von Atlantis, durch das, was wir heute als eine Mischung aus okkulten Instrumenten und atemberaubender Technik ansehen würden, die nicht-physikalischen Wirkungskräfte aus einer Substanz herauszuziehen und sie auf eine andere zu übertragen.

Ich sage voraus, daß früher oder später Technologien dieser Art in großem Maßstab wieder eingeführt werden und daß sie wichtige Auswirkungen auf das Gebiet des Heilens haben werden.

Bei einigen radionischen Praktikern und bei einigen der Leute, die neue Konzepte auf dem Gebiet der Blütenessenzen eingeführt haben, könnte man davon ausgehen, daß sie in diese Richtung arbeiten. Es ist hier jedoch noch viel zu tun übrig.

37.5 Die Anwendung von Metallen

Die Indikationen, die in diesem Kapitel angegeben werden, betreffen homöopathisch aufbereitete Metalle, auch wenn sie sich in Wirklichkeit auf das aktive Prinzip – die Planetenkraft in dem Heilmittel richten und so auch auf jedes andere Mittel angewandt werden könnten, das dieses Prinzip enthält.

Für die Anwendung von Metallen ist die allgemeine Richtlinie einfach; sie gründet sich auf das Verständnis der Planetenkräfte, wie wir sie in diesem Buch untersucht haben. Sie beruht als erstes darauf, die Planetenkräfte, die in dem jeweiligen Patienten am Werk sind, zu spüren und zu entziffern. Erinnern Sie sich an das wichtige Prinzip, daß man »Patienten behandeln soll, keine Krankheiten«. Die im folgenden gegebenen Indikationen sollten nur als allgemeine Vorschläge gelten. Es gibt keine festen Rezepte wie »Kupfer für diese Krankheit oder Zinn für jene« – die individuelle Situation jedes einzelnen Patienten muß sorgfältig abgewogen werden, bevor ein Heilmittel gewählt wird.

Die einfachste Methode in der Anwendung eines Metalls ist es, dem Patienten die Planetenkraft zu geben, die ihr oder ihm fehlt. Wenn z.B. das Prinzip der Sonne in einer Schwangeren nicht stark genug ist, dann geben Sie ihr Gold. Wenn jemandes Stehvermögen (das auf dem Mars beruht) schwach ist, geben Sie ihm Eisen, usw. Diese Methode ist einfach – aber einfache Dinge können große Wirkungen haben.

Größere Finesse und Spezifität kann man erreichen, wenn man die planetarische Dialektik versteht, die in den Beschwerden des Patienten wirksam ist. Auf unserer Reise durch die Planetenkräfte sind wir den dialektischen Verhältnissen zwischen Sonne und Mond, Venus und Mars, Mond und Saturn usw. begegnet. Bei vielen Patienten werden Sie feststellen, daß die Beschwerden nicht nur im Mangel an *einer* Planetenenergie begründet sind, sondern eher in der Beziehung zwischen zwei Planeten, so daß z.B. der Mars die Venus überwältigt oder der Saturn den Mond. Der Patient zeigt dann nicht nur Anzeichen eines Überschusses einer Planetenkraft, sondern auch die eines Mangels an einer anderen. In diesen Fällen kann man eine Behandlung vornehmen, bei der beide Metalle abwechselnd genommen werden (etwa Kupfer an geraden Tagen, Eisen an ungeraden).

In der Homöopathie ist es ein Grundprinzip, daß »Gleiches mit Gleichem« bzw. »Ähnliches mit Ähnlichem« behandelt werden kann (»Simile-Prinzip«). Wenn ein Patient Symptome zeigt, die einer Arsenvergiftung ähnlich sehen, dann werden sie wahrscheinlich durch homöopathisch verdünnte Gaben von Arsen dramatisch gebessert (daher kommt der Name Homöopathie, vom griechischen *homeo*, »das Gleiche«). Dieses Prinzip kann manchmal auch beim Gebrauch der Metalle angewendet werden: Wenn jemandes Krankheit durch eine Planetenkraft verursacht ist, die vollkommen außer Kontrolle geraten ist, dann kann sie in einigen Fällen wieder ins Gleichgewicht gebracht werden, indem man das entsprechende Metall verabreicht.

Wenn Sie homöopathisch mit Metallen arbeiten, müssen Sie hohe Potenzen verwenden!

Planetarische Rhythmen zu verwenden ist eine wirkungsvolle Ergänzung zur Behandlung mit Metallen. Da es Planetenkräfte sind, die Sie ihren Patienten mitzuteilen versuchen, ist es sinnvoll, die Behandlung mit den Rhythmen der Planeten in Einklang zu bringen. Eine einfache Methode dazu ist der Gebrauch der Planetenstunden (siehe Kapitel 36), oder verabreichen Sie das Heilmittel jedesmal, wenn im Horoskop des Patienten ein Mondtransit bei dem angezielten Planeten geschieht (also wenden Sie z.B. jedesmal Zinn an, wenn der Mond über den Jupiter im Horoskop des Patienten läuft). Das Mittel kann auch gegeben werden, wenn der Mond in Konjunktion, Opposition oder im Quadrat zu dem jeweiligen Planeten steht. Erheblich größere Spezifität kann erreicht werden, wenn Sie auch andere Bewegungen der Planeten verfolgen können – einige Kenntnisse von Astrologie werden es Ihnen erlauben, eine Vielfalt von Rhythmen zu benutzen, und das kann einen entscheidenden Unterschied dabei ausmachen, ob ein Metall wirkt oder nicht.

Ein Konzept in den Lehre der Clairvision School, das tiefgreifende Auswirkungen auf das Gebiet des Heilens hat, ist das der »Zeitfenster«. Dies sind Augenblicke, in denen sich die Energie einer Person öffnet, so daß Veränderungen, die sonst auf starken Widerstand stoßen würden, in sehr kurzer Zeit erfolgen können. Sehr häufig bleiben diese Augenblicke unbemerkt, und große Möglichkeiten gehen verloren! Es gibt verschiedene Zeitfenster, von denen einige mehr die spirituelle Ebene betreffen, andere mehr die physische.

Ein Zeitfenster, das für die Arbeit an *jing* und am Ätherkörper im allgemeinen wertvoll ist, ist das, was wir »Sonne-Mond-Bogen« nennen. Wenn Menschen geboren werden, dann stehen Sonne und Mond in einem bestimmten Winkel zueinander. Jedesmal, wenn sich dieser Winkel am Himmel wiederholt (was einmal in jedem Mondmonat geschieht), findet auch eine Öffnung in *jing* und im Ätherkörper des jeweiligen Menschen statt.[65]

Der Hauptfehler, den es zu vermeiden gilt, ist, daß man Patienten ununterbrochen irgendwelche Metalle gibt! Metalle gehören nicht in dieselbe Kategorie wie Heftpflaster; sie haben tiefgreifende Auswirkungen auf die energetischen Körper und auf die Psyche. Sie sollten daher respektvoll verwendet, und nur nach einer sorgfältigen Beurteilung der Situation verordnet werden. Insbesondere wäre es unklug, sie für kleinere Störungen zu verwenden, die sich auch rasch ohne Behandlung wieder einrenken würden.

---

[65] Um diese Zeiten mit *Canopus*, dem Astrologieprogramm der Clairvision School zu berechnen, gehen Sie zu dem Menü »Prediction Tools« und dann zu den einzelnen Punkten im Menü »Time Windows«.

37.6 Gold

Gold (*Aurum metallicum* in der Homöopathie) wurde von den Alchemisten natürlich als das höchste der Metalle angesehen, da es mit der Sonne verknüpft war. Wie wir oben sahen, beendete Culpeper sein 400seitiges Werk über die Pflanzen mit der Bemerkung, daß kein Heilmittel mit *Aurum potabile,* dem »trinkbaren Gold«, vergleichbar sei. Es ist unnötig zu sagen, daß dieses Allheilmittel weder schnell noch billig oder einfach zuzubereiten war. Wenn Gold der König unter den Metallen ist, dann ist seine Essenz, sein aktives Wirkungsprinzip, auch nur schwer einzufangen (eben wegen seiner hohen spirituellen Schwingungsebene). Erwarten Sie nicht, daß Ihnen ein paar Tropfen *Aurum metallicum,* selbst in hohen Potenzen, schon zur Erleuchtung verhelfen!

37.7 Wann man daran denken sollte, ☉ Gold (*Aurum metallicum*) zu verwenden

- Die Aura schwangerer Frauen strahlt normalerweise von goldenem Licht. Wenn das nicht der Fall ist und wenn die Frau entweder psychische Schwierigkeiten oder gesundheitliche Störungen hat, dann ist Gold das erste Heilmittel, an das man denken sollte (vgl. »Das goldene Ei« in Abschnitt 3.7). Zum Beispiel Aurum metallicum C 30, drei Wochen lang 3 Tropfen jeden Morgen.
  Gold ist auch ein wichtiges Mittel gegen die Depression oder Leere, die auf die Geburt oder einen Abbruch folgen können.
  Bei Störungen nach der Entbindung verschiedener Art, auch wenn Depression als Symptom nicht im Vordergrund steht.
- Für Patienten mit Depressionen.
  Aber natürlich nicht für *alle* Fälle von Depression. Wie weiß man, welche Fälle man mit Gold behandeln soll? Indem man das Wesen der Energie der Sonne und die Symptome, die mit ihrem Mangel verbunden sind, versteht und erkennt, wann sie bei einem Patienten vorliegen.
- Nach einem größeren Trauma (physischer oder psychischer Art) oder nach chirurgischen Eingriffen unter Vollnarkose.
  Solche Ereignisse können das Ego »benommen machen«, d.h. es von der Sphäre des Körpers hinwegdrücken. Gold kann dann bemerkenswert wirksam sein, um das Ego zu seinen körperlichen Funktionen zurückzurufen.
- Bei der großen Angst, die bestimmte Blutungen und akute gesundheitliche Störungen begleitet.
- In allen Situationen, in denen in chinesischer Terminologie »*shen* erregt« ist, kann Gold sofortige Hilfe leisten.

Metalle

- Bei schwerwiegenden chronischen Krankheiten im allgemeinen kommt es nicht selten vor, daß die Ausstrahlung des Herzens schwächer wird – was die wesentliche Indikation ist, Gold zu verabreichen.
  Bei der Entwicklung einer chronischen Krankheit oder anderer Störungen, die eine tiefe und anhaltende Erschöpfung herbeigeführt haben, kann Gold gegeben werden, um die tiefste Lebenskraft des Herzens wieder in Gang zu bringen.
  Hier ist der Effekt nicht unähnlich der tiefgreifenden Wirkung auf das Herz, die vom Akupunkturpunkt Konzeptionsgefäß 14 ausgeht.
- Bei chronischen Herzleiden.
- Nach chirurgischen Eingriffen am Herzen, um die Lebenskraft des Herzens wieder in Gang zu bringen und um die Verbindung des Herzens mit der Planetenkraft der Sonne wiederherzustellen.

37.8 Wann man daran denken sollte, ☽ Silber (*Argentum metallicum*) zu verwenden

- Bei Frauen, die einen Bezug zu ihrer Weiblichkeit finden müssen ...
- ... und bei Männern, die einen Bezug zu ihren weiblichen Anteilen finden müssen.
- Frauen, denen es schwerfällt, damit zurechtzukommen, daß sie Mutter (geworden) sind.
- Männer, die sich nicht genug um ihre Kinder kümmern.
- Menschen, die einen stärkeren Bezug zu der verletzlichen Seite ihrer Persönlichkeit finden müssen.
- Menschen, die lernen müssen zu geben, zu nähren und sich zu öffnen.
- Zur Verankerung, wie in Abschnitt 23.8 besprochen.
- Nach einer Hysterektomie (Entfernung der Gebärmutter), um den energetischen Uterus (der vom Schock der Operation betäubt sein kann) zurückzurufen zu seiner Verbindung mit dem physischen Körper.
- Nach einer Mastektomie (Entfernung der Brust), um die energetischen Funktionen der Brust wieder in Gang zu bringen.
- Silber kann in hohen Potenzen (C200 und höher) auch bei Müttern verwendet werden, deren Kinder erwachsen geworden sind und die unfähig sind, sie loszulassen.

37.9 Wann man daran denken sollte, ☿ Quecksilber zu verwenden

Beachten Sie, daß es kein *Mercurius metallicus* in der Homöopathie gibt, aber zwei verwandte Heilmittel, die *Mercurius vivus* und *Mercurius solubilis* heißen. Bei beiden kann man davon ausgehen, daß sie das aktive Prinzip des Merkur bzw. Quecksilbers in etwa der gleichen Weise einfangen und präsentieren, in der *Argentum metallicum* das aktive Prinzip des Silbers präsentiert, oder *Cuprum metallicum* das des Kupfers.

- Quecksilber kann außerordentlich hilfreich sein bei von Parasiten (z.B. Amöben) verursachten Darmerkrankungen. Es ist besonders nützlich in dem Stadium, wo eine solche Erkrankung behandelt worden ist und keine Parasiten mehr im Stuhl nachgewiesen werden können, der Patient jedoch weiterhin unter Müdigkeit oder Verdauungsbeschwerden leidet. Hohe oder relativ hohe Verdünnungen von homöopatischem Quecksilber können dann wie ein Wunder diese Symptome beseitigen, indem sie den Darm in seine Integrität zurückrufen.
- Wenn ein Patient sich nur langsam von einer schweren Lungenentzündung erholt, kann Quecksilber die Lunge wieder in Gang bringen.
- Um das Rauchen aufzugeben (vgl. Abschnitt 28.7) und um danach den Energiekörper wieder ins Gleichgewicht zu bringen, wenn jemand mehrere Jahre hindurch ein starker Raucher war.
- Um beim Übergang zum Tode zu helfen (wenn z.B. jemand, der an einer unheilbaren Krankheit leidet, nicht auf das Sterben vorbereitet ist oder nicht sterben will).
  Der Merkur hat nicht nur mit Verbindungen zu tun, sondern auch mit den okkulten Übergängen und esoterischen Erweckungen, die bei einem guten Tode stattfinden.
- Wenn Menschen mit Veränderungen nicht fertig werden. Wenn sie sich von Veränderungen bedroht fühlen oder wenn sie ihre Notwendigkeit nicht einsehen können. Der Merkur empfindet seinem Wesen nach Veränderungen als positiv.
- Wenn Menschen ständig an alten Mustern kleben, anstatt sich für neue Ideen zu öffnen.
- Wenn Menschen die geistige Beweglichkeit fehlt.
- Wenn Menschen sehr festgefahren in ihren Meinungen sind und unfähig sind, ihre Auffassungen zu ändern.
  Bedenken sie jedoch Schillers Vers: »Gegen Dummheit kämpfen Götter selbst vergebens.«
- Bei Akne und anderen Hautproblemen des Jugendalters.

Metalle

- Bei bestimmten chronischen Schulterproblemen, vor allem, wenn sie gegen alle konventionellen Behandlungen resistent sind.
- Im Falle von Lese-Rechtschreib-Schwäche, oder bei Menschen, die Schwierigkeiten haben, links und rechts zu unterscheiden. Man kann hier auch Gold und Silber abwechselnd gebrauchen – Gold an einem Morgen, Silber am nächsten, dann wieder Gold und so fort – über eine Dauer von 3 Wochen. (Eine Verdünnung von C30 kann in diesem Falle außerordentlich gute Ergebnisse bringen.) Manchmal sind Probleme dieser Art jedoch in einem globalen Mangel an Struktur begründet (vgl. Abschnitt 9.6); in diesem Fall würde man erwägen, die Behandlung durch etwas Blei zu ergänzen.
- Kinder, die Schwierigkeiten haben, in der Schule mitzukommen.
- Jugendliche, die Schwierigkeiten haben, ihre sexuelle Identität zu finden.
- Um bei bestimmten fortgeschrittenen Stadien des Erwachens des dritten Auges einen Schub zu geben (man schöpft dabei aus der Kraft des Hermes, des Herrn der Esoterik).

Gezielt einsetzen, und nur in fortgeschrittenen Stadien – nie bei weniger als mindestens fünf Jahren Übung. Nehmen sie es nur für eine oder höchstens drei Perioden, die sorgfältig nach den Planetenpositionen ausgewählt sind.

37.10 Kupfer

Kupfer verdient besondere Aufmerksamkeit in diesem Kapitel, weil es das Metall der Venus ist – und ihre Kraft ist es, die unserer Welt gegenwärtig am meisten fehlt. Wir leben in einem eisernen Zeitalter, und nicht nur dieses Metall, sondern auch die konkurrenzorientierten Werte des Mars, die in Krieg und Gewalt gipfeln, sind überall anzutreffen.  Die Menschen erleben einen Gipfel der Verkörperung (ein Marsprinzip) in die physische Welt, bis zu einem Punkt, an dem viele begonnen haben daran zu zweifeln, ob es überhaupt irgendeine Form der Existenz jenseits des Reichs der Materie geben kann. Im Sinne der Planetenkräfte ist die Dialektik von Mars und Venus überwältigend zugunsten des Mars aus dem Gleichgewicht geraten, und wenn uns nicht einige Wellen von Venusenergie erheben, dann besteht jegliche Aussicht darauf, daß sich unsere Zivilisation selbst zerstören wird.

Diese globalen Erwägungen spiegeln sich auf der Ebene der Individuen wider. Viele gesundheitliche und psychische Störungen sind in der habgierigen Kraft des Mars begründet, und sie können nur durch den kühlenden, erweichenden und erhöhenden Einfluß der Venus-Prinzipien gelindert werden.

Bei Ihrer Erkundung der Planetenkräfte würde ich vorschlagen, daß Sie sich Stücke von Kupfer (z.b. einfache kupferne Armbänder) und Stücke von Eisen nehmen und sich meditativ auf sie einstimmen (entsprechend den Angaben in *Tor zu inneren Welten*, Kapitel 11). Der Unterschied in den Eindrücken, die Sie von diesen beiden Metallen bekommen werden, ist so klar, daß er kaum subjektiv genannt werden kann. Kupfer ist freundlich und warm und führt Ihr Bewußtsein in ganz andere Sphären als die, in die einen das herbe Eisen führt.

37.11 Wann man daran denken sollte, ♀ Kupfer (*Cuprum metallicum*) zu verwenden

- Bei Ehemännern, die ihre Frauen nicht verstehen und es schwierig finden, sich mit ihnen zu verständigen.
- In Beziehungen, wenn eine Person es schwierig findet, einen Bezug zu den spirituellen Interessen ihres Partners zu finden und sie zu akzeptieren.
- Um das spirituelle Erwachen einer Person zu fördern, die ein sehr fest verankertes materialistisches Wertsystem hat.
- Rückenprobleme (besonders in der Gegend des Kreuzes), die in einer Leere der Nierenenergie begründet sind.
- Wenn eine Frau nach einer Geburt nur langsam ihr sexuelles Begehren zurückerlangt.
  Benutzen Sie relativ niedrige Verdünnungen (z.B. C30). Aber seien Sie nicht vorschnell – warten Sie mindestens ein Jahr nach der Geburt! Wenn viele Frauen nach der Geburt durch eine Phase verringerten sexuellen Interesses hindurchgehen, so liegt das daran, daß ihr Embryo (das Energiezentrum, das wir in Abschnitt 19.8 erörtert haben) eine Phase tiefgreifender Verwandlung durchläuft. Versuchen Sie nicht, in diesen normalen Reifungsprozeß einzugreifen, denn er hat wichtige spirituelle Auswirkungen.
  In den meisten Fällen kehrt das sexuelle Begehren nach einigen Monaten von selbst zurück. Wenn dies nach 18 Monaten noch nicht geschehen ist, kann ein wenig Kupfer den Übergang sanft unterstützen.
- Um den Prozeß einer Scheidung bzw. Trennung zu erleichtern (die Nierenwunde, die wir in Abschnitt 29.6 erörtert haben).
- Für gestreßte Menschen, die sich nicht entspannen können und die im Übermaß verkörpert sind (siehe *Subtle Bodies, the Fourfold Model*).

Metalle

37.12 Wann man daran denken sollte, ♂ Eisen (*Ferrum metallicum*) zu verwenden

- Bei allen Fällen von Schwäche, wenn Mars verstärkt oder neu in Gang gebracht werden muß. Zum Beispiel nach einer wirklich schlimmen Grippe oder einer anderen Krankheitsepisode, durch die der Patient zeitweilig geschwächt ist. Oder wo Menschen eine Menge Mut brauchen, um besonders schwierige Lebensumstände zu meistern.
- An Eisen sollte man auch für Menschen nach der Art Hamlets denken, die wie Schwächlinge aussehen, aber in Wirklichkeit eine mächtige Marsenergie in sich haben, die sie lernen müssen, nach außen zu bringen.
(Rudolf Steiner zufolge war Hamlet die Reinkarnation eines der großen Krieger des trojanischen Krieges.)
Bei Menschen, deren Mars »verdreht« ist (siehe Abschnitt 7.9), muß man jedoch acht geben, nicht die Marsenergie zu verstärken, ohne daß der Patient eine Möglichkeit hat, sie nach außen hin auszudrücken. Andernfalls wäre die Situation ähnlich wie wenn man die Hitze in einem Dampfkochtopf erhöhen würde ohne das Ventil zu öffnen – alle Symptome könnten schlimmer werden.
- Im ISIS-Prozeß, wenn am Embryo gearbeitet wird oder wenn man jemanden dazu bewegen möchte, seinen Ärger auszudrücken.
- Wenn Menschen über zahlreiche psychische Angriffe klagen und wenn Sie sehen, daß ihr wirkliches Problem darin besteht, daß sie keinen Bezug zu ihrem *hara* bzw. Embryo haben.
- Wenn Menschen an einem Mangel an Verkörperung leiden.
- Bei Menschen, die eine wichtige Entscheidung zu fällen haben, die sie jedoch endlos vor sich herschieben, oder bei Menschen, denen es schwerfällt, in eine neue Richtung aufzubrechen. Eisen kann dann der Gallenblase bei Ihrer Funktion des Entscheidens helfen und das System in Bewegung setzen.
- Wenn Leute wissen, was die richtige Entscheidung ist, aber nicht den Mut haben, sie auch in die Tat umzusetzen, dann brauchen sie Eisen. Wenn das Problem eher darin besteht, daß es ihnen schwerfällt zu erkennen, in welche Richtung sie gehen sollten, dann wäre eine Kombination von Eisen und Blei besser angemessen.
- Direkt nach der Geburt, wenn sich die Plazenta bei einer Frau nur langsam ablöst.

Ferrum metallicum C200, 3 Tropfen, maximal dreimal genommen, zeigen bei den meisten Fällen ausgezeichnete Wirkung. In Indien habe ich auch eine Anwendung des gleichen Prinzips gesehen, die darin bestand, daß man einige Nägel (eiserne Nägel, natürlich) in

einem Glas Wasser einige Stunden lang stehen ließ und es dann der Mutter zu trinken gab (natürlich ohne die Nägel).
- Nach der chirurgischen Entfernung der Gallenblase, um den nichtphysischen Teil des Organs Gallenblase wieder in Gang zu bringen.
- Bettnässen passiert oft Kindern, die nachts sehr weit von ihrem Körper wegtreiben, und diese Situation kann durch Eisen gebessert werden. Da jedoch Kinder oft mehr Affinität zur Venus haben als Erwachsene, kann Kupfer besser wirken und dabei weniger in die Energie des Kindes eingreifen.

Man muß mit Gaben von Eisen bei Menschen mit einer starken Venusenergie vorsichtig sein – sie können durchaus negative Reaktionen zeigen. Bei der Verordnung von Metallen habe ich die Erfahrung gemacht, daß ich paradoxerweise bessere Resultate mit der Verabreichung von Kupfer statt der von Eisen erzielt habe, wenn Patienten eine starke Venusenergie hatten und ich ihre Marskraft stärken wollte!

37.13 Wann man daran denken sollte, ♃ Zinn (*Stannum*) zu verwenden

Im Abschnitt 20.1 haben wir eine Reihe von spirituellen und psychischen Funktionen erörtert, die sich auf die Leber beziehen. Mängel in vielen dieser Funktionen sind eine gute Indikation zur Verabreichung von Zinn, was auch immer die begleitenden physischen Beschwerden sein mögen.

- Wenn ein Patient z.B. nicht in der Lage ist, Pläne für sein Leben zu machen, oder wenn er sich umgekehrt wie besessen mit seiner Zukunft beschäftigt, dann sollte man sofort die Möglichkeit einer dysfunktionalen Leberenergie ins Auge fassen. Recht typische Fälle sind die Fälle von Schlaflosigkeit, bei denen Patienten mitten in der Nacht mit angstvollen Gedanken an die Zukunft aufwachen.
- Nach einer Hepatitis, besonders wenn der Patient dauerhaft ermüdet bleibt, gibt es gute Gründe für die Gabe von Zinn, um die tiefe Lebenskraft der Leber wieder in Gang zu bringen. Zinn sendet eine erweckende Botschaft an die Leberenergie, die wiederum die physischen Funktionen der Leber anregt.
- Um einem blockierten Saturn entgegenzuwirken, der sich physisch oder psychisch manifestiert. Beispiele wären Menschen, denen »Maßstäbe fehlen«; die unbewußt ihr Wachstum und ihre Fortschritte blockieren; die es nicht verstehen, »ihren eigenen Raum einzunehmen«; oder die so schlechte Schauspieler sind, daß sie noch nicht einmal ihr eigenes Leben über die Bühne bringen können.

Metalle

- Sexuelle Hemmungen und eine verkrampfte Sexualität, wenn ein jupiterhafter Schub benötigt wird, um den Ängsten des Saturn entgegenzuwirken.
- Wenn das Kreuzbein eines Menschen Schwierigkeiten hat, mit dem »Kentaurendilemma« umzugehen, das wir in Abschnitt 20.3 erörtert haben.

Dies zu entdecken setzt voraus, daß Sie genug Arbeit an sich selbst geleistet haben, um Energiekreisläufe zu spüren, denn beinahe *jedes* gesundheitliche Problem kann in der tiefgreifenden Desorganisation der Lebensenergie begründet sein, die von einem schlecht funktionierenden Kreuzbein herrührt.

37.14 Wann man daran denken sollte, ♄ Blei (*Plumbum metallicum*) zu verwenden

Blei ist ein Metall, das nicht einfach zu verordnen ist. In vielen Fällen kommt es vor, daß es nicht die Wirkungen hervorruft, die Sie erwarten. Es kann sogar in einigen Fällen die gegenteilige Wirkung hervorrufen! Vielleicht hat dies mit der Tatsache zu tun, daß sich das aktive Prinzip des Saturn nicht leicht einfangen läßt.

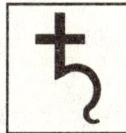

Saturn hat zwei Seiten: die eine ist die Seite der Struktur, »Saturn, der Geometer«, die andere ist die erdhaft gegründete Kraft, die alles abbremst und oft Blockierungen erzeugt. Solange wir nicht über spezifische Werkzeuge wie die schönen Konversionskammern unserer Vorfahren aus Atlantis verfügen, wird es häufig eine Ungewißheit darüber geben, welche Seite des Saturn nun eigentlich in einem Mittel eingefangen worden ist.

Ein weiteres Problem beim Gebrauch des Bleis ist, daß das physische Leben eine Menge damit zu tun hat, daß der Mond versucht, seine Lebenskraft in der Dialektik von Mond und Saturn zu bewahren. Jede Verstärkung des Saturn geht daher wahrscheinlich auf Kosten des Mondes vor sich, d.h. auf Kosten der Lebenskraft des Patienten selbst.

Eine der Indikationen für die Verordnung von Blei ist die eines »freischwebenden Geistes«, einer Person, die einen sehr starken Mangel an Erdung und Struktur hat. Sie könnten es jedoch auch gut zuerst mit Eisen versuchen.

37.15 Einige Gedanken zum Gebrauch des Antimons

Antimon, das in homöopathischen Mitteln wie *Antimonium crudum* und *Antimonium tartaricum* vorliegt, ist schwierig zu hantieren, doch seine Essenz ist unglaublich kraftvoll. Außerdem: Genauso wie sich das aktive Prinzip

des Goldes nicht leicht in einer Flasche einfangen läßt, sollten Sie auch nicht erwarten, daß irgendein homöopathisches Heilmittel den »Triumphwagen des Antimons« für Sie auffahren lassen wird.[66] Wenn sie jedoch mit der Verordnung von Metallen besser vertraut geworden sind, werden Sie möglicherweise daran denken, Antimon in Situationen wie den folgenden zu gebrauchen:

- Wenn ein Patient außergewöhnlich heftige astrale Manifestationen zeigt (ungewöhnlich heftige neurotische Symptome z.b. oder grenzenlose Ängste).
- Bei Menschen, deren Krankheitserscheinungen in Kriegstraumata begründet sind oder die in eine Katastrophe verwickelt waren.
- Bei Fällen von schwerer Lebensmittelvergiftung.
- Bei bestimmten Stadien der alchemistischen Clairvision-Arbeit am Venom.

Aber mit extremer Vorsicht.

---

[66] Zuerst 1604 in Leipzig veröffentlicht, ist *Triumph-Wagen Antimonii* von Basil Valentin einer der Klassiker der alchemistischen Literatur. Englische Übersetzung unter http://www.levity.com/alchemy/ verfügbar.

38 - Edelsteine

38.1 Der Hintergrund für die Verwendung von Edelsteinen und Blütenessenzen

Die letzten Jahrzehnte des 20. Jahrhunderts waren von einem gewaltigen Erwachen gekennzeichnet. Eine große Anzahl von Menschen hat begonnen, sich für spirituelle Themen zu interessieren und nicht-physikalische Energien auf eine Art wahrzunehmen, die die Tür zu neuen Formen der Therapie und der Selbsterfahrung geöffnet hat. Die ätherische Ebene beginnt für das Bewußtsein der Menschen in viel stärkerem Maße zugänglich zu werden.

Als ein Resultat dieses Übergangs sage ich voraus, daß bereits etablierte Formen der Therapie wie Homöopathie und Akupunktur zunehmend besser und besser wirken werden, einfach weil der Energiekörper der Menschen wacher und empfänglicher ist, was es erlaubt, daß ein zunehmend größer werdender Bereich von Krankheitserscheinungen durch energiebezogene Therapien geheilt werden kann.

Man kann auch erwarten, daß die Menschen beginnen, auf eine Reihe von energetischen Instrumenten zu reagieren, die in der Vergangenheit zu subtil gewesen wären, sie zu erreichen. Ein zweifacher Prozeß ist zu erwarten: einerseits werden Therapeuten mit offener Wahrnehmung in der Lage sein, die aktiven Prinzipien hinter Substanzen und Kräften einzufangen, an deren Gebrauch als Heilmittel früher niemand gedacht hat, andererseits werden ihre Patienten empfänglicher für feinstoffliche Therapien sein. Die Verwendung der Edelsteine und Blütenessenzen fällt gewiß in die Kategorie dieser neuen, feinstofflichen Heilmittel, die auf die neuen Generationen abgestellt sind.

38.2 Edelsteinelixiere und Planetenkräfte

Die Idee, Edelsteine als Heilmittel zu verwenden, ist nicht neu. Eine Reihe von alchemistischen Zubereitungen gebrauchte Edelsteine, und wenn man weiter zurückgeht, so war dies auch bei einem weiten Bereich von Heilmitteln der ayurvedischen Medizin der Fall. Heutzutage haben verschiedene Praktiker neue Wege der Anwendung von Edelsteinen erprobt, indem sie z.B. Edelsteinelixiere und Tinkturen verschiedener Art zubereitet haben.

Wenn Sie selbst mit diesen Elixieren experimentieren möchten, dann ist das Grundprinzip, das die meisten dieser Pioniere benutzt haben, einfach. Finden Sie einen Edelstein, und legen Sie ihn für die Dauer von 1 bis 2 Wochen in eine kleinen Flasche mit einer Mischung aus Wasser und Weingeist ein (eine Mischung von 20 Prozent Weingeist und 80 Prozent Wasser ist gut geeignet).

Die Beachtung planetarer Rhythmen sowie der Planetenstunden kann sicherlich die Zubereitung dieser Heilmittel verbessern.

Ich sage außerdem voraus, daß man in Zukunft erheblich verfeinerte Methoden benutzen wird, indem man Prinzipien analog denen der Konversionskammer anwendet, die ich in dem Kapitel über die Metalle erwähnt habe.

Wie paßt die Kenntnis der Planetenkräfte hierzu? Indem die Praktiker Fortschritte in der Anwendung von Edelsteinen machen, werden sie nach tiefergehenden Methoden suchen, ihre Effekte zu kategorisieren, so daß sie wissen, wann sie was verordnen sollen. Das ist der Punkt, an dem man sich erinnern sollte, daß man sich traditionell den Planetenkräften zuwandte, um eine solche Einteilung vorzunehmen. Die Verbindung zwischen Planetenkräften und Edelsteinen ist seit frühester Zeit Bestandteil der astrologischen Überlieferung gewesen, und in manchen Kulturen ist sie immer noch tief verwurzelt. In Indien findet sich z.B. in den meisten Schmuckläden ein Schild oder Plakat, das die planetarischen Entsprechungen der wichtigsten Edelsteine angibt, und die meisten Leute konsultieren einen Astrologen, bevor sie sich entscheiden, welchen sie tragen sollen. Die in Indien allgemein akzeptierte Liste ist die folgende:

Saturn	Blauer Saphir
Jupiter	gelber Saphir oder Topas
Mars	Koralle
Sonne	Rubin
Venus	Diamant
Merkur	Smaragd
Mond	Perle
Rahu (nördlicher, aufsteigender Mondknoten)	Onyx
Ketu (südlicher, absteigender Mondknoten)	Katzenauge

Indische Astrologen gehen davon aus, daß es wirklich gefährlich sein kann, bestimmte Edelsteine zu tragen, wenn sie nicht zur eigenen Energie passen. In den folgenden Abschnitten finden sich nähere Einzelheiten dazu.

Das Thema der Edelsteine ist so umfangreich, daß es leicht einen ganzes Buch füllen könnte, und in diesem kurzen Kapitel will ich mich auf einige einfache Überlegungen beschränken.

Die Leser sollten sich darüber im klaren sein, daß verschiedene Astrologen verschiedene Auffassungen über die planetarischen Entsprechungen bestimmter Edelsteine gehabt haben. Ich habe hier das gesammelt, was mir als die solideste und am weitesten verbreitetste Ansicht schien, doch kann es sein, daß Sie in bestimmten Punkten zu einer anderen Ansicht neigen.

In diesem Kapitel finden sich viele Verweise auf hinduistische Astrologen, aus dem einfachen Grund, daß sie den Gebrauch der Edelsteine viel aktiver in ihre Praxis integriert haben als ihre westlichen Kollegen – wer immer einen hinduistischen Astrologen befragt, erwartet von ihm klare Anweisungen darüber, welcher Edelstein für ihn vorteilhaft ist.

38.3 Wirken Edelsteine?

Werden Menschen wirklich davon beeinflußt, wenn sie einen Edelstein tragen? Bei diesem Thema behaupte ich nicht, daß ich irgendeine objektive Methode hätte, um etwas zu beweisen, doch möchte ich mit den Lesern meine Wahrnehmungen teilen, denn was ich beobachtet habe, war manchmal recht dramatisch. Kurzgefaßt ist meine Sicht, daß in vielen Fällen Edelsteine keinen großen Einfluß auf Menschen haben; doch in bestimmten Fällen, in denen sie einen haben, kann der Einfluß extrem stark sein – viel stärker als die meisten Menschen annehmen. Und er ist nicht immer gut! Wenn ein Stein in Ihre Energie hineinwirkt, dann kann er eine bestimmte Planetenkraft in Ihnen dramatisch verstärken. Wenn Ihnen die jeweilige Planetenkraft fehlt, wunderbar. Doch wenn Sie bereits zuviel davon haben, dann kann der Stein für Ihre physische und geistige Gesundheit schädlich sein. Wie sie leicht beobachten können, greifen Menschen gern zu Steinen, die den Planetenkräften entsprechen, die bereits stark in ihnen sind, und in einigen Fällen kann der Einfluß disharmonisch sein.

In den folgenden Abschnitten werde ich deutlich angeben, in welchen Fällen mich meine Beobachtungen zu der Ansicht gebracht haben, daß ein bestimmter Edelstein ungünstig oder sogar gefährlich sein kann.

Da sich die allgemeine Sensitivität der Menschen für Energien so schnell entwickelt, könnte es sein, daß man die Frage, wie sehr Menschen von Edelsteinen beeinflußt werden, alle zehn Jahre neu überprüfen muß.

38.4 Rubin ☉

Rubine sind mit der Sonne verknüpft und dementsprechend mit dem Herzen. Das bedeutet jedoch keineswegs, daß einfach jedes Herzleiden von einem Rubin auf energetischer Ebene Nutzen hätte. Wenn jemand an einer Leere der Sonnenenergie leidet (wie z.B. bei dem Syndrom, das wir im Abschnitt 3.6 beschrieben haben), dann ist der Rubin der richtige Stein. Doch wenn das Problem durch einen *Überschuß* der Sonnenenergie verursacht ist, dann stimme ich mit den hinduistischen Astrologen darin überein, daß das Tragen eines Rubins die gesundheitliche Situation eines Menschen verschlechtern kann. Insbesondere in allen Fällen, in denen die Feuerenergie einer Person zu stark oder schlecht ausgerichtet ist, sollten Rubine vermieden werden.

Ich sollte vielleicht wiederholen, daß nach meinen Beobachtungen nicht jeder Mensch von Edelsteinen beeinflußt wird (das hängt wahrscheinlich sowohl von der Energie der jeweiligen Person wie von der Qualität des Steins ab). Doch wenn Menschen auf Edelsteine ansprechen, dann kann der Einfluß im Guten wie im Schlechten massiv sein.

Sanskrittexte gehen davon aus, daß Rubine dazu benutzt werden können, um dem Einfluß von Geistern und Wesenheiten entgegenzuwirken.[67]

38.5 Perlen ☽

Es mag auf den ersten Blick befremdlich scheinen, daß Perlen in die Erörterung der Edelsteine einbezogen werden, weil es sich nicht um ein Mineral handelt. Abgesehen jedoch von der Tatsache, daß sie häufig wie Edelsteine getragen werden (z.B. in einer Krone), behandelt sowohl die westliche wie die östliche Tradition die Perle als Edelstein. Genauso sind auch Bernstein und Koralle keine Mineralien, sondern »organische« Edelsteine.

Warum sind Perlen mit der Planetenkraft des Mondes verknüpft? Man könnte ihre weißliche Farbe erwähnen und die Tatsache, daß sie aus dem Meer kommen – aus Austern, Tieren, die mit dem Mond verbunden sind.[68] Vom Standpunkt der Austern sind Perlen Parasiten (was wiederum auf eine Verbindung mit dem Mond hinweist)[69], ein fremder Keim, den sie mit Schichten vom Material ihrer Schalen umgeben.

Wenn Sie mit den Planetenkräften vertraut sind, werden Sie leicht feststellen, daß Menschen, in denen die Planetenkraft des Mondes stark ist, Perlen mögen. Dies ist eines der kleinen Zeichen, die es Ihnen oft erlauben, eine Patientin mit einem starken Mond sogleich zu erkennen –

---

[67] *Rasa-Jala-Nidhi*, 3.4.
[68] Vergleichen Sie das beeindruckende Experiment in Abschnitt 39.4.
[69] Ein Parasit ist etwas, was sich von Ihnen nährt und einfach gemütlich in Ihrer warmen Umgebung bleiben will. Es kommt nicht selten vor, daß die Symptome, die durch Parasiten hervorgerufen werden, Zyklen folgen, und viele traditionelle Rezepte sagen, daß man Mittel gegen Parasiten zum Vollmond nehmen soll. Das ist auch die Zeit, zu der Unkräuter, die Parasiten des Landes, als am stärksten verwundbar angesehen werden.

sie trägt Perlen. Und sie stehen ihr gut! Wenn Menschen mit einem schwachen Mond Perlen tragen, dann fühlen sich die Perlen nicht wohl. Diese Begriffe mögen zunächst befremdlich klingen, doch wenn Sie sensitiv sind und sich auf Personen einstimmen, die Perlen tragen, dann werden Sie erkennen, daß die Energie der Perlen nicht immer glücklich mit der Person, die sie trägt, zusammengeht.

Im allgemeinen werden sie finden, daß die Edelsteine, die Menschen mögen oder nicht mögen, eine Menge darüber aussagen können, welche Planetenkraft in diesen Menschen stark ist.

- Wann können Perlen besonders angebracht sein?

Wenn jemand sich öffnen muß oder für trockene Menschen, die lernen müssen, stärker gebend und nährend zu werden (um einem dominanten Saturn entgegenzuwirken, entsprechend der Dialektik von Mond und Saturn, die so oft in diesem Buch erwähnt wurde). Oder im Fall von Patientinnen mit Anorexie (Abschnitt 27.4) könnten Perlen durchaus angemessen sein. Wenn Sie sich die verschiedenen psychischen und physischen Probleme ansehen, die wir mit der Mondenergie in Verbindung gebracht haben, dann können Sie daraus eine ganze Liste von Indikationen für Perlen ableiten (dabei müssen Sie sich immer daran erinnern, daß das, was Sie in dem Patienten wahrnehmen, wichtiger ist als die Frage, ob seine Symptome auf die Beschreibung passen). Die traditionelle indische Medizin ist auch der Ansicht, daß Perlen helfen können, einen Überschuß an Feuer- und Windenergie (*vayu* und *pitta*) zu lindern.[70]

- Wann sind Perlen nicht angebracht?

Wenn jemand über längere Zeit hinweg mit dem Versuch abzunehmen scheitert, trotz ernsthafter Bemühungen um eine Diät. Wenn eine Frau ihre Interessen über den Kreis ihrer Familie hinaus ausweiten sollte oder wenn sie es nicht fertigbringt, ihre Kinder loszulassen, wenn diese groß werden. Ein besonderer Fall, auf den ich die Aufmerksamkeit des Lesers lenken möchte, ist der des Brustkrebses. Brustkrebs impliziert oft eine massive Störung der Mondenergie – manchmal eine Fülle davon, und manchmal eine Leere daran. Im Falle eines Überschusses habe ich gesehen, daß Perlen der Energie einiger Patientinnen, die an dieser Krankheit litten, *wirklichen* Schaden taten. Wenn man also eine weiche und sanfte Frau sieht, eher etwas plump, Mutter mehrerer Kinder, mit Brustkrebs und einer Perlenkette um den Hals, dann wird man wohl als erstes sagen: »Tun Sie die Perlen weg!« Allgemeiner gesagt, solange Sie sich nicht sicher sind, daß der Mond der betreffenden Patientin schwach ist, vermeiden Sie Perlen bei *allen* Fällen von Krebs.

---

[70] *Rasa-Jala-Nidhi*, 3.4.

38.6 Smaragd ☿

Der Smaragd kann als Stein der Inspiration und des Erwachens angesehen werden. Traditionell wird er mit Merkur/Hermes in Verbindung gebracht. So heißt einer der zentralen Texte in der hermetischen Tradition *Die Smaragdene Tafel*. In der westlichen esoterischen Tradition finden sich verschiedene Assoziationen, so etwa in den Legenden, die beschreiben, daß der Gral aus einem großen Smaragd gemacht war. Eine der Visionen in der Offenbarung des Johannes beschreibt den Thron Gottes, umgeben von den 24 Ältesten, auf die folgende Art:

> ...ein Thron stand im Himmel, und auf dem Thron saß einer, und der, der [darauf] saß, war seinem Aussehen nach gleich einem Jaspis oder Karneolstein, und ein Regenbogen war rings um den Thron, seinem Aussehen nach gleich einem Smaragd.
>
> Offenbarung 4, 2–3

Im Bereich des Ostens findet man nicht selten Statuen des Buddha mit einem Smaragd in der Gegend des dritten Auges – aus meiner Perspektive wäre es nicht verkehrt, den Smaragd den »Stein des dritten Auges« zu nennen.

Gibt es Situationen, in denen der Smaragd unangebracht sein könnte? Wohl nicht viele, außer vielleicht für Personen, die schlecht verankert und zu sehr wie der Wind sind.

Die indische Medizin ist auch der Ansicht, daß die Energie des Smaragds benutzt werden kann, um Giften entgegenzuwirken.[71]

38.7 Diamant ♀

Der Diamant ist vielleicht der schönste, kostbarste und teuerste aller Edelsteine, und er wird deshalb passend der Venus zugeordnet. Traditionell ist er ein Geschenk an die Geliebte, was ebenfalls zur Venus paßt. Verschiedene Traditionen haben ihn als den reinsten und perfektesten der Edelsteine angesehen. Die indische Alchemie ist der Auffassung, daß er der »hervorragendste aller Edelsteine« ist, und sie benutzt ihn sogar dazu, bei der Verwandlung der Metalle zu helfen.[72]

Im Zusammenhang des Clairvision Corpus muß eine Verbindung besonders erwähnt werden: Im Sanskrit bedeutet das Wort *vajra* sowohl »Diamant« wie »Donnerkeil«. Das Wort findet sich häufig in der Mythologie der Hindus, wo Indra, der König der Götter, mit einem *vajra* bewaffnet ist (nicht unähnlich dem Donnerkeil des Jupiter). Doch im Buddhismus findet sich sogar noch eine explizitere Verbindung: Der *vrajayana*, der Weg des Diamanten-Donnerkeils, beinhaltet eine Reihe

---

[71] *Rasa-Jala-Nidhi*, 3.4.
[72] *Rasa-Jala-Nidhi*, 3.4.

von tantrischen Techniken, die in der gleichen Richtung an den Energiekanälen arbeiten wie der hinduistische *kuṇḍalinī-yoga*.

Hier liegt eine zweifache Bedeutsamkeit. Erstens ist da die Donnerenergie, so wie in der »Donnersäulen-Meditation«, die ebenfalls an dem Energiefluß im wichtigsten aller Kanäle arbeitet. Zweitens symbolisiert der Diamant, das härteste aller Materialien, die Träger der Unsterblichkeit, die, wenn sie einmal gebaut wurden, während des Übergangs durch den Tod nicht zerbrechen.

Was die gesundheitliche Bedeutung des Diamanten angeht, so habe ich erlebt, wie indische Astrologen Frauen das Tragen eines Diamanten empfahlen, wenn sie Schwierigkeiten hatten, ein Kind zu empfangen.

Hinsichtlich der Frage, wer einen Diamanten tragen sollte und wer nicht, ist in den meisten Fällen der Einfluß des Steins eher geringfügig. Manchmal sieht man jedoch Frauen, die besonders starke astrale Energien haben und sie durch ihren Diamantring »hindurchleiten«, ihren Diamanten also als einen astralen Verstärker benutzen. Daran ist nichts auszusetzen, außer wenn diese Person mit ihrem Astralleib durch eine überwältigende Erfahrung hindurch geht; in diesem Falle mag es ratsam sein, den Ring zumindest zeitweilig abzulegen.

38.8 Koralle ♂

Da sie mit Mars verbunden ist, ist die Koralle vielleicht der Edelstein, den hinduistische Astrologen für potentiell am gefährlichsten halten, wenn er von einer Person mit der falschen Konfiguration von Planetenkräften getragen wird. Da es heißt, daß sie das Feuer des Mars konzentriert, sollte sie nicht für diejenigen in Frage kommen, deren Marsenergie stark oder unpassend kanalisiert ist. Hinduistische Astrologen erzählen oft von Menschen, die einen heftigen Unfall an sich gezogen haben, weil sie unpassenderweise Koralle trugen.

Wie bei allen Dingen ist es letztlich Ihre Sache, sich einzustimmen und zu entscheiden, ob hinter solchen Wahrnehmungen etwas steckt. Wenn jedoch die Koralle ein dem Mars entsprechendes aktives Prinzip an sich hat und wenn die Planetenkräfte auch nur in irgendeiner Weise wirklich sind, dann ist es vollkommen logisch, daß viele Menschen besser dran sind, wenn sie keine Koralle tragen. Insbesondere wäre es ein klassischer Fehler, Menschen Koralle zu verordnen, deren Mars nur oberflächlich schwach erscheint, und Menschen, die das »Syndrom des verdrehten Mars« zeigen (vgl. Abschnitt 7.9).

38.9 Topas, gelber Saphir, grünlicher Chrysolith ♃

Was die Griechen und Römer »Topas« nannten, das nennen wir heute »gelber Saphir« oder »Korund« (obwohl viele der berühmten Topase des Altertums in Wirklichkeit gelbgrüne Chrysolithe waren). Diese gelben Steine sind mit dem Jupiter verknüpft, ebenso wie man im Altertum zahlreiche gelbe Substanzen und Blumen mit der Leber und mit Jupiter in Verbindung brachte.

Diese Steine gelten als glückbringend, indem sie Erweiterung und geistige Offenheit fördern. Ich bin mir keiner Kontraindikation in bezug auf das Tragen solcher Steine bewußt, außer vielleicht, wenn der Jupiter völlig außer Kontrolle geraten ist, oder wenn jemand stark übergewichtig ist.

38.10 (Blauer) Saphir ♄

Lassen sie uns nun zur Wahrheit über die Verlobungsringe kommen, die traditionell mit einer Kombination von Diamanten und blauen Saphiren besetzt werden. Der Verlobte will die Liebe der Frau (das ist der Diamant), aber er fordert auch ihre saturnisch-dauerhafte Treue mit den Saphiren ein. Kein mondhaftes Herumflirten mehr – ihre Venus soll wie mit Efeu gebunden werden (ein weiteres saturnisches Prinzip, das oft als Symbol der ehelichen Treue verwendet worden ist).

Abgesehen davon halte ich den Saphir für einen wundervollen Stein, der eher mit den höheren Aspekten des Saturn verbindet als mit seiner erdhaften Seite. Vielleicht, weil Edelsteine mit dem Licht verwandt sind, wirkt der Saturn besser in Gestalt des Saphirs als in Form von Blei. Ich würde die Einschränkungen, die ich beim Blei gemacht habe (Abschnitt 37.14) beim Saphir nicht für relevant halten, der von jedem getragen werden kann, der sich auf die Struktur und Weisheit des Saturn einstimmen will. Hätte ich einen Namen für den Saphir zu wählen, dann hieße er »Weisheits-Stein«.

Man sagt, daß der Saphir bei »kalten« Krankheiten kontraindiziert sei und bei allen Krankheiten, die durch ein schwaches inneres Feuer verursacht sind. Wenn Sie also einen Saphir tragen und mit einer Lungenentzündung kämpfen, dann kann es eine gute Idee sein, Ihren Ring abzulegen, bis Sie sich ganz wieder erholt haben. Hinduistische Astrologen raten auch vom Saphir ab, wenn jemand unter Asthma leidet, was typischerweise ein durch Blockaden hervorgerufenes Krankheitsbild ist (in dem Sinne, daß die Bronchien durch verfestigte Absonderungen blockiert werden). Da er grundsätzlich das Prinzip des Saturn repräsentiert, wäre der Saphir auch nicht ideal für einen Menschen, dessen Hauptproblem im Leben seine Starrheit oder eben die Übertreibung aller mit dem Saturn verknüpften Züge ist.

38.11 Andere Edelsteine

Lassen Sie uns jetzt einen raschen Überblick über einige andere Edelsteine gewinnen.

☉ **Chrysolith**
Er wurde im Altertum mit der Sonne in Beziehung gebracht, da sein Name vom griechischen *chrysos*, »Gold« und *lithos*, »Stein« kommt.
In der Apokalypse Abrahams wird der Engel, der Abraham belehrt und geführt hat, so beschrieben: »Sein Leib hatte das Aussehen des Saphirs, und sein Antlitz war wie Chrysolith...« (Apokalypse Abrahams 11,2).

☽♆ **Aquamarin**
Im Mittelalter oft mit Weissagung in Verbindung gebracht. Sei es, indem man ihn trägt, sei es als Elixier, oder sei es noch direkter, indem man sich auf ihn einstimmt – so kann dieser Stein doch ganz bestimmt dazu verwendet werden, hellseherische Fähigkeiten zu fördern.

☽ **Mondstein**
Ein sanfter Stein, den ich auch mit dem Hellsehen in Verbindung bringen würde.

☽ **Jade**
Traditionell empfohlen, um die Entbindung zu erleichtern.

☽ **Opal**
Das Wort »schimmernd« (opaleszierend) paßt zu vielen Substanzen, die mit dem Mond verbunden sind.
Da Australien reich an Opalen ist und der Saturn in Australien so stark ist, wäre es sinnvoll, wenn die Menschen in Australien versuchten, sich mit der Kraft ihrer Opale zu verbinden, um den Einfluß des Mondes in sich und in der sie umgebenden Natur zu stärken. Der australische Busch hat einen verzweifelten Mangel an der Kraft des Mondes.

♀ **Malachit**
Ein mit eingelagertem Wasser kristallisiertes Kupfercarbonat (Kupfer, das Metall der Venus). In Indien nennt man ihn »Stein der Niere« (und die Niere ist ein wichtiges Organ der Venus).

♀ **Granat**
Die indische Alchemie hat großen Respekt vor dem Granat; sie nimmt an, daß er die Langlebigkeit und Stärke erhöhen und die Heilung vieler Krankheiten erleichtern kann. Für alchemistische Operationen, bei denen ein Diamant benötigt würde, der aber wegen seiner Kosten nicht beschafft werden kann, empfiehlt das *Rasa-Jala-Nidhi* (eine Sanskrit-Abhandlung über Alchemie) statt dessen einen Granat.[73]

♂ **Hämatit, Blutstein**
»Häma« wie in Hämoglobin. Dieser Stein ist tatsächlich ein Eisenoxid. Manche glauben, daß er eine starke Wirkung auf die (physischen) Augen hat.

♃ **Amethyst**
Oft für einen Schutzstein gehalten, paßt der Amethyst zu jedem Träger.

♄ **Lapislazuli**
Im Lateinischen bedeutet *lapis* »Stein« und »lazuli« kommt über das Arabische von einem persischen Wort, das »azur«, »tiefblau« bedeutet. So ist der Lapislazuli der Stein des Nachthimmels par excellence, und als das war er auch in Mesopotamien und im präkolumbianischen Amerika bekannt. Ich würde den Lapislazuli den »Weltraum-Stein« nennen und empfehle ihn für weitreichende Visionen und Astralreisen.

♄ **Azurit**
Ein weiterer dunkelblauer Stein, der mit dem Saturn verknüpft ist und der sehr stark an den bestirnten Nachthimmel denken läßt. Zweifellos hatte man schon im Altertum diese Verbindung hergestellt, da der Name »Azurit« von »azur« kommt. Ebenso wie der blaue Saphir, der Lapislazuli und einige andere blaue Steine verkörpert auch der Azurit die kosmische Seite des Saturn.

Man kann im Azurit auch einiges vom Einfluß der Venus spüren. Tatsächlich ist das Mineral ein Kupfercarbonat, dem Malachit nahe verwandt.

---

[73] *Rasa-Jala-Nidhi*, 3.4.

39 - Substanzen und Tiere, die mit den Planetenkräften verbunden sind

39.1 Substanzen, die in Beziehung zur Sonne stehen

Das sind Substanzen, die
- in Beziehung zum Element Feuer stehen (dies trifft auch für den Mars zu); das schließt solche Substanzen ein, die einen stark scharfen Geschmack haben und eine wärmende Wirkung ausüben;
- die reich an Farben sind, oder deren Aussehen an Gold erinnert, so wie etwa Safran;
- die eine wesentliche, essentielle Energie enthalten (dies trifft auch für die Venus zu).
So z.B. *param-ojas*, dem wir in Abschnitt 15.1 begegnet sind.

39.2 Tiere, die in Beziehung zur Sonne stehen

- **Tiere, die königlich oder prachtvoll aussehen**
  Traditionell der Löwe und der Pfau.
- **Tiere, die Führer ihres Rudels oder ihrer Herde sind**
  Das bezieht sich nicht auf bestimmte Gattungen, sondern mehr auf einzelne Tiere innerhalb ihrer Art.
- **Tiere, die zum Sonnenaufgang rufen**
  So wie Hähne es tun.
- **Tiere, die einzigartig, außergewöhnlich oder phantastisch sind**
  Der Phoenix, Symbol für den Stein der Weisen. Einhörner.

39.3 Substanzen, die in Beziehung zum Mond stehen

Substanzen, die
- in Beziehung zu den Elementen Erde und Wasser stehen;
- feucht sind, und mit Regen oder Wasser zu tun haben.
  Pilze z.B. wachsen von der Sonne weg, haben eine phantastische Vermehrungskraft, mögen Feuchtigkeit und haben oft einen Wachstumsschub nach dem Regen (sie »schießen aus dem Boden«).
- weißlich und milchig aussehen
- oder aber opalisierend und durchscheinend sind.
- keinen starken Eigengeschmack haben, eher fade schmecken;

- oder aber süß schmecken (dies trifft auch für die Venus zu);
- mit Schleim zu tun haben (*kapha* in der ayurvedischen Medizin);
- geleeartig sind.

Natürlich kann es auch sein, daß eine Substanz nicht wegen ihrer Beschaffenheit oder ihres Geschmacks mit dem Mond in Beziehung steht, sondern deshalb, weil ihre Wirkungen symbolisch mit der Planetenkraft des Mondes verknüpft sind oder weil sie auf eines der Organe wirkt, die zum Mond in Beziehung stehen. Dies gilt entsprechend auch für alle anderen Planetenkräfte.

39.4 Tiere, die in Beziehung zum Mond stehen

Vor langer Zeit beobachtete Aristoteles, daß kleine Tiere gewöhnlich viele Junge haben und nicht lange leben, während die großen Tiere wenig Nachwuchs haben, aber länger leben – was direkt die Dialektik von Mond und Saturn widerspiegelt. In großen Tieren beherrscht die Struktur des Saturn den mondhaften Fluß der Fortpflanzung und umgekehrt.

Kaninchen
Kaninchen schlafen am Tage und laufen in der Nacht herum, und sie sind sprichwörtlich für ihre Fortpflanzungfähigkeit – wie man so sagt: »Sie hecken wie die Karnickel!«

Sie sind ein schreckliches Ungeziefer in den ländlichen Gebieten Australiens, wo sie keinen natürlichen Feind haben und sich deshalb ungehemmt ausbreiten und den Pflanzenwuchs zerstören.

Mehrere Kulturen in Europa, Asien und Amerika haben die Mondscheibe mit einem Kaninchen verglichen.

Hühner
Hennen und Küken sind typische Mondsymbole – daher das Schimpfwort *chicken* (Küken, übertragen: Feigling, Angsthase), das man gewöhnlich für Leute benutzt, die mehr von den Planetenkräften des Mondes als von denen des Mars haben.

Als dieses Buch geschrieben wurde, gab es 17,2 Milliarden Hühner auf der Welt (11 Milliarden davon lebten in Asien) – d.h. fast das Dreifache der Weltbevölkerung der Menschen!

Mäuse und Ratten
Denken Sie an ihr nächtliches Leben und an ihre mondhafte, exponentielle Vermehrung.

Küchenschaben

Wir möchten wohl lieber nicht wissen, wie viele es davon auf der Welt gibt.

Fische, Austern, allgemein Schalentiere

Alles, was im Ozean lebt, und besonders die Schalentiere, wegen ihrer geleeartigen Beschaffenheit. Erlauben wir uns die kurze Abschweifung zu einem verblüffenden Experiment.

Eines der spektakulärsten Experimente über die Mondrhythmen wurde von Frank A. Brown Jr. durchgeführt, einem Biologieprofessor an der Northwestern University in den USA.[74] Es betraf Austern, die die Astrologie traditionell mit dem Mond in Verbindung bringt. Austern öffnen zweimal am Tag ihre Schalen, um Nahrung hereinzulassen. Verständlicherweise tun sie das bei Flut (also etwa alle 12½ Stunden)[75], und bei Ebbe bleiben sie geschlossen, um die Gefahr zu verringern, daß sie austrocknen. Brown nahm Austern von Long Island, Connecticut, und transportierte sie in undurchsichtigen Behältern in sein Laboratorium in Evanston, Illinois. Dort wurden die Temperatur, der Wasserdruck und die Beleuchtung konstant gehalten, und man beobachtete ihr Verhalten sorgfältig. Die Austern blieben zunächst bei dem Rhythmus, den sie in Long Island gehabt hatten. Dann jedoch, nach einer Übergangszeit von 2 Wochen, begann etwas Erstaunliches zu geschehen: Sie öffneten sich präzise so, wie es einer Flut in Evanston entsprochen hätte (das mehr als 1 500 Kilometer von der Küste von Long Island entfernt liegt). Irgendwie wußten die Austern, wann der Mond genau über und genau unter ihnen war, und dementsprechend öffneten sie ihre Schalen zur Nahrungsaufnahme.

39.5 Substanzen, die in Beziehung zu Merkur stehen

Substanzen, die eine Affinität zum Element Luft bzw. Wind haben, entweder wegen ihrer Beschaffenheit oder wegen ihrer Wirkungen (das gilt auch für Jupiter).

---

[74] Brown, Frank A., Jr: »Persistent activity rhythms in the oyster.« *American Journal of Physiology 178* (1952), Seite 510–514. - Für eine ähnliche Studie über den Einfluß der Mondrhythmen auf Langusten, vgl. Guyselman, J. Bruce: »Solar and lunar rhythms of locomotor activity in the crayfish *cambarus virilis*.« *Physiological Zoology 30,1* (1957), Seite 70–87.

[75] Eine Flut kommt zustande, wenn der Mond im Zenit steht (also genau über dem jeweiligen Ort) und wenn er im Nadir steht (genau darunter). Dementsprechend gibt es genau zweimal an einem lunaren Tag eine Flut.

Wind ist das Prinzip der Bewegung im Körper. Alles, was Bewegung begünstigt, steht recht wahrscheinlich mit diesem Prinzip des Windes in Verbindung.
- Substanzen, die ihr Aussehen oder ihre Farbe ändern.
- Leichte Substanzen, so wie z.b. Federn.
- Flüchtige Substanzen.
- Die hermetische Tradition verknüpfte mit Merkur Substanzen und Säfte, die gemischt sind oder die die Mischung von Substanzen begünstigen oder die einen vermischten Geschmack haben (eine Zusammensetzung von verschiedenen Geschmacksrichtungen).[76]

39.6 Tiere, die in Beziehung zu Merkur stehen

- Tiere, die symbolisch mit dem Wind verknüpft sind
  Tiere, die wachsam sind, feingliedrig, sich schnell bewegen, so wie z.B. manche Affenarten, Gazellen oder Windhunde. Schmetterlinge mit ihren vielfältig gemischten (!) Farben. Und natürlich das Chamäleon, das seine Farbe entsprechend seiner Umgebung ändert.
- Hermaphroditische Tiere
  Schnecken, denn sie können ihr Geschlecht wechseln.
- Tiere, die mit Menschen zu tun haben und mit ihnen kommunizieren
  So wie ganz allgemein Hunde oder intelligente Tiere. Je mehr Merkurenergie ein Tier hat, um so besser ist es als Haustier geeignet.
  Zahme Tiere, die man in der Landwirtschaft benutzt, würde man jedoch insgesamt mit dem Mond in Verbindung bringen.

39.7 Substanzen, die in Beziehung zu Venus stehen

- Substanzen, die mit den Elementen Luft und Wasser verknüpft sind.
- Süße Substanzen.
- Schmierige Substanzen.
- Fette (zusammen mit Jupiter).
- Substanzen mit einem raffinierten oder angenehmen Geschmack.
  Kaviar and Räucherlachs könnte man natürlich mit Venus in Verbindung bringen.
- Substanzen, die mit dem Samen oder den Sexualflüssigkeiten in Verbindung stehen.

---

[76] Agrippa von Nettesheim, Heinrich Cornelius: *De occulta philosophia*. Köln 1533, Buch 1, Kapitel 29. (Deutsche Ausgabe: *Die magischen Werke*. Wiesbaden: Fourier, 1985, Seite 68–69.)

39.8 Tiere, die in Beziehung zu Venus stehen

Tiere, die Symbole des Friedens und höherer Bewußtseinszustände sind
Die Taube z.B., die traditionell nicht nur den Frieden symbolisiert, sondern auch die Ausgießung des heiligen Geistes.
Der Schwan gilt in Indien als Symbol für hohe Erleuchtungszustände, denn wenn er auf einem See schwimmt, dann sieht es aus, als sei er gar nicht wirklich *im*, sondern eher auf dem Wasser. Genauso heißt es von den Weisen, daß sie in der Welt, aber nicht von der Welt sind.

Sinnliche Tiere
Wie Katzen – astrale Tiere *par excellence*.

Tiere, die Symbole der Fruchtbarkeit sind
So wie der Bulle bzw. Stier; dieses Tierkreiszeichen wird von Venus beherrscht.

Bienen
Bienen sind von einer ganzen Reihe von Esoterikern hochgeschätzt worden. So sah Steiner den Geist des Bienenstocks (nicht den einzelner Bienen, sondern die Gruppenseele hinter ihnen) als spirituell außerordentlich fortgeschritten an – bis hin zu einer Ebene, die die meisten Menschen nur in einer entfernten Zukunft erreichen werden, wenn die Trennung der Geschlechter aufhört (vgl. Abschnitt 18.5) und wenn der Ätherkörper der Geist des Lebens wird bzw. eben der transformierte Ätherkörper.

In Steiners Kosmologie findet dies im *manvantara* der Venus statt.

Bienen sammeln den Pollen (das Gegenstück zum männlichen Samen) der Pflanzen und stellen aus dem Nektar den Honig her, eine Substanz, die bekanntlich nicht verdirbt. Das läßt an eine Symbolik der Alchemie des *jing* denken, die mit sexualbezogenen Energien beginnt und sie in ein Prinzip der Unsterblichkeit verwandelt.

In der gleichen symbolischen Richtung ist **Gelée royale**, das Produkt des Bienenstocks, das die höchste Konzentration der Lebenskraft enthält, ein wunderbares Heilmittel, das helfen kann, die Nierenenergie von Frauen wiederherzustellen, etwa nach der Geburt oder in den Wechseljahren.

39.9 Substanzen, die in Beziehung zu Mars stehen

- Substanzen, die mit dem Element Feuer verbunden sind (dies trifft auch auf Substanzen zu, die symbolisch mit der Sonne verknüpft

sind) – in den Worten des Agrippa von Nettesheim alles, was Feuer hat, »desgleichen alles Scharfe und Brenzliche«.[77]
- Brennbare Substanzen (z.B. Benzin) und Sprengstoffe.
  Aus der Sicht der Planetenenergien ist es sehr einleuchtend, daß TNT sowohl als Sprengstoff wie als ein stark wirksames Herzmittel (in der ganz »normalen« Medizin) gebraucht werden kann.
- Substanzen, die auf der Zunge brennen (wie manche Gewürze).
- Substanzen mit einem scharfen Geschmack.
  Dies stellt eine Parallele zu der Herrschaft des Mars über alle scharfen Gegenstände dar.
- Substanzen mit klärender Wirkung.
  Wie Wasch- und Reinigungsmittel oder Gallensalze (vgl. Abschnitt 19.2).

39.10 Tiere, die in Beziehung zum Mars stehen

Kämpferische Tiere
Wie z.B. der Widder.

Raubtiere
Wölfe, Tiger, Panther.
Im Altertum glaubte man jedoch, daß die Panther einen Fleck auf ihrem Fell haben, der mit dem Mond zu- und abnimmt, und sie ordneten sie deshalb als Mond-Tiere ein.[78]

Insekten, die schmerzhaft und lästig sind
Wie Flöhe, Mücken, Fliegen.

Ameisen
So wie Bienen Träger der höheren Aspekte der Venusenergie sind, stehen Ameisen mit den höheren Aspekten der Marsenergie in Verbindung. Man könnte die Ameisen natürlich schon deshalb dem Mars zuordnen, weil sie ein stechendes Gift haben, hart arbeiten und ihre Bauten meist in den Boden hinein bauen (im Gegensatz zu den Bienen, die über dem Boden leben). Doch hat es mit dem Gift der Ameisen, der Ameisensäure, mehr auf sich als nur, daß diese Substanz einen leichten brennenden Schmerz erzeugt. Ameisensäure hat phantastische Eigenschaften bei der Klärung und Reinigung von Schwingungen. In der Natur sind die Ameisen die Reiniger der schmutzigen ätherischen Energien. Läßt man einen Brocken von einem Nahrungsmittel oder den Kadaver eines Tiers auf dem Boden liegen, wer kommt zum

---

[77] Ebenda, Buch 1, Kapitel 27 (dt. Ausg., Seite 66).
[78] Ebenda, Buch 1, Kapitel 24 (dt. Ausg., Seite 63).

Substanzen und Tiere 315

Saubermachen? Die Ameisen. Wo ein Entomologe nur Insekten bei einem Festessen beobachtet, da entdeckt eine hellsichtige Schau einen bemerkenswerten Reinigungsvorgang, bei dem giftige ätherische Energien beseitigt werden.

In ähnlicher Weise wird man oft feststellen, daß Ameisenhaufen auf den Kreuzungspunkten störender Energielinien in der Erde liegen, also an Orten, die man als schädliche ätherische Lecks ansehen kann. Einmal mehr bringen die Ameisen die Natur ins Gleichgewicht; sie begegnen dem ätherischen Ausfluß mit ihrer sauberen, konzentrierten Astralität.

In der Homöopathie findet man die Energie der Ameisensäure in dem Mittel *Formica rufa*.

Man kann Ameisensäure verwenden, um Schwingungen zu klären und um ungesunde oder schädliche ätherische Energien loszuwerden, die in einem Raum hängen.

Eine einfache Methode dazu besteht darin, eine Sprühflasche mit einer Mischung aus 90 Prozent Wasser und 10 Prozent Weingeist zu füllen, zu der man 30 Tropfen *Formica rufa C30* hinzufügt; damit sprühen Sie den Raum aus, wenn Sie das Gefühl haben, daß mit den Schwingungen etwas nicht stimmt.

Ameisensäure ist eine ganz besondere Substanz, die in anderen Teilen des Clairvision Corpus, die sich mit Heilung befassen, weiter erörtert werden wird.

Als eine Vorbereitung auf die stärker esoterischen Aspekte der Ameisensäure wäre es eine gute Idee, sich den Film *Der Smaragdwald (The Emerald Forest,* 1985) anzusehen oder erneut anzusehen, der Initiationen zeigt, die auf dem Ameisengift beruhen.

39.11 Substanzen, die in Beziehung zum Jupiter stehen

- Substanzen, die mit dem Luftelement verknüpft sind.
- Fette und Öle (trifft auch auf die Venus zu).
  Aus der griechischen Mythologie ist die Vorliebe des Zeus für Fett wohlbekannt.
- In Abschnitt 40, »Pflanzen und Planeten«, werden wir sehen, daß eine Reihe von Nüssen (die einen hohen Fettgehalt haben) mit dem Jupiter verbunden sind.
- Substanzen, die im Sinne der alchemistischen Terminologie bei Zimmertemperatur zwischen *solve* (dem flüssigen oder halbflüssigen Zustand) und *coagula* (dem festen Zustand) schwanken – als einfachstes Beispiel die Butter.

39.12 Tiere, die in Beziehung zu Jupiter stehen

Adler
Wir haben sie bereits unter den Jupitersymbolen erwähnt (Abschnitt 8.11).

Pferde
Vgl. Abschnitt 8.11.

Tiere mit »Würde und Klugheit« [79]
Wie Elefanten und Delphine.
Agrippa von Nettesheim erwähnt die Delphine in seiner Liste der zum Jupiter gehörigen Tiere in seiner Abhandlung über die okkulte Philosophie aus dem Anfang des 16. Jahrhunderts.
Walfische können ebenfalls dieser Kategorie zugeordnet werden, nicht zuletzt wegen ihrer jupiterhaften Größe.
Agrippa rechnet auch Krähen dieser Kategorie zu.

Tiere, die »friedfertig und gelehrig« sind [80]
Wie Kälber.

39.13 Substanzen, die in Beziehung zu Saturn stehen

- Substanzen, die mit dem Erdelement verknüpft sind.
- Substanzen, die schwer sind und Bewegungslosigkeit fördern.
- Mineralisierte, steinartige oder knochenartige Substanzen.
- Substanzen mit einem geringen Wassergehalt; Substanzen, die nicht verrotten (die also der Zeit, dem Saturn, widerstehen).
- Substanzen mit einem üblen, fauligen Geschmack.
- Giftige Substanzen.

Hinsichtlich der Dialektik von Mond und Saturn ist Saturn der symbolische Gegenspieler zu den Lebenskräften des Mondes.

39.14 Tiere, die in Beziehung zum Saturn stehen

Kröten
Abgesehen davon, daß Kröten häßlich sind (die alten Astrologen pflegten alles Widerwärtige dem Saturn zuzuordnen), war die Kröte auch in alchemistischen Texten ein Symbol für das Element Erde.

---

[79] Ebenda, Buch 1, Kapitel 26 (dt. Ausg., Seite 66).
[80] Ebenda.

Reptilien und Schlangen
Wegen ihrem kalten Blut, ihrem hohen entwicklungsgeschichtlichen Alter und ihrer einzelgängerischen Lebensweise.

Tiere, die mit wenig Wasser überleben können
Wie das Kamel oder Wüstentiere.

Tiere mit einem langen Hals
Wie die Straußenvögel.

Spinnen
Wegen der Ängstlichkeit, die sie in vielen Menschen wachrufen, ist es kein Wunder, daß man sie im Altertum mit dem Saturn in Verbindung gebracht hat. Die Tatsache, daß einige Arten von ihnen giftig sind, spricht auch für ihre Verknüpfung mit dem Saturn. Wie wir sehen werden, wurden beinahe alle giftigen Pflanzen in der hermetischen Tradition dem Saturn zugeschrieben.

Tiefer betrachtet kann man in dem Netz, das Spinnen weben, einen außergewöhnlichen Sinn für Struktur im Raum erkennen. Genauso wie ich ich den Lapislazuli den »Raum-Stein« genannt habe, würde ich Spinnen »Raum-Insekten« nennen, was auf ihre energetischen Verbindungen mit tiefen, abgelegenen astralen Räumen hinweist.

Traurig aussehende, melancholische Tiere
In seiner Abhandlung über die okkulte Philosophie ordnet Agrippa von Nettesheim, Klassifikationen des Mittelalters folgend, dem Saturn die folgenden Tiere zu: »die kriechenden, einsamen, nächtlichen, traurigen, zur Betrachtung geneigten oder gänzlich dummen, die habsüchtigen, furchtsamen, melancholischen, mühseligen, langsamen, mit unreiner Nahrung, und die, welche ihre eigenen Jungen fressen«[81] (entsprechend dem griechischen Mythos vom Saturn, der seine Kinder verschlingt).

---

[81] Ebenda, Buch 1, Kapitel 25 (dt. Ausg., Seite 64–65).

40 - Pflanzen und Planeten

40.1 Pflanzen und Planeten

Was haben Pflanzen und Planeten miteinander zu tun? Im Hinblick auf die feinstofflichen Körper bestehen Pflanzen nicht nur aus physischer Substanz, sondern auch aus Lebenskraft oder ätherischer Energie. Es ist das Wesen der ätherischen Energien, mit den astralen in Resonanz zu schwingen. In Tieren und Menschen schwingt der Ätherkörper mit dem Astralkörper, mit der Ebene des Verstandesbewußtseins und der Emotionen. Pflanzen haben jedoch keine individualisierten Astralkörper, sondern schwingen in Resonanz mit universellen astralen Energien.

Als wir den Archetyp des Mondes beschrieben haben (der die gesamte ätherische Ebene regiert), gebrauchten wir das Bild eines Spiegels. Gerade so, wie es die Natur des Mondes ist, zu empfangen und zu spiegeln, baden die Pflanzen tagein, tagaus in Astralenergien, die von der Sonne sowie den Planeten und den Sternen zu ihnen kommen. Die hermetische Ansicht ist es deshalb, daß man das wirkliche Wesen einer Pflanze nicht verstehen kann, wenn man nicht wahrnimmt, welche Astralenergie oder Planetenkraft mit ihr in Resonanz ist. Die sieben Planetenkräfte sind wie sieben grundlegende Tonarten oder wie sieben Töne einer Tonleiter, und jede Pflanze ist auf eine von ihnen spezialisiert, jeweils ihrer Natur und Affinität entsprechend.

So erscheinen die Pflanzen als gewissermaßen »vegetabilisierte«, Pflanze gewordene Planetenkräfte. In den Pflanzen sind die Planetenkräfte in eine pflanzliche, materielle Grundlage hinein verkörpert, was sie besonders geeignet macht, um die Lebenskraft in allen Lebewesen zu beeinflussen – daher ihre Heilkräfte.

Die meisten Bücher über Alchemie zählen lange Listen von Pflanzen auf, doch geben sie selten überhaupt einen Hinweis darauf, warum eine bestimmte Pflanze unter dem jeweiligen Planeten aufgeführt wird. Dieses Kapitel wird versuchen, einige dieser Lücken zu füllen – obwohl es offensichtlich eine eigene Abhandlung bräuchte, um diesem Thema gerecht zu werden.

Eine noch detailliertere Ebene des Verständnisses wäre zu erreichen, wenn man in allen Einzelheiten untersuchte, wie jede Pflanze sich auf bestimmte Aspekte einer Planetenkraft spezialisiert hat.

40.2 Pflanzen, die in Beziehung zur Sonne stehen ☉

☉ *Pflanzen, die symbolisch mit dem Göttlichen verknüpft sind*

☉ **Lorbeerbaum** (*Laurus nobilis*)
Ehre, wem Ehre gebührt – deshalb beginnt diese Liste der Pflanzen mit dem Lorbeer, der traditionell Apollo zugehörig war, dem das Orakel zu Delphi geweiht war, dem Sonnengott des griechischen Götterhimmels. Es heißt bei Plutarch, daß die Phythia, die Prophetin und Priesterin dieses Tempels, Lorbeerblätter kaute, um in einen Zustand der Verbundenheit mit dem Gott zu kommen und prophetische Schau zu erlangen. Andere denken, daß der Kontakt mit der erleuchtenden Ausstrahlung Apollos erleichtert wurde, indem man einen Zweig des Lorbeerbaums hielt (Themis ist auf einer Vase des fünften Jahrhunderts so dargestellt) oder indem man mit Lorbeerblättern räucherte.[82]

In der gleichen solaren Symbolperspektive nannte der zeitgenössische Alchemist Fulcanelli den Lorbeer »Spukgold«, indem er einen mehrsprachigen Zusammenhang zwischen den Worten *laurente* (Lorbeer) und *l'or enté* herstellte.[83]

Abgesehen von seiner reichhaltigen spirituellen Symbolik war Lorbeer auch mit Ruhm und Ehre verbunden – wiederum einem Bereich der Sonne. So kommt der akademische Titel »Bachelor« von dem lateinischen Wort *baccalureus*, »Lorbeer-Beere« her, und zwar aufgrund des französischen Brauchs, frischgebackene Doktoren der Physik mit beerentragenden Lorbeerzweigen zu krönen. Auch sonst werden manche Preisträger als »Laureat(us)« bezeichnet.

☉ **Zeder** (*Cedrus spp.*)[84]
Besonders die Libanon-Zeder (*Cedrus libani*) verkörpert die Majestät der Sonne. Sie ist auch ein sehr hochwüchsiger Baum, den man sich oft über alle anderen erheben sehen kann.

Nach einer christlichen Legende gab der Erzengel Michael Seth, dem Sohn Adams, drei Samen von der Frucht, mit der Adams und Evas Unglück begonnen hatte. Michael wies Seth an, sie seinem Vater in dem Mund zu stecken (unter die Zunge), nachdem dieser gestorben war. Daraus erwuchsen drei Bäume, eine Zeder, eine Olive (☉) und eine

---

[82] Vgl. Dodds, E. R.: *The Greeks and the Irrational*. Berkeley, Los Angeles: University of California Press, 1959, Seite 73.
[83] Fulcanelli: *Le mystère des cathédrales*. London: Neville Spearman, 1971, Seite 51 – eine Fußnote im Kapitel 7 über die Kathedrale von Paris.
[84] Die Abkürzung »spp.« bezeichnet sämtliche Unterarten einer Pflanzengattung.

Zypresse (♄) – die schließlich dazu benutzt wurden, das Kreuz von Golgatha zu zimmern.[85]

Als Salomo den Hiram (eine zentrale Figur in der Tradition der Freimaurer) um Unterstützung beim Bau des Tempels Jahwes bat, da sagte er ausdrücklich: »So gebiete nun, daß man mir Zedern fälle auf dem Libanon ...« (1 Könige 5,6 bzw. 5,20). Hiram antwortete darauf: »... ich will all dein Begehren nach Zedern- und Zypressenstämmen erfüllen.« (5,8 bzw. 5,22)

Im Hohelied wird eine Sonne-Saturn-Verbindung angesprochen: »Zedern sind die Balken unseres Hauses und unser Getäfel Zypressen.« (Hohelied 1,17).

☉ **Akazie** (*Acacia* spp.)
Sie ist in natürlicher Weise mit der Sonne verbunden, da sie in strahlend gelben kleinen Kugeln blüht. Außerdem sagt man, daß die Blätter der Akazie kleinen Flammen ähnlich sehen.

Einer Tradition zufolge handelte es sich bei dem brennenden Busch, in dem Gott (☉) Moses erschien (2 Mose 3,2), um eine Akazie. Da der Busch von dem Feuer nicht verzehrt wurde, wurde die Akazie zu einem Symbol des unsterblichen Geistes (☉).

In der freimaurerischen Einweihung zum dritten Grad, die sich auf den Tod bezieht, wird die Akazie immer noch als ein Symbol der Unsterblichkeit der Seele benutzt.

Eine Legende berichtet auch, daß die Bundeslade aus Akazienholz gemacht war.

☉ **Olivenbaum, Ölbaum** (*Olea europaea*)
»Grünender Ölbaum, herrlich zu schauen«, hat man dich [Israel] genannt.   Jeremia 11,16

Er ist ein Symbol des Friedens, mit dem Noahs Suche nach neuem Land zu Ende ging:

> Die Taube kam um die Abendzeit zu ihm zurück, und siehe da! Sie trug ein frisches Ölblatt in ihrem Schnabel. Da merkte Noah, daß sich die Wasser von der Erde verlaufen hatten.
> 1 Mose 8,11

In der Vision des Sacharja von den feinstofflichen Körpern in der Gestalt der goldenen Schale und den sieben Lampen erfahren wir: » ... und zwei Ölbäume stehen daneben, einer zu seiner Rechten und einer zu seiner Linken« (Sacharja 4,3).

---

[85] Metford, J. C. J.: *Dictionary of Christian Lore and Legends*. London: Thames and Hudson, 1983.

Sacharja fragt den Engel: »Was bedeuten an den Ölbäumen die beiden Büschel neben den zwei goldenen Röhren, die das Öl von oben herableiten?« (Sacharja 4,12)

Der Engel antwortet: »Das sind die beiden Gesalbten, die vor dem Herrn der ganzen Erde stehen« (Sacharja 4,14).

◉ **Palme** (*Palmae* spp.)
Ein Symbol des Sieges über den Tod. In der Offenbarung des Johannes erscheinen die Auferstandenen »... angetan mit weißen Kleidern und mit Palmen in ihren Händen« (Offenbarung 7,9).
Ebenso, als Jesus in Jerusalem einzog:

> Als am folgenden Tage das Volk, das zahlreich zum Fest gekommen war, hörte, daß Jesus nach Jerusalem komme, nahmen sie die Palmzweige und zogen hinaus ihm entgegen und riefen:
> »Hosianna! Gepriesen sei, der da kommt im Namen des Herrn«, und der der König Israels ist!
> Jesus aber fand einen jungen Esel und setzte sich darauf, wie geschrieben steht:
> »Fürchte dich nicht, Tochter Zion! Siehe, dein König kommt, sitzend auf dem Füllen einer Eselin.«
> Johannes 12, 12–15

◉ **Weihrauch** (*Boswellia carteri*, echter Weihrauchbaum)
Eines der Geschenke der heiligen drei Könige (der Legende nach das des Melchior) für den neugeborenen Christus: »Und sie [die drei Könige] warfen sich nieder, huldigten ihm, taten ihre Schätze auf und brachten ihm Gaben dar, Gold und Weihrauch und Myrrhe« (Matthäus 2,11).

◉ **Basilikum** (*Ocimum basilikum*)
Das Wort kommt von den griechischen Wörtern für »König, königlich usw.«; es hat auch mit dem lateinischen *basilica*, »Kathedrale«, Verwandtschaft. Im Sanskrit heißt die Pflanze *tulsi* und ist dem Gott *Visnu* zugeordnet; sie ist eine der heiligsten unter allen Pflanzen in der indischen Tradition.

◎ *Pflanzen, die ihrer Form nach an die Sonne erinnern*

◉ **Sonnenblume** (*Helianthus annuus*)
Sie folgt dem Lauf der Sonne, wendet sich am Morgen nach Osten und beschließt den Tag westwärts gewandt.

◉ **Orangenbaum** (und die Zitrusfamilie allgemein)
Orangen sind rund, schön, und voller Licht.

Die Zitrone ist in klassischer Weise mit der Sonne verknüpft. Da sie ein stark klärendes Mittel ist, ist sie jedoch auch mit Mars verbunden. Wenn Sie sich z.B. unklar und verwirrt fühlen, dann versuchen Sie, eine rohe Zitrone zu essen, möglichst mit der Schale (wenn sie ungespritzt ist). Der erweckende und klärende Effekt tritt sofort ein. Es gibt auch eine deutlich spürbare Marseinwirkung dabei.

Das kann auch ausgezeichnet dazu dienen, die Anfänge einer Erkältung oder Grippe abzuwehren – man bekämpft dann die Erkältung mit dem Feuer von Sonne und Mars.

Wie viele andere mit Mars verknüpfte Pflanzen so ist auch die Zitrone ein klassisches Mittel, um feindliche magische Einflüsse abzuwehren.

☉ *Andere wegen ihres Aussehens oder wegen ihrer Verbindung mit dem Lauf der Sonne auf die Sonne bezogene Pflanzen*

☉ **Ringelblume** (*Calendula officinalis*)
Wie Perdita es in Shakespeares *Wintermärchen* sagt: »Die Ringelblume ... geht mit der Sonne zu Bett und steht weinend mit ihr auf« (4,4). In anderen Worten, die Blüte öffnet sich bei Sonnenaufgang und schließt sich bei Sonnenuntergang.

Die bei Sonnenuntergang gesammelte Blütenessenz ist ein mächtiges Mittel gegen Schlaflosigkeit.

☉ **Chrysantheme** (*Chrysanthemum* spp.)
Der Name kommt von den griechischen Worten *chrysos* (Gold) und *anthemion* (Blume) her. Sie ist die »Gold-Blume«, so wie der Chrysolith der »Gold-Stein« ist.

☉ **Hundskamille** (*Anthemis* spp.)
Besonders die römische Hundskamille, Anthemis nobilis, »edle Blume«.

Beachten Sie, daß es sich hier um eine andere Pflanze handelt als die echte Kamille (*Matriarca chamomilla*), die in der Homöopathie unter dem Namen *Chamomilla* verwandt wird. Deren Wirkungen deuten eher auf Mars.

☉ **Großes Schöllkraut** (*Chelidonium majus*)
Seine hellgelben Blüten könnten ihm auch eine Verbindung zum Jupiter geben. In der Homöopathie ist Schöllkraut eines der wichtigsten Mittel gegen Leberbeschwerden.

Pflanzen

☉ Pflanzen mit arzneilicher Wirkung auf Herz und Kreislauf

☉ **Echte Engelwurz** (*Angelica archangelica*)
Bei solch einem Namen, welcher anderen Kraft sollte diese Pflanze zugeordnet sein?

☉ **Liebstöckl** (*Levisticum officinale*)

☉ **Rosmarin** (*Rosmarinus officinalis*)
Rosmarin wird klassischerweise mit dem Erinnerungsvermögen in Verbindung gebracht, so etwa in Shakespeares *Hamlet*: »Da hast du Rosmarin, es ist fürs Gedenken! Ich bitt dich, Lieber, denk an mich« (*Hamlet*, 4.5).
Eine der Lieblingspflanzen der Clairvision School, weil sie so leicht zu gebrauchen ist und so großzügig die Energie der Sonne spendet. Man gebraucht sie entweder als Kräutertee oder verbrennt sie und macht Packungen mit der Asche.

☉ **Weinraute** (*Ruta graveolens*)

☉ Pflanzen, die auf die Sehkraft und die Augen wirken

☉ **Augentrost** (*Euphrasia officinalis*)

☉ Sonstige Pflanzen, die mit der Sonne verbunden sind

☉ **Ginseng** (*Panax schin-seng*)
Die Chinesen halten ihn für ein Allheilmittel – er ist das Element Feuer in seinem am stärksten verjüngenden Aspekt.
Genau wie beim Alraun, so erinnert auch hier die Wurzel der Form nach an einen Menschen.

☉ **Echtes Tausendgüldenkraut** (*Centaurium umbellatum*)

☉ **Laubholz-Mistel** (*Viscum album*)
Die heilige Pflanze, die die Druiden die »Donnerpflanze« nannten und die sie als irdische Manifestation der den Göttern gehörenden Kraft des Donners ansahen. Die Römer ordneten die Mistel Jupiter, dem Donnergott, zu.
Eines der beliebtesten Heilmittel der Anthroposophen, die es als ihre wichtigste Waffe gegen Krebserkrankungen verwenden.
Rudolf Steiner ging davon aus, daß die Mistel auch schon auf dem Alten Mond existierte, in dem *manvantara* (kosmischen Zyklus), das

unserer gegenwärtigen Erde vorausging. Steiners Beschreibungen des Alten Mondes schildern seinen Boden als aus ineinander verwobenen Pflanzen statt aus Erde bestehend – was der Grund dafür ist, daß die Mistel jetzt nur als Parasit an Bäumen leben kann.[86]

☉ **Walnußbaum** (*Juglans regia*)
Wird in den Bachblütenessenzen für psychischen Schutz gebraucht.

☉ **Gelbwurz, kanadisches Wasserkraut** (*Hydrastis canadensis*)

☉ **Wegwarte, weiße Zichorie** (*Chicorium Intybus*)

40.3 Pflanzen, die mit dem Mond in Beziehung stehen ☽

Die Pflanzen, die die hermetische Tradition mit dem Mond verknüpft hat, kann man in die folgenden Kategorien aufteilen.

☽ *Pflanzen mit einem hohen Wassergehalt*

Da der Mond allgemein die Flüssigkeiten regiert, ist die symbolische Verbindung direkt.

☽ **Salat** (*Lactuca* spp.)
Wenn man Salat oder Kohl dämpft, dann schrumpft seine Masse dramatisch zusammen. Das kommt daher, daß diese Gemüse voll von Wasser sind – und wenn es sich verflüchtigt, dann bleibt nicht mehr viel übrig!

Hinsichtlich seiner Energie ist Salat ein »abkühlendes« Nahrungsmittel, was gut zu seiner Verbindung mit dem Mond paßt.

☽ **Gemüse-Kohl** (*Brassica oleracea*)
☽ **Gurke** (*Cucumis sativus*)
☽ **Kürbisgewächse** (*Cucurbitacea*)
☽ **Melonen**

☽ *Pflanzen, die im Wasser oder nahe daran wachsen*

☽ **Lotus** (*Lotus* spp.)
Eine Pflanze mit vielfältigen symbolischen Bezügen, die die orientalischen Traditionen als symbolisches Abbild der Chakren gewählt haben.

---

[86] Vgl. z.B. Rudolf Steiners Vortrag vom 22. Juni 1908 (Entwicklung des Menschen, GA 104) und seinen Vortrag vom 26. Oktober 1905 (Überblick über die Erdentwicklung, GA 93A).

Im Sanskrit ist das Wort *padma*, »Lotus«, gleichbedeutend mit dem Wort *cakra*, »Chakra«.

Eine Beobachtung, die die Verfasser der Sanskritschriften beeindruckt hat, ist, daß der Lotus aus dem Schlamm heraus wächst und, durch das Wasser der Teiche hindurch, als eine prachtvolle Blüte ins Licht tritt. Das machte den Lotus zu einem hervorragenden Symbol für die Erleuchtung – das menschliche Bewußtsein beginnt im Schlamm der weltlichen Verstrickungen und entwickelt sich daraus in das Licht der höheren Ebenen des Bewußtseins.

Diese Symbolik paßt gut zu der des fruchtbaren Chaos, und so wird der Lotus zu Recht dem Mond zugeordnet.

☽ **Wasserlilien** (*Nymphaeaceae*)

☽ **Weide** (*Salix* spp.)
In Shakespeares *König Heinrich VI* ist die Antwort von Lady Bona auf die Nachricht von der Heirat des Königs:

> Sagt ihm, in Hoffnung, daß er bald zum Witwer werde,
> trag ich den Weidenkranz um seinetwillen.
> Shakespeare: *König Heinrich VI*, 4.1

In einer mondhaft sorglosen Weise lassen Weiden jeden Tag Tonnen von Wasser verdunsten – und das ist der Grund, warum sie nicht gut in die australische Landschaft passen, wo jeder einzelne Tropfen zählt.

Weidenrinde (von *Salix alba*) ist reich an Salicylaten und ist gelegentlich das »pflanzliche Aspirin« genannt und bei Entzündungen und Fiebern benutzt worden – man benutzt damit die kühlende Kraft des Mondes gegen einen Überschuß des Elements Feuer.
Aspirin (Acetyl-Salicylsäure) kann als Träger einer stark kühlenden Mondenergie angesehen werden.

☽ **Kalmus** (*Acorus calamus*)
Kalmus wächst in der Nähe von Flüssen, Teichen und Sümpfen. Außerdem war diese Pflanze ein klassisches Hausmittel gegen Magenverstimmungen und Gastritis.

☽ **Echte Brunnenkresse** (*Nasturtium officinale*)

☽ **Kanadische Teestaude** (Gaultheria procumbens)

☽ **Seegras**

☾ *Pflanzen, die wegen ihrer Form oder ihrer Substanz
an den Mond erinnern*

Beachten Sie, daß diese Analogien den normalerweise benutzten Teil der Pflanze oder des Baums betreffen, nicht die gesamte Pflanze.

☾ **Banane** (*Musa* spp.)
Die Banane hat nicht nur die Form eines Halbmonds, sondern auch die entsprechende blasse Farbe und die weiche taktile Beschaffenheit. Hinsichtlich der Elemente ist es eine Wasser-Erde-Frucht, mit wenig Luft oder Feuer – und Erde und Wasser sind die beiden Elemente, die zum Mond gehören.

☾ *Pflanzen mit Früchten, die keinen starken Eigengeschmack haben
und eher fade schmecken*

☾ **Riesenkürbis** (*Cucurbita maxima*)

☾ *Pflanzen mit Blüten, die weiß wie der Mond oder gelb sind*

☾ **Liliengewächse** (*Lilium* spp.)
Symbol der Reinheit und der Tugend, wie in dem klischeehaften Ausdruck »weiß wie eine Lilie«. Man sieht Lilien häufig auf Gemälden, die zeigen, wie der Jungfrau Maria die Geburt Jesu angekündigt wird. In die gleiche Reihe von Assoziationen, die die frühen Christen zwischen der Lilie und Maria hergestellt hatten, gehört auch die Madonnenlilie, vom italienischen *madonna*, »meine Herrin«.

Eine weitere Linie der symbolischen Assoziationen verbindet die Lilie mit den Brüsten der Frau: »Deine Brüste sind gleich zwei Böcklein, Zwillingen der Gazelle, die auf Lilienauen weiden« (Hohelied 4,5).

Dieser Vers wurde auch von einem großen Esoteriker und Abenteurer des Bewußtseins (geboren mit einer Konjunktion von Sonne, Mars und Jupiter am MC) benutzt:

> Mephistopheles: Gar wohl, Mein Freund! Ich hab Euch oft beneidet / ums Zwillingspaar, das unter Rosen weidet.
> Faust: Entfliehe, Kuppler!
> Goethe: *Faust*, »Wald und Höhle«, 3336–3339

☾ **Florentinische Schwertlilie** (*Iris florentina*)
Sie hat ihren Namen daher, daß in Italien Florenz ein besonders großes Anbaugebiet dieser Pflanze war. Die Schwertlilie wird in der Pflanzenheilkunde benutzt, um Probleme des Wasserhaushalts (Mond) zu bekämpfen.

☽ Pflanzen, die die Lebenskraft symbolisieren

☽ **Weinrebe** (*Vitis* spp.)
Einige Alchemisten waren der Auffassung, daß die Weinrebe die höchste Schwingungsebene im Pflanzenreich hat, und der Grund dafür, daß Weingeist allgemein benutzt wird, um homöopathische Heilmittel zu potenzieren oder Blütenessenzen herzustellen, ist eben, daß er vom Weinstock kommt.

Mutter (aus dem Ashram von Pondycherry in Indien) pflegte Trauben als *die* Frucht des Lebens zu beschreiben, und sie brachte Träume oder Visionen von Trauben mit der Lebenskraft in Verbindung (die im Clairvision Corpus ätherisch genannt wird).

Die westliche Tradition bezieht die Rebe auf den Teil der ätherischen Lebenskraft, die von den Eltern auf die Kinder übertragen wird – und die deshalb auch Merkmale entfernter Vorfahren mit sich trägt. So pflanzt in der Kabbala der Älteste der Alten einen Weinstock, d.h. er begründet das Menschengeschlecht. Nach der Sintflut war es das Erste, was Noah tat, als er neues Land erreicht hatte, daß er einen Weinstock pflanzte, d.h. ein neues Geschlecht begründete. Und so ist es auch kein Zufall, daß unzählige Maler ein Weinblatt gewählt haben, wenn sie die Geschlechtsorgane am nackten menschlichen Körper bedecken wollten.

Im Verständnis der Clairvision School bedeutet dies, daß Weintrauben mit dem Embryo und den durch die Geschlechter der Vorfahren hindurch übertragenen ätherischen Energien verbunden sind.

☽ **(Un-)Kräuter** haben ganz generell eine Affinität zum Mond.
Ungeachtet aller spezifischen Zuordnungen der Pflanzen zu den einzelnen Planeten muß man sich daran erinnern, daß Kräuter ganz allgemein eine wesenhafte Affinität zum Mond haben. Daher ihre beeindruckende Vermehrungskraft und daher auch die Tatsache, daß Kräuter oft am besten in vernachlässigten, unordentlichen Gärten wachsen. (Man braucht sie nicht einzuladen, sie finden ihren Weg hinein.)

Es ist auch ihrem mondbezogenen Lebenskraftpotential zu verdanken, daß Pflanzen heilsame Eigenschaften haben können – denn heilen heißt die ätherische Lebenskraft wiederherstellen, die in erster Linie mit dem Mond verknüpft ist. Das wird in den Schriften der Hindus klar ausgedrückt, wo es heißt, daß alle *auṣadha* (Kräuter bzw. Heilkräuter) aus Tropfen von *soma* entstanden sind, und das bezeichnet sowohl den Mond wie den Nektar der Unsterblichkeit.

☽ *Weitere Pflanzen, die zum Mond gehören*

☽ **Vogel-Sternmiere** (*Stellaria media*)
Sie wird manchmal auch »Hühnerkraut« genannt, weil Hühner sie essen.

☽ **Jasmin** (*Jasminum* spp.)
Sehen Sie einen schönen blühenden Jasminstrauch in voller Blüte – und sehen Sie ihn sich nur wenig später wieder an: Der unordentliche Anblick der vertrockneten Blüten bietet ein Beispiel für die vergängliche Natur des Mondes.

40.4 Pflanzen, die in Beziehung zu Merkur stehen ☿

☿ *Pflanzen mit feingliedrigen Blättern*

So wie Hermes der Gott der Reisenden ist, der über Kreuzwege herrscht (wo man ihm Statuen zu errichten pflegte) und so wie die Bronchien sich in viele kleine Bronchiolen verästeln, gehören Pflanzen mit feingliedrigen Blättern zum Merkur.

☿ **Echter Fenchel** (*Foeniculum vulgare*)
Eine der wichtigen Eigenschaften des Fenchels ist es, den Milchfluß bei stillenden Müttern anzuregen. Hinsichtlich der Elemente gehört alles zum Windelement, was Fluß oder Bewegung fördert.

☿ **Blatt-Petersilie** (*Petroselinum crispum*)

☿ **Dill** (*Anethum graveolens*)

☿ **Kümmel** (*Carum carvi*)

☿ **Mohrrübe** (*Daudus carota*)

☿ **Blumenkohl** (*Brassica oleracea botrytis*)
Schneiden Sie einen Blumenkohl in zwei Hälften, und was Sie sehen werden, hat eine bemerkenswerte Ähnlichkeit mit den Bronchien.

☿ *Pflanzen, die bei nervösen Beschwerden wirksam sind oder sonst Wirkungen auf das Nervensystem und die Sprache haben*

☿ **Maiglöckchen** (*Convallaria majalis*)

☿ **Lavendel** (*Lavandula vera*)
Ein klassisches Mittel gegen Kopfschmerzen und Depression – was Ärzte früher einfach so »die Nerven« nannten.

☿ **Majoran/Oregano** (*Marjorana hortensis, Origanum vulgare*)
Das grundlegende Pizzagewürz. In der Homöopathie ist Oregano ein Mittel gegen unkontrollierbares sexuelles Begehren mit erotischen Träumen.

☿ **Pastinak** (*Pastinaca sativa*)

☿ *Pflanzen, die viel Blähungen (Gas/Wind) erzeugen*

☿ **Bohnen** (*Phraseolus* spp.)

☿ *Stark magische Pflanzen*

☿ **Frühjahrs-Alraun** (*Podophyllum peltatum, Mandragora officinalis*)

> Da sprach Rahel zu Lea: Gib mir von den Liebesäpfeln deines Sohnes! Sie aber antwortete ihr: Ist's nicht genug, daß du mir meinen Mann genommen hast? Nun willst du auch noch die Liebesäpfel meines Sohnes haben! Da sprach Rahel: Nun, so mag er heute Nacht bei dir schlafen für die Liebesäpfel deines Sohnes[87]. 1 Mose 30,14–15

Eine der Pflanzen, denen man in alter Zeit starke magische Kräfte zuschrieb. Die Wurzel gabelt sich häufig und erinnert so an einen menschlichen Körper.

Es handelt sich auch um eine giftige Pflanze, die von einigen amerikanischen Indianern benutzt wurde, um Selbstmord zu begehen.

☿ *Weitere Pflanzen, die mit Merkur verbunden sind*

☿ **Echter Alant** (*Inula helenium*)

---

[87] »Die Früchte, die Ruben ... gefunden hat, stammen von der *mandragora officinarum*, der Alraune. Die merkwürdige Wurzel spielt wegen ihrer entfernt menschenähnlichen Gestalt im Aberglauben vieler Zeiten und Völker als Zaubermittel eine Rolle. Ihre Früchte, scharf riechend und winzigen Äpfelchen gleichend, waren ebenfalls seit jeher besonders als Aphrodisiakum bekannt.« Gerhard vom Rad: *Das erste Buch Mose*. Göttingen: Vandenhoek, 1958, Seite 257. Diese Früchte, »Liebesäpfel« (in etlichen Bibelübersetzungen ebenso wie in der Vulgata auch einfach als »Alraune« bezeichnet), sollen Rahel zu Fruchtbarkeit verhelfen.

Die Pflanze wird Helenium genannt, da es heißt, daß die trojanische Helena sie bei sich trug, als Paris sie entführte. Ein belebendes und stimulierendes Kraut, das man gegen Eingeweidewürmer und Atembeschwerden gebraucht.

♀ **Tüpfelfarn, Engelsüß** (*Polypodium vulgare*)
Wird ebenfalls gegen Eingeweideparasiten gebraucht (insbesondere Bandwürmer), und ebenfalls bei Atembeschwerden.
Beachten Sie einmal mehr die astrologisch signifikante Verbindung zwischen der Lunge und dem Darm.

♀ **Gemeiner Andorn** (*Marrubium vulgare*)
Die alten Ägypter ordneten diese Pflanze dem falkenköpfigen Horus zu, dem Sohn von Isis und Osiris.

40.5 Pflanzen, die in Beziehung zu Venus stehen ♀

♀ Pflanzen mit schönen, attraktiven Blüten

Da Venus die Göttin der Schönheit und des Liebreizes ist, werden ihr eine Reihe besonders schöner Pflanzen zugeordnet.

♀ **Gänseblümchen** (*Bellis perennis*)
Ein Hinweis: Gänseblümchen sind die Blumen, die in dem (uralten) Spiel benutzt werden, bei dem man Blütenblatt um Blütenblatt abrupft und abwechselnd sagt »Er liebt mich« und »Er liebt mich nicht« – mit der Überraschung am Ende, was den letzten Satz angeht. Die Alten, die ja nicht dusslig waren, wußten genau, daß Gänseblümchen normalerweise eine ungerade Zahl von Blütenblättern haben. Wenn Sie also mit »Er liebt mich« beginnen, dann haben Sie die besten Aussichten für sich.

♀ **Wilde Akelei** (*Aquilegia vulgaris*)

♀ **Kleines Immergrün** (*Vinca minor*)
Eine Pflanze, die traditionell für magische Zwecke gebraucht wurde und die man auch das »Veilchen des Zauberers« nennt.

♀ **Wiesen-Schlüsselblume, duftende Primel** (*Primula officinalis*)

♀ **Orchidee** (*Orchis* spp.)
Orchideen sind besonders schön und sinnlich, manchmal mit einem leicht perversen Einschlag, und außerdem selten und teuer, was ebenfalls gut zu ihrer Beziehung zur Venus paßt. Ihre sexuelle Bedeutung kommt in dem griechischen Ursprung ihres Namens deutlich zum

Vorschein: *orchis*, »Hoden« – daher z.B. das medizinische Fachwort »Orchitis« für eine Entzündung der Hoden.

♀ **Vanille**, die aus einer Orchideenart gewonnen wird (der Name »Vanille« kommt vom lateinischen *vagina*).

♀ **Veilchen** (*Viola* spp.)
Im *Hamlet* sagt Laertes über Ophelia:

> Legt sie in die Erde
> und aus ihrem schönen, unverdorbnen Fleisch
> sollen Veilchen wachsen.   Shakespeare: *Hamlet*, V.1.

Eine nahezu gleiche Formulierung findet sich in Persius, *Satiren*, 1.39.
Im Sinne der feinstofflichen Körper ist das, was hier gewünscht wird, nicht weniger als eine Wiederverwertung (»Recycling«) von Fragmenten ihres Astralkörpers.

♀ **Rose** (*Rosa* spp.)
Rosen haben Dornen, was sie mit Mars ebensowohl wie mit der Venus in Verbindung bringt. Manche sehen in Rosen tatsächlich eine Verwandlung der rohen Kraft des Mars in die übergeordneten Venusenergien – eine Sicht, die aus ihnen ein Symbol der Umwandlung von Haß und niedrigen Leidenschaften in Liebe macht und, allgemeiner gesehen, eines der Umwandlung und Erlösung des Feuers (wie es in dem Mythos vom gefallenen Feuer in Abschnitt 7.2 beschrieben wird).

Die Rose ist ein Symbol des Blühens und spielt in der westlichen Tradition weitgehend dieselbe Rolle wie der Lotus in der hinduistischen Welt.

Wenn also vedische *ṛṣis* in einer westlichen Landschaft gelebt hätten statt in Indien, dann hätten sie wahrscheinlich die Chakren als Rosen bezeichnet statt als *padma*, Lotos.

Diese verschiedenen Elemente erklären, warum das Rosenkreuz eines der grundlegenden Symbole der westlichen esoterischen Tradition ist und eines, das speziell auch mit der Alchemie verknüpft ist.

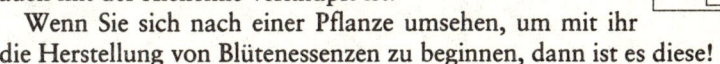

Wenn Sie sich nach einer Pflanze umsehen, um mit ihr die Herstellung von Blütenessenzen zu beginnen, dann ist es diese!

♀ **Alpenveilchen, Zyklamen** (*Cyclamen* spp.)
Wegen der roten Stellen in der Mitte ihrer Blüten (ihrem Herzen) wurde sie ein Symbol für die Schmerzen Marias, der Mutter Jesu.[88]

---

[88] Metford, J. C. J.: *Dictionary of Christian Lore and Legends*. London: Thames and Hudson, 1983.

♀ **Narzissen** (*Narcissus* spp.)

♀ **Schwertlilie, Iris** (*Iris* spp.)
In der griechischen und römischen Mythologie war Merkur der Botschafter von Jupiter, und ganz genauso war Iris die Botschafterin von Juno. Man sagte, daß der Regenbogen ihre Fußspur sei, wenn sie flink eine Botschaft zur Erde brachte. So wie Merkur die Seelen zur Unterwelt zu bringen pflegte, war es die Aufgabe von Iris, das »tödliche Haar« abzuschneiden, wenn Frauen im Sterben lagen. Gerade so wie Merkur Flügel hat, wurde auch Iris mit vielfarbigen Flügeln dargestellt.

Wenn dies der einzige Symbolgehalt der Iris wäre, dann würde man sie wahrscheinlich besser mit dem Merkur in Verbindung bringen. Jedoch ...

Juno mochte Iris sehr gern, denn Iris brachte ihr nur gute Nachrichten! Iris saß immer wieder dicht bei Junos Thron, kümmerte sich um ihre Haushaltung und half ihr beim Bad. Insbesondere half sie Juno, sich zu reinigen, wenn sie aus der Unterwelt zurückkam. Es gibt gute Gründe für die Annahme, daß man im Altertum die Kraft der Iris-Pflanze direkt mit der Kraft der Göttin gleichgesetzt hat, denn sie ist seit römischer Zeit für Reinigungsriten benutzt worden.

Deshalb könnte man die Blütenessenzen der Iris dafür benutzen, seine Aura zu reinigen, entweder nach einer psychischen Erfahrung, die mit den niederen Astralwelten zu tun hat, oder in einer jeglichen anderen Situation, in der man einer nicht-physischen Verunreinigung ausgesetzt war.

♀ **Fingerhut** (*Digitalis purpurea*)
Abgesehen von seinen außerordentlich schönen Blüten hat der Fingerhut eine sehr starke Wirkung auf das Herz, wobei er die Pulsfrequenz herabsetzt (Venus gegen Mars). Er ist auch ein äußerst wirksames Gift.

♀ *Pflanzen mit roten/versucherischen Früchten*

Im Altertum nannte man rote Früchte allgemein »die Lieblinge der Venus«.

Beachten Sie, daß Früchte symbolisch das Gegenstück zu den Eierstöcken darstellen – in der Botanik ist ein Fachausdruck für Früchte »gereifte Ovarien« – und die Samenkörner wären mit den Eiern zu vergleichen.

♀ **Erdbeere** (*Fragaria* spp.)

♀ **Kirsche** (*Prunus* spp.)

♀ **Brombeere** (*Rubus* spp.)
Ein schreckliches Unkraut in der australischen Landschaft. Man sollte deshalb diese Beeren *nie* essen, wenn man sie irgendwo in Australien findet, denn sie werden regelmäßig mit allen erdenklichen Chemikalien bespritzt.

♀ **Himbeere** (*Rubus* spp., besonders *Rubus idaeus*)

♀ **Tomate** (*Lycopersocon* spp.)
Auch wenn sie als Gemüse benutzt werden, so gehören Tomaten doch in die Kategorie »Früchte«.

♀ **Apfel** (*Malus* spp.)
Natürlich könnte man an die lieblichen rosa Apfelblüten denken. Wichtiger ist es jedoch, daß der Apfel traditionell als die Frucht galt, mit der Adam in Versuchung geführt wurde. Im Lateinischen bedeutet das Wort *malum* sowohl »Apfel« wie »Übel, Böses« – genauso wie Luzifer einer der Namen des Planeten Venus ist.

In mehreren Sprachen wird das vorstehende Knorpelgewebe des Kehlkopfs »Adamsapfel« genannt. Eine Legende berichtet, daß der fatale Bissen Adam im Hals stecken blieb. Wie wir gesehen haben, ist die Kehle eine der hauptsächlichen Entsprechungen der Venus im Körper.

♀ **Birne** (*Pyrus* spp.)

♀ **Pfirsich** (die gleiche Prunus-Familie, zu der auch die Kirschen gehören)

♀ **Pflaume** (*Prunus*-Familie)

♀ **Avocado** (*Persea americana*)
Da der Baum ursprünglich aus Zentralamerika kam, kam das Wort »Avocado« zu uns über das spanische *agaucate*, das wiederum von dem atztekischen Namen *ahuacatl*, »Hodenbaum« kommt.

♀ Getreidepflanzen

Eine Reihe von Getreidearten werden Venus zugeordnet, unter anderem:

♀ **Weizen** (*Triticum aestivum*)

♀ **Roggen** (*Secale cereale*)

♀ **Hafer** (*Avena sativa*)

♀ **Gerste** (*Hordeum vulgare*)
Malz wird aus Gerste durch einweichen, destillieren und trocknen hergestellt.

♀ *Pflanzen mit einer starken Wirkung auf den Menstruationszyklus*

♀ **Rainfarn** (*Tanacetum vulgare*)
In der europäischen Pflanzenheilkunde ist der Rainfarn benutzt worden, um die Menstruation wieder in Gang zu bringen. Amerikanische Indianer benutzten ihn für den gleichen Zweck und auch dazu, einen Schwangerschaftsabbruch herbeizuführen.

Vielleicht weil seine Blätter nur langsam vertrocknen wurde der Rainfarn in einen symbolischen Zusammenhang mit Langlebigkeit gebracht – der (lateinische) Name kommt von dem griechischen Wort *athanasia*, »Unsterblichkeit« her. Genau wie *athanasia* im Sanskrit mit *amṛt* übersetzt würde, was sowohl die Unsterblichkeit wie *soma,* den Trank bezeichnet, der den Göttern die Unsterblichkeit verleiht, so wurde auch Ganymed, der Mundschenk des Zeus, durch ein Getränk aus dem Rainfarn unsterblich gemacht.

Seien Sie jedoch vorsichtig – der Rainfarn ist eine Giftpflanze und kann in höheren Dosen sogar tödlich sein!

♀ **Pennyroyal, amerikanischer Poley** (*Hedeoma pulegioides*)
Eine weitere Pflanze, die die Menstruation und so gegebenenfalls auch einen Schwangerschaftsabbruch herbeiführt.

♀ *Pflanzen, die zur Wundbehandlung gebraucht werden*

Man benutzt dabei ein Venusprinzip, um einem Übel des Mars entgegenzuwirken.

♀ **Gemeine Schafgarbe** (*Achillea millefolium*)
Der lateinische Name *Achillea* weist darauf hin, daß die Pflanze benutzt worden sein soll, um während des trojanischen Krieges die Wunden des Achilles zu versorgen. Amerikanische Indianer haben diese Pflanze zum gleichen Zweck benutzt.

Die Stäbchen, die zur Weissagung nach der Methode des I Ging benutzt werden, sind aus Schafgarbenstengeln gemacht.[89]

---

[89] *I Ging: Das Buch der Wandlungen.* Übs. u. hrsg. v. Richard Wilhelm. Düsseldorf: Diederichs, 1956 (und öfter), Seite 336.

♀ Weitere Pflanzen, die mit der Venus verknüpft sind

♀ Minze (*Mentha* spp.)
Eine Pflanze mit kühlender Energie.

♀ Artischocke (*Cynara scolymus*, aus derselben Familie wie das Gänseblümchen)

♀ Birke (*Betula alba* und *Betula lenta*)
Traditionell sind die Hexenbesen aus Birkenholz gemacht. Man schreibt diesem Holz die Kraft psychischen Schutzes zu, deshalb wurde es auch für Wiegen verwendet.

♀ Große Klette (*Actium lappa*)

♀ Echte Katzenminze (*Nepeta cataria*)
Sie stellt schon ganz schön etwas an mit Katzen. Übrigens eine ausgezeichnete Futterpflanze für Bienen.

♀ Holunder (*Sambucus nigra*, *S. canadensis*, *S. racemosa* usw.)
Im Mittelalter galt der Holunder als mächtiger Schutz vor schlechten Geistern, und er wurde daher in jeden Garten gepflanzt.

♀ Mutterkraut (*Chrysanthemum parthenium*)

♀ Wiesen-Sauerampfer (*Rumex acetosa*)

♀ Spinat (*Spinacia olearcea*)

♀ Thymian (*Thymus vulgaris*)

♀ Eisenkraut (*Verbena officinalis*)
Traditionell eine Pflanze, die zum Zaubern benutzt wurde.

40.6 Pflanzen, die in Beziehung zu Mars stehen ♂

♂ Pflanzen mit Dornen und Stacheln, Pflanzen die stechen und brennen

♂ Große Brennessel (*Urtica diotica*)
Nesseln enthalten, genau wie die Ameisen, Ameisensäure.

♂ Disteln (*Cirsium* spp.)

♂ Weißdorn (*Crataegus* spp., besonders *C. oxyacantha*)
Wird als Stärkungsmittel für den Herzmuskel gebraucht.

♂ **Kaktus** (*Cereus* spp.)
Der großblütige Kaktus (C. grandiflorus) wird in der Homöopathie als Herzmittel gebraucht.

♂ **Berberitze, Sauerdorn** (*Berberis vulgaris*)
Ein homöopathisches Mittel für die Niere.

♂ **Europäischer Stechginster** (*Ulex europaeus*)

♂ **Stechpalme** (*Ilex aquifolium*)

♂ **Schlehe, Schwarzdorn** (*Prunus spinosa*)
In genau der gleichen Weise, wie man sagt, daß alte Apfelbäume wieder anfangen zu blühen, wenn man unter ihnen Schlehen anpflanzt, so sah Rudolf Steiner *Prunus spinosa* als ein Heilmittel an, das einen erschöpften Ätherkörper wieder auffüllen kann.

Manche bringen die Schlehe auch mit Saturn in Verbindung.

♂ *Pflanzen mit einem feurigen Geschmack, die auch Tränen hervorrufen*

♂ **Knoblauch** (*Allium sativum*)
Da er das Feuer des Körpers anregt, sagt man ihm nach, daß er die Verdauung fördert und gegen Ansteckung schützt. (Das Feuer des Körpers anzuregen ist eine der besten möglichen Schutzmaßnahmen gegen das Eindringen von perversen Energien.)

Er gibt Ihnen auch einen drachenhaft feurigen Atem.

In von der Pest verwüsteten Gebieten im Frankreich des 18. Jahrhunderts kamen vier Diebe zu Berühmtheit, weil sie Leichen ausraubten, ohne sich anzustecken, nachdem sie sich mit einem auf Knoblauch beruhenden Mittel geschützt hatten. Dieses Mittel wurde später unter dem Namen »Vier-Diebe-Essig« bekannt.

♂ **Zwiebel** (*Allium cepa*)
Die Pflanzenheilkunde betrachtet die Zwiebel aus ähnlichen Gründen wie den Knoblauch als antiseptisch, und zwar wirkt sie auch gegen Parasiten. Sie hat zudem die Kraft, das Herz zu stärken und die sexuelle Energie wiederherzustellen.

In Indien sagt man, daß der Genuß von Zwiebeln hilft, mit dem heißen Wetter zurechtzukommen.

♂ **Lauch, Porree** (*Allium porum*)

♂ **Radieschen** (*Raphanus sativus*)

Pflanzen

♂ Meerettich (*Armoracia rusticana*)

♂ Gewürze

Diese Pflanzen ziehen ebenso wie die aus der vorigen Gruppe ihre Kraft aus dem in ihnen konzentrierten Feuerelement.

♂ Ingwer (*Zinziber officinale*)

♂ Galgant(wurzel) (*Alpinia galanga*)
Man findet die Wurzel in asiatischen Lebensmittelläden; Galgantwurzel ist ein ausgezeichnetes Küchengewürz.

♂ Senf (*Brassica* spp.)

♂ Pfeffer (*Capsicum* spp.)

♂ Koriander (*Coriandrum sativum*)

♂ Kapern

♂ *Weitere Pflanzen mit einem sehr heftigen Geschmack*

♂ Enzian (*Gentiana* spp.)
Gelber Enzian (Gentiana lutea) ist ein Tonikum für das Verdauungsfeuer.

♂ Hopfen (*Humulus lupulus*)

♂ Tabak (*Nicotiana* spp.)

♂ Wermut (*Artemisia absinthium*)
Verknüpft mit den Katastrophen, die in der Offenbarung des Johannes vorhergesagt werden.

> Und der dritte Engel posaunte; da fiel ein großer Stern vom Himmel, brennend wie eine Fackel, und er fiel auf den dritten Teil der Flüsse und auf die Wasserquellen – und der Name des Sterns lautet »Der Wermut« – und der dritte Teil der Gewässer wurde zu Wermut, und viele Menschen starben von den Gewässern, weil sie bitter geworden waren.
>
> Offenbarung 8, 10–11

Wermut ist eine der Pflanzen, die ich Menschen empfehle, die Pflanzenessenzen zubereiten möchten, um auf das Bewußtsein und die

Gefühle einzuwirken. Mein Eindruck von dieser Pflanze ist der einer starken Kombination der Planetenkräfte von Mond und Mars und daher erklären sich auch die mit ihm verbundenen Giftwirkungen.

♂ Andere

♂ Estragon (*Artemisia dracunculus*)

♂ Zaunrübe (*Bryonia alba, B. diotica*)

40.7 Pflanzen, die mit Jupiter in Beziehung stehen ♃

♃ Große Bäume voller Weisheit

♃ Feigenbaum (*Ficus* spp.)
Viele der prächtigen Bäume der Familie *Ficus* heischen jupiterhaften Respekt und verleihen denjenigen inspirationelle Werte, die sich auf sie einstimmen. Dies ist sicherlich beim Banyanbaum (*Ficus benghalensis*) der Fall und ebenso bei *Ficus religiosus*, dem Baum, unter dem der Buddha die Erleuchtung erreichte.

Das 15. Kapitel der *Bhagavad-Gītā* beginnt mit einem Hinweis auf *aśvattha* oder *Ficus religiosa*.

Romulus und Remus, die Gründer von Rom, wurden unter einer anderen Art von Feigenbaum gefunden, dem Ficus ruminalis.

In Australien findet sich ein besonders beeindruckendes Mitglied der Familie der Feigenbäume in der Moreton-Bay-Feige (*Ficus macrophylla*).

♃ Eiche (*Quercus robur*)
Ein weiterer Baum, der durch seine Würde beeindruckt, ist die Eiche. Die Griechen ordneten sie Zeus zu (die Keule des Herkules war aus Eichenholz), die Römer Jupiter, und die nordische Mythologie Thor (dem Jupiter des Nordens, dem Donnergott).[90] Ähnliche Assoziationen zwischen der Eiche und dem Donner finden sich auch in der Mythologie anderer Völker. Es scheint sich in diesem Punkte um mehr als nur um Legenden zu handeln. In den europäischen Wäldern sind Eichen dafür bekannt, daß sie deutlich häufiger als andere Bäume Blitze anziehen. Daher das deutsche Sprichwort, daß man bei einem Gewitter *Eichen weichen* und *Buchen suchen* soll.

Mehrere europäische Könige gaben ebenfalls den jupiterhaften Werten dieses Baums die Ehre, indem sie unter ihm zu Gericht saßen.

---

[90] Im englischen *thunder* ist das altnordische *thorr* noch gut zu erkennen, genauso wie *Donar* (einer der Namen des Thor) im deutschen *Donner*.

Pflanzen

♃ Nußbäume

Die hermetische Tradition schrieb eine Reihe von Nußbäumen Jupiter zu, jedoch nicht alle; wie wir gesehen haben, ist die Walnuß mit der Sonne verknüpft.

♃ Kastanie (*Castanea* spp.)

Der Bezug zu Jupiter kann nicht überrraschen, wenn man bedenkt, wie groß und majestätisch Kastanienbäume sein können.

♃ Roßkastanie (*Aesculus hippocastanum*)

Adstringens, das sowohl in der Pflanzenheilkunde wie in der Homöopathie für Hämorrhoiden und Krampfadern benutzt wird.

Aus der Roßkastanie werden zwei der Bachblütenessenzen gewonnen: Kastanienknospe (*Chestnut Bud*) und weiße Kastanie (*White Chestnut*).

Auch die Roßkastanie wächst zu majestätischer Größe heran.

♃ Mandelbaum (*Prunus amygdalus*)

Er wird manchmal auch Merkur zugeschrieben.

♃ Pflanzen, von denen es traditionell heißt, daß sie Glück bringen

♃ Fingerkraut (*Potentilla canadensis, P. reptans*)

Im Lateinischen bedeutet *potentia* »Kraft« bzw. »Macht«, was gewiß zur Symbolik des Zeus paßt.

♃ Salbei (*Salvia officinalis*)

Der englische Name *sage* bedeutet auch »Weiser« und deutet darauf hin, daß man von alters her an dieser Pflanze eine Beziehung zur Weisheit, der Domäne des Jupiter, fand.

Ursprünglich kommt der Name vom lateinischen *salvum*, »sicher«, »unverletzt«, »gesund«, weil die Pflanze traditionell als besonders förderlich für die Gesundheit angesehen wurde.

Die Pflanzenheilkunde schreibt allerdings dem Salbei eine Anzahl von Eigenschaften zu, die besser zur Venus passen würden: eine Östrogenanaloge Wirkung, die Kraft, bei den Hitzewallungen der Wechseljahre lindernd zu wirken. Amerikanische Indianer benutzen *chia* (Samen einer oder mehrerer Varietäten des Salbei, insbesondere des *Salvia columbaria*) als ein Stärkungsmittel für die Nieren und als verjüngendes Allheilmittel. Salbei galt traditionell als Pflanze der Langlebigkeit.

♃ Pflanzen, die traditionell mit der Leber in Verbindung gebracht werden

♃ Löwenzahn (*Taraxacum officinalis*)
Eine Pflanze, von der man im Mittelalter glaubte, daß sie einem hellseherische Visionen verleihe.

Hier finden wir einmal mehr eine symbolische Verbindung zwischen dem Hellsehen, Jupiter und der Leber.

Ich habe, ganz gegen meinen Geschmack, wiederholt Löwenzahn als Auslöser für Visionen probiert, doch habe ich nie auch nur die geringste Wirkung gefunden.

♃ Dreilappiges Leberblümchen (*Hepatica triloba*)

♃ Pflanzen, die traditionell auf die Lunge bezogen werden

Wie wir sahen, unterstehen die Lungen nicht nur Merkur, sondern auch Jupiter.

♃ Ysop (*Hyssopus officinalis*)
Wenn Sie das Glück haben, Ysop wirklich guter Qualität zu finden, dann werden Sie überrascht sein von der unmittelbar belebenden Wirkung, die ein Tee daraus auf ihre Lungenenergie haben kann.

♃ Echtes Lungenkraut (*Pulmonaria officinalis*)
Das Lungenkraut verdankt seinen Namen der Lehre von den Signaturen, wegen der Ähnlichkeit zwischen der Form seiner Blätter und der Form der Lungen.

♃ Gewürze, die blähen und die in gewissem Maße veränderte Bewußtseinszustände hervorrufen können

♃ Muskatnuß (*Myristica fragrans*)
Gering wirksames Halluzinogen, fördert einen Zustand von freudiger Erregung. Bedenken Sie jedoch, daß schon das Essen von ein bis zwei ganzen Muskatnüssen auf einmal tödlich sein kann!

♃ Gewürznelken (*Caryophyllus aromaticus*)
Berühmt dafür, daß sie Zahnschmerzen betäuben können.

♃ Weitere Pflanzen, die traditionell Jupiter zugeordnet werden

♃ Spargel (*Asparagus offcinalis*)

♃ Endivie (*Cichorium endiva*)

Pflanzen

♃ **Garten-Kerbel** (*Anthriscus cerefolium*)

♃ **Zitronenmelisse** (*Melissa officinalis*)
Melissa heißt auf Griechisch »Biene«, denn diese Pflanze ist berühmt dafür, diese venushaften kleinen Geschöpfe anzuziehen.
Genau wie der Salbei hat auch diese Pflanze den Ruf, die Langlebigkeit zu fördern, was ebenso wie die Beziehung zu den Bienen eigentlich dafür spricht, sie der Venus zuzuordnen.

♃ **Borretsch** (*Borago officinalis*)
Die Pflanze, die Mut verleiht. Eine der Etymologien des Namens der Pflanze hält *borago* für eine verderbte Form des lateinischen *corago*, »Courage, Mut« (von *cor* »Herz« und *ago* »ich handele«). Es gibt ein gälisches Wort, *borrach*, das ebenfalls »Mut« bedeutet.
Eine wundervolle Pflanze, die heutzutage nicht oft genug gebraucht wird.

♃ **Krauser Ampfer** (*Rumex crispus*) und **Ampfer im allgemeinen** (*Rumex spp.*)
Sein französischer Name bedeutet »Geduld«.

♃ **Echtes Mädesüß** (*Filipendula ulmaria*)

♃ **Ahorn** (*Acer* spp.)
Der Ahorn ist einer der großen, majestätischen Bäume.

♃ **Linde** (*Tilia* spp.)

40.8 Pflanzen, die in Beziehung zu Saturn stehen ♄

♄ **Mehrjährige Pflanzen und Bäume mit Jahresringen**
Alles, was überdauert, hat mit Saturn zu tun. Weil die Jahresringe, die man an Bäumen wie Ulmen, Zypressen und Kiefern findet, Kreise bilden, sind diese Bäume mit Saturn in Verbindung gebracht worden, dem Planeten der Ringe.
Natürlich wissen wir heute, daß auch Jupiter, Uranus und Neptun Ringe haben. Vor der Einführung moderner Teleskope wußten die hermetischen Philosophen es nicht.

♄ **Kiefer** (*Pinus* spp.)
Die Kiefer wird oft mit Mars in Zusammenhang gebracht, und zwar wegen ihrer Nadeln und wegen ihrer feurigen Energie.
Die Symptome, die zu der Bachblütenessenz der Kiefer gehören, erinnern viel mehr an Saturn als an Mars.

♄ **Zypresse** (*Cupressus sempervirens*)
Ein sehr langlebiger Baum – *semper* bedeutet im Lateinischen »immer«. Für die Griechen und Römer war die Zypresse mit der Unterwelt verbunden, mit den Toten und ihrem Herrscher Pluto.

Gemeinsam mit der Zeder und der Olive ist die Zypresse einer der Bäume, von denen es traditionell heißt, daß aus ihnen das Kreuz Jesu gemacht worden sei. So ist ein Zypressenzweig, über dem ein Palmzweig hängt, ein Symbol für den Sieg über den Tod.

♄ **Ulme** (*Ulmus* spp., in England vor allem die Feld-Ulme, *U. campestris*)
In der Pflanzenheilkunde werden Abkochungen von der Rinde junger Zweige für alle Arten von Hautproblemen empfohlen.

♄ *Pflanzen, die eine kühlende Wirkung haben*

♄ **Tamarinde** (*Tamarindus indica*)

♄ **Beinwell** (*Symphytum officinale*)
Eine Symphyse ist eine Stelle, an der zwei Knochen aufeinanderstoßen (Knochen gehören zum Saturn). In der Homöopathie ist dies das Mittel der Wahl, um die Heilung von Knochenbrüchen zu fördern.

Sein französischer Name *consoude* kommt vom lateinischen *consolida*, von *consolidare*, »verfestigen«, und sein englischer Name *comfrey* kommt vom lateinischen *confervere*, »zusammenwachsen«.

Dies ist auch ein bemerkenswertes Adstringens, das die Haut reinigt und das ich bei tropischen Geschwüren habe Wunder wirken sehen – Saturn von seiner besten Seite.

♄ **Eukalyptus**
Der Baum par excellence des phantastisch saturnischen australischen Busches. Er ist nicht nur sehr widerstandsfähig gegen Trockenheit, sondern er wurde auch nach Kanada und Israel verpflanzt, um dort Sümpfe trockenzulegen.

Es gab viel Malaria unter den Pionieren im Palästina der zwanziger Jahre – inzwischen gibt es dort so gut wie keine Sümpfe mehr. Man kann dies als eine typische Gegenkraft zum Mond sehen, die die Feuchtigkeit abtrocknet.

♄ *Betäubende und giftige Pflanzen*

In anderen Worten, Pflanzen, die Feinde des Lebens sind (entsprechend dem Saturn, der dialektisch dem Mond entgegengesetzt ist).

Pflanzen

♄ **Gefleckter Schierling** (*Conium maculatum*)
Die Pflanze, die Sokrates getötet hat.

♄ **Bilsenkraut** (Hyoscyamus niger)
Die hat Hamlets Vater umgebracht (ein Mittel daraus wurde ihm ins Ohr geträufelt).

♄ **Nieswurz** (*Helleborus* spp., einschließlich des *H. niger*, der Christrose)

♄ **Blauer Eisenhut** (*Aconitum napellus*)
In der Homöopathie wird diese Pflanze *Aconitum* genannt und viel benutzt (allerdings in hohen Verdünnungen, in denen so gut wie nichts von der ursprünglichen Pflanze enthalten ist). Eine der giftigsten aller Pflanzen, die innerhalb weniger Stunden töten kann.

♄ **Gemeiner Seidelbast** (*Daphne mezereum*)

♄ **Bittersüß** (*Solanum dulcamara, S. nigrum*)
Die Kartoffel, die Tomate und die Aubergine gehören zur gleichen Familie.

♄ **Eibe** (*Taxus baccata*)

♄ **Hanf** (*Cannabis sativa*), auch Marihuana genannt.

♄ *Pflanzen, die alles abwürgen*

♄ **Efeu** (*Hedera helix*)
Sehr anhänglich. In einigen europäischen Ländern (besonders in Frankreich) pflegten Ehemänner ihren Frauen einen Anhänger in der Form eines Efeublattes zu schenken, der die Inschrift trug *Je m'attache ou je meurs* (Ich klammere mich an oder ich sterbe). Das sagt alles, nicht nur über den Efeu!

♄ **Winde** (*Convolulus* spp.)
Trügerisch schön mit ihren purpurnen und bläulichen Blüten ist es ein Unkraut, das die australische Landschaft durchzieht und in zerstörerischer Art vorherrscht.

♄ *Pflanzen mit einem fauligen Geruch*

♄ **Teufelsdreck und andere Rutenkräuter** (*Ferula* spp.; besonders *F. asa foetida*)

♄ Weitere Pflanzen, die dem Saturn zugeordnet werden

♄ **Quitte** (*Cydonia oblonga*)

♄ **Hirtentäschelkraut** (*Capsella bursa pastoris*)
Eine Pflanze, die eine zusammenziehende Wirkung auf Blutgefäße ausübt und die deshalb dazu benutzt worden ist, innere und äußere Blutungen zu stillen. Sie soll auch eine regulierende Wirkung auf den Blutdruck (gleich ob hoch oder niedrig) haben.

Hinsichtlich der Planetenkräfte kann die Wirkung des Hirtentäschelkrauts als eine Regulierung des Gleichgewichts in dem Paar Sonne-Saturn verstanden werden.

♄ **Vielblütiges Salomonssiegel** (*Polygonatum multiflorium*)
Die Pflanze hat diesen Namen, weil der Querschnitt ihres Stengels einen sechszackigen Stern (Davidstern) zeigt. Ein Adstringens, das äußerlich für viele Hautprobleme und auch für Kratzer und Wunden benutzt wird.

♄ **Ackerschachtelhalm, Zinnkraut** (*Equisetum arvense*)
Eine der Lieblingspflanzen Rudolf Steiners.

Für die Landwirtschaft empfahl Rudolf Steiner, daß eine Abkochung vom Schachtelhalm auf Land ausgebracht werden sollte, das einen Überschuß von Mondkräften zeigt – und dadurch würde man auf die Dialektik von Mond und Saturn einwirken.[91] Steiner schreibt auch, daß die Erde in den frühen Stadien ihrer Evolution mit Wäldern von Farnen und Schachtelhalmen bedeckt war, die mittlerweile verschwunden sind.[92]

♄ **Königskerze** (*Verbascum* spp.)

♄ **Espe, Zitterpappel** (*Populus tremuloides*)

♄ **Rotbuche** (*Fagus sylvatica*)

---

[91] Rudolf Steiner: Vortrag vom 14. Juni 1924 (Esoterische Betrachtungen karmischer Zusammenhänge, Band 5, GA 239).
[92] Rudolf Steiner: Vortrag vom 29. September 1905 (Grundelemente der Esoterik, GA 93A).

41 - Blütenessenzen

41.1 Blütenessenzen

Zu Beginn des Kapitels über die Edelsteine erörterten wir das allgemeine Erwachen, das gegenwärtig stattfindet und durch das eine große Anzahl von Menschen empfänglicher für Heilmittel wird, die hauptsächlich auf energetischer Ebene wirken. Blütenessenzen sind typische Vertreter dieser Kategorie, da sie nichts von der physischen Substanz der jeweiligen Pflanze enthalten.

Da sie nichts anderes als Energie sind, ist es logisch, nach Wegen zu suchen, wie man sie hinsichtlich ihrer energetischen Eigenschaften charakterisieren kann und nicht nur so, wie man es mit den grobschlächtigeren Substanzen der konventionellen Medizin tut. In dieser Hinsicht werden die Anwender von Blütenessenzen die Sprache der Planetenkräfte als ein fruchtbares Feld betrachten, das es ihnen erlaubt, ihre Heilmittel zu kategorisieren und ihren Anwendungsbereich erheblich auszuweiten.

Nehmen wir ein Beispiel. Wenn es einmal klar ausgemacht ist, daß der Knäuel (*Scleranthus* bzw. *Jacaranda*, sein Gegenstück unter den australischen Buschblüten) nicht nur ein Mittel gegen Entscheidungsschwäche ist, sondern ein Tonikum für die (♂Mars-)Gallenblase, dann eröffnen sich weitere und subtilere Möglichkeiten zu seiner Anwendung. Außerdem wird es so möglich, ein Mittel nicht nur aufgrund einer Liste von Symptomen zu verordnen, sondern auch, indem man tiefen (oder sogar hellseherischen) Wahrnehmungen und Einsichten folgt – wie es mehr und mehr Anwender in den kommenden Jahrzehnten tun werden. Man kann sich auf den Klienten bzw. Patienten einstimmen, einen Mangel an spezifischer Energie an der Gallenblase wahrnehmen und das Mittel entsprechend einsetzen, auch wenn die Symptome und die oberflächliche Erscheinung des Klienten diese Wirklichkeit maskieren und nur irreführende Indikationen zeigen. Der überlegene Anwender ist derjenige, der die wesenhafte Natur seiner Patienten verstehen und behandeln kann – nicht ihre Fassade. Die Archetypen der Planetenkräfte bieten in dieser Hinsicht ein immenses Potential.

Edward Bach war ein englischer Arzt, der in den dreißiger Jahren Blütenessenzen in der westlichen Welt zuerst angewendet hat. Seitdem haben seine Mittel in verschiedenen Ländern eine beträchtliche

Verbreitung erfahren, was man nur als eine positive Entwicklung bezeichnen kann. Es besteht jedoch eine Gefahr, die mit dem Etabliertwerden einhergeht – viele Leute beginnen es als selbstverständlich anzusehen, daß diese Mittel »besser« sind als in jüngerer Zeit eingeführte Essenzen, einfach weil sie bereits einige Jahrzehnte in Gebrauch sind. Abgesehen davon, daß diese Haltung Bachs Pioniergeist vollständig entgegengesetzt ist, kann sie auch dazu führen, daß man entscheidende Entwicklungen auf diesem Gebiet übersieht.

Ich möchte deshalb alle, die sich für Blütenessenzen interessieren, ermutigen, eine aktive Haltung einzunehmen, anstatt nur zu wiederholen, was andere vor ihnen getan haben. Stellen Sie Ihre eigenen Heilmittel her, machen Sie Versuche mit ihnen, und geben Sie sich nicht dem Glauben hin, daß sie weniger wirksam sein müßten als die Etablierten. Indem Sie Ihre Intuition und symbolisches Wissen benutzen, wie wir es in diesem Buch erkundet haben, werden Sie feststellen, wann und wie Mittel am besten eingesetzt werden können.

Energetische Heilmittel arbeiten auf ihrer höchsten Wirkungsebene mit Archetypen. Je aktiver Ihre Haltung ist, desto größer ist die Chance, daß Sie mit diesen Archetypen in Verbindung kommen und dadurch therapeutische Wirkungen in einer gänzlich anderen Größenordnung erzielen, als wenn sie nur eine Liste von Symptomen nehmen und versuchen, sie mit denen ihrer Patienten zusammenzubringen.

In diesem Kapitel werde ich neben den traditionellen Bachblüten einiges von dem darstellen, was ich für die bedeutendste heutige Entwicklung auf dem Gebiet der Blütenessenzen halte – das System von Ian White. Australien ist ein Kontinent mit außerordentlich alten und mächtigen Erdenergien, von denen viele auf dem Rest des Planeten nicht mehr verfügbar sind. Ian White's australische Buschblütenessenzen speisen sich aus diesen alten Kräften, was einer der Gründe ihrer überraschend kräftigen Wirkungen ist. Ian White ist außerdem nicht nur ein Meister in der Kunst der Signaturen,[93] sondern auch wahrhaft inspiriert, ein echter Vertreter der neuen Form des Wissens, die weder bloßer Materialismus ist noch leeres Channeling, sondern das Entziffern des Buchs der Natur.[94]

---

[93] Die Lehre von den Signaturen, ein wichtiger Teil der pflanzenkundlichen Tradition der westlichen Welt, verbindet die Eigenschaften einer Pflanze mit ihrer Form und betrachtet vor allem die morphologischen Analogien zwischen Pflanzen und Organen.

[94] Eine ausführliche Darstellung der Herstellung und des Gebrauchs dieser Mittel findet sich in Ian White: *Australian Bush Flower Essences*. Sydney: Bantam Books, 1991 (Deutsche Ausgabe: *Australische Bush Blüten Essenzen*. Chieming: Laredo, 2. Aufl. 1996).

41.2 Wie man Blütenessenzen herstellt

Man muß unterstreichen, daß es keine feste Theorie darüber gibt, wie Blütenessenzen hergestellt werden sollten. Der Zweck ist es, das »aktive Prinzip« oder die Essenz, das Wesen einer Blüte, einzufangen und daraus ein Heilmittel zu machen. Doch im Unterschied zu den Heilmitteln der Pflanzenheilkunde oder der spagyrischen Alchemie enthalten die Blütenessenzen nicht notwendig eine physische Substanz von der jeweiligen Pflanze.

So könnte eine einfache Methode zur Bereitung einer Essenz darin bestehen, am frühen Morgen in die Natur zu gehen und etwa mit einer Pipette Tautropfen von der Oberfläche der Blüten einzusammeln. Die Alchemisten pflegten bestimmten Zubereitungen aus Tau außerordentliche Kräfte der Heilung und Verjüngung zuzuschreiben.

Eine weitere Methode besteht darin, eine Blüte oder einige Blüten der gleichen Pflanze einzusammeln, sie für einige Zeit in Wasser zu legen und dann dieses Wasser als Blütenessenz zu verwenden.

Für gewöhnlich mischt man dabei etwas Weingeist ins Wasser. Nehmen Sie z.B. einen Teil Weingeist auf vier Teile Wasser. Es gibt dafür einen einfachen Grund: Ohne den Alkohol würden sich Keime in ihrer Flasche ausbreiten, so ähnlich, wie dies in einem Teich geschieht. So spielt der Alkohol die Rolle eines Konservierungsmittels. Manche nehmen auch an, daß die starken Schwingungen des Alkohols eine intensivere Grundlage für die Blütenessenz bietet, so daß sie in der Lösung und in der Flasche fixiert wird, anstatt sich zu zerstreuen.

Der Grund, warum Weingeist für gewöhnlich anderem Alkohol vorgezogen wird, liegt darin, daß es sich dabei um die natürlichere Substanz handelt. Außerdem ist Weingeist ja aus Trauben gemacht, die, wie wir in Abschnitt 40.3, »Pflanzen, die mit dem Mond in Beziehung stehen« sahen, eine Frucht sind, mit der in der westlichen esoterischen Tradition eine Symbolik der wesenhaften Lebenskraft verbunden war.

Die Schritte in der Zubereitung einer Essenz sind also:
- eine Blüte (oder Blüten) auswählen;
- die Essenz in Wasser einfangen;
- und sie in einer Flasche aufbewahren.

Es gibt eine große Zahl von Variationen, die bei jedem dieser Arbeitsschritte vollzogen werden können. Einige mögen zunächst sehr subtil klingen, doch vergessen Sie nicht, daß die Zubereitung einer Essenz an sich schon eine außerordentlich subtile Operation ist. Kleine Details können über das Endergebnis entscheiden, das Sie schließlich in Ihrer Flasche haben: entweder eine schwingende Naturkraft, die imstande ist, mächtige psychische und physische Wirkungen auf einen Patienten auszuüben, oder schlichtes Wasser mit einem Schuß Weingeist!

Kluge Laboranten greifen nicht gleich zur ersten, besten Blüte. Sie suchen sorgfältig ein Exemplar aus, das gut aussieht, und was noch wichtiger ist, das voll von Energie ist. Bei diesem Schritt kommt es auf die Fähigkeit an, sich einzustimmen und zu spüren, welche Blüte »Kraft« hat. Je mehr Sie ihr drittes Auge wecken und ihre geistige Wahrnehmung entwickeln, um so eher wird es Ihnen gelingen, eine Pflanze zu wählen, die nicht nur fähig, sondern auch willens ist, ihr aktives Prinzip mitzuteilen.

Der Zeitpunkt kann ebenfalls einen entscheidenden Unterschied machen. Die passenden Planetenstunden zu beachten kann hier sehr sinnvoll sein – so daß Sie etwa die Stunde des Mars dafür benutzen, ein Marsprinzip einzufangen usw. Andere kosmische Rhythmen, beginnend mit dem Mondzyklus, können ebenfalls einen enormen Unterschied machen.

Manche Leute halten die Qualität des benutzen Wassers für sehr wichtig, andere nicht. Je weniger das Wasser verunreinigt ist, desto besser ist es natürlich. Manche schwören auf destilliertes Wasser. Andere behaupten, daß destilliertes Wasser schlechter sei als Regenwasser, weil es bearbeitet und so von seinem natürlichen Zustand entfernt wurde.

Nach Teilen des Clairvision-Archivs, die mit alchemistischen Texten übereinstimmen, kann man aus Wasser Zubereitungen herstellen, die phantastische Eigenschaften haben und die so nicht nur das Wesen von Substanzen einfangen, sondern auch die ätherische Lebenskraft wiederherstellen können.

Das Einfangen der Essenz in Wasser ist ein geheimnisvoller Prozeß, nicht unähnlich dem in der Konversionskammer, die wir in Abschnitt 37.4, »Die Zukunft der Metalle« erwähnt haben.

Die Blüten werden normalerweise für eine gewisse Zeit in eine Schale Wasser gelegt – zwischen einige Minuten und einige Stunden lang.

Manche Leute sind der Ansicht, daß man nie eine Aluminiumtopf zum Sammeln der Blüten nehmen soll. Glas, das ja chemisch neutral ist, ist wahrscheinlich eine kluge Wahl.

Wenn die Blüten einmal im Wasser sind, warten die meisten Leute einfach ab. Dann filtrieren sie das Wasser, mischen es mit Weingeist und füllen es in Flaschen.

Die meisten Laboranten fügen einen Teil Weingeist auf zwei bis vier Teile Wasser hinzu.

Einige stimmen sich allerdings erst auf das Wesen der Pflanze ein und bitten sie um ihre Kooperation, bevor sie die Blüte abschneiden. Andere führen Bewußtseinsoperationen unterschiedlicher Art aus, während die Blüten im Wasser sind, um eine Übertragung der Energie auszulösen. Manche rühren das Wasser, wobei sie entweder eine runde Bewegung vollführen oder eine in der Form einer Acht. Manche lassen die Schüssel mit den Blüten unter dem reifenden Einfluß der Sonne stehen. Wieder andere kochen das Wasser mit den Blüten.

Blütenessenzen werden für gewöhnlich in Form einiger Tropfen (z.B. 3 oder 7 Tropfen) am Morgen genommen (mindestens 10 bis 15 Minuten vor dem Frühstück) und möglicherweise auch vor dem Mittag- und Abendessen oder bevor man zu Bett geht. Die Dauer der Behandlung beträgt meistens zwischen einer und drei Wochen, obwohl man bestimmte Essenzen vielleicht besser nur einmalig nimmt. Die Häufigkeit und der Zeitpunkt der Einnahme können bestimmt einen erheblichen Unterschied machen, die Menge jedoch ist gleichgültig, weil die Essenz nichts von der physischen Substanz der Pflanze enthält.

41.3 Blütenessenzen, die in Beziehung zur Sonne ☉ stehen

☉ **Waratah** (*Telopea speciosissima*, australische Buschblütenessenz)
Die edelste, geradezu königliche Pflanze der australischen Landschaft. Sie allein schon anzusehen kann einen mit der Energie der Sonne erfüllen.

Ian White empfiehlt sie bei **tiefe Verzweiflung** und **Hoffnungslosigkeit** oder bei Krisensituationen und Zeiten großer Herausforderungen – wenn Menschen auf die tiefen Ressourcen der Sonne zurückgreifen müssen.

Wenn Sie ein Mittel suchen, um die fundamentale Planetenkraft der Sonne in einem Patienten zu entzünden, dann ist es dieses.

☉ **Lärche** (Larch, *Larix decidua*, Bachblütenessenz)
Das Stichwort für dieses Mittel ist **mangelndes Selbstvertrauen**. Patienten, für die dieses Mittel angezeigt ist, zeigen recht genau das Bild der Leere der Sonnenenergie, das wir in Abschnitt 3.6 beschrieben haben. Da sie überzeugt sind, daß sie nicht so gut wie andere sind, erwarten sie Misserfolg. Sie verbergen ihren Mangel an Selbstvertrauen oft hinter einer falschen Bescheidenheit.

☉ **Wilder Senf** (Mustard, *Sinapis arvensis*, Bachblütenessenz)
Ein Mittel gegen **tiefe Depression** und Trübsinn ohne ersichtlichen Grund – der Patient hat sein Feuer verloren. Positive Resultate des Mittels sind Freude und innerer Frieden.

Sie werden bemerken, daß die hermetische Tradition den Senf dem Mars zuordnet. In diesem Fall beschrieb Bach jedoch eine Wirkung, die sich auf die Sonne bezieht, wenn man das Mittel nicht als ein Stimulans des Feuers verstehen will, das der Sonne und dem Mars gemeinsam ist.

☉ **Olive** (*Olea europaea*, Bachblütenessenz)
Ein Mittel bei **totaler Erschöpfung**, sowohl mental wie physisch. Es entspricht einem Zustand, in dem die Lebenskraft so vollständig erschöpft ist, daß der Funke der Sonne wieder entzündet werden muß. Die Wirkung ist nicht unähnlich der beim Gebrauch des Akupunkturpunktes Konzeptionsgefäß 14.

☉ **Macrocarpa** (*Eucalyptus macrocarpa*, australische Buschblütenessenz)
Angezeigt bei Abwehrschwäche, Erschöpfung, Rekonvaleszenz oder Zuständen des Ausgebranntseins, wenn der abgesunkene Pegel der vitalen Sonnenkraft Verstärkung braucht.

☉ **Wegwarte, Zichorie** (Chicory, *Cichorium intybus*, Bachblütenessenz)
Ein Mittel gegen **Besitzgier** und **Selbstsucht**. Wie es der selbstbezogenen und selbstsüchtigen Seite der Sonne entspricht, so fühlen die Klienten, für die Zichorie in Frage kommt, oft das zwanghafte Bedürfnis, Aufmerksamkeit auf sich zu ziehen, sie glauben, daß andere ihnen Liebe und Dankbarkeit schulden (»Denk an das, was ich alles für dich getan habe!«), und versuchen das Leben anderer zu kontrollieren und zu manipulieren.

☉ **Heidekraut** (Heather, *Calunna vulgaris*, Bachblütenessenz)
Die Stichworte sind **Selbstbezogenheit** und übertriebene Sorge um sich. Für Patienten, die unfähig sind, sich für irgend etwas außer sich selbst zu interessieren, und verzweifelt versuchen, im Zentrum der Aufmerksamkeit zu bleiben. Sie reißen das Gespräch an sich, um nur über sich selbst zu sprechen, und können nicht zuhören. Die armselige Seite der Sonne.

☉♂ **Weinrebe** (Vine, *Vitis vinifera*, Bachblütenessenz)
Für **dominierende, unflexible Menschen**. Sie sind sich ihrer selbst sicher, und sie wissen alles besser. Ihr großer Ehrgeiz drängt sie zu Positionen, in denen sie Autorität haben und in denen sie anderen ihren Willen aufzwingen können. Das Heilmittel für Diktatoren und Tyrannen.

☉ **Walnuß** (Walnut, *Juglans regia*, Bachblütenessenz)
Bach gab als Indikation für dieses Mittel den **Schutz gegen äußere Einflüsse** an, wenn Menschen sich von einer Person (oder Energie) trennen müssen, an die sie gebunden sind, und die einen negativen Einfluß auf sie ausübt. Walnuß wird verabreicht, um die Strahlung und das Feuer der Sonne im Patienten und so seine Identität zu stärken.

☉ **Sumpf-Wasserfeder** (Water Violet, Hottonia palustris, Bachblütenessenz)
Für **stolze und arrogante Patienten**.

☉ **Slender Rice Flower** (*Pimelea linifolia*, australische Buschblütenessenz)
Gegen **Stolz, Eifersucht** und **Rassismus** und für Menschen, die sich ständig mit anderen vergleichen.

☉ **Dog Rose** (*Bauera rubioides*, australische Buschblütenessenz)
Für Menschen die **schüchtern, ängstlich, unsicher** und **besorgt** sind, wenn sie mit andern Menschen zu tun haben (nicht unähnlich dem Syndrom der Leere der Sonnenenergie, siehe Abschnitt 3.6).

☉♃ **Sunshine Wattle** (*Acacia terminalis*, australische Buschblütenessenz)
Für Menschen, die **in der Vergangenheit gefangen** sind, sich **hoffnungslos** fühlen, und **von der Zukunft nur Schlechtes erwarten**. Sie brauchen nicht nur jupiterhaften Optimismus, sondern vordringlich den sonnenhaften Wert der Hoffnung.

☉ **Riesenlilie, Spießblume** (Gymea Lily, *Doryanthes excelsa*, australische Buschblütenessenz)
Eine große, hellrote Blüte auf einem sehr hohen Stengel (bis zu 4 Meter hoch). Ein Mittel gegen die negativen Eigenschaften, die mit der schlechteren Seite der Sonne verbunden sind: übermäßiger Stolz und Arroganz, die Tendenz, sich über andere hinwegzusetzen.

41.4 Blütenessenzen, die in Beziehung zum Mond ☽ stehen

☽ **Dolden-Milchstern** (Star of Bethlehem, *Ornithogalum umbellatum*, Bachblütenessenz)
Angezeigt für **Schocks** aller Art, z.B. nach einem Unfall. Ich verbinde dieses Mittel mit dem Mond im Hinblick auf die Funktion des Mondes als Verankerung (Abschnitte 23.8 und 27.6). Schocks, die bleibende Symptome erzeugen, tun dies in der Regel dadurch, daß sie den Astralkörper aus seiner angemessenen mondhaften Verankerung herauslösen und die mondhafte Ruhe des »flüssigen Substrats« stören, d.h. die flüssigkeitsbezogene Funktion des Mondes als ganze.
Der Dolden-Milchstern wird als Beruhiger und Tröster beschrieben, und das ist es genau, was der Mond liebt und für sein Gleichgewicht braucht.

☽ **Wimperkrone** (Fringed Violet, *Thysanotus tuberosus*, australische Buschblütenessenz)
Ein bemerkenswertes Mittel, das angezeigt ist, um **Schäden der Aura** zu beheben, insbesondere nach Schocks und Traumata. Wimperkrone hilft dem Energiekörper, seine Integrität wiederherzustellen. Denken Sie besonders daran, wenn der Klient ein »Loch« in seiner Aura fühlt oder der Praktiker es an einem Klienten wahrnimmt.

☽ **Echtes Tausendgüldenkraut** (Centaury, *Centaurium umbellatum*, Bachblütenessenz)
Obwohl die alchemistische Tradition das Tausendgüldenkraut mit der Sonne verknüpft, weisen die Symptome, die Bach für diese Essenz beschrieb, mehr auf die Planetenkraft des Mondes hin. Tausendgüldenkraut ist für Patienten, die **willensschwach** sind und sich zu leicht von **anderen beeinflussen lassen** (wie es eben das beeindruckbare Wesen des Mondes ist). Sie können nicht gut nein sagen, und so lassen sie sich von den Menschen ihrer Umgebung beherrschen. Eine weitere dem Mond entsprechende Eigenschaft besteht darin, daß sie oft eng an ihre Familie gebunden sind.

Unter den positiven Folgen dieses Mittels ist auch die Fähigkeit, weise und willentlich zu dienen, ohne seine Individualität zu verlieren – das ist immer noch eine mondhafte Eigenschaft, doch kommt sie in einer weniger vorpersönlichen Weise zum Tragen.

☽♆ **Waldrebe** (Clematis, *Clematis vitalba*, Bachblütenessenz)
Ein Mittel für **Träumer**. Der Patient, für den Waldrebe in Frage kommt, bietet alle psychischen Symptome eines schweren Mangels an Verkörperung: vage, mit leerem Blick, wirkt abwesend, schläft viel, indifferent, uninteressiert, Konzentrationsschwäche, lebt in seiner inneren Welt, apathisch. Indiziert, wenn die Vagheit des Mondes neptunhafte Größenordnung angenommen hat.

☽♆ **Red Lily** (*Nelumbo nocifera*, australische Buschblütenessenz)
Gegen **Vagheit**, Mangel an Fokus, **Tagträume** – unzureichende Verkörperung, insbesondere in Hinblick auf spirituelle Praktiken. Zu erwartende positive Resultate beinhalten verstärkte Verankerung und verbesserte Fähigkeit, Schwerpunkte zu setzen, die Fähigkeit, trotz spiritueller Neigungen praktisch handlungsfähig zu bleiben.

☽♆ **Sun Dew** (*Drosera spatulata*, australischer Sonnentau, australische Buschblütenessenz)
Ein weiteres Mittel gegen einen Mangel an Verkörperung mit **Vagheit**, **Entscheidungsschwäche** und **Tagträumen**.
Die Signatur dieser Pflanze, deren Blüte im leeren Raum über ihrem »hypothetischen« Stengel zu hängen scheint, läßt in bemerkenswerter Weise an einen Mangel an Verankerung bzw. Erdung denken.

☽ **Little Flannel Flower** (*Actinosus minor*, australische Buschblütenessenz)
Diese Essenz wird empfohlen für Menschen, die **zu ernst** sind und **das Kind in sich verleugnen**. Sie fördert Verspieltheit und die sorglosen Werte des Mondes und verschiebt die Dialektik von Saturn und Mond in die Richtung des Mondes.

☽ **Paw Paw** (Papayabaum, *Carica papaya*, australische Buschblütenessenz)
Ian White gibt als Indikation an, daß diese Essenz die Aufnahme und Verarbeitung neuen Materials fördert. Ich würde sie auch auf die Mond-Funktion der »Verdauung auf allen Ebenen« beziehen, die wir in Abschnitt 27.6 erörtert haben.

41.5 Blütenessenzen, die in Beziehung zu Merkur ☿ stehen

☿ **Bleiwurz** (Cerato, *Ceratostigma willmottiana*, Bachblütenessenz)
Patienten, für die Bleiwurz in Frage kommt, können intelligent und kenntnisreich sein, doch als luftbetonte Merkur-Menschen sind sie unstabil, wechselhaft, schwankend und bewegen sich die ganze Zeit – was sie für ihre Umgebung recht anstrengend machen kann. Im Wesentlichen sind sie von der hauptsächlichen Merkur-Krankheit befallen: Zweifel! Da sie keine innere Stabilität besitzen, können sie sich selbst nicht trauen, und sie zögern deshalb ständig, denn sie sind in einer Vielfalt von inneren Perspektiven gefangen. Sie holen oft Ratschläge und Meinungen von anderen ein, und es geschieht nicht selten, daß sie in die Irre geführt werden, weil sie widersprüchlichen Meinungen ihr Ohr leihen.

☿ **Bush Fuchsia** (*Epacris longiflora*, australische Buschblütenessenz)
Ein Mittel für **Legastheniker und Kinder, die in der Schule nicht mitkommen** sowie andere mit dem Merkur verbundene Probleme wie Stottern oder Lampenfieber. Ian White empfiehlt es, um die Zusammenarbeit zwischen der linken und der rechten Gehirnhemisphäre zu fördern, eine typisch merkurhafte Funktion. Bezogen auf die Dialektik von Merkur und Jupiter stärkt dieses Mittel den Jupiter und hilft den Menschen nicht nur, in der Öffentlichkeit zu sprechen, sondern auch ihren spontanen Empfindungen zu folgen.

☿ **Bottle Brush** (*Callistemon linearis*, australische Buschblütenessenz)
Wird angewandt, um größere Übergänge im Leben zu erleichtern und wenn Menschen von Veränderungen ihres Lebens überwältigt sind, so etwa von der Adoleszenz, einer Schwangerschaft bzw. Elternschaft oder sogar ihrem herannahenden Tod. (Merkur ist der Herrscher über die Verbindungen und Übergänge.)

41.6 Blütenessenzen, die zu Venus ♀ in Beziehung stehen

♀ **Turkey Bush** (*Calytrix exstipulata*, australische Buschblütenessenz)
Die Buschblütenessenz zur Förderung der Kreativität (die grundlegend eine Venus-Nieren-Funktion ist). Indiziert für kreative Blockierungen oder wann immer eine verstärkte Inspiration gebraucht wird.

♀ **She Oak** (*Casuarina glauka*, australische Buschblütenessenz)
Ian White gibt als Indikation an, diese Essenz helfe, aus dem Gleichgewicht geratene weibliche Hormone wieder auszubalancieren, und sie helfe außerdem bei Schwierigkeiten mit der Empfängnis. Eine bemerkenswerte Pflanze, der in Zukunft große Bedeutung zukommen könnte und die sich auch für verschiedene andere Probleme eignet wie für Spannungszustände vor der Regelblutung (»prämenstruelles Syndrom«) oder für Schwierigkeiten mit den Wechseljahren.
Die Verbindung zu Venus-Waage wird unterstrichen durch die regulierende Wirkung dieses Mittels auf alle Probleme, die mit Flüssigkeiten zu tun haben.

♀ **Bush Gardenia** (*Gardenia megasperma*, australische Buschblütenessenz)
Wird verabreicht, um **Interesse und Leidenschaft in einer Beziehung zu erneuern**, die schal geworden ist – wie es Venus, dem Planeten der Liebe, entspricht! Auch indiziert, um die Kommunikation, das Verständnis und andere Venus-Werte in einem Paar zu verbessern.

♀ **Bush Iris** (*Patersonia longifolia*, australische Buschblütenessenz)
Angezeigt für Menschen, die **zu materialistisch** sind und keine spirituellen Interessen haben. Wird verabreicht, um eine beginnende spirituelle Öffnung zu fördern – ein venushafter Impuls für Menschen, die in den materialistischen Routinen dieses eisernen Zeitalters gefangen sind.

♀ **Herbstenzian** (Gentian, *Gentianella amarella*, Bachblütenessenz)
Ein Mittel bei **Enttäuschungen**. Für Patienten, die es mit Schwierigkeiten und Hindernissen zu tun haben, auf die sie depressiv reagieren. Ihr Feuer muß verstärkt werden.

♀ **Eisenkraut** (Vervain, *Verbena offcinalis*, Bachblütenessenz)
Ein Mittel bei **Streß** und gegen die **Unfähigkeit, sich zu entspannen**. Patienten, für die Eisenkraut in Frage kommt, sind gespannt, übermäßig enthusiastisch, strengen sich sehr an, sind im Übermaß verkörpert und müssen lernen loszulassen, sonst droht Erschöpfung. Sie sind mutig, versuchen jedoch Leistungen zu erbringen, die über ihre Kräfte gehen.

♀ **Black Eyed Susan** (*Tetrachea ericifolia*, australische Buschblütenessenz)
Für Menschen, die **ungeduldig und ständig »auf dem Sprung«** sind, und die daher ihre Kräfte zu sehr verausgaben – im Sinne der feinstofflichen Körper sind sie zu stark verkörpert. Dieses Mittel überträgt einen venushaften Impuls, der dem Patienten hilft, langsamer und weniger äußerlich zu werden und etwas innere Ruhe zu finden.

♀☉ **Five Corners** (*Styphelia laeta*, australische Buschblütenessenz)
Für Menschen mit einer niedrigen Selbstachtung und einer Abneigung gegen sich, vor allem, was ihre physische Körperbeschaffenheit betrifft. Fördert »eine Feier ihrer eigenen Schönheit« und Fröhlichkeit allgemein.

♀ **Wisteria** (*Wisteria sinencis*, australische Buschblütenessenz)
Gegen Frigidität, genauer gesagt für Menschen, die sich Streß mit Sex machen und sich entspannen müssen, um daran Freude haben zu können. Fördert venushafte Offenheit und Zartheit.

♀♂ **Waldtrespe, Hafergras** (Wild Oat, *Bromus ramosus*, Bachblütenessenz)
Beachten Sie, daß das »Hafergras« nichts mit Hafer (*Avena sativa*) oder anderen Pflanzen der Familie *Avena* zu tun hat.
  Für Menschen, die talentiert sind, aber **unsicher** sind, welchen Weg sie einschlagen sollen.
  Menschen, für die Knäuel (Scleranthus) (♂) in Frage kommt, zögern bei der Wahl zwischen zwei Möglichkeiten. Die Waldtrespen-Essenz paßt in eine Situation, in der der Mensch noch nicht einmal die Möglichkeiten klar sieht, unter denen er sich entscheiden kann.

♀ **Heckenrose, Hundsrose** (Wild Rose, *Rosa canina*, Bachblütenessenz)
Das Stichwort ist **Resignation**. Patienten, für die Heckenrose in Frage kommt, sind apathisch, passiv, unbeteiligt, lassen sich treiben (unzureichend verkörpert). Diese Schwäche ist verbunden mit einem Mangel an marshafter Triebkraft, so daß sie **nicht das Bedürfnis spüren,** zu kämpfen, um gesund zu werden, eine bessere Arbeit zu finden oder ihre Lage zu verändern.

41.7 Blütenessenzen, die zu Mars ♂ in Beziehung stehen

♂ **Einjähriger Knäuel** (Scleranthus, *Scleranthus annus*, Bachblütenessenz)
Das Mittel gegen Unentschiedenheit. Die Symptome, die Bach ihm zuschrieb, passen sehr gut zu dem Gallenblasen-Aspekt des Mars, der für das Treffen von Entscheidungen verantwortlich ist. Patienten, für die Knäuel in Frage kommt, haben große Schwierigkeiten, sich zu entschließen, und schwanken oft zwischen zwei Möglichkeiten – mit anderen Worten: Ihre Mars-Gallenblase hat Schwierigkeiten, mit der Situation zurechtzukommen. Zögern und Aufschieben, das oft mit der Indikation für Knäuel verbunden ist, kann ebenfalls auf eine schwache Gallenblase zurückgeführt werden.
  Dies bezieht sich auf die nicht-physischen Aspekte der Gallenblase – nicht einfach auf die Drüse hinter dem rechten unteren Ende des Brustkorbs.

Wir berühren hier die höheren Aspekte der Planetenkräfte – ohne einen wohlfunktionierenden Mars ist es schwer, im Leben Gewißheit zu finden.

♂ **Jacaranda** (*Minosifolia*, australische Buschblütenessenz)
Wie der Knäuel ist auch dieses Mittel indiziert, um Entschiedenheit und klares Denken zu fördern (vgl. Abschnitt 41.1). Gute Kandidaten für diese Blütenessenz sind Menschen, die immer wieder Dinge anfangen, jedoch große Schwierigkeiten damit haben, sie auch zu Ende zu führen (ein Zeichen, das in der chinesischen Medizin mit der Gallenblase in Verbindung gebracht wird und genauer auch mit dem Element Wind, d.h. Bewegung).

♂☉ **Silver Princess** (*Eucalyptus caesia*, australische Buschblütenessenz)
Für Menschen, denen **Motivation**, **Zielbewußtsein** und **Entschlußkraft** fehlen.

♂ **Stechpalme** (Holly, *Ilex aquifolium*, Bachblütenessenz)
Genauso wie die Stechpalme von der hermetischen Tradition mit dem Mars in Verbindung gebracht wird, ist auch der Patient, für den Stechpalme in Frage kommt, aggressiv, feindselig, reizbar und streitsüchtig. Seinem Wesen nach ist Stechpalme ein Mittel gegen **Haß** – das rohe Feuer des Mars, so wie es am stärksten zur Gewalt tendiert. Es ist angezeigt für Menschen, die Rache suchen und die voll von heftigen Leidenschaften wie Eifersucht, Neid und Abscheu sind.

Die Stechpalme zeigt einen Mars, der in Liebe verwandelt und zu den universellen Werten der Venus hin geöffnet werden muß.

♂♄ **Stechginster** (Gorse, *Ulex europaeus*, Bachblütenessenz)
Wie die Stechpalme wird auch der Stechginster, eine Pflanze voller Stacheln, von der hermetischen Tradition dem Mars zugeordnet.

Der Grundton für die Stechginster-Essenz ist **völlige Verzweiflung** – eine Mars und Pluto entsprechende Art, depressiv zu sein. Im Stil könnte sie zu Richard Wagner passen, und der Klient sagt Dinge wie »Es ist alles verloren! Es ist alles am Ende!« Der Saturnaspekt ist ebenfalls stark, und der Klient ist der Auffassung, daß jede Behandlung verschwendete Zeit ist, so schlimm ist sein Fall: »Bei mir haben alle Mittel versagt.« (Vergleichen Sie damit z.B. die venushafte Resignation, wie sie bei der Heckenrose beschrieben ist.)

♂♄ **Dagger Hakea** (*Hakea teretifolia*, australische Buschblütenessenz)
Gegen **Ressentiment und Bitterkeit**, insbesondere gegen enge Familienangehörige, Freunde oder Partner. Ein Mittel, das das Vergeben erleichtert und das von Ian White bemerkenswert gut ausgewählt wurde – die

scharfen, zackigen Blätter der Pflanze lassen sehr stark an die Mars-Saturn-Gefühle denken und an die Energie, die er damit verbindet.

♂ **Mountain Devil** (*Lambertia formosa*, australische Buschblütenessenz)
Eine weitere Pflanze, deren Anblick sehr stark an die Eigenschaften denken läßt, die ihr zugeschrieben werden: Haß, Ärger, nachtragend und mißtrauisch sein.

♂ **Mulla Mulla** (*Ptilotus atripicifolius*, australische Buschblütenessenz)
Da sie aus den heißen, trockenen Gebieten Australiens kommt und wie ein Feuerwerk aussieht, wird diese Pflanze als **Feuerpflanze** bezeichnet und angewendet, um die Heilung von Verbrennungen und psychischen Traumata, die mit Feuer zu tun haben, zu fördern.
Wenn Sie nach *der* Blütenessenz des Feuers suchen, dann könnte es diese sein!

♂♀ **Drüsentragendes Springkraut** (Impatiens, *Impatiens glandulifera*, Bachblütenessenz)
Für **ungeduldige und reizbare** Menschen. Klienten, für die das Springkraut in Frage kommt, sind nervös und möchten Dinge gern rasch tun. Sie können es nicht ertragen, wenn Leute zu langsam sprechen, und so beenden sie die Sätze für sie. Anstatt daß sie ihre Zeit damit verbringen, anderen zu sagen, daß sie schneller machen sollen, kommt es nicht selten vor, daß sie lieber allein arbeiten. Die Uranus-Seite dieses Bildes ist offensichtlich, mit einem Streben nach Unabhängigkeit und einer hektischen Spannung, die zu Unfällen führen kann.

♂♀ **Gelbes Sonnenröschen** (Rock Rose, *Helianthemum nummularium*, Bachblütenessenz)
Indiziert für Situationen von **Furcht und Schrecken** (wenn z.B. ein Kind einen Alptraum hat oder wenn jemand bei einem Unfall knapp davongekommen ist). Stellt den venushaften Frieden in einer von marshafter Spannung bestimmten Situation wieder her.

♂♀ **Grey Spider Flower** (*Grevilla buxiflora*, australische Buschblütenessenz)
Die Indikationen sind ähnlich wie beim Sonnenröschen. Der Anblick der Blume läßt auf bemerkenswerte Weise an Schrecken denken.

♂ **Kapok Bush** (*Cochlospermum fraseri*, australische Buschblütenessenz)
Für Menschen, die **leicht entmutigt** sind und **zu schnell aufgeben** und deren Mars daher Verstärkung braucht.

♂ **Red Helmet** (*Corybas dilatatus*, australische Buschblütenessenz)
Diesmal geht es nicht um die Leere, sondern um einen Überschuß des Mars. Für rebellische und hitzköpfige Menschen und die, die Probleme mit Autoritätsfiguren haben. Auch für Probleme in der Beziehung mit dem Vater und mit Autorität im allgemeinen.

♂ **Southern Cross** (*Xanthosia rotundifolia*, australische Buschblütenessenz)
Wird von Ian White gegen **Opfermentalität, Klagen und Bitterkeit** angegeben – die Essenz für **Märtyrer**, wie man an der faszinierenden Form der Pflanze ablesen kann. Hinsichtlich der Planetenkräfte passen diese Indikationen und die Signatur der Pflanze gut zu dem Syndrom des »verdrehten Mars« (Abschnitt 7.9).

41.8 Blütenessenzen, die zu Jupiter ♃ in Beziehung stehen

♃ **Swamp Banksia** (*Banksia robur*, australische Buschblütenessenz)
Für Menschen, die normalerweise sehr dynamisch sind, die aber eine Phase durchmachen, in der sie wenig Energie haben und entmutigt sind. Swamp Banksia kann als eine Jupiter-Mars-Stärkung angesehen werden, um die betreffenden Menschen aus dem Sumpf zu ziehen.

♃ **Ulme** (Elm, *Ulmus procera*, Bachblütenessenz)
Für Menschen, die sich von ihrer Verantwortung überfordert fühlen und daher eine kurzfristige Depression mit Gefühlen von Unzulänglichkeit durchmachen. Diese momentanen Bewältigungsprobleme können Selbstzweifel mit sich bringen. Im Sinne der Planetenkräfte braucht der Patient eine Stärkung des Jupiter, um Selbstvertrauen und Begeisterung zurückzugewinnen. Das Mittel ist besonders angezeigt für Leute, die in einer verantwortlichen Position sind, d.h. deren Jupiter sehr stark gefordert wird und die durch eine vorübergehende Phase von innerer Leere gehen. Ulme wird verordnet, um den Jupiter wieder auszulösen.

♃ **Odermennig** (Agrimony, *Agrimonia eupatoria*, Bachblütenessenz)
Der Odermennig wird von der hermetischen Tradition Jupiter zugeordnet.
   Das Mittel gegen **verborgene Sorgen**. Diese Patienten erscheinen jovial, munter, humorvoll – sie sind stark von Jupiter bestimmt. Doch dies verbirgt nur ihre innere Sorge und Aufregung. Sie werden sich oft weigern, ihre Probleme zuzugeben, was ein sehr jupiterhafter Zug ist. Sie werden Witze reißen und versuchen, ihre Umgebung davon zu überzeugen, daß alles in Ordnung ist und bleiben wird. Doch ebenso, wie wir Schlaflosigkeit mit zwanghaftem Nachdenken über die Zukunft als Schlüsselsymptom beschrieben haben, das auf eine schlecht funktionierende Leber hinweist, können auch die Patienten, für die Odermennig

in Frage kommt, vor lauter Gedanken nicht schlafen. Wie so viele von Jupiter geprägte Menschen greifen sie auch leicht auf Alkohol zurück. Wenn sie einmal geheilt sind, sollte man von diesen Klienten erwarten, daß sie immer noch jupiterhafte Züge zeigen, doch nun in einer echten Art und nicht als Fassade: einen wahrhaften Sinn für Humor und Fröhlichkeit, eine Fähigkeit, über ihre eigenen Probleme zu lachen, und einen echten Optimismus.

♃ **Geißblatt** (Honeysuckle, *Lonicera caprifolium*, Bachblütenessenz)
Für diejenigen, die **in der Vergangenheit leben** und in denen deshalb die promethischen, zukunftsorientierten Werte des Jupiter belebt werden müssen. Der Patient muß lernen, aus Reue, Nostalgie und Heimweh herauszugehen und sich der Zukunft zuzuwenden.

41.9 Blütenessenzen, die mit Saturn ♄ in Beziehung stehen

♄ **Blue Bell** (*Whalenbergia* spp., australische Buschblütenessenz)
Für Menschen, die **emotional verschlossen, rigide** und **gierig** sind. Dieses Mittel ist angezeigt, um die Starrheit des Saturn aufzubrechen und eine Öffnung des Herzens zu fördern (entsprechend der Dialektik von Sonne und Saturn). Positive Wirkungen schließen allgemeines Vertrauen und freudiges Teilen ein, was einige der Eigenschaften sind, die ein von Saturn bestimmter Mensch lernen muß.

♄ **Kastanienknospe** (Chestnut Bud, Teil der Roßkastanie, *Aeskulus hippocastanum*, Bachblütenessenz)
Für Menschen, die **immerfort dieselben Fehler wiederholen** und die deshalb scheinbar nicht aus ihren Erfahrungen lernen können. Sie wissen nicht, wie man die Saturn-Zeit für sich arbeiten lassen kann, und deshalb gehen sie durchs Leben und wiederholen immer die gleichen fehlerhaften Muster. Sie müssen die Lehren des Saturn lernen!
 Die Roßkastanie wurde in der alchemistischen Tradition Jupiter zugeordnet. Sie werden feststellen, daß normalerweise dann, wenn eine Blütenessenz einem anderen Planeten zugeordnet wird als die eigentliche Pflanze, dies auf eine Dialektik zwischen den Planeten hinweist, so wie Jupiter–Saturn (Roßkastanie, Ulme), Sonne–Mond (Tausendgüldenkraut), Venus–Mars (Enzian).
 Dies bedeutet, daß die Anwender, wenn sie einen Mangel oder einen Überschuß an einer bestimmten Planetenkraft behandeln wollen, häufig auf den dialektisch entgegengesetzten Planeten zurückgreifen müssen.

♄ **Isopogon** (*Ipsogon anethifolius*, australische Buschblütenessenz)
Wie die Kastanienknospe angezeigt für Menschen, die **unfähig** sind, **aus ihren vergangenen Erfahrungen zu lernen**. Weitere mit diesem Mittel

verbundene Eigenschaften beinhalten Hartnäckigkeit, die Tendenz, nur in seinem Kopf zu leben, und eine manipulative Persönlichkeit (Menschen, die sich weigern nachzugeben, bis ihr Gegenüber es tut).

♄ **Bauhinia** (*Lysiphyllum cunninghamii*, australische Buschblütenessenz)
Für Menschen die **starr sind und Veränderungen widerstehen**, um die geistige Offenheit des Jupiter zu stärken und ihr saturnhaftes Zögern zu überwinden.

♄ **Quellwasser** (Rock Water, Bach-Heilmittel)
Wie der Name sagt, ist dieses Mittel nicht aus einer Blütenessenz zubereitet, sondern aus Wasser.

Wie Felsen und Mineralien allgemein das Reich des Saturn sind, so wird dem Quellwasser eine sehr saturnische Gruppe von Symptomen zugeordnet: **Selbstverleugnung** und Selbst-Unterdrückung, d.h. die ins Extrem getriebene Selbstkontrolle und Disziplin des Saturn. Patienten, für die Quellwasser in Frage kommt, sind starr, unflexibel, intolerant und halten ihren Rücken streif und gerade. Sie haben den Kontakt mit der Weichheit des Mondes verloren, ihr Saturn ist in der Dialektik von Mond und Saturn übermächtig geworden.

♄ **Rotbuche** (Beech, *Fagus sylvatica*, Bachblütenessenz)
Das Schlüsselwort ist **Intoleranz**. Wie wir soeben gesehen haben, wenden die Patienten, für die Quellwasser in Frage kommt, ihre saturnhafte Starre gegen sich selbst, während die, für die Rotbuche geeignet ist, sie gegen andere kehren. Die Rotbuche-Klienten sind kritisch gegen andere, genervt von ihren kleinen Angewohnheiten und haben an allem etwas auszusetzen und zu verurteilen. Sie haben deshalb ein starkes Bedürfnis nach den Mond-Werten der Akzeptanz und Bescheidenheit.

Weitere Saturnmerkmale schließen die Betonung kleiner Einzelheiten ein, das Bedürfnis nach Exaktheit und Disziplin und das zwanghafte Bedürfnis, alles in Ordnung zu halten.

Unter den positiven Eigenschaften, die durch dieses Mittel entwickelt werden, ist vor allem Toleranz – eine der Stärken des Jupiter.

♄♂ **Holzapfel** (Crab Apple, *Malus pumilia*, Bachblütenessenz)
Wie ein stark von Saturn bestimmter Mensch alles aseptisch haben möchte, so haben die Patienten, für die Holzapfel in Frage kommt, immer **das Gefühl, unrein zu sein** – physisch und geistig. Sie sind auch besessen von Kleinigkeiten und trivialen Gedanken. Sie können leicht ihre Zeit mit ständigem Waschen und Putzen verbringen. Sie hassen es vielleicht auch, ein Kind zu stillen – die Mond-Aktivität par excellence – weil es zu lebendig ist, zu »stoffwechselhaft« und so als schmutzig empfunden wird.

Der Zug des Mars ist an dem Abscheu vor sich selbst zu erkennen (der eine Form davon ist, seinen Mars gegen sich zu kehren) und an dem Gefühl von Scham – Scham, Schuld und Reue sind die Gefühle, die mit der Saturn-Mars-Kombination verbunden sind. (Deshalb ordneten die alten Chinesen Scham und Schuld der Gallenblase zu.)

♄ **Kiefer** (Pine, *Pinus sylvestris*, Bachblütenessenz)
Die Schlüsselworte sind **Selbstvorwürfe** und **Schuldgefühle**. Patienten, für die Kiefer in Frage kommt, sind sehr stark von Saturn geprägt, voller Reue über die Dinge, die sie hätten besser machen können. Sie sind übermäßig gewissenhaft, aber nie zufrieden mit dem, was sie getan haben. Deshalb machen sie sich beständig Vorwürfe.

♄♂ **Sturt Desert Rose** (*Gossypium sturtianum*, austral. Buschblütenessenz)
Die australische Buschblütenessenz gegen **Schuldgefühle**, die darauf zielt, Mut und Integrität zu fördern – alles Werte, die die traditionelle chinesische Medizin der Gallenblase zuordnen würde.

♄ **Tall Yellow Pop** (*Senecio magnificus*, australische Buschblütenessenz)
Für Menschen, die sich **entfremdet, einsam und isoliert** fühlen, und die ihre saturnhaften Barrieren loslassen müssen, um ein Gefühl der Zugehörigkeit zu erlangen, ebenso wie ein stärkeres Akzeptieren ihrer selbst und anderer Menschen.

♄ **Gefleckte Gauklerblume** (Mimulus, *Mimulus guttatus*, Bachblütenessenz)
Angst mit einem bekannten Ursprung, so wie Angst vor Krankheit, Tod, Armut, Tieren usw. Diese Ängste werden häufig geheimgehalten.

Die Ängste, gegen die Gauklerblume verwandt wird, können von einer saturnischen Blockierung herrühren, der eine Fixierung der Mars-Libido in einer bestimmten Richtung erzeugt, wobei diese nicht notwendigerweise eine weiterreichende Bedeutung hat.

Es gibt jedoch noch eine andere Seite der Gauklerblume, die mit der Venus verknüpft ist – die eines scheuen und reservierten Patienten, der sehr empfindlich ist. Hier sind die Ängste mehr einem schwachen Mars geschuldet als einem zu starren Saturn.

♀♄ **Edelkastanie** (Sweet Chestnut, *Castanea sativa*, Bachblütenessenz)
Ein Mittel, das Bach auf dem **Höhepunkt der Verzweiflung** angezeigt hielt – wenn Leute ganz tief unten sind und alle ihre Aussichten blockiert sehen. Der Zustand, in dem die Seele in höchstem Maße leidet. Wenn sie sich in positiver Weise durch diese Phase bewegt, kann dies zum Tod des kleinen Ego (oder eines Teils davon) führen.

♄ **Sturt Desert Pea** (*Clianthus formosus*, australische Buschblütenessenz)
Wird von Ian White als eine der mächtigsten seiner Essenzen angesehen und wird gegen **Schmerzen, tiefe seelische Verletzungen und Traurigkeit** angewandt – sie fördert ein Loslassen des Saturn.

♄☽ **Wild Potato Bush** (*Solanum quadriculocatum*, australische Buschblütenessenz)
Für Menschen, die sich **schwer fühlen oder physisch behindert** und die das Bedürfnis haben, ihr altes Selbst hinter sich zurückzulassen – und so die mit der Schwerkraft verknüpfte, erdhafte Seite ihres Saturn loslassen möchten.

♄ **Weide** (Willow, *Salix vitellina*, Bachblütenessenz)
Angezeigt für **Ressentiment und Bitterkeit**. So, wie die Weide in der hermetischen Tradition mit dem Mond in Verbindung gebracht wird, beeinflußt diese Blütenessenz das psychische Gleichgewicht von Mond und Saturn in einem Patienten zugunsten des Mondes und des Loslassens, an Stelle einer fortdauernden saturnhaften Unzufriedenheit.

42 - Schlußwort

Während dieser Entdeckungsreise haben wir gesehen, wie die Astrologie eine Sprache und einen symbolischen Rahmen bietet, um zwischen den Zeilen des großen Buchs der Natur zu lesen und in den Tatsachen der Anatomie, Physiologie und Pathologie Sinn zu finden. Wo zuvor nur eine Myriade von scheinbar unzusammenhängenden Fakten war, da bildet sich nun die Vision einer größeren Harmonie heraus. Außerdem ist diese Entzifferung der Wege der Natur weit davon entfernt, eine rein kontemplative Übung zu sein – sie ebnet den Weg zu wirkungsvollen Behandlungsmethoden und ganzheitlichen Heilverfahren.

Ich sage voraus, daß in naher Zukunft einige vollständig neue Theorien über das Funktionieren des Körpers erscheinen werden. Dabei wird es sich nicht einfach um wissenschaftliche Theorien handeln, sondern auch um »große Mythen des Körpers«, die die physiologischen Realitäten in ein größeres archetypisches Ganzes einbetten und zu einer Revolution in der Therapie führen werden. Denen, die an diesen Transformationen von großer Tragweite beteiligt sein werden, möchte ich die grundlegende Rolle aufzeigen, die das hermetische Modell und seine symbolischen Fundamente spielen können.

Lassen Sie mich auch darauf hinweisen, daß Sie, indem Sie sich von Kapitel zu Kapitel weitergearbeitet haben, sich bereits ein gutes Stück astrologischen Wissens erworben haben. Wenn Sie in dieser Richtung weiterarbeiten, werden Sie finden, daß das, was Sie hier studiert haben, sich unmittelbar auf die Interpretation von Horoskopen anwenden läßt.

Um Ihren Lernprozeß zu beschleunigen, habe ich *Canopus* geschrieben, ein intuitiv zu bedienendes Astrologieprogramm, das Sie Schritt für Schritt beim Erlernen der Grundprinzipien der Horoskopinterpretation begleitet. Jeder weiß heutzutage, daß die Zeit, in der Astrologen seitenweise Rechnungen ausführen mußten, ein für allemal vorbei ist. Alles, was Sie tun müssen, ist, das Geburtsdatum und die Geburtszeit einzugeben, zusammen mit dem Namen des Ortes, und dann können Sie das Programm den Rest machen lassen.

Wie wir in diesem Buch gesehen haben, ist es möglich, die Symbolik der Astrologie tiefgehend auszuloten, ohne je ein Horoskop zu zeichnen. Dennoch werden Sie, wenn Sie sich die Horoskope der Menschen, mit denen Sie zusammenleben, ansehen, sogleich tiefere Dimensionen der Symbolik der Planetenkräfte wahrnehmen.

Wenn Sie mehr erfahren möchten, dann können Sie die Internet-Seite der Clairvision School besuchen (http://www.clairvision.org/), wo Sie auch das *Clairvision Astrology Manual* in elektronischer Form bekommen können.

Index

Abend 68
Achtsamkeit 250
Ackerschachtelhalm
 (*Equisetum
 arvense*) 344
Adamsapfel 333
Adler 81, 316
Adrenalin 149
Affen 312
After 269
agni 65, 157
Agrippa von
 Nettesheim,
 Heinrich 312,
 314, 317
Ägypten 13
Ahorn (*Acer* spp.)
 341
Ahriman 68, 106
AIDS 103, 233, 260
Ajna-Chakra *siehe*
 drittes Auge
Akasha-Chronik
 257
Akazie (*Acacia* spp.)
 320
Akelei (*Aquilegia
 vulgaris*) 330
Akne 292
Akupunktur 299
Akupunkturpunkte
 Blase 43 126, 174
 Blase 53 174
 Blase 62 162
 Konzeptionsgefäß 14
  291, 350
 Niere 1 153
 Niere 6 162
Alant (*Inula
 helenium*) 329
Alchemie 15, 17,
 35, 39, 105, 143,
 167, 183, 199,
 200, 214, 284 ▶

304, 318, 331,
 347
Alkohol 100, 102,
 228, 239, 240,
 260, 264, 347,
 359
Alkoholismus 240
Allen, Woody 51
Allergien 92, 171,
 213
Alpenveilchen
 (*Cyclamen* spp.)
 331
Alpträume 357
Alraun (*Mandragora
 officinalis*) 323,
 329
Alter 119
Altern 183, 243
Ambrosia 47
Ameisen 314
Ameisensäure 314,
 335
Amethyst 308
Amnesie 246
Ampfer (*Rumex*
 spp.) 341
Anämie 125, 126,
 238
Andorn (*Marrubium
 vulgare*) 330
angeborene
 Krankheiten 210
Ängste 84, 87, 246,
 290, 298, 361
Angsthase 39, 54,
 57, 310
ankh 56
Anmut 55
Anorexie 131, 217,
 218, 219, 303
Anpassungsfähigkeit
 38, 49

anthroposophische
 Medizin 120,
 213, 237, 323
Antibiotika 214,
 236, 264
Antimon 20, 214,
 255, 297
Antimonium crudum
 297
*Antimonium
 tartaricum* 297
Antrieb 66
Anziehungskraft 55
Apfel (*Malus* spp.)
 333
Aphrodite 53, 69,
 146
Aphrodite Pandemos
 53
Apollo 48, 112, 319
Aquamarin 307
Araber 13
Archetyp 56, 61, 85,
 132, 187, 346
~, verschiedene
 Ebenen 54
Ares 55, 146
*Argentum
 metallicum* 291
*Argentum per
 Bryophillum* 192
Ärger 66, 159, 177,
 357
Aristoteles 310
Arroganz 28
Arterien 68, 155
Arteriosklerose 244
Artischocke 335
Artus 27
Asketen 40, 86,
 130, 218, 274
Aspiration 28
Aspirin 325
Asthma 92, 306

Astralkörper 20, 44, 134, 135, 147, 149, 173, 174, 181, 182, 185, 189, 190, 192, 193, 196, 201, 203, 214, 218, 225, 226, 231, 246, 248, 249, 251, 253, 254, 264, 276, 331, 351
Astralkörper, duale Evolution 249
Asuras 68
asvattha (Ficus religiosa) 338
Aszendent 18, 68
Atem 137
Atembeschwerden 330
Ätherkörper 147, 149, 169, 173, 181, 182, 188, 194, 201, 204, 205, 225, 226, 231, 252, 253, 255, 262, 289, 313, 336
Ätherkörper und Mond 181
Atlantis 195, 257, 287
atman 196
Atom des Herzens 127
Auferstehung 104
aufrechter Gang 127, 169
Augentrost (Euphrasia officinalis) 323
Aura 248, 250, 251, 264, 332, 351
Aurikulotherapie 110
Aurum metallicum 290
Aurum potabile 122, 290
ausadha 327

Ausdauer 86, 126
Ausdehnung 76, 77, 80
Ausgelassenheit 77
Ausscheidung 147, 172
Auster 302, 311
Australien 92, 346
Autoimmunkrankheiten 213
Autorität 28, 96
Autos 71
Avocado (Persea americana) 333
ayurvedische Medizin 142, 157, 207, 224, 299, 310
Azaleen 217
Azurit 308
Bach, Edward 345
Bach, Johann Sebastian 57
Bachblüten 346
Balance 147
Banane (Musa spp.) 326
Bandwürmer 330
Banyanbaum (Ficus benghalensis) 338
bao li-Dialektik 174
Bargeld 108
Basilikum (Ocimum basilikum) 321
Basischakra 16, 127, 139, 164, 267
Baucharbeit 70, 265
Bauchspeicheldrüse 174
Bauhinia 360
Becken 168, 188
Begeisterung 77
Begierde 66, 69
Beinwell (Symphytum officinale) 342
Belladonna 236
Benzin 314

Berberitze (Berberis vulgaris) 336
Beredsamkeit 226
Besitzgier 350
Beständigkeit 88
Bettnässen 296
Bhagavad-Gita 338
Bienen 313, 335, 341
Bilsenkraut (Hyoscyamus niger) 343
Binah 36, 180
Birke (Betula alba, Betula lenta) 335
Birne (Pyrus spp.) 333
Bitterkeit 87, 356, 358
Bittersüß (Solanum dulcamara, S. nigrum) 343
Black Eyed Susan 354
Blake, William 39
Blei 244, 297
Bleiwurz (Cerato) 353
Blitz 95
Blobs 257
Blue Bell 359
Blumenkohl (Brassica oleracea botrytis) 328
Blut 123, 125, 166, 172, 173, 175, 215, 240
Blutarmut siehe Anämie
Blutbildung 176
Blutdruck 230, 344
Blütenessenzen 287, 299, 345
~, Einnahme 349
~, Herstellung 347
Blutgefäße 210, 243
Bluthochdruck 238
Blutkörperchen 125, 151, 238
Blutstein 308
Blutungen 290, 344

Böhme, Jakob 204
Bohnen (*Phraseolus* spp.) 329
Borretsch (*Borago officinalis*) 341
Botticelli 53, 152
Bottle Brush 353
Brennessel (*Urtica diotica*) 335
Brombeere (*Rubus* spp.) 333
Bronchien 137
Bruchleiden 170, 243
Brunnenkresse (*Nasturtium officinale*) 325
Brustbein 176
Brüste 117, 133, 150, 169, 291, 326
Brustkrebs 133, 303
Brustwarzen 133
Brutalität 66
Bryonia 236
Buch M., *liber m(undi)*, Buch der Welt 257
Buchhalter 86
Buddha 271, 338
buddhi 51
Buddhismus 197
Bulimie 217
Bulle 313
Bundeslade 320
Bunker 104
Bush Fuchsia 353
Bush Gardenia 354
Bush Iris 354
Butter 315
Caduceus *siehe* Schlangenstab
Calcium 244
Canopus (astrolog. Berechnungsprogramm) 18, 19, 34, 233, 275, 280, 281, 282, 289, 363
Cayce, Edgar 102
Cerebrellum 135

Chakren 16, 140, 324, 331 siehe auch einzelne Chakren
untere Chakren 106, 267
Chamäleon 312
Chamomilla (echte Kamille) 72, 322
Channeln 100
Chaos 15, 35, 36, 38, 44, 45, 101, 105, 106, 130, 182, 216, 221, 226, 325
Charisma 77
Charme 57
Charon 104
chitta 184, 186, 252
Chlorophyll 125
Chokmah 36
cholerisch 159
Christus 31, 36, 41, 44, 104, 105, 108, 155, 196, 197, 279, 321
Christusbewußtsein 31, 99, 274
Chromosomen 110, 162, 178, 213
chronisches Müdigkeitssyndrom 254
Chrysantheme (*Chrysanthemum* spp.) 322
Chrysolith 306, 307
Clairvision Corpus 11, 19, 56, 132, 144, 145, 153, 161, 169, 171, 180, 186, 187, 188, 189, 194, 195, 198, 206, 250, 267, 315, 327
Clairvision-Archiv 64, 67, 85, 198, 199, 250, 257, 287, 348
Computer 95, 96

Cranio-Sacral-Therapie 170
Culpeper, Nicholas 122, 290
Cupido 53
Cuprum metallicum 294
Cyllene 48
Dagger Hakea 356
daimon 16
Damm (Perineum) 164, 267
Dante 26, 81
Darmbein 136, 170
Darmerkrankungen 292
Därme 139
Darmwindungen 139
Darth Vader 108
Daumen 112, 161
Deimos 55, 63
Delphine 316
Demut 29
Depression 29, 30, 87, 136, 229, 246, 268, 290, 329, 349, 356, 358
Deszendent 68
Deutschland 82, 108
Devas 68
dharma 77
dhatu 142, 145
Diabetes mellitus 214, 240
Dialektik 288
~ von Jupiter und Saturn 80, 359
~ von Mars und Venus 67, 69, 142, 148, 153, 162, 164, 231, 293
~ von Merkur und Jupiter 79, 353
~ von Mond und Saturn 90, 174, 245, 297, 303 ▶

310, 316, 344, 352, 360
~ von Sonne und Mond 43, 182, 359
~ von Sonne und Saturn 89, 177, 359
~ von Sonne und Uranus 97
~ von Venus und Mars 359
Was ist eine ~? 41
Dialyse 147
Diamant 300, 304, 306
Diät 217, 218, 239, 303
Dickdarm 138
Dill (*Anethum graveolens*) 328
Dione 53, 54
Dionysios der Areopagit 277
Direktheit 28
Disteln (*Cirsium* spp.) 335
Disziplin 86
DNA 178
Dog Rose 351
Dolden-Milchstern (Star of Bethlehem) 351
Donnersäule 126, 127, 161, 267
Donnersäulen-Meditation 56, 305
Dornen 331
Drachen 24
Drachenkopf 24
Drachenschwanz 24
dreifacher Erwärmer 157
drittes Auge 128, 136, 154, 183, 293, 304, 348
Drogen 59, 100, 213, 240, 260, 264

Druiden 323
Dünndarm 139, 158, 224
Dünndarmzotten 224
Dynamik 66
Ebbe 34
Edelkastanie (Sweet Chestnut) 361
Edelsteine 299
Efeu (Hedera helix) 306, 343
Ego 120, 171, 173, 175, 182, 185, 190, 195, 198, 203, 211, 214, 215, 236, 249, 263, 290
~ und Zucker 215
Egoismus 28, 87
Ehrgefühl 28
Ehrgeiz 28, 66
Ehrlichkeit 28
Eibe (*Taxus baccata*) 343
Eiche (*Quercus robur*) 338
Eidechsen 211
Eierstöcke 150, 332
Eifersucht 351, 356
Eileiter 150
Einheit mit der Natur 58
Einhorn 309
Einsamkeit 361
Einzelgänger 96
Eisen 71, 125, 295
Eisenhut (*Aconitum napellus*) 343
Eisenkraut (*Verbena officinalis*) 335
Eisenkraut (Vervain) 354
Eisenmangel 238
eisernes Zeitalter 59
Eisprung 131
Ekliptik 23
Elefanten 316
Elektrizität 22, 95
Elektronik 22

Elemente 16, 189, 256 *siehe auch* Feuer *und* Wasser
Erdelement 16, 80, 86, 97, 164, 174, 180, 188, 256, 309, 316, 326
Feuerelement 42, 44, 65, 139, 157, 206, 212, 213, 218, 230, 236, 256, 303, 309, 313, 323, 337, 357
Luftelement 50, 76, 80, 97, 137, 138, 223, 256, 311, 312, 315
Wasserelement 41, 42, 44, 129, 156, 181, 229, 230, 256, 309, 312, 326
Windelement 138, 159, 160, 223, 227, 228, 303, 328, 356
Elfen 58, 208
Elixier 285
Embryo des Willens 163, 192
Embryonalentwicklung 151
Embryonalstadium 119
Emotion 192, 203, 229
emotionale Wellen 193, 203, 219, 260
Empfänglichkeit 34, 38
Endivie (*Cichorium endiva*) 340
endoplasmatisches Retikulum 179
Engel 15, 136, 138, 277, 307, 319, 337

Index

Engelsüß
(*Polypodium
vulgare*) 330
Engelwurz (*Angelica
archangelica*) 323
Entbindung 290,
307
Entgiftung 167
Entscheidungsfähigkeit 160
Entscheidungsschwäche 295,
345, 352
Entschiedenheit 66,
159, 356
Entschlossenheit 28
Entschlusskraft 356
Enttäuschungen 354
Entwicklungsweg 54
Entzündungen 213,
236, 237, 325
Enzian (Gentian)
354
Enzian (*Gentiana*
spp.) 337, 359
Erbenergie 145, 327
Erdbeere (*Fragaria*
spp.) 332
Erde 17
Erde und Ego 198
Erdstrahlen 108
Erdung 86, 188,
191, 297
Erkältung 224, 322
Erleuchtung 197,
199, 325
Ernährung 37, 130,
131
Ernährungsstörungen 130
Eros 53
erotische Träume
329
Erschöpfung 232,
253, 254, 350
Erzengel Michael
319
Esoterik 95
Espe (*Populus
tremuloides*) 344
Eßstörungen 217

Estragon (*Artemisia
dracunculus*) 338
Eukalyptus 342
ewiges Leben 105
Expansion 76, 80
Exzentrizität 103
Exzesse 58, 78, 156,
239, 242
Farben 31
Blau 60, 79
Gelb 31, 79
Gold 31
Grün 51, 60, 125
Lila 79
Orange 31
Rosa 60
Rot 31, 72, 125
Schwarz 89, 106
Silber 40
Violett 89
Weiß 40, 89
Fasten 130, 218
Faszination 106
Faulheit 39
fei 138
Feigenbaum (*Ficus*
spp.) 338
Feigling 39
feinstoffliche Körper
115, 200
Fenchel (*Foeniculum
vulgare*) 328
Ferrum metallicum
295
*Ferrum
phosphoricum*
236, 237
Festigkeit 86
Fett 315
Fettgewebe 130
Feuer
Fall des Feuers 64,
123, 125, 163
Feuer, kosmisches
64, 65, 161, 169,
212
Fieber 211, 213,
230, 236, 325
Fieber,
rheumatisches
223

Fingerhut (*Digitalis
purpurea*) 332
Fingerkraut (*Potentilla canadensis,
P. reptans*) 339
Fisch (Symbol) 155
Fische 311
Fische (Tierkreiszeichen) 79, 99,
118, 153, 154,
155, 240
Five Corners 355
Fixer 108
Fleisch 129
Flöhe 314
Flöte 48
Flügel 21, 47, 75,
80, 87, 117, 136,
175, 276, 332
Flut 34
Formica rufa 315
Fortpflanzung 35,
132, 210
Fötus 132
Freude 28, 120,
121, 214
Fruchtbarkeit 35,
54, 117, 182, 329
Fruchtwasser 132
Frühstück 189
Frustration 177
fu 130
Führungsqualitäten
28
Fulcanelli 319
Füße 118, 153, 154,
155
Fußreflexzonentherapie 110
Gaia 74
Galgant (*Alpinia
galanga*) 337
Galilei 74
Galle 158, 166
Galle, Johan 98
Gallenblase 158,
159, 160, 295,
345, 355, 356,
361
Gallensäuren 158
Gallensteine 159

Gänseblümchen
(*Bellis perennis*)
330
Ganymed 74, 83,
334
Gastritis 325
Gauklerblume
(Mimulus) 361
Gazellen 312
Gebärmutter 44,
131, 132, 150,
190, 191, 219,
291
Geburt 290, 294,
295
Gedächtnis 181,
243, 323
Gedanken 184, 203
Gedankenformen
184
Geduld 86
Gefühle 203
Gehängte, der
(Tarotkarte) 59
Geheimgesellschaften 108
Gehirn 126, 134,
243, 251, 267
Gehirntumore 256
Gehirnventrikel 128
Gehirnwindungen
139
Gehör 155
Geißblatt
(Honeysuckle)
359
Geistessäule 194
Gelbwurz (*Hydrastis canadensis*) 324
Gelée royale 313
Gelenke 244
degenerative Gelenkveränderungen
244
Gelenkschmerzen
223
Genauigkeit 78, 86
Genesis 35, 145,
204
Genußsucht 58
Geobiologie 108

Geometrie 85, 281
Gerste (*Hordeum vulgare*) 334
Geruchssinn 164,
267
Geschlechtskrankheiten 233
Geschlechtsorgane
269
Geschmackssinn
131
Gesetz 80
Gesetze des Manu
77
Gewalt 66, 96, 107,
125
Gewohnheiten 181,
183, 244
Gewürze 337
Gewürznelken
(*Caryophyllus aromaticus*) 340
Gezeiten 34
Gicht 240
Gier 359
Ginseng (*Panax schin-seng*) 323
Glucagon 175
Glück 80
Glukose 166
Glycogen 166
Goethe 123, 326
Gold 112, 122, 200,
201, 290
goldenes Ei 30
Goldmacherei 201
Götter 27, 40, 47,
55, 60, 61, 62,
64, 119, 304
Götter, griechische
74
Göttliche Komödie
26, 81, 272
Gral 23, 105, 304
Granat 308
Grenzen 47, 75, 78,
79, 80, 84, 92,
96, 240, 258
Grey Spider Flower
357

Grippe 224, 225,
226, 322
Großmut 28
Großzügigkeit 78
Gründlichkeit 78,
86, 89
Gurdjieff 143
Gurke (*Cucumis sativus*) 324
Gürtel der Venus
47, 55
Guru 76, 154
guru-chakra 154
Haar 58, 152, 230
Haarausfall 152
Hades 47, 75, 104
siehe auch
Unterwelt
Hafer (*Avena sativa*)
334
Hahnemann, Samuel
286
Hähne 309
Hair (Musical) 58
Halbmond 16
Halluzinationen 241
Halswirbel 168
Hämatit 308
Hämoglobin 59,
125, 151, 238
Hämorrhoiden 339
Hand 161
Handlesen 110
Handwerker 68
Hanf (*Cannabis sativa*) 343
hara 163, 247, 295
Harmonia 55
Harmonie 56, 57,
229
Harmonie der
Sphären 61, 156
Harnsäure 240
Haß 66, 356, 357
Hatha-Yoga 157,
164
Haut 85, 92, 171,
243
Hautprobleme 342,
344

Index

Hayflicksche Grenze 243
Heckenrose 356
Heckenrose, (Wild Rose) 355
Heidekraut (Heather) 350
Heindel, Max 144, 173, 180
Hellsehen 263, 307
Hemmungen 87
hen to pan 15
Hepatitis 241, 296
Hephaistos 55
Heptagramme 281
Hera 55
Herausforderung 66
Herkules 338
Hermaphrodit 49, 55, 145, 312
Hermes 47, 79, 135, 137, 194, 293, 304, 328
Hermes Trismegistos 13
hermetische Tradition 13, 49
Herschel, Friedrich 22, 94
Herz 44, 120, 121, 133, 137, 167, 199, 209, 291, 332
Herzchakra 123
Herzinfarkt 256
Herzlinie 111
Herzmittel 336
Herzrhythmusstörungen 227
Herzzentrum 188, 209
Hesiod 59
Heureka 97, 186
Hexenbesen 335
Hierarchie der Engel 277
Hierophant 76
Himbeere (*Rubus* spp.) 333
Hindernisse 84
hinduistische Tradition 196
Hintern 168
Hippokrates 10
Hiram 320
hiranya-garbha 30
Hirtentäschelkraut (*Capsella bursa pastoris*) 344
Hitler 103
Hochmut 28
Hoden 148, 331
Hoffnung 28
Hoffnungslosigkeit 349
Höheres Selbst 16, 89, 127, 167, 169, 171, 195, 196
Höhlen 104
Holst, Gustav 95
Holunder (*Sambucus nigra* usw.) 335
Holzapfel (Crab Apple) 360
Homöopathie 94, 207, 237, 244, 285, 288, 299, 315, 322, 329, 336, 339, 343
Honig 313
Hopfen (*Humulus lupulus*) 337
Hören 156
Horus 330
Hüfte 136, 168
Hühner 310
Humor 50, 77
hun 167
Hunde 312
Hundskamille (*Anthemis* spp.) 322
hyle 35
Hypochondrie 223
Hypophyse (Hirnanhangdrüse) 128, 136, 144
Hysterektomie 191, 291
Hysterie 246
I Ging 334
Hexagramm 1 29, 44
Hexagramm 2 44, 45
Hexagramm 5 45
Hexagramm 18 108
Hexagramm 21 177
Hexagramm 49 97
Hexagramm 51 97
Hexagramm 55 30
Ich will nicht auf der Erde sein-Syndrom 260
ida-nadi 44, 140, 228
Immergrün (*Vinca minor*) 330
Immunsystem 157, 211, 237, 263
Impfungen 214
Impotenz 148
Individualität 196, 198, 212
Individuation 132
Indra 304
Infektion 214, 263
Ingwer 158, 265, 337
Inkarnation 17, 65, 199, 219, 261
siehe auch Verkörperung
Inklination 103
Inspiration 98
Insulin 175
Intelligenz 50, 135, 250
Intoleranz 360
Intuition 112, 203, 258
Iris 332
Irisdiagnostik 110
Irland 60

Isis 330
ISIS-Prozeß 30, 70,
  88, 214, 247,
  260, 265, 295
Isopogon 359
isvara 36
Jacaranda 345, 356
Jade 307
Jahresringe 341
Jahreszeiten 43
Jähzorn 28
Jasmin 217, 328
jing 144, 152, 230,
  231, 232, 289,
  313
jivatman 120
Jovialität 77
Juckreiz 223
Jugendalter 119
jun huo 123
Jungfrau 79, 118,
  139
Jungfräulichkeit 190
Jungfräulichkeit
  Marias 41
Juno 332
Kabbala 17, 41,
  180, 327
Kaktus (*Cereus* spp.)
  336
Kälber 316
Kalmus (*Acorus
  calamus*) 325
Kamel 317
Kampf 66
Kanadische Tee-
  staude (*Gaul-
  theria procum-
  bens*) 325
Kaninchen 35, 310
Kapern 337
Kapok Bush 357
Karma 80, 84
Kastanie (*Castanea*
  spp.) 339
Kastanienknospe
  (Chestnut Bud)
  359
Katzen 313, 335
Katzenauge 300

Katzenminze
  (*Nepeta cataria*)
  335
Keats, John 83
Kehlkopf 153, 333
Kentauren 81
Kentaurendilemma
  169, 170, 297
Kentaurentore 169
Kentaurenwunden
  170
Kepler, Johannes 27
Kerbel (*Anthriscus
  cerefolium*) 341
Kernfusion 103
Kernspaltung 103
Kernwaffen 104,
  108, 109
Kessel 163
Kiefer (Pine) 361
Kiefer (*Pinus* spp.)
  341
Kinderkrankheiten
  214, 236
Kindheit 119
Kirsche (*Prunus*
  spp.) 332
Kleinhirn 135
Kleinkindalter 119
Kleinkinder 183
Klette (*Actium
  lappa*) 335
Knäuel (Scleranthus)
  345, 355
Knie 118
Knoblauch (*Allium
  sativum*) 265,
  336
Knöchel 118, 162
Knochen 176, 244
Knochenbrüche
  237, 342
Knochenmark 176,
  269
Knorpel 244
Kochen 130, 143
Kohl (*Brassica
  oleracea*) 324
Kommunikation
  135

Komplexe 84
Kompost 36, 182,
  189
Konditionierung
  181
König 27, 121, 213
Königskerze
  (*Verbascum* spp.)
  344
Kontraktion 80
Konversionskammer
  287, 300, 348
Konversionsneurose
  246
Koordination 138,
  226
Kopf 161
Kopflinie 111
Kopfschmerzen 329
Koralle 300, 305
Koriander
  (*Coriandrum
  sativum*) 337
Körper der
  Unsterblichkeit
  167, 184, 198,
  202, 305
Körper, feinstoffliche
  180
Körper, physischer
  und Saturn 180
Körperfeuer 157,
  179, 206, 209,
  224, 265, 270
Körperflüssigkeiten
  129
Körperhaltung 127
Körpertemperatur
  171, 211
Kosmetik 58
Kräfte der Finsternis
  105
Krähen 316
Krampfadern 234,
  339
Kreativität 54, 56,
  57, 60, 148, 353
Krebs 90, 117, 132
Krebs (Krankheit)
  213, 214, 237 ▶

240, 260, 271, 272
Krebsbehandlung, anthroposophische 213
Kreis 15
Kreuz 17, 104, 320, 342
Kreuzbein 168, 169, 267, 297
Kreuzzüge 13
Krieg 67
Kriegstraumata 298
Krisensituationen 349
Kronenchakra 127
Kronos 74
Kröten 316
Küchenschaben 35, 311
Kühnheit 66
Kümmel (*Carum carvi*) 328
kundalini-yoga 140, 305
Kunst 58, 99
Künstler 59, 68, 99
Kupfer 54, 232, 234, 293, 294
Kürbis (*Cucurbitacea*) 324
Lähmung 139, 224, 227
Lampenfieber 353
Langlebigkeit 339, 341
Langsamkeit 84
Lapislazuli 308
Lärche (Larch) 349
Lauch (*Allium porum*) 336
Laue der Apokalypse 107
Lavendel (*Lavandula vera*) 328
Lea 329
Lebensalter, sieben 118

Lebenskraft 169, 204, 225, 267, 270, 313, 327
Lebenslinie 111
Lebensmittelvergiftung 298
Leber 158, 166, 167, 241, 296, 306
Leberbeschwerden 322
Leberblümchen (*Hepatica triloba*) 340
Leere der Nierenenergie 294
Leere der Sonnenenergie 29, 87, 246, 301, 349, 351
Lehre von den Signaturen 340, 346
Leichtigkeit 136
Leidenschaften 106, 331, 354
Leier 48
Leisten 168, 170
Lemuria 257
lemurische Spiritualität 258
Lendenwirbel 168
Lese-Rechtschreib-Schwäche 226, 293, 353
Leukämie 271
Libido 66, 132, 148, 231, 237, 246, 265, 267, 268, 361
Lichter 12, 43, 140
Liebe 28, 32, 56, 57, 60, 101, 121, 154, 155, 219, 229, 265, 356
Liebesäpfel 329
Liebstöckl (*Levisticum officinale*) 323

Liliengewächse (*Lilium* spp.) 326
Lilith 19
Linde (*Tilia* spp.) 341
Little Flannel Flower 352
Logos 26, 27, 226
solarer Logos 21, 30, 32, 36, 41, 198, 199
Lorbeerbaum (*Laurus nobilis*) 319
Lotus 324, 331
Lowell, Percival 103
Löwe 117, 121, 126, 309
Löwenzahn (*Taraxacum officinalis*) 167, 340
Lunge 117, 136, 137, 138, 167, 194, 340
Lungenbläschen 224
Lungenentzündung 292, 306
Lungenflügel 136
Lungenkraut (*Pulmonaria officinalis*) 340
Luxus 58
Luzifer 68, 333
Lymphozyten 212
Lysosome 179
Macht 106
Macht des Point 251, 254, 255
Macrocarpa 350
Mädesüß (*Filipendula ulmaria*) 341
Mafia 108
Magen 36, 130, 174, 182, 186, 188
Magenverstimmungen 325

Magnesium 125
Maiglöckchen
 (*Convallaria
 majalis*) 328
Majoran (*Marjorana
 hortensis*) 329
Makrokosmos 115,
 210
Malachit 307
Malleoli 162
Mandelbaum
 (*Prunus
 amygdalus*) 339
manvantara 143,
 206, 274, 313,
 323
Maria 36, 39, 41,
 326, 331
Mastektomie 291
Mäuse 310
Meditation 88, 130,
 183, 189, 201
Medium 100
Meerrettich
 (*Armoracia
 rusticana*) 337
Melancholie 175
Melone 324
Membran 179
Menopause siehe
 Wechseljahre
Menstruation 131,
 132, 190, 192,
 218, 334, 354
mentale Substanz
 184
Mercurius solubilis
 292
Mercurius vivus 292
Meridiane
 Dickdarm~ 139
 Gallenblasen~ 162
 Herz~ 123, 154
 Herzbeutel~ 123
 Leber~ 168
 Magen~ 174
 Milz~ 174
 Nieren~ 154
Merlin 95
Metalle 202
Metastasen 240

Metis 75
Mikrokosmos 115,
 178, 210
Milch 133
Milchfluß 328
Milchstrasse 84
Milz 115, 172, 173,
 174, 188
Minerale 176
Minze (*Mentha* spp.)
 335
Mistel 213, 323
Mitgefühl 154
Mitochondrien 179
Mohrrübe (*Daudus
 carota*) 328
Mond, schwarzer 19
Mondfinsternis 23
Mondknoten,
 absteigender 23
Mondknoten,
 aufsteigender 23
Mondkrater 34
Mondphasen 33,
 43, 181
Mondstein 307
Mondzyklus 131,
 132, 348
Morgen 68
Moses 77, 320
Motivation 77, 356
Mountain Devil 357
Mücken 314
muladhara-chakra
 16, 164, 267, 268
Mulla Mulla 357
Multiplikation 35
Muskatnuß
 (*Myristica
 fragrans*) 340
Muskeln 160, 243
Mut 66, 159
Mutter 30, 37, 38,
 39, 41, 44, 183,
 219
Mutterkraut
 (*Chrysanthemum
 parthenium*) 335
mütterliches Prinzip
 37
Mysterien 49, 79

Nachlässigkeit 58
Nachtübungs-
 techniken 187
nadis 126, 139
Narzissen (*Narcissus*
 spp.) 332
Naschkatze 39
Nase 164
Nasenhöhle 164,
 269
Nationalsozialismus
 106, 109
Naturgeister 58
Nebel 100
Nebennieren 147,
 149, 252
Neid 356
Neptun 54, 75
Nereid 98
Nervensystem 134,
 135, 149, 227,
 248, 251
Nervosität 160
Netz des Vulkan 55
Neumond 181, 222,
 232
Neuronen 135, 252
Neurosen 221, 245
Niere 55, 57, 117,
 147, 152, 205,
 230, 336, 339
Nieswurz
 (*Helleborus* spp.)
 343
Nietzsche, Friedrich
 253
Noah 327
nous 51
Nußbäume 339
Odermennig
 (Agrimony) 358
Oestrogene 150
Offenbarung 76, 77,
 79, 96, 107, 169,
 202, 268, 304,
 321, 337
ojas 120, 143
Ölbaum 320
Olive 320, 342, 350
Onyx 300
Opal 307

Ophelia 331
Orangen 321
Orchidee (*Orchis* spp.) 330
Ordnung 86
Oregano (*Origanum vulgare*) 329
Organe 115
Organisationsfähigkeit 28, 86
Originalität 96
Osiris 199, 330
Östrogene 150
Ozean 45, 53, 265
padma 324
Palme (*Palmae* spp.) 321
Panther 314
Paracelsus 10, 27
param-ojas 121, 144
Parasiten 222, 292, 302, 330, 336
Parfüm 58
Parzifal 105
Pastinak (*Pastinaca sativa*) 329
Paulus 104, 196
Pausanias 53
Paw Paw 353
Pennyroyal (*Hedeoma pulegioides*) 334
Perfektion 107
Perfektionismus 218
Perihelion 103
Perle 300, 302
Persius 331
Petersilie (*Petroselinum crispum*) 328
Pfau 309
Pfeffer (*Capsicum* spp.) 337
Pferde 81, 316
Pfirsich 333
Pflanzen 181, 318
Pflaume 333
Phantasie 38
Phobien 87, 245
Phobos 55, 63

Phoenix 106, 108, 309
physisches Verstandesbewußtsein 134, 182, 184
Piktogramme 14
Pilze 309
pingala-nadi 44, 140, 228
Planetenberge 112
Planetensphären 275
Planetenstunden 277, 288, 348
Planung 166
plastische Hüllen 188
Platina 209
Platon 41, 53, 75
Plaudertasche 38
Pleroma 30
Plumbum metallicum 244, 297
Plutarch 319
Pluto 75
po 167
Pollen 313
Porree (*Allium porum*) 336
Poseidon 75, 205
Potenzen 286, 288
prakrti 36
pralaya 61, 68
prana 127, 173, 181
pranam 154
Präzision 86
prima materia 15, 35, 36, 39, 40, 41, 44, 45, 178, 182, 205
Primel (*Primula officinalis*) 330
Produktion 36, 44
Protoplasma 129, 178
Psoriasis 243
psyche 16, 23, 34
Psychose 221
Ptolemäus 125, 131, 138, 149, 167

Pubertät 150, 151, 218
Puls 124
Pulvis 20, 21
Pythagoräer 16, 156
qi 126, 173, 181
Quadrat 16, 85
Quecksilber 21, 292
Quellwasser (Rock Water) 360
Quintessenz 120, 142, 145, 232
Quitte (*Cydonia oblonga*) 344
Ra 26
Racine, Jean 155
Radieschen (*Raphanus sativus*) 336
Rahel 329
Rainfarn (*Tanacetum vulgare*) 334
Ratten 310
Rauchen 181, 228, 292
Rausch 260
Rebell 97
Recht 76, 77
Rechtschaffenheit 160
Red Helmet 358
Red Lily 352
Reflexion 34
Regelblutung siehe Menstruation
Regenbogen 332
Regression 30, 260
Reiche, vier 16
Reifezeit 119
Reinheit 104, 105, 326
Reinigung 147, 164, 314, 332
Reinkarnation 276
Reisen 78
Reproduktion 35, 36, 44
Reptilien 317
Resignation 355, 356

retas 143
Reue 87, 359, 361
Rhea 74
Rhythmen,
 planetarische 289
Riesenkürbis
 (*Cucurbita
 maxima*) 326
Rigidität 359, 360
Rig-Veda 65, 81,
 133
Ringe unter den
 Augen 148
Ringelblume
 (*Calendula
 officinalis*) 322
Ringfinger 112
Rishis 40, 81, 98,
 182, 331
Risiko 87
Ritual 67
RNA 178
Roggen (*Secale
 cereale*) 333
Romulus und Remus
 338
Rose (*Rosa* spp.)
 331
Rosenkreuz 331
Rosmarin
 (*Rosmarinus
 officinalis*) 323
Roßkastanie
 (*Aesculus
 hippocastanum*)
 339, 359
Rotbuche (Beech)
 360
Rotbuche (*Fagus
 sylvatica*) 344
Routine 96
Rubin 29, 300, 301
Rückenprobleme
 294
Rückenschmerzen
 220
Rückenwirbel 168
Rückgrat 126, 127
Rußland 101
Sacharja 320

Sacrum siehe
 Kreuzbein
Safran 309
Sakralchakra 267
Salat (*Lactuca* spp.)
 324
Salbei (*Salvia
 officinalis*) 339,
 341
Salomo 320
Salomonssiegel
 (*Polygonatum
 multiflorium*)
 344
Samen 143, 312
samskara 122, 195,
 196, 219, 250
Saphir 300, 306
Saturn 74, 75
Satyr 48
Sauberkeit 86
Sauerampfer (*Rumex
 acetosa*) 335
Sauerdorn (*Berberis
 vulgaris*) 336
Schädelbasis 136
Schafgarbe (*Achillea
 millefolium*) 334
Schafgarbenstengel
 334
Scham 361
Schauer 223
Schauspieler 77,
 296
Scheidung bzw.
 Trennung 294
Schicksal 84
Schicksalslinie 111
Schicksalspunkt 18
Schienbein 162
Schierling (*Conium
 maculatum*) 343
Schizophrenie 256
Schlaf 182, 183,
 232, 252
Schlaflosigkeit 90,
 296, 322, 358
Schlafwandeln 246
Schlaganfall 224,
 256
Schlangen 24, 317

Schlangenstab 47,
 136, 139, 141
Schläue 50
Schlehe (*Prunus
 spinosa*) 336
Schleim 310
Schlüsselblume 330
Schmelztiegel 17, 18
Schmetterlinge 312
Schnecken 312
Schnüre 231
Schock 220, 351,
 357
Schöllkraut
 (*Chelidonium
 majus*) 322
Schönheit 58
Schöpfung 35
Schüchternheit 92,
 351
Schuldgefühle 361
Schulterblätter 136
Schulterprobleme
 293
Schuppenflechte 243
Schütze 79, 81, 118
Schwäche 295
Schwan 313
Schwangerschaft 30,
 132, 133, 150,
 190, 211, 234,
 238, 288, 290,
 353
Schwangerschafts-
 abbruch 290, 334
Schwanz 267
Schwarzdorn
 (*Prunus spinosa*)
 336
schwarze Magie 106
Schwätzer 38
Schwebkraft 136,
 193
Schwertlilie,
 florentinische (*Iris
 florentina*) 326
Schwertlilie, Iris (*Iris*
 spp.) 332
Scrooge 87
Seegras 325
Seeigel 129

Index

Seekrankheit 189, 200
Seele 134, 167, 276
Sehnsucht 39, 169, 234, 259, 261, 265, 359
Sehstörungen 126
Sehvermögen 125
Seidelbast (*Daphne mezereum*) 343
Selbstachtung 28, 355
Selbstbeherrschung 86
Selbstbewußtsein 196
Selbstbezogenheit 350
Selbstmord 107
Selbstsucht 350
Selbstunsicherheit 29
Selbstverleugnung 29, 360
Selbstvertrauen 28, 349, 357, 358
Selbstvorwürfe 361
Selbstzweifel 29, 358
Sella trurica 136
Senf (*Brassica* spp.) 337
Sensibilität 58
Seth 319
Sexualenergie 142, 144, 232, 267, 270, 336
Sexualhormone 150
Sexualität 106, 119, 164, 188, 218, 231, 232, 268, 297
sexuelle Phantasien 106
sexuelles Begehren 294, 329
Shakespeare 34, 50, 90, 124, 126, 134, 147, 193, 221, 322, 323, 325, 331

shao yin 154
She Oak 354
shen 120, 125, 167, 290
Shiva 40
Shiva-svarodyaya 140
shou 130
Sichel 74, 130, 134
Silber 192, 291
Silver Princess 356
Sinai 77
Sinnlichkeit 58, 130, 168, 190
Skelett 176
Sklerose 84, 243
Skorpion 67, 107, 118, 164
Skrupellosigkeit 66
Slender Rice Flower 351
Smaragd 51, 300, 304
Smaragdene Tafel 114, 202, 304
Sokrates 94
soma 40, 101, 133, 182, 327, 334
Sonne der Gerechtigkeit 32
Sonne-Mond-Bogen 289
Sonnenaufgang 68
Sonnenblume (*Helianthus annuus*) 321
Sonnenfinsternis 23
Sonnenröschen (Rock Rose) 357
Sonnenuntergang 68
Sorgen über die Zukunft 166, 296
Sorgen, verborgene 358
Southern Cross 358
Spagyrik 280, 347
Spargel (*Asparagus offcinalis*) 340
Speichel 130, 131
Speiseröhre 138

Sphäre 15, 85
Sphenoidalknochen 136
Spiegel 26, 34, 35, 134, 318
Spieltrieb 51
Spießblume 351
Spinat (*Spinacia olearcea*) 335
Spinnen 317
Spiritualität 99, 101, 240, 265, 354
Sport 66, 160, 217
Sprache 226
Sprengstoff 314
Springkraut (Impatiens) 357
Stannum 241, 296
Stechginster (Gorse) 356
Stechginster (*Ulex europaeus*) 336
Stechpalme (Holly) 356
Stechpalme (*Ilex aquifolium*) 336
Stehvermögen 126
Stein der Weisen 20, 75, 105, 122, 167, 201, 206, 309
Steinbock 90, 118
Steiner, Rudolf 10, 85, 102, 120, 125, 132, 149, 172, 175, 195, 197, 204, 206, 213, 295, 313, 323, 336, 344
Steißbein 267
Stier 67, 117, 153, 313
Stimme 151, 153, 226
Stimmung 34, 80, 106, 119, 176, 188, 240
Stirnhöhle 128
Stolz 28, 351

Stottern 139, 226, 353
Streß 149, 177, 238, 294, 354
Struktur 80, 84, 86, 87
Struktur, psychologische 88
Struktur-Seite des Ego 171
Sturt Desert Pea 362
Sturt Desert Rose 361
Su Nu Jing 232
Sucht 100, 260
Sumpf-Wasserfeder (Water Violet) 350
Sun Dew 352
Sündenfall 204
Sunshine Wattle 351
Superverstand 61, 95, 186, 203, 250, 253, 255
Surya 26
sushumna-nadi 127, 139, 140, 228
Swamp Banksia 358
Syndrom des verdrehten Mars 69, 177, 237, 246, 305, 358
Syphilis 233
Sysiphos 104
Tabak 228, 337
Tagträume 352
Tall Yellow Pop 361
Tamarinde (*Tamarindus indica*) 342
Taoistische Tage 232
Tarot 59, 120
Tartaros 74, 75, 104
Tastsinn 167
Tau 347
Taube 313

Tausendgüldenkraut (*Centaurium umbellatum*) 323
Tausendgüldenkraut (Centaury) 352, 359
Technologie 22, 95
Terroristen 108
Testosteron 150, 151, 152
Tetraeder 16, 85
Teufel 105
Teufelsdreck (*Ferula* spp.) 343
Thor 338
Thoth 13, 79
Thymian (*Thymus vulgaris*) 335
tian 130
Tiere 211, 267
Tierkreis 17
Tierkreiszeichen im Körper 116
Tiger 314
Titan 83
Titanen 74, 81
Tod 104, 205, 268, 292, 321, 342, 353
tohu wa bohu 35
Tomate (*Lycopersocon* spp.) 333
Topas 300, 306
traditionelle chinesische Medizin 115, 120, 124, 125, 138, 143, 156, 162, 173, 207, 224, 231
transformierte Körper 200, 202
tr. Astralkörper 202
tr. Ätherkörper 204
tr. physischer Körper 205
Transite 289
transpersonale Erleuchtung 146
Transzendenz 99

Traumata 131, 219, 220, 237, 290, 351, 357
Träume 38, 44, 100, 101, 254
Traurigkeit 176, 264
Tremor 227
Trennung der Geschlechter 145, 153, 205, 259, 313
Triton 98
Trübsinn 349
Trunkenheit durch das Göttliche 101
Tuberkulose 264
tulsi 321
Tundra 101
Tunnel des dritten Auges 128
Tüpfelfarn (*Polypodium vulgare*) 330
Turkey Bush 353
Übeltäter 84, 230
Überarbeitung 232
Übergewicht 217, 240, 303, 306
Überraschung 96
Überseekomplex 92
übersinnliche Fähigkeiten 263
Übertreibung 78
udana vayu 193
Ulme (Elm) 358, 359
Ulme (*Ulmus* spp.) 342
Unabhängigkeit 96
Unbeständigkeit 38
Unbewußtes 44
Unentschlossenheit 50
Unfruchtbarkeit 305, 354
Ungeduld 66, 96, 354, 357
Unkräuter 327
Unordnung 38

Unpünktlichkeit 38
Unterscheidungs-
 vermögen 96,
 144
Unterseeboote 108
Unterwelt 104, 267,
 268, 332, 342
Uranos 74, 75
urdhva-retas 144
Urflut 35
Urin 215
Urknall 25, 30
Uroburosschlange
 15
USA 81
Uterus *siehe*
 Gebärmutter
Vagheit 38, 100,
 101, 264, 352
vaginaler Ausfluß
 263
vajra 304
Valentin, Basil 199,
 268, 298
Vanille 331
vata 138
Vater 44
Veilchen (*Viola* spp.)
 331
Venen 68, 155, 234
Venom 20, 214,
 255, 298
Verankerung 164,
 188, 189, 192,
 291, 351, 352
Verbrennungen 357
Verdauung 36, 130,
 131, 138, 143,
 172, 182, 186,
 220, 336, 337
Verdauung auf allen
 Ebenen 220, 353
Verdauungsfeuer
 157
Verdauungssäfte
 131
Verführung 57
Vergeben 356
Vergegenwärtigen
 249
Verkäufer 77

Verkörperung 65,
 67, 75, 160, 161,
 190, 191, 199,
 237, 262, 293,
 295, 352
verlorene Hälfte 58,
 146
Verschüttelung 286
Verschwendung 78
Versiegeln der Aura
 163
Verstand 44, 50, 87,
 88, 135, 144,
 201, 203, 221,
 250
Verstandesbewußt-
 sein 135, 173,
 185, 248
Vertikalität 182
Vertrauen 86
Verwesung 35, 105,
 130
Verzweiflung 349,
 356, 361
Viren 224, 225, 226
visarga 68
Vishnu 321
Vision 76
VITRIOL 75, 199,
 268, 272
Vogel-Sternmiere
 (*Stellaria media*)
 328
Vögel 136
Vollmond 131, 221,
 226, 232, 302
vorderer und
 hinterer Himmel
 174
Vorhersagen 67, 92,
 124, 133, 153,
 212, 226, 250,
 252, 253, 270,
 283, 287, 299,
 300, 363
vorpersönliches
 Stadium 153,
 258
Vorsicht 80, 86
Vorstellungskraft
 100

Voyager 74, 94
vrttis 185
Vulkan 55, 206
Waage 67, 118, 147
Wadenbein 162
Wahnsinn 221, 253
Waldrebe (Clematis)
 352
Waldtrespe (Wild
 Oat) 355
Walfisch 316
Walnuß (*Juglans
 regia*) 324, 339
Walnuß (Walnut)
 350
Waratah 349
Wasch- und
 Reinigungsmittel
 314
Wasser 41, 49, 348
Wasser, kosmische
 35, 36, 132, 155,
 267
Wasserlilien
 (*Nymphaeaceae*)
 325
Wassermann 95,
 118
Wechseljahre 191,
 192, 313, 339,
 354
Wegwarte (Chicory)
 350
Wegwarte (*Cicorium
 intybus*) 324
wei 130
Weide (*Salix* spp.)
 325
Weide (Willow) 362
Weidenrinde 325
Weihrauch
 (*Boswellia carteri*)
 321
Wein 81
Weingeist 347
Weinraute (*Ruta
 graveolens*) 323
Weinrebe (Vine)
 350
Weinrebe (*Vitis* spp.)
 327

Weintrauben 327
Weisheit 339
Weißdorn (*Crataegus* spp.) 335
Welt der Götter 60, 61, 156
Werkzeug 67
Wermut (*Artemisia absinthium*) 337
Wesenheiten 222, 262
westliche esoterische Tradition 204
Wettbewerb 66
White, Ian 346, 353, 354, 356, 358
Widder 67, 117, 161, 314
Widerstand 87
Wie oben, so unten 114, 161, 178, 210
Wild Potato Bush 362
Wilder Senf (Mustard) 349
Willen 66, 149, 161, 163, 198
Willensschwäche 352
Wimperkrone 351
Wind 49, 76, 79, 137, 223
Winde (*Convolulus* spp.) 343
Windhunde 312
Wirtschaftskrisen 82, 103
Wisteria 355

Wochentage 273
Wolf 314
Wunde der Scheidung bzw. Trennung 231
Würde 28
Wüsten 92, 101
xiang huo 123
xie qi, perverse Energien 148, 207, 261
xin 123
yantra 17
Y-Chromosom 162
yin-Fähigkeiten 56
Ysop (*Hyssopus officinalis*) 340
Zähigkeit 86
Zahlen
 Drei 61
 Vier 16, 62, 132
 Sieben 31, 118, 132, 143
Zähne 177
Zahnschmerzen 340
Zaunrübe (*Bryonia alba, B. diotica*) 338
Zeder (*Cedrus* spp.) 319, 342
Zeigefinger 112
Zeit 85, 86
Zeitfenster 289
Zellkern 178
zentraler Kanal 126, 127, 139, 161, 228, 305
Zeus 74, 104, 338, 339
zhi 149

Zichorie (Chicory) 350
Zichorie (*Cicorium intybus*) 324
Zielbewußtsein 66, 159, 356
Zinn 22, 241, 296
Zinnkraut (*Equisetum arvense*) 344
Zirbeldrüse 128, 144, 252
Zitrone 322
Zitronenmelisse (*Melissa officinalis*) 341
Zittern 227
Zitterpappel (*Populus tremuloides*) 344
Zögern 50
Zucker 166, 175, 215
Zuckerkrankheit 214
Zuckungen 223
Zukunft 166
Zurückhaltung 86
Zuverlässigkeit 86
Zweifel 50
Zwiebel (*Allium cepa*) 336
Zwillinge 49, 79, 117
Zyklen 43
Zyklopen 74
Zypern 54
Zypresse (*Cupressus sempervirens*) 342

Übersicht in Stichworten

☉ Sonne

☉ Symbolik (→3.3)
Das Zentrum, der Kern, der/die/das Wichtigste, der Führer, Spenderin des Lebens, Spenderin des Lichts, das Göttliche.

☉ Psychologische Eigenschaften (→ 3.4)
+ Selbstachtung, Selbstvertrauen, Direktheit, Aufrichtigkeit, Leitungs- und Organisationsfähigkeit, Freude, Großzügigkeit, bedingungslose Liebe, Streben nach Höherem.
- Stolz, Arroganz, Egoismus, übermäßiger Ehrgeiz, diktatorische Tendenzen.

☉ Körperteile und physiologische Funktionen (→ 15.1ff.)
Herz und große Arterien, Blut, Rückgrat und Donnersäule (zentraler Energiekanal), Hirnanhangdrüse, Thymusdrüse.

☉ Krankheiten (→ 26.1ff.)
Krankheiten des Herzens und der Blutgefäße, angeborene Krankheiten, Krankheiten des Immunsystems, Allergien, Krebs, Diabetes.

☉ Andere Entsprechungen

Metall (→ 37.6): Gold (homöopathisch: *Aurum metallicum*).
Edelsteine (→ 38.4): Rubin, auch Chrysolith.
Pflanzen (→ 40.2): Akazie, Augentrost, Basilikum, Chrysantheme, Engelwurz, Gelbwurz, Ginseng, Hundskamille, Liebstöckl, Lorbeer, Mistel, Olive, Palmbaum, Ringelblume, Rosmarin, Schöllkraut, Sonnenblume, Tausendgüldenkraut, Walnußbaum, Weihrauch, Weinraute, Zeder, Zichorie
Blütenessenzen (→ 41.3): Dog Rose, Heidekraut (Heather), Lärche (Larch), Macrocarpa, Olive, Slender Rice Flower, Sumpf-Wasserfeder (Water Violet), Sunshine Wattle, Walnuß (Walnut), Waratah, Weinrebe (Vine), wilder Senf (Mustard), Zichorie.

☽ Mond

☽ Symbolik (→ 4.2)
Empfänglichkeit, Spiegelung/Reflexion, Multiplikation, Vermehrung, Chaos, Fruchtbarkeit, Wasser, das mütterliche Prinzip, die jugendliche Kraft zur Nachahmung.

☽ Psychologische Eigenschaften (→ 4.3)
+ Fruchtbare Einbildungskraft, intensives Traumerleben, Empfänglichkeit, Offenheit, formbarer Verstand, Anpassungsfähigkeit, wechselhaftes Wesen, mütterlich, gebend, gefühlvoll, anschmiegsam, kann gut mit Kindern umgehen, kann gut kochen, liebt Tiere.
- Unordentlich, schlecht organisiert, kommt oft zu spät, wird leicht von seiner/ihrer Umgebung beeinflußt, verträumt, vage, geistesabwesend, zu wechselhaft, Mangel an Bestimmtheit, redselig, neigt zum Klatsch, träge, faul, feige, zimperlich, kann mit Gewalt nicht fertig werden, naschhaft, zu nachgiebig gegen sich.

☽ Körperteile und physiologische Funktionen (→ 16.1ff.)
Körperflüssigkeiten, Fleisch und weiche Gewebe, der Magen und generell die Ernährung, der Uterus und die Funktion der Fortpflanzung, die Brüste, das Gehirn.

☽ Krankheiten (→ 27.1ff.)
Anorexia nervosa, Eßstörungen und Verdauungsprobleme im allgemeinen, Parasiten, schwache Lebenskraft, Hypochondrie, Hysterie, Krankheiten die den Uterus oder die Fortpflanzungsfähigkeit betreffen.

☽ Andere Entsprechungen

Metall (→ 37.8): Silber (homöopathisch: *Argentum metallicum*).
Edelsteine (→ 38.5): Perlen, auch Aquamarin, Jade, Mondstein, Opal.
Pflanzen (→ 40.3): Banane, Brunnenkresse, Gurke, Jasmin, Kalmus, kanadische Teestaude, Kohl, Kopfsalat, Kürbis, Lilie, Lotus, Melone, Schwertlilie, Seegras, Trauben, Vogel-Sternmiere, Weide.
Blütenessenzen (→ 41.4): australischer Sonnentau (Sun Dew), Dolden-Milchstern (Star of Bethlehem), Little Flannel Flower, Papayabaum (Paw Paw), Red Lily, Tausendgüldenkraut (Centaury), Waldrebe (Clematis), Wimperkrone (Fringed Violet).

☿ Merkur

☿ Symbolik (→ 5.3)
Verbindung(en), Kommunikation, Austausch, Polarität, Dualität. Alles, was sich schnell bewegt, flexibel und wechselhaft ist.

☿ Psychologische Eigenschaften (→ 5.4)
+ Schnell, veränderlich, anpassungsfähig, Sinn für Humor, witzig, spitzbübisch, frech, trickreich, schlau, seinem Wesen nach jugendlich.
- Zweifelt an allem, hat Schwierigkeiten, Gewißheit zu finden, unentschieden, Mangel an Festigkeit.

☿ Körperteile und physiologische Funktionen (→ 17.1ff.)
Lunge, Dickdarm, Nervensystem, Kleinhirn, Schulterblätter, Schultern, Hüften.

☿ Krankheiten (→ 28.1ff.)
Stottern, Lese-Rechtschreib-Schwäche, Probleme mit der Koordination, Krankheiten und Störungen des Nervensystems, Herzrhythmusstörungen, Atembeschwerden.

☿ Andere Entsprechungen

Metall (→ 37.9): Quecksilber (homöopathisch: *Mercurius vivus*).
Edelsteine (→ 38.6): Smaragd.
Pflanzen (→ 40.4): Alant, Alraune, Andorn, Blumenkohl, Bohnen, Dill, Fenchel, Karotten, Kümmel, Lavendel, Maiglöckchen, Majoran, Pastinake, Petersilie, Tüpfelfarn.
Blütenessenzen (→ 41.5): Bleiwurz (Cerato), Bottle Brush, Bush Fuchsia.

♀ Venus

♀ Symbolik (→ 6.5)
Passive Anziehungskraft, »überlegene yin-Fähigkeiten«, Einheit mit der Natur, aufwärts gerichtete Bewegung auf spirituelle Welten hin, die Hohepriesterin, universelle Liebe.

♀ Psychologische Eigenschaften (→ 6.6)
+ Charme, Attraktivität, Verführungskunst, Schönheit, Sinn für Harmonie, sanftes Wesen, weich, liebevoll, sinnlich, künstlerische Kreativität, Sinn für das Schöne, Fähigkeit zur Einstimmung auf die Natur und auf höhere Bewußtseinsbereiche.
- Stolz, Arroganz, Egoismus, übermäßiger Ehrgeiz, diktatorische Tendenzen.

♀ Körperteile und physiologische Funktionen (→ 18.1ff.)
Niere, Sexualenergie, Geschlechtsorgane, Kehle, Stimme, Füße, Venen.

♀ Krankheiten (→ 29.1ff.)
Krankheiten der Niere, Erschöpfung der essentiellen und der Sexualenergie (die zu vielen verschiedenen Krankheitserscheinungen führen kann), Geschlechtskrankheiten, Krampfadern.

♀ Andere Entsprechungen

Metall (→ 37.10): Kupfer (homöopathisch: *Cuprum metallicum*).
Edelsteine (→ 38.7): Diamant, auch Granat und Malachit.
Pflanzen (→ 40.5): Apfel, Akelei, Alpenveilchen, Artischocke, Avocado, Birke, Brombeere, Eisenkraut, Erdbeere, Fingerhut, Gänseblümchen, Gerste, Hafer, Heidelbeere, Holunder, Immergrün, Iris, Katzenminze, Kirsche, Klette, Minze, Mutterkraut, Narzisse, Orchideen, Pfirsich, Pennyroyal, Pflaume, Primel, Rainfarn, Roggen, Rose, Sauerampfer, Schafgarbe, Spinat, Thymian, Tomate, Vanille, Veilchen, Wegerich, Weizen.
Blütenessenzen (→ 41.6): Bush Gardenia, Bush Iris, Eisenkraut (Vervain), Enzian (Gentian), Five Corners, Flannel Flower, Hundsrose (Wild Rose), Black Eyed Susan, She Oak, Turkey Bush, Wald-Trespe (Wild Oat).

♂ Mars

♂ Symbolik (→ 7.3)
Feuer, Trieb, Zielbewußtsein. Alles, was geradlinig ist, schneidet, mit Krieg und Gewalt zu tun hat. Verkörperung in die Materie hinein.

♂ Psychologische Eigenschaften (→ 7.4)
+ Dynamisch, geborener Kämpfer, hat Freude an Tätigkeit, Herausforderung und Wettbewerb. Starke Lebendigkeit, starke Libido. Willenskraft, Ehrgeiz, starke Begierden, Zielbewußtsein – diese Menschen wissen, was sie wollen.
- Ärger, gewalttätige Gefühlsausbrüche, Skrupellosigkeit, Mangel an Mitgefühl, mangelnde Umgangsformen, vulgär.

♂ Körperteile und physiologische Funktionen (→ 19.1ff.)
Gallenblase, Verdauungsfeuer und Körperfeuer allgemein, Grundumsatz, verschiedene Enzyme, Muskeln, Arterien, Hände, Kopf.

♂ Krankheiten (→ 30.1ff.)
Schockzustände, Traumata, Knochenbrüche, Schnitte und sonstige Wunden. Streß. Hoher Blutdruck, Herzkrankheiten. Entzündungen, Fieber und sonstige Störungen, die mit dem Element Feuer zu tun haben. Verschiedene Kinderkrankheiten, die durch hohes Fieber und starke Entzündungserscheinungen gekennzeichnet sind. Anämie.

♂ Andere Entsprechungen

Metall (→ 37.12): Eisen (homöopathisch: *Ferrum metallicum*).
Edelsteine (→ 38.8): Koralle, auch Blutstein (Hämatit).
Pflanzen (→ 40.6): Berberitze, Disteln, Enzian, Estragon, Galgant, Hopfen, Ingwer, Kakteen, Kapern, Koriander, Lauch, Meerrettich, Nesseln, Pfeffer, Radieschen, Schlehe/Schwarzdorn, Senf, Stechginster, Stechpalme, Tabak, Weißdorn, Wermut, Zaunrübe, Zwiebel.
Blütenessenzen (→ 41.7): Dagger Hakea, Grey Spider Flower, Jacaranda, Kapok Bush, Knäuel (Scleranthus), Mountain Devil, Mulla Mulla, Red Helmet, Silver Princess, Sonnenröschen (Rock Rose), Southern Cross, Springkraut (Impatiens), Stechginster (Gorse), Stechpalme (Holly).

♃ Jupiter

♃ Symbolik (→ 8.4)
Ausbreitung. Alles, was große Dimensionen hat. Der *guru* oder Hierophant, der das Licht der Sonne erscheinen läßt. Spirituelle Offenbarung, Wissen und Recht. Lange Reisen und Erkundungen.

♃ Psychologische Eigenschaften (→ 8.5)
+ Gutmütig, fröhlich, jovial, enthusiastisch, hochmotiviert, Sinn für Humor, charismatisch, guter Verkäufer, Fähigkeit, im großen Maßstäben zu denken, großzügig, weiß, sich bietende Gelegenheiten zu ergreifen, reist gerne.
− Kann einen Mangel an Strenge und Präzision aufweisen. Tendenz zur Übertreibung und Schwierigkeiten, seine Grenzen zu erkennen.

♃ Körperteile und physiologische Funktionen (→ 20.1ff.)
Die Leber und ihre verschiedenen physiologischen Funktionen, Kreuzbein, Oberschenkel und Hüften.

♃ Krankheiten (→ 31.1ff.)
Hepatitis und sonstige Erkrankungen der Leber. Krankheiten, die auf Mißbrauch oder Exzesse zurückzuführen sind (besonders was Essen und Trinken angeht), entsprechend Übergewicht (auch ☽) und Diabetes Mellitus (Typ II, spät einsetzend). Gicht. Alkoholmißbrauch.

♃ Andere Entsprechungen

Metall (→ 37.13): Zinn (homöopathisch: *Stannum*).
Edelsteine (→ 38.9): Gelber Saphir, Topas, grüngelblicher Chrysolith, gelbe Steine allgemein. Auch Amethyst.
Pflanzen (→ 40.7): Ahorn, Borretsch, Eiche, Endivie, Feige, Fingerkraut, Gewürznelke, Kastanie und Roßkastanie, Kerbel, krauser Ampfer, Leberblümchen, Linde, Löwenzahn, Lungenkraut, Mädesüß, Mandel, Muskatnuß, Salbei, Spargel, Ysop, Zitronenmelisse.
Blütenessenzen (→ 41.8): Odermennig (Agrimony), Swamp Banksia, Ulme (Elm), wohlriechendes Geißblatt (Honeysuckle).

♄ Saturn

♄ Symbolik (→ 9.3)
Die Kraft der Struktur und des Grenzensetzens, klar konstruierte Persönlichkeit, aber auch Begrenzungen im negativen Sinne, Blockierungen. Zeit. Der Knochenmann.

♄ Psychologische Eigenschaften (→ 9.4)
+ Praktisch, gesunder Menschenverstand, mit beiden Beinen auf dem Boden, Festigkeit, Stabilität, Zuverlässigkeit, Geduld, Ausdauer, Organisationsfähigkeiten, Methode, Sauberkeit, Ordnung, Präzision, Sorgfalt, Vorsicht, Selbstdisziplin, Zurückhaltung, asketische Tendenzen.
- Pessimismus, Depression, Hemmungen, Fixierung im verstandesmäßigen Denken, übermäßig kritisch, unfähig, Risiken einzugehen, Bedauern, Reue, Bitterkeit, Melancholie, Ängste, Kälte, langweiliges Wesen, Rigidität, Unfähigkeit, loszulassen.

♄ Körperteile und physiologische Funktionen (→ 21.1ff.)
Milz, Haut, Knochen, Zähne, Blase.

♄ Krankheiten (→ 32.1ff.)
Chronische und sich langsam entwickelnde Krankheiten. Arteriosklerose, degenerative Gelenkerkrankungen und Alterserscheinungen allgemein. Hartnäckige Hautprobleme. Phobien, Angstneurosen, Zwangsneurosen.

♄ Andere Entsprechungen

Metall (→ 37.14): Blei (homöopathisch: *Plumbum metallicum*).
Edelsteine (→ 38.10): Blauer Saphir, auch Lapislazuli und Azurit.
Pflanzen (→ 40.8): Ackerschachtelhalm, Beinwell, Bilsenkraut, Efeu, Eibe, Eisenhut, Eucalyptus, Hanf, Hirtentäschelkraut, Königskerze, Nachtschattengewächse, Nieswurz, Pappel, Pinie, Quitte, Rotbuche, Schierling, Seidelbast, Salomonssiegel, Tamarinde, Teufelsdreck, Ulme, Winde, Zypresse.
Blütenessenzen (→ 41.9): Bauhinia, Blue Bell, Edelkastanie (Sweet Chestnut), Gauklerblume (Mimulus), Holzapfel (Crab Apple), Isopogon, Kastanienknospe (Chestnut Bud), Kiefer (Pine), Quellwasser (Rock Water), Rotbuche (Beech), Sturt Desert Pea, Sturt Desert Rose, Tall Yellow Top, Weide (Willow), Wild Potato Bush.

♅ Uranus

♅ Symbolik (→ 10.2)
Eine höhere Oktave des Merkur. Der Planet der plötzlichen Veränderungen. Alles, was sich schnell bewegt. Hohe Intelligenz und Super-Verstand. Moderne Technologie. Esoterik.

♅ Psychologische Eigenschaften (→ 10.3)
+ Geistig unabhängig, originell, exzentrisch. Intelligent und inspiriert, laterales Denken. Der Zukunft zugewandt. Kann gut mit Computern und anderer moderner Technik umgehen. Hohe humanitäre Ideale.
- Aufgeregtheit, Nervosität, sprunghaftes oder sogar gewaltsames Verhalten. Hat Schwierigkeiten damit, einer Routine zu folgen oder irgendeine Form von Autorität zu akzeptieren. Rebellisches Wesen (der Planet der Revolutionen). Mehr von hypothetischen Zukünften eingenommen als von der Gegenwart.

♅ Organe, Körperteile und physiologische Funktionen (→ 33.1ff.)
Super-Verstand und die Teile des physischen, ätherischen und astralen Körpers, die sein Wirken unterstützen können.

♅ Krankheiten (→ 33.5ff.)
Chronisches Müdigkeitssyndrom (CFS) und verwandte Krankheitserscheinungen, Schizophrenie, neurologische Störungen, Schlaganfälle, Herzinfarkte.

Ψ Neptun

Ψ *Symbolik* (→ 11.2)
Eine höhere Oktave von Mond und Venus. In seiner höheren Wirkungsweise: der Fluß der poetischen, künstlerischen und spirituellen Inspiration, der universellen Liebe und des Mitgefühls, des kosmischen Bewußtseins und der Verschmelzung mit dem Göttlichen und der Transzendenz. In seiner niederen Wirkungsweise: Vagheit.

Ψ *Psychologische Eigenschaften* (→ 11.4)
+ Intensives Traumerleben, Einbildungskraft, Tendenz zu übersinnlichen Fähigkeiten. Freundliches, liebevolles Wesen. Inspiriert. Außerordentliche Empfindsamkeit.
- Vage, verwirrt, benebelt, lebt in Träumen, Mangel an Konzentration, hat Schwierigkeiten damit, Ziele zu finden und sich darauf auszurichten, macht sich in der Liebe zum Narren. Dramatischer Mangel an Verkörperung.

Ψ *Organe, Körperteile und physiologische Funktionen* (→ 34.1ff.)
Kein spezifisches Organ oder Organsystem, eher die Art und Weise, wie sich der gesamte Energiekörper zu seiner Umwelt verhält.

Ψ *Krankheiten* (→ 33.4)
Alkohol- und Drogenmißbrauch, ein schlecht individualisiertes Energiesystem und daher Anfälligkeit für Infektionen, perverse Energien oder sogar Wesenheiten. Tendenz, von psychischen Wellen getroffen und mitgerissen zu werden, die es in seiner Umgebung gibt. Schwaches Immunsystem. Tuberkulose. Das Syndrom »Ich will nicht auf der Erde sein«, das die Tür für schwere Krankheiten öffnet.

♀ Pluto

♀ Symbolik (→ 12.3)
Eine höhere Oktave des Mars. Unterirdisches Feuer. Die Kraft der unteren Chakren. Tod und Auferstehung. Extreme Intensität. Der Phönix, der aus seiner Asche wiedergeboren wird.

♀ Psychologische Eigenschaften (→ 12.4)
+ Intensiv, voll gegenwärtig, magnetisch, starke Leidenschaften und Emotionen, zwanghaftes Bedürfnis, sich massiven Transformationen zu unterziehen. Bedürfnis nach Perfektion und dem Absoluten.
- Verzehrt von seinen bzw. ihren Leidenschaften. Ausbrüche innerer Gewalt. Selbstzerstörerische Tendenzen. Fasziniert vom Abgrund.

♀ Organe, Körperteile und physiologische Funktionen (→ 35.1)
Geschlechtsorgane und Anus. Pluto regiert die Kraft der unteren Chakren und ihrer untergründigen Lebenskraft. Als Quelle der erneuernden Kräfte tragen sie das gesamte Funktionieren des Körpers.

♀ Krankheiten (→ 35.4)
Schwere Krankheiten unterschiedlicher Art, so wie Leukämie oder Krebs, die mit einer Disharmonie zwischen der Lebenskraft des Körpers und der sie tragenden Kraft der unteren Chakren verbunden sind.

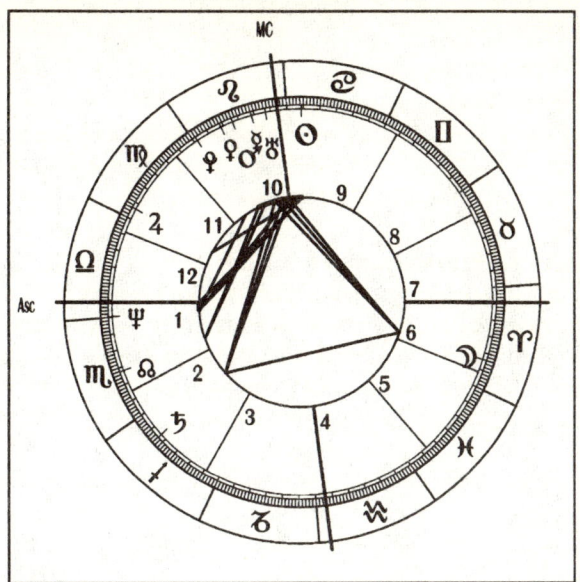

Der Autor

Samuel Sagan, geboren in Paris am 18. Juli 1957 um 13.27 Uhr, studierte Medizin und praktizierte als Homöopath und Akupunkteur. Er promovierte 1984 an der Université de Paris V mit einer preisgekrönten Arbeit über Chakren und feinstoffliche Körper in der hinduistischen Tradition.

1987 gründete er die Clairvision School in Sydney, Australien. Dort setzte er seine Arbeit mit der ISIS-Regressionstherapie fort und entwickelte eine spezielle, rasch wirksame Methode zur Öffnung des dritten Auges, die in den Kursen der Schule mittlerweile an Tausende von Menschen weitergegeben wurde. Sie ist in seinem Buch *Tor zu inneren Welten* (Verlag Herrmann Bauer, Freiburg i. Br. 1998) ausführlich beschrieben.

Unter http://www.clairvision.org/ bietet die Schule Informationen zu ihren Kursen und Veröffentlichungen (teilweise auch in deutscher Sprache) sowie umfangreiche Materialien aus der westlichen esoterischen Tradition an. Anfragen per e-mail info@clairvision.org oder auf dem Postweg:

    Clairvision School
    P.O.Box 33
    Roseville, NSW 2069
    Australien

Bitte beachte Sie die folgenden Seiten

Baldur R. Ebertin

Vom kosmischen Symbol zur ganzheitlichen Deutung

672 Seiten mit 40 s/w-Abbildungen, gebunden
ISBN 3-87186-092-1

Bei diesem Buch handelt es sich um ein systematisch aufgebautes Nachschlagewerk zur optimalen Interpretation der Deutungsfaktoren in einem Geburtsbild aus kosmobiologischer Sicht. Die prägnanten Deutungen des weltbekannten Autors sind nach zehn Dimensionen der Persönlichkeit aufgebaut: Konstitution, Ausdruck und Verhalten, Psychosomatik, Tiefenpsychologie, Intelligenz, Wille und Leistung, Emotionalität, Kommunikation, Erotik und Sexualität, Interessen und Beruf.
Diese Differenzierung wird auch höchsten Ansprüchen an die Aussagekraft eines Geburtsbildes gerecht. Ergänzend werden Transpluto und die Kleinplaneten bzw. die Planctoiden Chiron und Vesta erfaßt und diagnostisch eingesetzt.

Das Buch gibt Antworten auf Fragen wie:
- Was bedeuten Sonne, Mond, Planeten und weitere Elemente in einem Geburtsbild?
- Wie sind die Aspekte zu bewerten?
- Wie sind zwei und drei Deutungsfaktoren als Strukturen und/oder Halbsummen miteinander zu kombinieren und zu verstehen?
- Welche Rolle spielen die bisherigen Lebens- und Krankengeschichte beim Verständnis der kosmischen Symbolik?

Um sowohl dem Einsteiger als auch dem fortgeschrittenen Fachmann zu ermöglichen, ein Kosmogramm mit seinen Aussagemöglichkeiten weitgehend zu erfassen, wurde besonderer Wert auf prägnante, treffende Begriffe und möglichst stichwortartige Beschreibungen der Deutungsdimensionen gelegt.

Verlag Hermann Bauer · Freiburg im Breisgau

Samuel Sagan

Tor zu inneren Welten

Das Übungsbuch zur Öffnung des
dritten Auges

336 Seiten mit zahlreichen s/w-Abbildungen, kartoniert
ISBN 3-7626-0582-3

Gehören Sie zu den spirituell Suchenden, die sich nicht mit theoretischen Spekulationen zufrieden geben, sondern die spirituelle Wirklichkeit direkt erfahren möchten? *Samuel Sagan* hat genau dafür ein Übungsprogramm entwickelt, das zur Öffnung des dritten Auges führt. Diese Öffnung können Sie bewirken, wenn Sie feinstoffliche Bereiche wahrnehmen können. Übungen zu den entsprechenden Themenbereichen finden Sie in diesem Buch in Hülle und Fülle.

Mit zunehmender Entwicklung dieser Fähigkeiten wird der ganze Energiekörper aktiviert. Der Übende wird nicht nur gesünder, bewußter und energievoller leben können, sondern weitaus mehr sehen und wahrnehmen, als es ihm seine fünf Sinne ermöglichen. Traumarbeit, Energieübertragung, Augen,- Stimm- und Atemübungen, Wahrnehmungstraining, Reinigungs- und Selbstschutzmethoden, Visualisierungen und Meditationen unterstützen ihn dabei.

Dieses Buch ist ein Leitfaden auf dem Weg zu einer völlig anderen Wahrnehmungs- und Denkweise. Es ist für Menschen gedacht, die mitten im Leben stehen und bereit sind, eine Verbindung mit den spirituellen Wirklichkeiten aufzunehmen und in eine neue Bewußtseinsform vorzudringen.

Verlag Hermann Bauer · Freiburg im Breisgau

Ebertin Verlag · Freiburg im Breisgau

Jeff Green

Pluto

in Beziehungen und Partnerschaften

ca. 480 Seiten, gebunden, ISBN 3-87186-093-X

Beziehungen und Partnerschaften sind niemals einfach. Neben unbewußten und verdrängten Persönlichkeitsanteilen spielen auch verdeckte Macht- und Ohnmachtskonflikte sowie tiefsitzende Ängste eine wichtige Rolle. Astrologisch gesehen fallen alle diese Themen in den Bereich von Pluto, dem Planeten der Wandlung.
Jeff Green widmet sich in seinem neuen Werk der Rolle von Pluto in Beziehungen und Partnerschaften. Er zeigt auf, wie sich der evolutionäre Weg der Seele eines Menschen (Pluto) mit den Wegen anderer Menschen kreuzen kann und welche Probleme und Konflikte daraus entstehen können.
Im ersten Teil geht der Autor ausführlich auf die karmischen Aspekte von Beziehungen ein. Im Hauptteil wird die Dynamik von Beziehungen und Partnerschaften aus der Sicht der Evolutionären Astrologie dargestellt. Im letzten Teil kommt Plutos Rolle in Partnerschaftshoroskopen (Composit) zur Sprache. Der Autor schließt seine Ausführungen mit einem Blick auf die gegenwärtige Position und Bedeutung von Pluto im Zeichen Schütze.
Dieses Buch ermöglicht dem Leser einen Einblick in die Dynamik seiner Beziehungen, der weit über seine bisherigen Erfahrungen hinausreicht.

Ebertin Verlag · Freiburg im Breisgau

Testen Sie Meridian jetzt!

Meridian ist die Fachzeitschrift für alle Gebiete der Astrologie. Erfahrungen aus der Beratungspraxis und Neues aus der Forschung werden auf seriösem Niveau und doch leicht verständlich dargestellt. Wenn Sie auf dem neuesten Stand sein wollen und zugleich die unterhaltsamen Aspekte der Astrologie schätzen, sollten Sie Meridian kennenlernen.

64 Seiten astrologisches Fachwissen aus erster Hand!

Sechsmal im Jahr finden Sie in Meridian

Ein kostenloses Probeheft liegt für Sie bereit! Bitte unverbindlich anfordern!

➤ jeweils ein astrologisches Schwerpunktthema
➤ angewandte Astrologie
➤ Forschung
➤ Astro-Porträts
➤ Facts und Unterhaltung rund ums Thema Astrologie

Ebertin Verlag
Kronenstraße 2-4 · D-79100 Freiburg
Bestell-Tel.: 01 80/500 18 00
Bestell-Fax: 0761/70 18 11
eMail: Hermann-Bauer-KG@T-Online.de
Internet: http://www.meridian-magazin.de